아도르노 강의록 004

–

변증법 입문

Einführung in die Dialektik

Einführung in die Dialektik(1958) by Theodor W. Adorno

Copyrights ⓒ 2010 by Suhrkamp Verlag Berlin

All rights reserved. No part of this publication may be used or reproduced in any manner whatever without the written permission except in the case of brief quotation embodied in critical articles or reviews.

Korean Translation Copyrights ⓒ 2015 by Sechang Publishing Co.
Korean edition is published by arrangement with Suhrkamp Verlag Berlin through BC Agency, Seoul

이 책의 한국어판 저작권은 BC에이전시를 통한 저작권사와의 독점 계약으로 '세창출판사'에 있습니다. 저작권법에 의해 보호를 받는 저작물이므로 무단 전재와 복제를 금합니다.

아도르노 강의록 004

변증법 입문

초판 1쇄 발행   2015년 4월 15일
초판 2쇄 발행   2021년 5월 21일
—

지은이   테오도르 W. 아도르노
옮긴이   홍승용
펴낸이   이방원
편 집   김명희 · 안효희 · 정조연 · 정우경 · 송원빈 · 최선희 · 조상희
디자인   손경화 · 박혜옥 · 양혜진
영 업   최성수
—

펴낸곳   세창출판사
　　　신고번호 제1990–000013호   **주소** 03736 서울시 서대문구 경기대로 58 경기빌딩 602호
　　　전화 02–723–8660   **팩스** 02–720–4579   **이메일** edit@sechangpub.co.kr   **홈페이지** http://www.sechangpub.co.kr
　　　블로그 blog.naver.com/scpc1992   **페이스북** fb.me/Sechangofficial   **인스타그램** @sechang_official

ISBN   978–89–8411–522–4 94160
　　　　978–89–8411–369–5 (세트)

아도르노 강의록 004

변증법 입문

Einführung in die Dialektik

테오도르 W. 아도르노

홍승용 옮김

세창출판사

Inhalt 차 례

제20강 · 347

1 이 책은 테오도르 W. 아도르노가 1958년 여름학기에 프랑크푸르트 대학에서 20회에 걸쳐 진행한 강의 녹취록을 중심으로 구성되어 있다. 다만 제1강은 녹취록이 없어 강의 요지를 정리한 것이다. 여기에 아도르노가 강의를 위해 작성한 메모와, 편집자의 상세한 주석이 첨부되어 있다. 원서에서 주석은 전체 후주로 되어 있으나 역서에서는 매 강의마다 나누어 후주로 붙였다.

2 편집자 주석의 서지 정보는 전문연구자를 위한 것이라 보아 원문을 유지했고, 나머지 내용만 번역했다.

3 역서 앞머리의 '차례'는 편집자가 원전 맨 뒤에 '개관'이라는 제목으로 첨부한 것인데, 각 문단의 핵심어들로 이루어져 있다.

4 원서의 이탤릭체 가운데 강조를 나타내는 부분은 역서에서 고딕체로 바꾸었다. 저서 제목일 경우에는 명조체로 바꾸고 꺾쇠를 붙였다. 인용문일 경우에는 명조체로 바꾸고 따옴표를 붙였다. 원서의 가상적 인용문에도 따옴표를 붙였다.

5 '아도르노 연보'와 '연도별 아도르노 저작'은 앞서 출판된 강의록의 것을 거의 그대로 활용했다.

아도르노의 저술들은 전집(롤프 티데만Rolf Tiedemann이 그레텔 아도르노Gretel Adorno, 수잔 벅-모르스Susan Buck-Morss 그리고 클라우스 슐츠Klaus Schultz의 도움을 받아 편집한 것으로 1970년 프랑크푸르트 암 마인Frankfurt am Mine에서 출간되었다) 그리고 유고들(테오도르 W. 아도르노 자료실 편, 프랑크푸르트 암 마인, 1993년)에서 인용하였다. 줄임말들은 아래와 같다.

GS 1   Philosophische Frühschriften. 3. Aufl., 1996.
          철학논문집

GS 3   Max Horkheimer und Theodor W. Adorno, Dialektik der Aufklärung. Philosophische Fragmente. 3. Aufl., 1997.
          계몽의 변증법

GS 4   Minima Moralia. Reflexionen aus dem beschädigten Leben. 2. Aufl., 1996.
          미니마 모랄리아

GS 5   Zur Metakritik der Erkenntnistheorie/ Drei Studien zu Hegel. 5.[recte: 4.] Aufl., 1996.
          인식론 메타비판/ 헤겔 연구 세 편

GS 6   Negative Dialektik/ Jargon der Eigentlichkeit. 5. Aufl., 1996.
          부정변증법/ 고유성이라는 은어

GS 8   Soziologische Schriften I, 4. Aufl., 1996.
          사회학 논문집 I

GS 9 · 1   Soziologische Schriften II, Erste Hälfte. 3. Aufl., 1997.
          사회학 논문집 II, 제1권

GS 9 · 2   Soziologische Schriften II, Zweite Hälfte. 3. Aufl., 1997.
          사회학 논문집 II, 제2권

GS 10·1 Kulturkritik und Gesellschaft I: Prismen/ Ohne Leitbild. 2. Aufl., 1996.

문화비판과 사회 I

GS 10·2 Kulturkritik und Gesellschaft II: Eingriffe/ Stichworte. 2. Aufl., 1996.

문화비판과 사회 II

GS 11 Noten zur Literatur, 4. Aufl., 1996.

문학론

GS 14 Dissonanzen/ Einleitung in die Musiksoziologie. 4. Aufl., 1996.

불협화음들/ 음악사회학 입문

GS 18 Musikalische Schriften V. 1984.

음악논문집 V

GS 20·1 Vermischte Schriften I. 1986.

기타 논문집 I

GS 20·2 Vermischte Schriften II. 1986.

기타 논문집 II

NaS I·3 Current of Music. Elements of a Radio Theory, hrsg. von Robert Hullot-Kentor, 2006.

음악의 흐름. 라디오 이론의 요소들

NaS IV·3 Ästhetik(1958/59), hrsg. von Eberland Ortland, 2009.

미학

NaS IV·12 Philosophische Elemente einer Theorie der Gesellschaft(1964), hrsg. von Tobias ten Brink und Marc Phillip Nogueira, 2008.

사회이론의 철학적 요소들

NaS IV·14 Metaphysik. Begriff und Probleme(1965), hrsg. von Rolf Tiedemann, 1998.

형이상학 강의

NaS IV·15 Einleitung in die Soziologie(1968), hrsg. von Christoph Gödde, 1993.

사회학 강의

변증법 입문

여러분이 여기서 알게 될 변증법의 개념은 널리 퍼져 있는 개념, 즉 사태와 동떨어지고 단순히 개념의 기교에 몰두하는 사유라는 개념과 아무 관계도 없습니다. 철학에서 변증법 개념이 처음 등장하는 자리, 즉 플라톤 Platon의 경우에도 변증법은 그와 반대로 궤변적 조작에 희생되는 것을 막아줄 사유의 규율을 뜻했습니다. 플라톤은 사태에 관해 무엇인가를 이해할 때만 대상들에 대해 어떤 이성적인 것을 말할 수 있다고 주장합니다 (『고르기아스Gorgias』, 『파이드로스Phaidros』).[2] 처음부터 변증법은 개념적 사유의 엄격한 조직을 통해 단순한 개념적 속임수를 극복하려는 시도를 의미합니다. 플라톤은 자신의 적수인 소피스트들을 그들 자신의 수단으로 타도하려 합니다.

그렇기는 하지만 고대로부터 우리에게 전승되는 변증법 개념은 내가 생각하는 변증법 개념과 매우 상이합니다. 왜냐하면 고대의 변증법 개념은 일종의 철학 방법 개념이기 때문입니다. 어느 정도는 여전히 그러한 것이기도 합니다. 변증법은 두 가지, 즉 사유의 한 방법이면서 또한 그 이상의 것인 사태의 특정한 구조이기도 합니다. 물론 이 구조는 매우 원칙적인 철학적 검토들에 근거해 철학적 고찰의 척도가 될 것입니다.

플라톤의 경우 변증법은, 철학적 사고가 지금 이 자리에 있는 상태로 머무는 것이 아니라 우리가 알아차리지 못하는 가운데 우리의 의식을 형성하는 방식으로 생명을 지니는 것을 뜻합니다. 플라톤의 변증법은 개념들을 올바르게 정리하고, 구체적인 것에서 최고의 것과 보편적인 것으로 상승해가는 학설입니다. 이념이란 우선 사유가 지향해 올라가는 최상위의 보편개념일 뿐입니다.[3] 다른 한편 변증법은 개념들을 위로부터 올바른 방식으로 구분하는 것을 의미하기도 합니다.[4] 플라톤은 개념들의 올바른 구분이라는 문제에서, 개념들을 그것으로 파악된 사태에 적합하도록 분류하는 문제에 직면합니다. 한편으로는 논리적인 개념구성을 요구해야 하지만, 그것은 폭력적으로 하나의 도식에 따라 이루어져서는 안 되며, 개념들은 사태에 적합하도록 형성되어야 합니다. 린네Linné의 식물학 체계[5] 및 식물의 구조에 따른 자연적 체계와 비교해 보기 바랍니다. 지난날의 전통적인 변증법 개념은 개념들을 정리하는 방법일 뿐이었습니다.

다른 한편으로 플라톤도 이미 우리가 사물들에 부여하는 개념 질서가 또한 대상들 자체가 지닌 질서이기도 한지 간단히 알 수는 없다는 점을 의식했습니다. 플라톤과 아리스토텔레스Aristoteles는 자연의 개념들을 모방하여 그것으로 포착된 사태를 표현하는 데에 기여하는 것을 중요시했습니다. 우리는 어떻게 개념들 너머에 있는 비개념적 존재에 대해 무엇인가를 알게 됩니까? 우리는 개별 개념들이 여러 난관에 얽히게 되는 것을 감지합니다. 그럴 경우 우리는 그러한 결함들에 근거해 더 나은 개념구성으로 넘어갈 수밖에 없습니다. 개념들로 표현되는 것과의 대질을 통해 개념들을 좀 더 밀고 나가는 것, 이것이 변증법의 기본 경험입니다. 우리는 주어진 상태들이 개념들과 일치하는지 하지 않는지 비교할 수밖에 없습니다.

변증법은 사실 사유 방식과 관련되는 일종의 방법입니다. 하지만 그것은 그 자리에 머물러 있지 않으려 부단히 시도한다는 점에서, 또 사태 자체의 실제 상태에 근거해 스스로를 부단히 수정한다는 점에서 다른 방법과 구분되기도 합니다. 변증법을 정의하려고 시도해 봅시다. 변증법은 개념적 질서에 만족하지 않고 대상들의 존재를 통해 개념적 질서를 수정하는 기술을 수행하는 사유입니다. 바로 여기에 대립성의 계기라는 변증법적 사유의 생명 중추가 있습니다. 변증법은 사람들이 변증법이라는 말로 생각하는 것, 즉 단순한 조작의 기술과는 반대되는 것입니다. 그것은 단순한 개념적 조작을 극복하고 사유와 사유 아래 포괄되는 것 사이의 긴장을 매 단계에서 견뎌내려는 시도입니다. 변증법은 사유의 방법이지만 단순한 방법이 아니라 방법의 단순한 자의를 극복하고 개념 속에 개념 자체가 아닌 것을 받아들이려는 시도입니다.

'과장되었다'[6]는 말에 대해. 진리는 늘 다소 간단하고 기본적인 것이어야 하며, 그로부터 떨어져 있는 것은 자의적 부가물일 뿐이라는 주장이 있습니다. 이러한 관념은 세계가 표면에 나타나는 그대로 존재한다고 전제합니다. 그럴 경우 철학은 근본적으로 오류를 범할 것입니다. 기성의 관념을 극복하기 위해 온갖 노력을 기울이지 않는 사유는 사람들이 그냥 말하고 생각하는 것의 단순한 재생산에 지나지 않습니다. 철학은 우리가 바보 취급받지 않도록 가르쳐야 할 것입니다. 헤겔Hegel은 괴테Goethe와 대화하며 "철학은 조직화된 반론의 정신이다"[7]라는 말을 했습니다. 표면, 필연적 가상, 혹은 이데올로기를 파괴하는 모든 사고는 언제나 과장되어 있습니다. 극단에까지 들어가려는 변증법의 성향은 오늘날 다름 아니라 엄청난 외적 압력에 맞서 견디는 기능을 지닙니다.

변증법은 한편에 사유가 존재하고 다른 한편에 그것이 혼신의 힘을 다해 다루는 대상이 있다는 점을 의식하고 있습니다. 변증법적 사유는 주지주의적일 뿐만 아니라, 사태를 통해 사유를 스스로 제한하려는 시도이기도 합니다. 사유는 어떻게 사유규정 내부에서 사태가 유효해지도록 만들게 될까요? 헤겔은 『정신현상학Phänomenologie des Geistes』[8]에서 직접성은 사고가 겪는 운동의 매 단계에서 다시 나타난다고 주장합니다. 사고는 그 대립물, 즉 자연이라고 부를 수 있는 것과 부단히 직면합니다. 변증법 입문은 실증주의 문제와 부단히 대면할 수밖에 없습니다. 변증법 입문은 실증주의의 척도들이 존재하지 않는 척할 수 없고, 그것들을 자기 자신에 비추어 평가하고 이로써 실증주의 자체의 개념을 넘어서려 노력해야 합니다. 실증주의는 변증법의 한 요소이지 세계관이 아닙니다.

1) 1958년 5월 8일 자 첫 강의를 그대로 옮긴 글은 없다. 그 대신 이 강의의 속기록 요지를 정리한 글을 인쇄했다.

2) 플라톤의 초기 대화편인 『고르기아스』에서 동명의 소피스트(B.C. 483~375)는 "한 연사가 민중 앞에서 어떤 사태를 이해하는 사람보다 더 설득력 있게 말할 수 없는 것은 아무것도" 없다는 테제를 주장한다.(『고르기아스』 456 c4~6. 다른 설명이 없으면 번역은 슐라이어마허의 것이다. 『플라톤 전집』, 프리드리히 슐라이어마허 역, 발터 F. 오토 등 편집, 함부르크 1957~59 참조). 그의 대화상대자인 소크라테스는 이와 관련해 두 종류의 설득을 구분하며, 이를 통해 플라톤은 자신의 변증법을 궤변과 특정하게 대조한다. 즉 자신이 말하는 사물들에 대해 아무것도 이해하지 못해서 단지 억견과 신앙만을 내놓는 설득과, 각 사태의 본성, 개념, 근본에 대한 인식을 통해 지를 산출하는 설득이 그것이다. 이 대화편 제1부 끝부분은 올바른 연사라면 자신의 기술 즉 수사법을 가르칠 수 있기 위해 다름 아니라 사태를 인식해야 함을 고르기아스가 인정하는 것으로 끝난다(『고르기아스』 459 c8~460 b1). ─ 그 후에 나온 『파이드로스』에서 좋은 연사와 나쁜 연사의 구분을 다루는 둘째 주요 부분은 '사태에 대한 인식이 있느냐, 없느냐' 하는 동일한 대립 명제로 시작한다. "소크라테스: 선하고 아름답게 말해야 하는 경우에 연사의 지성은 그가 말하려는 것의 진정한 특성을 인식해야 하지 않겠는가?"(『고르기아스』 259 a4~6) 아도르노는 자신이 소장한 플라톤 전집(Plato, Sämtliche Dialoge, hrsg. von Otto Apelt, Bd. 2, Leipzig o. J.[ca. 1922])의 이 부분에 밑줄을 쳐 놓았으며, 책 여백에는 ('포르테'를 나타내는) 'F'자를 적어두었다. 그 면 위쪽에는 수사법 이론의 핵심이라는 말이 적혀 있다. 『파이드로스』에서도 논의 결과는 『고르기아스』에서와 같다. "소크라테스: 그러므로 앞에서 우리가 논의한 바 전체를 통해 알 수 있듯이, 자기가 말하고 쓰는 어떤 사물이든 그 진정한 특성을 알고 그것 자체를 완전히 설명할 수 있기 전에는, (…) 그러기 전에는 여건이 되어 가르치거나 설득하기 위해 솜씨 있게 연설을 다룰 수 없을 걸세."(『파이드로스』 277 b5~c6).

3) 구체적인 것에서 보편적인 것 ─이념─ 으로 이렇게 상승하는 운동과 관련해서는 아도르노가 여러 차례 인용하는(그는 자신이 소장한 플라톤 전집에 다양하게 밑줄을 치고 주석을 달아 놓았다) 『향연(Symposion)』에서 디오티마가 하는 말 가운데 마지막 구절이 고전적인 대목이다.(『향연』 210a~211b 참조. 또 28쪽과 주석 27도 참조할 것).

4) 이 이중의 운동—최고의 보편개념으로 올라가는 상승운동과 분류를 통해 개념을 나누는 하강운동—과 관련해 아도르노가 이하 자신의 생각에서 명백히 염두에 두었던 플라톤의 텍스트 구절은 『파이드로스』의 마지막 부분에서 찾을 수 있다. 여기에는 사랑을 신적인 광기라고 보는 변증법적 개념규정에 따라 다음과 같은 말이 나온다. "소크라테스: 내가 보기에 다른 것은 모두 사실상 그저 농담으로 말한 것 같다네. 다만 누군가 근본적으로 좋은 솜씨 덕분에 행운을 얻게 되면, 연설은 이 두 가지 훌륭한 면을 갖추게 될 걸세. —파이드로스: 그건 어떤 것인가요?— 소크라테스: 다양하게 흩어져 있는 것을 개관하여 하나의 형태로 바꾸고 그 하나하나를 정확하게 규정하여 매번 자신이 설교하려는 바를 명확하게 만드는 일일세. (…) 또한 그와 마찬가지로 그 하나하나가 만들어진 대로(ἧ πέφυκεν), 구성에 맞도록, 개념들에 따라 분할할 수 있으면서 예컨대 형편없는 요리사처럼 처신해 어느 한 부분을 부숴 버리는 일이 없도록 하는 걸세. (…) 그러니까 파이드로스여, 나 자신이 이처럼 분할하고 결합하는 일을(τῶν διαιρέσεων καὶ συναγωγῶν) 아주 좋아한다네. 그로써 나는 말하고 생각할 수 있다네. 또 나는 어떤 사람이 하나로 된 것과 여러 개로 된 것을 간파할 수 있는 자라고 생각하면, 그 사람의 뒤를 '신의 발걸음'인 양 따른다네. 한데 이런 일을 할 수 있는 사람들을 내가 제대로 명명하는지는 잘 모르지만 아무튼 아직은 변증론자라고 칭한다네."(『파이드로스』 265 c8~266 c1) 이 구절을 아도르노는 자신이 소장한 플라톤 전집에서 충분히 인용하고 있다. '하나하나가 만들어진 대로'(hē péphyken)라는 표현을 아펠트는 '본성에 맞도록'이라고 번역하는데, 아도르노는 그 부분에 밑줄을 그어 놓고 있다. 그 페이지 위쪽에는 διαίρεσις 즉 '본성에 맞도록'이라는 조언에 삼중으로 밑줄을 그어 놓은 것을 볼 수 있다. 여기서 플라톤이 제기한 요구, 즉 개념적 규정 과정에서 사태의 본성에 무리 없이 적용해야 한다는 요구는 아도르노의 변증법 구상에서 중심적인 의미를 지닌다. 그는 이러한 사고를 —다시 『파이드로스』와 관련지어— 『부정변증법』에서 상세히 전개한다. — 이때 플라톤이 『파이드로스』에서 변증법에 관한 자신의 후기 견해에 대해 말하는 것은 물론 개념의 본성에 따라 정의하는 새로운 방법의 일반적인 암시일 뿐이다. 이는 『소피스트』에서 비로소 완전히 전개되며 '변증법적 학'으로서 개념화된다.(『소피스트』 253 d1~e2참조).

5) 칼 폰 린네(Carl von Linné: 1707~1778): 그의 논문 「자연의 체계」(1735)는 현대 식물학 체계의 기초로 간주된다. 여기서 적용된 그 대상 분류 방식을 아도르노는 단지 외적이고 추상적 논리적 도식에 따라 처리하는 방법의 진수라고 보았다.

6) 아도르노는 첫 강의를 다음과 같이 구성했다. 즉 그는 변증법을 비판하는 ─변증법은 단순한 개념들로 인위적인 조작을 하는 것이다, 변증법은 모든 것을 과장한다, 변증법은 주지주의적이다 등의─ 흔한 선입견을 받아들이고 단계적으로 그것을 무력화하려고 시도한다.

7) 에커만의 말에 따르면 헤겔은 괴테가 변증법을 무엇이라고 생각하느냐고 질문하자 다음과 같이 답했다고 한다. "그것은 근본적으로 (…) 각자에게 내재하는, 정리되고 방법적으로 구성된 반론의 정신일 뿐입니다."(Johann Peter Eckermann, Gespräche mit Goethe in den letzten Jahren seines Lebens, Eintrag vom 18. Oktober 1827, in: Johann Wolfgang Goethe, Sämtliche Werke nach Epochen seines Schaffens, hrsg. von Karl Richter, Bd. 19, hrsg. von Heinz Schlaffer, München und Wien 1986, S. 603).

8) Vgl. Georg Friedrich Wilhelm Hegel, Werke. Auf der Grundlage der Werke von 1832~1845 neu editierte Ausgabe. Redaktion Eva Moldenhauer und Karl Markus Michel, Bd. 3: Phänomenologie des Geistes, Frankfurt a. M. 1986.

여러분 안녕하십니까.[9]

지난번에 나는 변증법 개념에 접근하려고 할 때 처음부터 파악할 필요가 있는 한 가지 문제 혹은 어려움을 여러분에게 소개하고자 했습니다. 그 어려움은 한편으로 변증법이 사유의 한 가지 방법이며, 또 다른 한편으로 고찰하려는 사태 자체의 규정·질·본성에 합당해지려는 시도라는 데에 있습니다. 헤겔은 『정신현상학』[10] 서문에서 '개념들의 운동'이라는 용어를 만들어냄으로써 그 점을 표현했습니다. 그런데 이때 그의 경우 바로 '개념'이라는 것이 이 이중적인 것입니다. 즉 한편으로 우리가 사물들에 부여하는 개념, 그러니까 우리가 방법적으로 사용하는 계기들의 종합이고, 다른 한편으로 사태 자체의 생명입니다. 왜냐하면 여러분도 이제 알게 되겠지만, 헤겔의 경우 한 사태의 개념은 사태에서 추출해낸 개념일 뿐만 아니라 사태 자체의 본질을 실제로 구성하게 되는 것이기도 하기 때문입니다. 일반적인 변증법 개념에 접근할 때의 어려움, 이 분과가 낯설 경우 일단 그것이 도대체 무엇일까 하는 개념 혹은 관념을 만들 때의 어려움은 바로 내가 여러분에게 말한 대목, 즉 한편으로는 우리가 배울 수 있는 사유 방식이 관건이지만, 다른 한편으로는 사태 자체 속에서 진행되는 것이 관건이라는 점에 있습니다.

그러니까 여러분은 한편으로 대상을 그 모순들의 필연적 운동 속에서 개진하는 방식으로서의 변증법적 방법이라는 이야기를 듣습니다. 하지만 다른 한편으로는 오늘날 특히 헤르만 바인Hermann Wein[11] 이래로 아주 흔히 쓰이는 말을 써먹자면 실재변증법Realdialektik, 즉 사태 자체 속에서 진행되고 그 자체의 개념상 모순들 속에서 작동하게 되는 변증법에 대해서도 듣습니다. 여러분이 이런 형태의 변증법에 대한 이야기를 들으면 아마 우선은, 내가 여러분에게 묘사하려고 한 이 이중적 성격의 변증법 개념을 다룰 수 있으려면 일종의 사유와 존재의 동일성을 상정해야 한다고 불가피하게 생각할 수밖에 없을 것입니다. 즉 실제로, 또 궁극적 의미에서 이 방법을 통해 서술되는 사유와 이 사유의 대상, 즉 변증법을 통해 표현되어야 할 사태 자체가 동일한 경우에만, 단지 그럴 때만 이런 이중적 의미로 변증법에 대해 의미 있게 이야기할 수 있을 것입니다. 그것이 단지 혼동을 뜻하는 것이 아니어야 한다면, 즉 완전히 상이한 두 사태를 동일한 단어로 나타내는 것이 아니라면 말입니다. 실제로 단순한 애매성이 문제일 수도 있습니다. 그러니까 한편으로 마르크스Marx가 하필이면 그다지 적절해 보이지 않는 대목에서[12] 서술의 특정한 형식을 변증법이라고 불렀듯이, 특정한 사유방법을, 사태를 서술하는 특정한 방식을 변증법이라고 부를 수도 있고, 다른 한편으로 이 변증법이라는 말로 완전히 다른 것을, 즉 사태 자체에서 무르익는 대립들의 부류를 생각할 수도 있는 것입니다. 여러분이 처음부터 진지한 변증법 개념을 얻고자 한다면 다음과 같은 점을 분명히 알아야 한다고 생각합니다. 즉 이 경우 변증법은 단순한 방법이어서는 안 되며 —왜냐하면 그렇게 되면 그것은 바로 내가 여러분에게 지난 시간에 낡은 고대적 변증법으로 설명한 것, 즉 단순한 사유 방식에 대한 학설일 터이기 때문입니다—, 또한 경험적으로 사태 속에 현존하는 대립들에 대한 단순한 관념이어서도 안 됩니다. 왜냐하면 이 경우 변증법에는 변증법으로 하여금 실제로 어떤 철학과 같은 것이 되고 현실과 형이상학의 중대 문제들에 대한 설명 원칙과 같은 것을 우리에게 제공할 수 있게 해주는 전체의 힘 혹은 강제력이 존재하지 않을 터이기 때문입니다. 이 둘은 분명 변증법적 철학이 필연적으로 사유와 존재를 동일한 것으로 설정하는 철학일 수밖에 없다고 말할 때만 일단 결합될 수 있을 것입니다. 또 사실상 이는 철학적으로 완전히 발전한 형태의 변증법인 헤겔의 변증법에 적용됩니다. 이 궁극적인 의미에서 헤겔의 변증법은 최종단계에서 바로 존재 자체가 혹은, 『정신현상학』 서문에서 이야기하듯, 진리가 주체라고[13] 주장하는 일종의 동일성철학인 것입니다.

그런데 나는 벌써 여러분을 변증법적 철학 전반의 성향과 관련된 상당히 심각한 문제로 끌어들인 셈입니다. 지난 시간 강의를 따라왔다면 여러분은 내가 한 말, 즉 변증법은 그 자체로는 주체가 아닌 것을, 그러니까 한편의 사태와 다른 편의 사유라는 두 규정이 서로 동화되지 않는다는 사실을 철학적으로 감당하려는 시도라는 말을 기억할 것입니다. 그런데 이제 갑자기 그 두 가지가, 아무튼 헤겔의 구상에서는, 서로 동일해야 한다는 것입니다. 이때 여러분이 부딪치는 이 최고수준의 모순, 즉 한편으로 변증법은 비동일성을 사유하려는 시도, 그러니까 사유로 소진되지 않는 대립적 계기들을 사유를 통해 받아들이려는 시도이지만, 다른 한편으로는 동일성철학으로서만, 즉 근본적인 의미에서 사유와 존재를 동일시하는 철학으로서만 가능하다는 모순, 바로 이 모순이야말로 원래 헤겔식 관념변증법이 설정한 계획을 정식화하는 것입니다. 즉 헤겔식의 사유는, 헤겔의 용어로 말하자면, 동일성을 비동일성과 통일시키겠다는 계획을 명백히 표명했습니다.[14] 그러니까 그것은 모든 것을 사유 속에 받아들이지만, 동시에 매 순간 사유를 그 대상과 상이한 것으로 확인하려는 계획입니다. 이에 대해 여러분은 우선 그것이 언론의 자유이면서 검열이기도 하다고, 사유에 지나치게 많은 것을 요구하는 명백한 모순이라고 말할 것입니다. 즉 한편으로 변증법은 주체와 객체의 대립, 사태와 방법의 대립, 인식과 무한한 절대자의 대립을 표현하려고 노력하는 것이지만, 다른 한편으로는 그것을 다시 통일시키고 이로써 이 대립을 없애야 하는 것입니다. 도대체 이것을 어떻게 생각해야 하겠습니까?

그런데 이에 대한 헤겔의 해답은, —나는 지금 헤겔식 변증법, 즉 관념변증법에 대해서만 말하겠습니다. 유물변증법에 대해서는 나중에 논하겠는데, 그것은 완전히 다른 구조를 지닙니다— 이 경우 헤겔의 이념은 다음과 같은 것인데, 여러분은 이로써 한 가지 변증법적 철학의 계획을 마치 호두껍데기 속에 있는 듯한 상태로 대면하게 될 것입니다. 즉 사유 일반이 접할 수 있는 모든 개별 규정 속에서는 비동일성이 드러납니다. 사유와 그 대상이 서로 일치하지 않는다는 사실이 드러나는 것입니다. 하지만 사유 일반이 상승해 올라갈 수 있는 모든 규정들의 총괄개념 혹은 철학의 모든 규정들의 총체는 바로 이 절대적 동일성을 산출해낸다는 점도 드러납니다. 어쩌면 좀 더 조심스럽고 엄밀하게 헤겔식으로 말하자면 철학은 이 동일성을 산출한다고, 철학은 실현된 개별 모순들 모두의 총체 내지 총괄개념으로서의 동일성이라고 해야 할 것입니다. 그러니까 헤겔의 경우 철학은 전체임을 주장하는데, 이 전체 속에는 모순들이 살아 있으며 동시에 전체로서의 철학 속에서 지양되어 있는 것입니다.

이것이 아주 간단히 말해서 관념변증법이 본래 설정한 계획입니다. 이를 헤겔은 '진리는 전체다'[15] 라는 명제로 표현했습니다. 하지만 이제 여기서 진리 개념과 관련되는 몇 가지 문제들에 대해 말하기 전에 최소한 여러분에게 이미 언급한 이른바 '개념의 운동'과 관련되는 대목을 읽어주고 싶습니다. 분명히 여기서도 여러분은 일단 어떤 어려움에 부딪칠 것이기 때문입니다. 본 강의에서 나는 여러분을 변증법으로 안내해갈 뿐 전체로서의 변증법 철학을 여러분에게 설명하는 것은 아닙니다. 이는 여러분에게 지난 시간에 암시한 이유들 때문에, 단지 내가 우리의 과학 이전 의식만 아니라 과학적으로 정형화된 의식 속에서도 변증법에 제기되는 난관들을 제거하려고 시도한다는 것을 의미할 뿐입니다. 그리고 그 난관들에 대한 이 부정은 동시에 언제나 변증법적 개념 자체에 대한 하나의 규정과도 사실상 같은 것이기 때문에, 실제로 이와 같은 입문은 동시에 여러분이 어떻게 변증법적으로 사유할 수 있는지를 말해주는 일종의 모델이기도 합니다.

개념에 대해 말하자면, 앞에서 내가 여러분에게 헤겔을 인용하여 어쩌면 좀 너무 경솔하게 이 자리에 끌어들인 '개념의 운동'이라는 관념 같은 것도 사실상 여러분에게 조금 무리한 요구입니다. 여러분은 모두 과학 이전의 사유나 그 이상으로 여러분이 어떤 형태로든 수행한 과학적 연구에 근거해, 여러분의 개념들을 고수하는 것, 즉 일정 수의 특징을 통해 개념들을 '깨끗하게' 정의하는 것을 여러분의 정신적 훈련의 과제로 삼는 데에 익숙할 것입니다. 또 이 개념들에 다른 식으로 정의된 다른 개념들을 떠맡기지 않는 것, 달리 말하면 이 개념들이 운동하지 않게 하는 것을 과학적 청결의 증거로 간주할 것입니다. 지난번에 나는 여러분에게 변증법이 흔히 궤변적인 것이라고, 즉 사람들에게서 확고한 규정을 모두 앗아갈 수 있다고 의심받는다는 이야기를 했습니다. 이때 여러분은 바로 다음과 같이 반발하게 됩니다. 즉 사람들은 변증법에서 아무것에도 의지할 수 없으며, 개념들을 어느 정도 손에 쥐었다고 믿자마자 다시 그것들을 빼앗기며, 말하자면 사유하는 자의 자의와 어쩌면 사유하는 자의 암시에 내맡겨져 있다고 믿는 것입니다. 이 자리에서 여러분에게 이 문제와 관련된 대목, 이런 부류의 첫 대목을 헤겔의 『정신현상학』에서 낭독해주기 전에 우선 다음과 같은 점을 말하고 싶습니다. 즉 변증법적 사유의 과제는, 예컨대 하나의 개념이 지니는 어떤 규정을 동일한 개념의 다른 규정들로 은밀히 대체하는 식으로 개념들을 가지고 곡예를 하는 것일 수 없습니다. 그런 방식은 사실상 궤변적 사유의 길이지 변증법적 개념의 길이 아닙니다. 오히려 변증법의 이상에 비춰볼 때 ─이와 관련해 나는 결코 그것이 언제나 또 어떤 변증법적 작업에서나 실현되었다고 주장할 생각은 없습니다 — 본래 변증법은, 어떤 개념과 그것이 뜻하는 사태 사이에 어떤 난관들이 생겨난다는 점이 드러날 때까지, 개념들 자체를 활용하고 그것의 사태를 추적하며, 특히 그 개념을 그것이 뜻하는 바와 대질해야 합니다. 그러면 이 난관들로 인해 사유의 진행과정에서 그 개념을 어떤 방식으로든 변화시킬 수밖에 없지만, 그 개념이 원래 가졌던 규정을 포기해서는 안 되는 것입니다. 오히려 이러한 변화는 바로 원래 개념에 대한 비판을 통해, 그러니까 원래 개념이 그것의 사태 자체와 —이 사태가 아무리 잘 정의된 것처럼 보이더라도— 일치하지 않는다는 점을 드러냄으로써, 이루어집니다. 또 원래의 개념이 그 사태와 일치하도록 촉구한다는 점에서 그러한 변화는 원래의 개념을 정당하게 대하는 것입니다. 변증법적 사유를 통해 어떤 하나의 정의를 버린다는 것은 다양한 정의들로 유희함으로써 야기되는 자의적 행위가 아니라 —아무튼 그 이념상— 개념이 사태와 부단히 대면하는 가운데, 그러니까 개념의 내재비판을 통해, 또 그것을 무엇이라고 칭하든, 개념 자체의 불충분함을 확인하게 됨으로써, 바로 그 비동일성의 계기, 즉 개념과 사태의 불일치를 표현해야 하는 것입니다. 또 이때 개념이 경험하는 변화는 동시에 헤겔 철학의 의미에 비춰볼 때 사태 자체의 변화이기도 합니다.

변증법은 그것이 관여하는 개념과 그 정의에 대해 도대체 어떤 관계를 지니느냐 하는 이 문제와 관련해, 일단 내가 여러분에게 미리 제시하는 대답은 이상과 같습니다. 이제 여러분에게 헤겔의 글에서 이에 관한 몇 문장을 낭독하겠습니다. "순수한 본질들의 이 운동이 과학성 일반의 본성을 이룬다. 그 본질들의 내용의 연관관계로서 고찰할 때, 이 운동은 내용의 필연성이자 유기적 전체로의 확장이다. 마찬가지로 지의" —철학적인 지, 완전히 전개된 지의— "개념에 도달하는 길은 이 운동을 통해 필연적이고 완전한 형성과정이 되며, 따라서 이러한 준비과정은 우연성을

수반하는 불완전한 의식의 이러저러한 대상들·관계들·사고들과 결합하
거나, 특정한 사고들에 근거하며 오락가락하는 추론·추정·결론도출을
통해서 진리를 정초하려는 우연적 철학행위이기를 그친다." ―그러니까
내가 방금 여러분에게 말한 개념들의 자의적 연장이기를 그치는 것입니
다― "오히려 이러한 길은 개념의 운동을 통해 의식의 완전한 세계를 운동
의 필연성 속에서 포괄하게 될 것이다."[16]

　　그러니까 위와 같은 것이 그 개념의 운동이라는 계획입니다. 나는
여러분에게 이 개념의 운동이라는 이념을 우리의 사유를 통해 개념들에
적용되는 방법이라는 의미에서 일단 설명했습니다. 혹은 좀 더 겸손하게
표현하자면, 암시했습니다. 내가 처음에 말한 바, 즉 변증법의 이념은 언
제나 본래 이중의 것을, 즉 사유의 방식과 관련된 것만 아니라 사태의 형
태와 관련된 것도 뜻한다는 점을 여러분이 잠시 기억하면, 아마 여러분은
변증법 일반에 대해 핵심적이라고 여겨지는 '개념의 운동'이라는 이 개념
에 도달할 것입니다. 좀 더 상세히 말하자면, 여러분이 어느 한 변증법 철
학의 기초가 되는 ―그리고 이 자리에서 분명히 말하건대, 헤겔식의 관념
변증법과 마르크스식의 유물변증법이라는 두 부류의 변증법 철학 어느
한쪽에든 마찬가지로 기초가 되는― 사태 혹은 대상이라는 개념에 대해
생각한다면 그렇습니다. 그러니까 ―지금은 일단 좀 독단적으로 주장하
고, 이 규정의 독단적이고 단순한 주장에 그치는 측면을 나중에 만회하리
라고 기대합니다만― 대상의 관념 혹은 개념을 통해 전개되어야 할 것의
관념은 그 자체로 운동하는 것의 관념이며, 따라서 자체로서 같은 것, 영
원히 자체와 동일한 것이 아니라, 본래 그 자체가 일종의 과정인 것의 관
념이라는 점을 생각한다면 말입니다. 일단 이 대목에 근거해 정식화하자
면, 기본경험은 사태로부터 나오는 것이며, 주체의 이론이 아니라 객체의
이론으로부터, 변증법 일반을 고취한 사태로부터 나오는 것, 사태 자체의
원칙적 역동상태에 대한, 달리 말하면 세계 일반의 원칙적 역사성에 대

한 경험입니다. 즉 하늘과 땅 사이에는 단순하게 그냥 존재하는 것은 본래 아무것도 없으며, 존재하는 모든 것은 본래 역동적인 것, 형성되는 것으로 파악해야 한다는 원칙적 경험인 것입니다.[17] 그런데 이는 칸트Kant의 이론에서도 이미 구상된 것이기도 합니다. 그에 따르면 시간은 우리 직관의 필연적 형식일 뿐만 아니라, 우리의 사고들을 결합하는 최후의 유효한 규정이며, 그래서 본질적으로 어떤 시간적인 것으로 사유될 수 없는 것은 전혀 아무것도 사유될 수 없는 것입니다.

따라서 원칙적인 역사적 운동성에 관한 이러한 사고로 인해 사유는 이제 사실상 개별 본질을 경직된 것으로서가 아니라, 그 객관적 구성에 비춰볼 때, 혹은 객관적 규정상태에 비춰볼 때, 역사 속에서 변해가는 것으로서 파악하게 됩니다. 하지만 이 견해는 또 하나의 본질적인 계기를 갖고 있습니다. 그것은 헤겔에게 특징적이며, 원래 체계적 사고, 즉 실재를 자체로서 통일성 있게 서술하려는 사고에서 나온 계기입니다. 즉 사태 자체의 이러한 역사적 운동성, 존재에 대한 역사의 이 우선성은 단순히 시간 속에서 대상들이 겪는 우연적 변화가 아니라는 것, 오히려 우리가 따르는 필연성, 법칙적인 것, 포괄적인 것이 원래 이처럼 역사적으로 변화한다는 것입니다. 물론 전통적 사유, 변증법 이전의 사유는 필연적인 것, 무조건 타당한 것을 고정된 것, 불변적인 것, 늘 그렇게 존재하는 것과 동일시했습니다. 예컨대 몽테스키외Montesquieu[18]와 비코Vico[19] 이래, 또 18세기를 지나며 콩도르세Condorcet[20]를 거쳐 마침내는 피히테Fichte[21]와 헤겔에 이르러 완성된 역사적 차원의 발견은 이 지점에서 실제로 코페르니쿠스적 전회konpernikanische Wendung를 의미하며, 그 파급효과는 이른바 칸트 철학의 코페르니쿠스적 전회와 충분히 비교될 수 있을 것입니다. 그 의미는 이렇습니다. 즉 필연성은 본래 사물들이 자체로서 같은 상태로 머물고 서로 동일한 곳에 있는 것이 아니라는 점, 필연적인 것은 다름 아니라 자체와 동일한 것을 다른 것으로, 자체와 상이한 것으로, 마침내는 자체와 모순된 것으로 되게 만드는 발전의 주요 법칙들이라는 점입니다. 가장 이해하기 쉬운 것을 실마리로 삼자면, 우리 모두가 겪는 경험, 즉 우리의 개인적 운명이 개별 주체로서 우리가 언제나 얽혀 있게 되는 결정적으로 중대한 역사적 운동경향에 좌우된다는 경험, 우리 삶의 법칙이 이른바 '존재의 기본규정상태'라기보다 오히려 우리 시대와 모든 시대의 역사적 운동이라는 이 경험은 본래 사태에 기인하는 충동이며, 이는 우선 변증법 일반의 발상에 어울리는 것입니다. 그리고 여러분이 이제 실제로 변증법을 여러분 자신의 일로 만들고자 한다면, 그러니까 여러분 자신의 경험에 근거해 변증법적 사유를 실제로 조건짓는 모티프들을 재생산하고, 새롭게 생산하고자 한다면, —나는 여러분이 그렇게 하도록 고무하고 싶습니다— 내 생각에 이는 바로 실제의 법칙, 실제의 객관성, 실제로 우리의 단순한 개인적 성격을 넘어서 우리의 행위와 사유를 본래 규정하는 것, 그것이 우리 자신의 단순한 현상태 혹은 우리가 단적으로 알고 있다고 여기는 것보다는 오히려 역사적인 것이라는 점을 여러분이 경험하게 되는 데에 있습니다.

헤겔은 이 대목에서 —그리고 이는 그의 변증법에서만 아니라 경우에 따라서는 유물변증법에서 더 [나타나는] 계기입니다— 창끝을 돌렸습니다. 즉 전통적인 사유 전체에서 절대적으로 확실하고 견고한 것으로 나타나는 것, 자체와 같은 상태로 머물고 몰역사적이고 고정된 진리가 이제 그 자체로 역사적 왜곡상, 달리 말하면 스스로를 영속화하려는 굳어진 관계들의 표현으로 나타납니다. 스스로를 영속화하는 것은 이러한 관계들 자체의 본성이기도 한데, 그 관계들은 근본적으로 주체에 대한 살아 있는 관계에서 떨어져 나온 것이며, —이 철학의 결정적인 용어로 표현하면— '사물화'된 것입니다. 따라서 대중적이고 비변증법적인 사유에 대해 진리의 보증처럼 보이는 것, 고정적인 것, 불변적인 것이 이 철학에 대해서는 —이 점은 변증법의 두 부류에 모두 해당됩니다— 처음부터 일종의 경직현상으로, 철학을 통해 용해해야 할 것으로 보입니다. 즉 마치 진리인 것처럼 자체 내에서 완결되고 절대화된 유한한 사물을 그릇되게 기초로 삼는 것 혹은 실체화하는 것처럼 보이는 것입니다. 세계가 사물화되고 관습화될 때에는 역사적으로 생성된 것, 얼어붙은 것, 굳어버린 것이 마치 우리에게 단적으로 언제나 타당한 즉자존재자처럼 보이는데, 그러한 사물화 내지 관습화에 맞선 싸움이 변증법적 사유 일반의 논쟁적 출발점을 이룬다고 할 수 있습니다.

또한 변증법적 사유는 그것이 어떤 한 가지 원칙, 하나의 또 다른 추상적이고 그 자체로 —여러분이 원한다면— 사물적인 원칙, 예컨대 생명의 원칙 따위의 이름으로 이 사물화와 경쟁하는 것이 아니라, 사물화 자체를 그 필연성 속에서 파악함으로써, 사물화를 극복하려 시도한다는 점이 매우 특징적입니다. 즉 [그것은] 제도들의 경색 혹은 경화 현상들, 우리에게 낯선 것, 우리를 속박하는 것으로 맞서는 모든 것의 소외현상들 자체를 나름으로 또한 역사적인 개념으로부터 추론해냅니다. 이 경우 역사적이라는 말은 내가 여러분에게 해석해 주려 한 '개념의 운동'이라는 표현을 통해 묘사한 각별한 필연성이라는 의미로 받아들인 것입니다. 그것은 역사적 필연성을 사태 자체에 대한 통찰과 결합하고자 하는 것입니다. 사태 자체를 [파악한다]는 것은 엄밀히 말해 한 사태의 역사적 필연성을 그 모든 단계에서 파악하는 것과 동일한 것이어야 하기 때문입니다. 그러므로 여러분은 그가[헤겔이] '개념의 운동'이란 철학행위가 이런저런 대상들·관계들·사고들과 결합되는 단순히 우연적인 것이기를 그치는 것을 의미한다고 말할 때, 그와 같은 점을 생각해야 합니다. 철학행위가 그처럼 우연적인 것이 아닌 까닭은, 그것이 이 대상들 자체를 우연한 상태로 방치하지 않고 그 필연성 속에서 추론하려는, 심지어 우연성 자체조차 그 필연성 속에서 추론하려는 의도를 가지고 있기 때문입니다.

내 생각에 이로써 나는 변증법이 방법인 한에서, 주지하듯이 대화로 정당성을 입증하는 방법이라고 의심받지만 이러한 방법일 수는 없고, 현실에 담긴 객관적 모순들을 따라잡으려는 시도라는 사실을 이미 어느 정도 여러분에게 보여준 셈입니다. 여러분이 잠시 객관성의 역사적 성격이라는 모티프에 대해 생각하면, 이 객관성의 역사성은 대상들이 자체 내에 머물지 않고 움직이게 된 것이라는 점을 의미합니다. 그리고 이러한 운동성은 실제 역사에서 역사가 분열되어 있다는 점, 역사가 모순들 속에서 전개되며 우리가 이러한 모순들을 추적해야 한다는 점을 의미합니다. 물론 이로 인해 —또 내 생각에 여러분이 이 점을 주의하도록 하는 것은 중요한 일입니다만— 변증법은 처음부터 오늘날 유행하고 있는 존재철학과 생각할 수 있는 한 가장 첨예하게 대립하고 있습니다. 존재철학은 원래부터 반-변증법적으로 시작됩니다. 또한 나는 오늘날의 존재론적 사유를 대변하는 여러 사람이 어떤 식으로든 헤겔을 자기편으로 끌어들일 수 있다고 믿음으로써, 이 첨예하고 예민한 대립을 지워버리도록 내버려 두지 말라고 여러분에게 경계하고자 합니다.[22] 이 존재철학에서 문제가 되는 것은 일반적으로 헤겔을 존재론화하는 것일 뿐입니다. 즉 그들은 진리 자체의 역사적 성격에 대한 극히 근본적인 관념을, 마치 존재에 대한 하나의 해석이 관건인 것처럼 해석하려 합니다. 이에 반해 두 부류의 변증법 철학은 공통적으로 단순한 역사성과는 아무 상관없으며, 따라서 존재 혹은 진리가 역사적 성격을 띤다는 단순한 주장에 머물지 않고, 그로부터 대상들의 모든 구체적 규정들에 이르기까지 그러한 역사적 성격을 따라잡아야 한다는 결론을 이끌어냅니다. 따라서 변증법이란 존재의 역사성 혹은 진리의 역사성을 추상적으로 어느 정도는 세계관적으로 보증하는 것이 아니며 그런 것일 수도 없다고 하겠습니다. 오히려 변증법에서 실제로 그 사태의 철학적 개념을 인식하는 것이 중요하다고 할 때, 이는 변증법이 관련 대상들의 역사적 의미들을 구체적으로 해명해야 한다는 것을 의미합니다. 덧붙여 말하자면 이에는 한편의 보편적인 것, 영원한 것, 지속적인 것과 관여하는 철학과, [다른 한편의] 실증적 개별 과학들 사이의 흔한 구분을 변증법적 사유가 인정할 수 없다는 의미도 함축되어 있습니다. 왜냐하면 한편으로 변증법 자체가 그것이 해석하는 구체적 과학들의 규정들에 그 실체를 두고 있으며, 다른 한편으로 과학들의 규정들은, 그 것들이 개념의 의미에서 해명되지 않은 한, 역사적으로 말하기 시작하지 않은 한, 변증법에 대해 아무 상관도 없는 것으로 나타나기 때문입니다.

아마 여러분은 이 대목에서 그러한 변증법적 사유를 추구하는 본질적 모티프 한 가지를 인식할 수 있을 것입니다. 오늘날 현존하는 철학과 과학 사이의 분업에서는, 비록 반대되는 주장들을 하더라도, 사실상 인식이 그 실체를 갖게 되는 모든 것, 인식에서 중요한 모든 것이 대체로 개별 과학에 맡겨져 있으며, 이때 이 인식은 단순히 실증적인 것으로, 그러니까 사실에 대한 단순 확인에 빠지고, 그렇게 확인된 것의 의미나 현존하는 것의 정당성에 대한 물음은 전혀 제기하지 않는 듯해 보입니다. 그럴 경우 철학에 남아 있는 것은 실제로 지극히 공허하고 텅 빈 것, 순수한 존재[23]의 개념과 같은 개념밖에 없을 것입니다. 그리고 철학이 여전히 그 많은 소인배들Männchen[24]을 만들고 이 추상적 존재 개념으로 어떤 구체성을 날조해내려고 그토록 여러 가지 노력을 기울여도, 그런 일은 사실상 성공하지 못합니다. 이때 어떤 고상하고 더 나은 개념을 얻기 위한 일종의 마술주문이 되어야 할 이 존재라는 것으로부터 철학이 끌어들이는 온갖 규정들이 바로 그 존재자의 영역에서 나오는 것이며, 따라서 존재론적 철학들이 그토록 격정적으로 그릇된 교만을 보이며 배척하는 역사적인 것의 영역에서 나오는 것이기 때문입니다. 변증법은 그보다 더 겸손하면서 동시에 덜 겸손합니다. 변증법은 진리가 자체로 동일하게 머무는 것, 영원한 것이라고 주장하지 않습니다. 오히려 변증법은 역사의 규정을 자체 내에 받아들인 진리 개념을 가지고 있습니다. 그런 점에서 변증법은 좀 더 겸손하지만, 또한 이 실질적 규정들로 스스로를 채우고 진정한 철학적 규정들을 바로 구체적 대상들에서 얻을 수 있다고 믿는 한에서 덜 겸손합니다. 또한 존재철학들이 이 구체적 규정들을 그저 사취할 뿐인 반면에, 그러니까 [그것들을] 역사적인 것과 존재자의 전 영역으로부터 받아들이고, 그것들을 부정하면서 동시에 순수한 존재라고 선언할 수밖에 없는 반면에, 순수 존재와 단순한 역사적 현존재 사이의 대립을 받아들일 수 없는 변증법적 철학은 사실상 역사적으로 존재하는 것에 기인하는 규정들을 통해 아무튼 자체의 철학적 판단을 수행하고자 하며, 바로 이 역사적으로 존재하는 것을 따라잡고자 합니다.

나는 이제 여러분에게 암시한 프로그램 속에 지극히 중차대한 결론이 숨겨져 있다는 점을 지적하고 싶습니다. 그것은 이 시간에 내가 여러분에게 분석해준 변증법의 요구 가운데 가장 난해할 것입니다. 그것은 곧 진리 개념과 관련한 요구입니다. 진리에 대한 일반적 관념은 사실 진리가 초시간적으로zeitlos[25] 존재하는 것, 절대적으로 자체와 동일한 것으로 남아 있다는 생각입니다. 이러한 진리도 물론 시간 속에 위치하며, 시간 지수를 지니며, 아무튼 시간에 의해 영향을 받게 되며, 우리는 시간으로 인해 결코 완전하고 절대적인 진리에 도달할 수 없습니다. 그러나 플라톤 시대 이래로 칸트에 이르기까지 진리의 이념은 영원하고 전적으로 타당한 것의 이념과 동일한 것으로 남아 있었습니다. 칸트의 '아프리오리A-priori' 개념을 생각하기 바랍니다. 그것은 필연적이고 보편적인 것은 단적으로 불변적이고 항구적인 것, 즉 가능한 모든 판단의 조건인 것과 [같은] 것이어야 한다는 것을 의미합니다. 그런데 변증법의 실로 결정적인 요구는 진리를 시간 속에서 혹은 시간과 대립하여 추구하는 것이 아니라, 오히려 진리 자체가 시간적 핵심을 지닌다는 것, 시간이 진리 속에 담겨 있다는 것이라 할 수 있습니다.[26] 나는 여러분에게 이미 이러한 개념도 하늘에서 갑자기 떨어진 것은 아니며, 특히 칸트 자신 속에 감추어져 있다는 점을 암시했습니다. 그러나 엄밀히 말해 변증법은 중요한 의미에서 자기 이해에 도달한, 자의식에 도달한 칸트철학이라는 사실이야말로 변증법의 문제점을 이해하기 위한 일종의 규칙이라고 볼 수 있습니다. 나는 칸트가 아직 영원히 변하지 않는 아프리오리라는 의미의 전통적 진리 개념을 가지고 있다고 여러분에게 말했습니다. 그러나 그는 동시에 시간을 인식 일반의 본질구성적 조건으로 삼았고, 이로써 이미 그것은 그의 철학 속에서 그 의미를 잃었습니다. 그의 경우 시간 자체가 진리의 기관Organon이 된다고까지 말할 수 있을 것입니다. 다만 그는 그로부터 결론을 끌어내지 않았을 뿐입니다. 그 후 그의 후계자들, 특히 다름 아닌 헤겔이 그러한 결론을 끌어냈습니다. 또한 이로써 물론 존재에 대한 사유의 적절성·적합성이라는 전통적 [진리의] 정의도 영향을 받게 되며, 그리하여 그러한 철학을 통해 필연적으로 변화하고 수정되는 것입니다.

9) 녹취록에는 이 인사말이 없다. 인사말은 추후 강의 녹취록에 의지해 이곳이나 이하의 강의에서 편집자가 덧붙인 것이다.

10) Hegel, Werke, a. a. O.(주석8 참조), Bd. 3: Phänomenologie des Geistes, S. 38. 아도르노는 조금 뒤에서 이 대목 전체를 그 문맥 속에서 해석한다. 19쪽(번역본 29~30쪽) 참조.

11) Hermann Wein, Realdialektik. Von hegelscher Dialektik zu dialektischer Anthropologie, München 1957. 괴팅엔 대학 철학 교수인 헤르만 바인(1912~1960)은 아도르노에게 이 책 증정본을 한 권 보내기도 했다.(아도르노 유품 도서관 619).

12) 아도르노는 여기서 명백히 『자본론』 제2판에 대한 칼 마르크스의 후기에 있는 구절을 근거로 하고 있다. 그 구절은 마르크스의 경우에 변증법의 의미 및 효력 범위와 관련한 대립적 해석의 홍수를 초래했다.(Vgl. Karl Marx, Friedrich Engels, Werke, hrsg. vom Institut für Marxismus-Leninismus beim ZK der SED, Bd. 23: Das Kapital, Kritik der politischen Ökonomie, Bd. 1, Buch 1: Der Produktionsprozeß des Kapitals, Berlin 1962, S. 27). 마르크스는 여기서 자신의 '변증법적 방법'을 일종의 '서술방식'으로서 '연구방식'과 구분함으로써 그 비판자들에 맞서 옹호한다. 이로 인해 마르크스의 견해에 의하면 변증법은 한 사태에 대한 과학적 서술의 형식일 뿐이냐 아니면 (또한) 서술된 사태 자체의 역사적 내지 발생적 법칙이기도 하냐 하는 문제가 야기되었다.

13) "체계 자체의 서술을 통해서만 정당화되어야 할 나의 통찰에 의하면, 참인 것을 실체로서가 아니라 그에 못지않게 주체로서 파악하고 표현하는 데에 모든 것이 달려 있다."(Hegel, Werke, a. a. O. [s. Anm. 8], Bd. 3: Phänomenologie des Geistes, S. 22f.).

14) Hegel, Werke, a. a. O. [s. Anm. 8], Bd. 5. Wissenschaft der Logik 1, S. 74.

15) Hegel, Werke, a. a. O. [s. Anm. 8], Bd. 3. Phänomenologie des Geistes, S. 24. — 아도르노는 이하의 강의에서 이 명제를 상세히 다룬다.

16) 이 인용문은 아도르노가 소장하는 『정신현상학』에 쓰여 있는 형태로 인쇄했다. 아마 아도르노는 그것을 낭독했을 것이다. Georg Wilhelm Friedrich Hegel, Phänomenologie des Geistes, hrsg. von Georg Lasson, Leipzig 1921, S. 24. Nachlaßbibliothek Adorno 649(Vgl. Hegel, Werke, a. a. O. [s. Anm. 8], Bd. 3: Phänomenologie des Geistes, S. 37f.).

17) 이때 아도르노는 『논리학』 서문에 나오는 말("과학의 출발은 어떻게 이루어져야 할 것인가?")을 암시하고 있다. 여기서는 『엔치클로페디(Enzyklopädie)』와 관련하여 다음과 같은 말이 나온다. "이 자리에서는 그로부터 단지 다음과 같이 설명할 수 있을 뿐이다. 즉 직접성과 마찬가지로 매개를 포함하지 않는 것은 하늘에나, 자연에나, 혹은 정신에나 아무것도 없다는 것, 무(Nichts)가 존재한다는 것, 그래서 이 두 가지 규정은 분리되지 않고 분리될 수도 없으며 그러한 대립은 아무것도 아닌 것임이 드러난다는 것이다."(Hegel, Werke, a. a. O. [s. Anm. 8], Bd. 5: Wissenschaft der Logik I, S. 66). ― 아도르노는 자신의 책에서 이 구절 가운데 'daß es Nichts gibt'에서 'zeigt'까지(본 각주 번역에서는 '즉'부터 '드러난다는 것이다'까지) 책 가장자리에 줄을 긋고 'F'('Forte') 표시를 했다.

18) Vgl. Charles de Secondat, Baron de La Brède et de Montesquieu, De l'esprit des lois(1748); dt.: Vom Geiste der Gesetze, übers. und hrsg. von Ernst Forsthoff, Tübingen 1951.

19) Vgl. Giovanni Battista Vico, Principi di una scienza nuova d'intorno alla commune natura delle nazioni(1725); dt.: Prinzipien einer neuen Wissenschaft über die gemeinsame Natur der Völker, 2Bde., übers. von Vittorio Hösle, Hamburg 1990.

20) Vgl. Marie-Jean-Antoine-Nicolas Gariat, Marquis de Condorcet, Esquisse d'un tableau historique des progrès de l'esprit humain(1794); dt.: Entwurf einer historischen Darstellung der Fortschritte des menschlichen Geistes, hrsg. von W. Alff, Frankfurt a. M. 1963.

21) Vgl. Johann Gottlieb Fichte, Die Grundzüge des gegenwärtigen Zeitalters(1806).

22) 1942/43년에 나온 마르틴 하이데거의 논문 「헤겔의 경험 개념」(in: ders., Holzwege, Frankfurt a. M. 1950, S. 105~192)과 관련해 하이데거의 제자들 몇 명도 헤겔과 강력히 대결했다. 이 경우 아도르노는 특히 킬대학 교수인 발터 브뢰커(1902~1992)를 생각한 듯한데, 그의 책 『변증법, 실증주의, 신화』(Frankfurt a. M. 1958)가 바로 이 강의가 있던 해에 발행되었다. 아도르노는 그 후에 있었던 (아직 발간되지 않은) 1964년의 변증법 강의에서 변증법이 존재론에 복무하게 된다는 취지로 그 책을 분명히 거론한다.(Vgl. Theodor W. Adorn Archiv, Sign.: Vo 9098). 그러나 그는 나중에 거론되는 신토마스주의 조류들을 겨냥한다고 할 수 있을 것이다. 122쪽 및 주석 125 참조.

23) 여기서 아도르노는 헤겔이 『논리학』 제1장에서 정식화한 '순수한 비규정성 및 공허함'이라는 '존재'의 제1범주에 대한 비판을 끌어들이고 있다.(Hegel, Werke,

a. a. O. [s. Anm. 8], Bd. 5: Wissenschaft der Logik I, S. 82). 아도르노는 아마 『정신현상학』의 첫째 범주인 '여기 지금'에 대한 헤겔의 비판에 기대서 '지극히 공허한'이라는 표현을 쓴 듯하다. 헤겔의 말에 의하면 '여기 지금' 범주의 진리는 '공허한' 것이 되었다고 한다.(Vgl. Hegel, Werke, a. a. O. [s. Anm. 8], Bd. 3: Phänomenologie des Geistes, S. 84). 이 표현은 그 밖에 단 한 번 아도르노의 글에서 확인된다.(Vgl. Zur Metakritik der Erkenntnistheorie, GS 5, S. 23).

24) 'Männerchen' 대신 추정함.

25) 'zeitlich(시간적으로)' 대신 추정함. 아도르노가 '진리의 시간적 핵심'이라는 사고에 대해 말하게 되는 수많은 유사대목에서, 이 경우 녹취상의 오류(아니면 아도르노의 말실수)가 문제일 수 있다는 점이 드러난다. 예컨대 '(진리의) 시간적 핵심'과 '초시간적'/'영원한'이라는 대립은 논문 「아직 무엇을 위한 철학인가?(Wozu noch Philosophie)」에서 볼 수 있는데, 여기서 모든 위대한 철학이 그 선배들을 비판하는 점을 서술하면서 다음과 같이 주장한다. 즉 "그와 같은 비판이 진행되는 가운데 그러한 철학들도 자신의 시간적 핵심을, 그 역사적 위상을 얻게 되었는데, 그것의 학설내용은 영원한 것, 초시간적인 것을 고집했다."(GS 10·2, S. 462).

26) 「인식론 메타비판」에서 아도르노는 진리의 시간적 핵심이라는 자신의 중심사상을 발터 벤야민에게 빚진 것이라고 밝힌다(vgl. GS 5, S. 141). 벤야민은 다음과 같이 주장한다. "'초시간적 진리' 개념과 결정적으로 등을 돌릴 때다. 하지만 진리는 —마르크스주의가 주장하듯이— 인식의 시간적 기능이 아니다. 오히려 인식되는 것과 인식하는 사람 속에 동시에 감추어져 있는 시간적 핵심과 결합되어 있다. 이는 영원한 것이 아무튼 어떤 이념이라기보다 오히려 옷의 주름장식이라는 사실만큼이나 참이다."(Walter Benjmin, Gesammelte Schriften. Unter Mitwirkung von Theodor W. Adorno und Gershom Scholem hrsg. von Rolf Tiedemann und Hermann Schweppenhäuser, Bd. 5-1: Das Passagen-Werk, hrsg. von Rolf Tiedemann, Frankfurt a. M. 1982, S. 578).

여러분 안녕하십니까.

지난번에 나는 여러분이 일차로 변증법적 사유 고유의 어려움을 맛보도록 해주었습니다. 변증법적 사유의 진리 개념 자체가 정태적 진리 개념이 아니라는 점, 그러니까 이 경우 『향연』에서 디오티마의 말을 통해 이념이 —따라서 최고의 진리가— 정의되는 것처럼, 플라톤 이래로 철학 전통 전체를 관통하며 주도해온, 지속적이고 불변적이며 자체로 동일한 것이라는 이념의 관념과 단절하게 된다는 점이 그 어려움입니다.[27] 이러한 사고를 다음과 같이 말할 수도 있을 것입니다. 그리고 아마 이러한 표현은 이 강의의 중심주제를 이루게 될 이 사고로 —우리는 바로 이 사고가 요구하는 것 때문에 이 사고를 극히 다양한 측면에서 반복하여 다루어야 할 것입니다— 여러분을 어느 정도 [안내할] 수 있을 것입니다. 그 사고를 다음과 같이 표현할 수도 있습니다. 즉 변증법적 철학 혹은 변증법적 사유는 어떤 절대적 제일원리를 추구하지 않는다는 점에서 전통적 사유와 구분된다는 것입니다. 그러한 제일원리를 찾는 것은 근본적으로 진리의 불변성을 생각하는 것과 같은 의미이기 때문입니다. 극히 다양한 조류의 철학들이 그러한 절대적 제일원리를 발굴해내려고 시도했는데, 그 동기는 역사적으로 사물들을 가능한 한 멀리까지 거슬러 올라가 추적하겠다는 것만이 아닙니다. 제일원리를 찾으려는 데에는 언제나 어떤 실질적인 것, 어떤 존재론적 동기라고 할 수 있는 것이 함께 작용하고 있습니다. 즉 사람들은 제일원리가 ―그것을 어떤 의미로 이해하는가와 전혀 상관없이, 논리적 제일원리로 이해하든 시간적 제일원리로 이해하든― 아무튼 어떤 식으로든 불변적으로 남아 있고 이로써 실제로 그 후의 모든 것을 위한 열쇠를 의미한다고 상상합니다. 아리스토텔레스 이후 서구에서 주도적인 철학의 전체 구상은 ―이 점은 결코 관념론적 조류만 아니라 경험론적 조류에도 해당됩니다― 일종의 프로테 필로소피아πρώτη ψιλοσοφία, '제일철학'의 구상입니다. 즉 존재의 원인이든 사유의 원인이든 어떤 근원적 원인들을 제시하면 이로부터 필연적으로 다른 것이 모두 나오며, 그리하여 이 근원적 원인들을 확인하면 실제로 이미 결정적인 해답들을 갖게 된다고 생각하는 것입니다.[28] 물론 여러분 모두가 이런 생각을 하지는 않았을 것입니다. 그러나 여러분이 잠시만 숙고하고 특히 여러분을 일반적으로 철학에 종사하도록 하는 욕구를 추적해보면, 철학적 문제설정을 그처럼 밝혀야 할 어떤 근원적 원칙들과 동일시한다는 점은 똑같다는 것을 발견할 것입니다.

변증법은 바로 이 점을 비판했습니다. 이 대목에서 한마디 하자면, 동구권 전체에서 바로 이 동기를 오해하여 물질 혹은 사회생활의 물질적 조건을 그 나름으로 절대적 제일원리로 만들고 그저 이를 확인하기만 하면 된다고 주장하는 것은 변증법적 사유의 둘째 형태인 유물변증법이 몰락하는 한 가지 징후라고 할 수 있습니다. 이로써 '디아마트Diamat'[29] 전체의 논의는 실제 있는 그대로의 모습으로, 즉 프로파간다를 위한 사기로 드러납니다. 그 자체 내에서 이미 변증법의 원칙이, 즉 철학은 원래 그 단순한 근원적 원칙들에 만족할 수 없다는 원칙이 부정되기 때문입니다.

오늘 나는 여러분에게 우선 방법으로서의 변증법 입문을 위해 여전히 가장 구속력 있는 텍스트인 『정신현상학』 서문의 몇몇 구절을 통해, 제일원리 혹은 원칙에 대한 이 비판이 현장에서, 즉 변증법 철학 최초의 위대한 구상 속에서, 어떻게 나타나는지 보여주고자 합니다. 이를 위해 나는 헤겔의 글 몇 구절을 낭독하고, 그것을 여러분이 이해할 수 있도록 만들지만, 또 제일철학 혹은 근원철학의 사상에 맞서는 변증법의 입장에 담겨 있는 몇 가지 귀결들을 여러분에게 보여주기도 하는 이중의 관점에서 그 구절들을 해석하겠습니다. 나중에 다시 다루겠지만, 우선은 한정하는 의미에서 말해두겠는데, 헤겔은 이 점에서도 지극히 복잡한 사상가입니다. 사실 그는 최초로 제일철학의 개념을 사실상 근본적으로 비판했지만 동시에 어떤 의미에서는 그러한 제일철학의 요구를 고수했습니다. 즉 이미 설명한 개념의 운동의 총괄개념을 그러한 제일원리와 동일시했으며, 이런 의미에서 여러모로 명백하게 플라톤을 신봉했습니다.[30] 하지만 이 문제는 나중에 다루겠습니다. 따라서 우선은 『정신현상학』에 들어 있는 지극히 유명하기도 하고, 또 여러분에게 변증법의 본질에 대해 어떤 개념을 전해줄 수 있는 대목을 낭독하겠습니다.

"진리는 전체다. 그러나 전체는 단지 그 전개과정을 통해 완성되는 본질이다. 절대적인 것에 대해서는" —여기서는 분명한 의미에서 진리와 동일시할 수 있습니다— "그것이 본질적으로 결과라는 점, 그것은 결말에서야 그 진정한 상태라는 점을 말할 수 있다. 그리고 바로 이것이 그 본성이다. (…) 절대자를 본질적으로 결과로서 파악해야 한다는 것은 모순적인 듯해 보일지 모른다. 그러나 조금만 생각해 보면 이 모순의 가상은 바로잡을 수 있다. 처음에 직접 이야기되는 시초, 원칙 혹은 절대적인 것은 단지 일반적인 것일 뿐이다. 내가 모든 동물이라고 말할 경우 이 말은 동물학에 별 효력을 지닐 수 없다. 그와 마찬가지로 신적인 것, 절대적인 것, 영원한 것 등도 그 속에 담긴 것을 말하지 않는다는 점이 눈에 띈다." —이 목록에 아마 '존재'라는 단어를 첨가해도 될 것입니다— "그리고 그러한 말들은 사실상 직접적인 것으로서의 직관을 표현할 뿐이다. 그런 말 이상의 것, 단지 하나의 명제로 넘어가는 것만 해도 철회되어야 하는 어떤 변형을 담고 있으며, 일종의 매개이다."³¹ 그러니까 달리 말하면 여러분이 '신적인 것', '절대적인 것', '영원한 것' 따위의 단어를, ―이런 단어로 여러분은 단적으로 모든 것을 생각할 수 있고, 또 그것은, 단지 여러분이 그것으로 모든 것을 생각할 수 있음으로써만, 그것이 여러분에게 제기하는 바로 그 절대성의 요구를 충족시킵니다― 여러분이 그런 단어 하나를 하나의 문장을 통해 설명하는 순간, 예컨대 '절대적인 것은 불변적으로 자체와 동일한 상태에 머무는 것이다', 혹은 '절대적인 것은 사유와 존재의 동일성이다'라고 말하는 순간, 여러분은 바로 그처럼 모든 것을 의미하는 것을 ―그런 단어의 파토스, 혹은 무조건적 타당성에 대한 그것의 요구는 이처럼 모든 것을 의미하는 것이라는 점과 유착되어 있는데― 이미 제한하며, 이로써 이 개념 자체를 변경하게 됩니다. 이를 다음과 같이 표현할 수도 있습니다. 즉 여러분은 절대적인 것, 영원한 것 혹은 신적인 것 등의 개념처럼 최고의 개념을 단지 제한함으로써만 혹은 변경함으로써만 규정할 수 있습니다. 그리고 이러한 변경은 변증법적 사유에 대해 결정적인 것입니다. 그러한 변경은 우리가 심사숙고를 통해 그런 단어나 개념에 가하는 외적인 것이 아닙니다. 오히려 아무튼 우리가 그것을 파악하려고 할 때, 그러니까 우리가 그 개념을 하나의 개념으로 만드는 어떤 특정한 내용을 그것에 부여하고자 할 때, 그러한 단어 혹은 그 개념이 우리에게 헤겔의 고찰에서 암시된 바와 같은 방식으로 그것을 제한하도록 강요합니다. 이 자리에서 여러분은 변증법의 원칙에 대한 해명과 동시에 아주 특정한 하나의 개념을 통해 실행된 변증법의 본보기, 하나의 전형적인 사례를 보게 됩니다. 헤겔은 이렇게 말합니다. "그러한 단어 이상인 것, 단 하나의 명제로 넘어가는 것만 해도 철회되어야 하는 어떤 변화를 포함하며, 일종의 매개이다." 헤겔의 경우 '매개'라는 표현은 언제나 우리가 한 개념 자체를 알게 되는 순간 그 개념에 요구될 수밖에 없는 변경 같은 것을 의미합니다. 따라서 매개란 그 어떤 존재 속에나 필연적으로 정립되어 있는 형성과정의 계기라고도 말할 수 있습니다. 그리고 변증법이 보편적 매개의 철학이라면, 이는 여러분이 어떤 존재를 존재로 규정하고자 시도할 때 동시에 그것이 일종의 형성과정Werden으로 되지 않는 존재란 실제로 아무것도 없다는 것을 뜻합니다.

이것이 헤겔의 매개 개념입니다. 여러분에게는 이 개념을 명심하라고 부탁합니다. 물론 이 개념을 아주 자주 끌어들일 수밖에 없기 때문입니다. "그러나 이것은" —매개는— "절대적인 것이 아니며 절대적인 것 속에는 존재하지 않는다는 점 이상이 그로부터 만들어지면 마치 절대적 인식을 포기하기라도 하는 듯이, 기피 대상이기도 하다."[32] 그런데 헤겔이 말하는 기피는 실제로 우리가 변증법을 이해하려고 함으로써 좀 더 본질적으로 다루어야 하는, 변증법에 대한 반대 분위기이기도 합니다. 그것은 개념들을 불변적인 것으로 고수하지 않고, 그것들을 이해하기 위해 변경해야 함으로써 —달리 말해 그것들의 존재가 형성과정이며, 진리 자체가 본래 역동적임으로써— [이것이] 일종의 진리 개념의 해체와 같아지고, 규정된 것을 모두 우리에게서 슬그머니 앗아가는 일종의 보편적 상대주의와 같아진다는 생각입니다. 이에 대해 나는 여러분에게 두 가지를 말하고 싶습니다. 우선 여러분은 내가 여러분에게 제시했다고 생각하는 헤겔의 천재적인 예를 통해 이미 한 가지를 알아차렸을 것입니다. 즉 우리가 여기서 파악한 개념의 운동은 —그러니까 예컨대 '신적인 것', '절대적인 것', '영원한 것' 따위의 개념을 규정하려는, [그리고 그것을] 그것이 원래 요구하는 바, 즉 제한 없는 것, 무조건적인 것, 절대적인 것이라고 요구하는 바에 비해 제한하려는 시도는—, 이러한 개념의 운동은 사고의 첨가물이 아니며, 오히려 여러분이 그 개념 가운데 하나를 확인할 수 있으려면 요구되는 어떤 것입니다. 달리 말해 내가 여러분에게 암시한 작업을 여러분이 수행하지 않는다면, 따라서 여러분이 그런 단어에 대해 하나의 특정한 명제를 말하지 않는다면, 여러분은 이 단어 자체를 전혀 확인할 수 없습니다. 이 경우 그것은 의미 없는 어떤 것입니다. 그리고 그 단어는 아무튼 진리를 지니려면 여러분에게 이해되기를 요구하기 때문에, 이와 같은 변경에 대한 요구, 그것이 주어 개념 그 자체로서 존재하는 것이 되도록 여러분이 그 단어에 술어로 덧붙이는 어떤 다른 것에 대한 요구가 생깁니다. 이러한 요구는 단순히 궤변적으로 외부로부터 개념에 접근해가는 추론에서 나오는 것이 아니라, 사태가 개념으로 파악된 어떤 사태이고자 할 경우 사태 자체로부터 나오는 것입니다. 하지만 이는 —그런데 실제로 이러한 강제성이야말로 단순한 추론이나 궤변적 사유와 변증법을 본질적으로 구분해 주는 것이기도 합니다— 우리가 지금 말하는 개념의 운동이 흔히 생각하듯이 개념들을-자의적으로-변경하기, 개념들로-곡예하기 Die-Begriffe-Jonglieren가 아니라는 것을 뜻합니다. 오히려 그것은 개념의 운동이 본래 사태의 필연성 자체로부터 나오며, 그런 한에서 궤변적 방식과 정반대라는 것을 뜻합니다. 궤변적 방식의 본질은 개념들의 내적 생명을, 즉 개념들이 이해되기 위해 자체로부터 요구하는 바를 따라잡는 것이 아니라, 개념들에다 외부로부터 자의적으로 어느 정도 상이한 의미들을 갖다 붙이는 데에 있습니다.

이상이 —'기피'라는 표현이 보여주듯이— 바로 변증법이 요구하는 어려움이 무엇인지, 이러한 기피에 어떤 식으로 대응해야 할 것인지 헤겔이 아주 정확히 파악한 대목에서, 내가 여러분에게 첨언하고자 한 첫째 사안입니다. 즉 —그것을 아주 대담하게 말하자면— 우리가 개념들을 운동시키지는 않는다는 것입니다. 변증법은 예컨대 어떤 증명을 우리에게 적합하도록 해낼 수 있게 개념을 다양한 의미로 사용하는 그런 사유가 아닙니다. 그러니까 예를 들어 겔렌 씨가 자신의 인간학에서 […][33] 인간은 삶아 남기 위해 '사육Zucht'이 필요하다고 말하고, [이때 설명을 위해 우선] '양육Aufziehen'이라는 단어를 쓰고, [그러니까] 인간은 미완의 조건들 속에서 어린 유년기에 살아남으려면 양육되어야 한다고 말하고, 그다음에 그 것에다 당장 엄격한 교사, 매질하는 교사라는 의미의 '훈육한다'는 둘째 의미를 [슬쩍 갖다 붙일][34] 경우, 이 '사육'의 둘째 의미는 결코 완성되어가 는 변증법적 운동이 아닙니다. 그것은 사실상 하나의 궤변입니다.[35] 그러 나 여기서 영원한 것, 신적인 것 혹은 절대적인 것 따위의 개념을 아무튼 파악할 수 있고, 그것에 대해 생각할 수 있으려면 그 개념을 제한하고 그 것에 어떤 다른 것을 덧붙여야 하고 이로써 비로소 그 개념은 실제의 그 개념이 된다고 말할 때, 그러니까 그 개념은 변경을 통해 비로소 그 개념 이 된다고 할 때, 이는 변증법적인 사유입니다. 그것은 예컨대 우리가 사 후적으로 사태에 첨가하는 것이 아니라, 사태로부터 나오는 개념의 운동 인 것입니다.

내가 여러분에게 첨언하고 싶은 둘째 사안은 우리를 헤겔 인용문의 출발점, 즉 진리는 전체라는 명제로 이끌어갑니다. 오늘날의 세상에서는 빈번히 전체성Ganzheit이 거론됩니다. 그리고 마침내 '전체성'이라는 표현 은 특히 전체성에 대해 이야기하고 기계론적 부분적 사유를 비난하면 이 미 대단히 철학적인 것을 장악했다고 믿는 선생들의 잡담거리가 되었습 니다. 그래서 우선 나는 오늘날 유행하는 '전체성' 개념에 대해 그저 단호 히 경고할 수 있을 뿐입니다. 철학적 교양을 진지하게 추구하는 사람들로 하여금 수많은 사이비 철학 슬로건과 기성품으로 제조되어 이 세상을 떠 도는 개념들에 면역을 갖도록 하는 것이 바로 오늘날 철학적 교양의 과제 라고 여겨지기 때문입니다. 그런 개념들에서 사람들은 어떤 '본보기Leit- bild'나 규범 혹은 어떤 의미를 부여하는 것을 찾았다고 믿고, 이런 개념들 에 대해 스스로 사유하고 가능하면 비판적으로 검증하는 노고를 떠맡지 는 않고 있습니다. 이런 부류의 전체성, 그러니까 어떤 유기적이고 자체 내적으로 한 덩어리가 되어 있으며 어쩌면 명료하게 표현할 수도 없고 개 념과 분석적 사유에 대해 적대적인 것, 이런 전체성은 사실상 헤겔이 여기서 말하는 전체가 뜻하는 바가 아닙니다. 헤겔이 진리는 전체라는 유명한 명제를 주장할 때, —그런데 나는 아주 핵심적인 관점에서 그 명제를 비판해야 할 터이나 현 단계의 고찰에서는 아직 그 비판을 수행하고 싶지 않습니다[36]— 여기서 그가 뜻하는 바는 근본적으로 모든 매개의 총괄개념, 그러니까 본질적인 개념들을 이해하려면 수행해야 할 그 모든 운동의 총괄개념이, 말하자면 개념들의 연관관계 혹은 마지막에 그 개념들로부터 산출되는 바야말로 실제로 그 절대적인 것이라는 사실뿐입니다. 그리고 이것이야말로 일단 헤겔 자신이 상대주의라는 반론에 맞서 내놓게 될 다소 확고하고 단호하며 조야한 답변이라고 해도 좋을 것입니다.

하지만 진리 일반의 개념을 일깨우고 어떤 진리 개념을 고수하고자 할 경우, 사람들이 무조건 이러한 길을 걸어야 한다고, 즉 진리는 전체라는 이 테제를 무조건 주장해야 한다고 내가 믿는 것은 아니라는 점을 이 자리에서 당장 말해야겠습니다. 그것이 중요한지 중요하지 않은지, 사람들이 이 명제를 받아들이는지, 받아들이지 않는지 여러분은 아주 쉽게 간파할 수 있습니다. 왜냐하면 여러분이 또한 주체와 객체가 서로 동일하다고 생각해야만 이 명제를 주장할 수 있기 때문입니다. 사실상 헤겔도 주장하는 것처럼 주체와 객체가 궁극적으로 일치해야만, 여러분은 모든 매개의 총괄개념이 진리 혹은 절대적인 것 자체와 동일하다고 말할 수 있습니다. 사실상 헤겔의 경우 절대적인 것은 최고단계에서 주체-객체로 규정되고 있습니다.[37] 하지만 합당한 근거로 인해 주체와 객체가 궁극적으로 동일하다는 것을 인정할 수 없고 수긍할 수 없다는 점을 알게 될 경우 —또 이 극단적으로 관념론적인 주장을 받아들이지 못할 매우 적합한 근거들이 있습니다— 여러분은 전체가 진리라는 것을 믿을 수 없습니다. 아무튼 어떤 유한한 주체에게 무한한 전체가 주어지지는 않기 때문입니다. 달리 말하면 존재하는 모든 것이 순수한 사유의 규정들로 해소될 수는 없기 때문입니다. 그래서 헤겔 철학의 최고 원리라 할 수 있는 이 원리와 관련되는 논쟁은 지극히 중요합니다. 그러나 나는 ─이것이 내가 여러분에게 이 자리에서 제공해야 할 위안이라고 하겠지요─ 그렇기 때문에 전체로서의 절대적인 것에 대한 이 물음이 진리 자체에 대한 절대적 결정권을 갖지는 않는다고 생각합니다. 왜냐하면 바로 그 매개의 형식에는, 그러니까 개별 개념에 대한 부정과 그 개념을 넘어서기 위해 그 개념 자체가 제기하는 강제성 속에는, 일종의 필연성이, 설혹 이 전체, 이 총체성을 우리에게 완전히 주어진 것이라고 생각할 수 없더라도, 그러한 진리를 보증하는 어떤 계기가 감추어져 있기 때문입니다. 이 자리에서 나는 나 자신을 결정적인 의미에서 변증법에 관여하도록 한 모티프는 미시론적 모티프라고 말할 수 있습니다. 즉 우리가 전적으로 특정한 대상, 특정한 사태의 강제성에 자신을 맡기고 이 하나의 특정한 사태만을 전적으로 따를 경우에 도달하는 운동은 자체 내적으로 사태에 근거해 결정되며, 그래서 그것은 모든 것을 포괄하는 총체성으로서의 절대적인 것이 우리에게 주어질 수 없더라도 진리의 성격을 지닌다는 모티프라고 할 수 있습니다. 따라서 이것은 ─관념론적으로 닫힌 변증법과 맞서는─ 일종의 열린 변증법 개념일 터인데, 그 이념과 관련해 나는 본 강의가 진행되는 동안 여러분에게 좀 더 구체적인 관념을 제시할 수 있을 것입니다.

따라서 지금은 단지 진리여야 할 전체의 개념이 헤겔의 경우 일종의 자연 전체와 같은 것을 뜻하는 것은 아니라는 점, 헤겔의 경우 이 전체의 개념에는 어떤 범신론적 색채도 없고, 또한 어떤 형태를 띠며 파손되지 않은 통일성의 색채도 없으며, 오히려 이 전체는 본래 그의 경우에 체계라고 하는 것일 뿐이라는 점, 그러니까 주체와 객체 사이의 모든 관계들, 그 상이한 단계들에서 전개되는 주체와 객체 사이의 적대적 관계들이 실현된 총괄개념일 뿐이라는 점만을 덧붙이기로 하겠습니다. 그리고 여러분이 모든 것을 함께 생각할 때, 여러분이 출발할 때 써먹은 가장 단순한 개념들이 완전히 실현되고 비판적으로 정화된 개념들로서 그 자체로 돌아가는 단계에 마침내 도달할 때, 헤겔에 따르면 여러분은 체계 혹은 절대적인 것을 갖게 되는 것입니다. 즉 헤겔의 경우 철학의 체계는 최고의 의미에서 바로 존재와 동일합니다. 그러나 이 경우 존재의 개념은 출발점에 위치하여 모든 것을 밝혀주는aufschließt[38] 마술주문이 아닙니다. 오히려 이 존재는 개념의 운동을 완전히 통과함으로써만 그 본연의 상태가 되는 일종의 요구 혹은 계획이라고까지 말할 수 있을 것입니다. 이를 여러분은 물론 이 자리에서 거론되었듯이 절대적인 것은 결과라고, 즉 그러한 운동의 결말에 드러나는 것이라고 표현할 수도 있을 것입니다. 그리고 헤겔은 실제로 이러한 사고를 그와 같이 표현하기도 했습니다. 하지만 여러분은 이 결과 개념도 마치 헤겔의 방대한 체계적 저술들 결말에, 그러니까 『정신현상학』이나 『엔치클로페디』 혹은 대『논리학』의 결말에서 몇 개의 총괄적이고 결과적인 명제로 그 결과가 간단히 나타나리라고 순진하게 상상해서는 안 됩니다. 이 또한 여전히 변증법적 사유를 너무 기계적으로 파악하는 것입니다. 여러분은 변증법적 사유의 성격을 이렇게도 규정할 수 있습니다. 즉 변증법적 사유는 단순히 기계적인 것, 매 순간 사태에 대한 경험으로 채워지지 않는 사고의 진행에도 반대하는 것과 마찬가지로, 단순히 유기체론적인 것, 즉 비합리적 전체성 ─이러한 전체성은 다름 아니라 사고되지 않기 때문에 어떤 맹목적인 것이며, 이를 확인하지도 않는 것입니다─ 에 대한 단순한 견해에도 반대하는 것입니다. 오히려 변증법은 기계적인 것과 유기론적인 것 내지 유기체론적인 것 사이의 진퇴양난을 헤치고 통과해 가는 사고방식입니다.

결과의 개념으로 돌아갑시다. 따라서 또한 헤겔의 경우 결과는 어떤 완성된 것으로서 맨 끝에 나타나고 그래서 우리가 집으로 간단히 가져갈 수 있는 어떤 것이라고 상상해서는 안 됩니다. 오히려 헤겔이 '진리는 본질적으로 결과다'라고 말할 때, 여러분은 이 '본질적으로 결과'라는 말을 아주 진지하게 진심으로 받아들여야 합니다. 아마 여러분은 바로 이 '진리는 본질적으로 결과다'라는 작은 예에서 전통적 사유와 변증법적 사유의 차이를 아주 훌륭히, 또 아주 확연하게 이해할 수 있을 것입니다. 즉 '본질적으로 결과'라는 것은 결코 어떤 장황한 사유의 소동을 통해, 어떤 지루한 방법을 통해, 끝에 가서 그렇게 하나의 결과가 나온다는 것을 뜻하지는 않습니다. 그런 것은 다양한 부류의 기초철학이나 근원철학도 말했을 것입니다. 사실 여러분은 오늘날에도 예컨대 후설이나 하이데거를 통해 에포헤ἐποχή, 즉 '환원' 혹은 심지어 '해체'의 장황한 행위가 있고 그 다음에 끝에 가서 이 절대적이고 확고한 것, 즉 절대적 근원들의 존재영역 혹은 존재에 도달한다고 배웁니다.[39] 이는 결코 본질적인 구분을 해주는 것이 아닐 것입니다. 오히려 헤겔이 진리는 본질적으로 결과라고 말할 때, 이는 진리에는 결과라는 것도 첨가된다는 사실을 뜻하는데, 이것은 어떤 단순한 명제, 단순히 언제나 타당한 어떤 것이 아니라, 현재의 상태Sosein 속에 동시에 그 자체의 발생, 기원, 그리고 그것을 그 결과에까지 끌고 온 과정 또는 노정도 함께 생각되고 함께 지양되어 있는 어떤 것입니다. 여러분은 이를 다음과 같이 표현할 수도 있을 것입니다. ㅡ그리고 이 경우 나는 아주 엄밀히 말해서 헤겔 텍스트의 발판 위에 있는 셈입니다. ㅡ 즉 진리는 과정이면서 동시에 이 과정의 결과라고 말할 수 있을 것입니다. 다시 말하면 진리는, 그것이 어떤 것이든, 사유과정의 끝에서야 비로소 등장하지만, 이러한 등장은 과정에 대해 단순히 외적인 것이 아니며 오히려 이 결과 속에는 그 과정이 지양되어 있고, 이 전체 과정 자체는 본질적으로 이 진리에 속하며, 마치 그것이 단순한 예비학인 것처럼, 여러분이 이제 얻어내고 찾아낸 그 결과에서 간단히 빼버릴 수 있는 것은 아니라고 할 수 있습니다.

따라서 헤겔의 경우 '전체'란 ㅡ이 난해한 개념을 조금만 더 명확히 하고자 다시 한 번 시도하자면ㅡ 아주 간단히 말해서 진리는 어떤 개념을 그 고립 상태로 정의하고 이러한 고립상태 속에서 단순한 하나의 분야로 취급하는 데에 있지 않고 그것이 위치해 있는 총체성에 대한 관계 속에서 보는 데에 있다는 것을 실제로 의미합니다. 여러분 가운데 사회과학에 종사하는 사람들은 이 점을 아주 확연히 마음속에 그릴 수 있을 것입니다. 여러분이 어떤 사회 분야, 예컨대 기업사회학에서 특정한 공장이나 특정한 산업분야에서 주도적인 어떤 관계들을 이해해야 할 경우, 여러분은 지금 이 자리에서 여러분에게 다가오지만 실제로는 결코 특수한 위치, 특수한 작업장, 여러분이 연구하는 특수한 산업분야에 원인이 있는 것이 아니라, 광산의 입지나 오늘날의 전체 생산과정에서 광산노동자들이 처한 조건들,[40] 그리고 궁극적으로는 오늘날의 원료산업이 현재 처해 있는 전체 사회구조 등의 훨씬 더 광범한 문제들에 기인하는 온갖 가능한 규정들에 부딪칠 것입니다. 이때 여러분은 이 전체에 대한 반성을 수행할 때에만 개별적인 것을 실제로 올바르게 이해할 수 있습니다. 따라서 이처럼 개별 현상들을 그 개별화 속에서 매우 면밀히 보아야 하지만 이 개별화에 머물지 않고 동시에 추론할 필요성, 즉 그것들을 일반적으로 규정하는 총체성 속에서 그것들을 이해할 필요성, 이것이 바로 전체가 진리라는 헤겔의 명제에 담긴 가장 본질적인 지침이라고 하겠습니다. 그리고 내 생각에 단순히 실증주의적인 과학에 맞서 변증법적 인식 개념을 얻을 수 있도록 해주는 가장 적합한 모티프들 가운데에는 이러한 모티프가 최우선적인 것입니다.

하지만 여기에는 이 전체로의 소급이 아무 매개도 없는 것일 수는 없다는 점을 덧붙여야 할 것입니다. 이 점 또한 여러분에게 설명하겠습니다. 왜냐하면 여러분이 아주 자의적인 방식으로, 예컨대 외부로부터, 어떤 사회현상에 대해 당장 '그래, 그것은 정말 자본주의 사회의 구조에 기인하는 거야' 혹은 '그것은 생산력 상태 혹은 그 비슷한 것들에 기인하지' 라는 식으로 설명하려 들지만, 연구해야 할 개별 현상의 특성 속에 이처럼 총체성으로 넘어갈 필연성이 실제로 담겨 있는 것은 아닐 수 있기 때문입니다. 그러나 다른 한편으로 ─이는 사회에 대해서도 이미 타당하며, 형이상학과 관련해서는 말할 필요도 없이 타당합니다─ 전체를 설명하는 근거가 될 총체성은 어떤 개별 자료 혹은 과학적으로 연구해야 할 어떤 개별 현상이 우리에게 주어졌다는 것과 같은 의미에서 주어진 것이 아닙니다. 자본주의 사회는 연구대상으로서 그와 같은 방식으로 직접 주어진 것이 아니며, 전체는 어느 특정한 구체적 공장 내부의 상황과 같이 단순한 사실로서 우리가 접근할 수 있는 것이 아닙니다. 따라서 현상을 이해하기 위해 필요한 이 전체로의 이행 속에는 언제나 동시에 일단 사변적 자의의 계기도 감춰져 있습니다. 이를 실증주의적으로 표현하자면 비과학성의 계기가 숨어 있는 것입니다. 여기서 여러분은 변증법의 사유기능 혹은 실천적 기능을 아주 면밀히 연구할 수 있습니다. 즉 변증법은 현상이 자체에 근거해서는 이해될 수 없어서 도식적으로, 또 기계적으로 전체를 밖에서 끌어들이려는 시도가 아니라, 개별 현상을 조명하고 이 개별 현상에 머물면서 개별 현상을 규정하되, 바로 이 규정을 통해 그것이 자체 내에서 스스로를 넘어서고, 이로써 바로 그 전체, 바로 그 체계 ─이 속에서만 그 개별 현상은 비로소 자체의 위상을 찾게 됩니다─ 에 이르기까지 투명해지도록 하려는 [시도]입니다. 좀 구체적으로 말하자면, 그것은 어떤 변증법적 사유가 일단 실제로 순진한 과학자라고 할 수 있는 우리에게 제기하는 요구, 즉 한편으로 완고한 전문가로서 우리에게 주어진 개별 현상들에 머물지 말고 그것들을 총체성 내부에서 ─그 속에서 비로소 그 현상들은 기능하고 그 의미를 얻게 됩니다─ 인식하지만, 다른 한편으로 또한 우리가 처해 있는 이 총체성, 이 전체를 실체화하지 말고, 즉 [그것을] 독단적으로 외부로부터 끌어들이지 말고, 이러한 이행을 언제나 사태 자체에 근거해 수행하라는 요구입니다.

그러나 이 전체에 대해 이미 어떤 개념을 가지고 있지 않더라도 실제로 순수하게 개별 현상들로부터 그 전체에 ─그것이 무엇이든─ 도달할 수 있다고 믿는다는 것은 물론 순진한 일입니다.[41] 이는 『정신현상학』에서, 실제로 언제나 이중의 운동이 존재한다는 식으로, 즉 한편으로 객체 혹은 객관적 개념의 운동이 있고, 다른 한편으로 인식하는 주체의 운동이 있다는 식으로 표현되어 있습니다. 만일 내가 그러한 전체 개념, 그러한 사태 개념, 사실 궁극적으로 진리 자체에 대한 의도를 가지고 있지 않다면 ―진리를 어떻게 구현할 것인가 하는 실천적 의도라고까지 할 수 있습니다― 현상들도 말하기 시작하지 않습니다. 또한 나는 일종의 변증법적 신비론 속에서, 내가 눈앞에 있으며 귀를 기울이지 않는데 실제로 현상이 말할 것이라고 여러분을 속이지는 않겠습니다. 하지만 여러분이 헤겔에게서 배워야 할 본래의 변증법적 기술의 본질은 다음과 같습니다. 즉 한편으로 우리가 사태에 근거해 단순하고 경직된 개별 규정을 넘어서도록 해야 하지만, 다른 한편으로 또한 우리가 해명한 개별적인 것과 특정한 것에 대한 경험을 통해, 전체를 ―개별적인 것의 개념을 파악하기 위해 필연적으로 이 전체의 개념을 얻어야 하는데― 수정하여 그것의 경직된 독단적 성격을 버리게 하는 힘도 가져야 하는 것입니다. 달리 말하자면, 변증법적 과정은 양쪽과 관계하는 어떤 것입니다. 즉 전체의 힘에 근거해 우리가 넘어서야 할 부분들 혹은 개별 계기들과 관계하는 것이며, 또한 전체와 관계하는 것이기도 한데, 우리가 언제나 이미 가지고 있고 마침내 진리가 되어야 할 개념 내지 전체는 부단히 개별에 대한 경험에 따라서 변경되어야 하기 때문입니다. 이를 도대체 어떻게 수행할 것이냐에 대해서는 어떤 처방이 있는 것이 아닙니다. 하지만 변증법은 어떤 처방이 아니며 진리 스스로가 드러나게 하려는 시도라는 점이야말로 바로 변증법의 본질[인] 것입니다.

27) 감성적으로 지각할 수 있는 개별 사물에서 이념으로 상승하는 운동은 "갑자기 천성적으로 정말 아름다운 것을 발견하는 것"으로 끝난다. "오 소크라테스여, 그는 지금까지 그것을 위해 노력을 기울여왔지요. 그러니까 그것은 우선 언제나 존재하며 생겨나지도 소멸하지도 않고, 성장하지도 사라지지도 않으며, 나아가 단지 어떤 조건 속에서만 아름답고 다른 조건 속에서는 추한 것도 아니며, 지금은 아름답고 다음에는 그렇지 않은 것도 아니며, 어느 것과 비교해서는 아름답고 다른 것과 비교하면 아름답지 않은 것도 아니며, 또 여기서는 아름답고 저기서는 추한 것도 아니며, 어떤 사람들에게만 아름답고 다른 사람들에게는 추한 것도 아닌 아름다운 것 자체입니다. 또한 그에게는 이 아름다운 것이 하나의 얼굴 혹은 손 혹은 신체를 지닌 그 밖의 어떤 것처럼 어떤 하나의 모습으로 나타나지도 않고, 어떤 연설이나 인식과 같은 것으로 나타나지도 않으며, 어떤 다른 곳에 있는 것도 아니고 어떤 개별 생명체에 있는 것도 아니며, 땅에 있는 것도 아니고 하늘에 있는 것도 아니며, 그 자체로, 그 자체에 대해, 그 자체 내에서, 영원히 어디서나 그대로 존재합니다. 하지만 다른 모든 아름다움은 생성하고 소멸하면서 그것에 관여하지만, 그것은 이로부터 어떤 이익이나 손해 혹은 그 밖의 어떤 영향도 받지 않는 것입니다."(Syposion 210 e4~b5).

28) 주지하듯이 아리스토텔레스는 자신의 철학 주저나 자신의 철학을 '형이상학'이라고 칭하지 않았다. 우리가 그 실제 상태에 근거해 '형이상학'이라고 칭하는 것을 그는 '제일철학πρώτη φιλοφία'이라고 했다. 그는 이를 나중에 '형이상학'이라고 불리는 자신의 저서에서 세 가지 분명한 항목을 통해, 즉 모든 존재자의 제일 원인과 원칙들에 대한 과학으로서, 존재자로서의 존재자에 대한 과학으로서, 하나의 최고 존재자 및 하나의 최고 원인=신에 대한 과학으로서 경계를 설정하고자 한다. 아리스토텔레스의 경우 이 세 항목이 한 가지 과학 혹은 철학의 통일된 한 개념으로 매개되느냐, 아니면 그것들이 제일철학의 매개되지 않은 두 개념으로 —궁극적으로 물리학과 신학— 귀결되느냐 하는 문제는 아직 최종적으로 해명되지 않은 것으로 보아야 할 것이다.

29) '디아마트'는 '변증법적 유물론'의 약자로 '역사 유물론'과 함께 소련 내지 동구권 국가들에서 가르치는 마르크스-레닌주의적 세계관의 두 측면을 이룬다.

30) 헤겔이 플라톤을 예찬한다는 사실은 여러모로 증명된다. 하지만 헤겔이 플라톤의 제일원리 개념을 아도르노가 묘사한 방식으로 신봉하는 대목을 찾아낼 수는 없

었다.

31) Hegel, Phänomenologie des Geistes, a. a. O. [s. Anm. 16], S. 14(Vgl. Hegel, Werke, a. a. O. [Anm. 8], Bd. 3: Phänomenologie des Geistes, S. 24 f.).

32) Ebd.(Vgl. Hegel, Werke, a. a. O. [s. Anm. 8], Bd. 3: Phänomenologie des Geistes, S. 25).

33) 녹취록에는 이 대목이 빠져 있다.

34) '구분할(unterschied)' 대신 추정함.

35) 지난해(1957년) 아도르노는 1957년 2월 13일 바트 나우하임(Bad Nauheim)에서 열린 '오늘날의 개인과 사회의 관계에 관해'라는 강의를 위해 자신의 조교 위르겐 하버마스를 통해 아놀드 겔렌의 저서 『인간(Der Mensch)』에서 일련의 인용구들을 정리하도록 했다. 그것들은 아도르노보다 한 주 먼저 바트 나우하임에서 강의를 하게 되는 겔렌에 대한 직접적 비판에 쓰였다. 인간의 본성에 관한, 하버마스가 찾아낸 '특히 멋진 겔렌 인용구'(Brief an Horkheimer vom 14. Februar 1957; in: Theodor W. Adorno, Briefe und Briefwechsel. Hrsg. vom Theodor W. Adorno Archiv, Bd. 4: Theodor W. Adorno, Max Horkheimer, Briefwechsel 1927~1969, Band IV: 1950~1969, hrsg. von Christoph Gödde und Henri Lonitz, Frankfurt a. M. 2006, S. 396)는 다음과 같다. "(…) '미완상태'는 인간의 신체적 조건들, 인간의 본성에 포함된다. 그리고 이런 관점에서 인간은 사육되는 존재이다. 즉 형식-에-도달하기 및 형식-에-머물기로서의 자기훈육, 교육, 훈육은 고정되지 않은 존재의 생존 조건들에 포함된다."(Arnold Gehlen, Der Mensch. 4. Auflage, Bonn 1950, S. 50).

36) 이와 관련해서는 유명해진 『미니마 모랄리아(Minima Moralia)』의 경구 '전체는 허위이다'를 참조할 것(GS 4, S. 55).

37) 예컨대 『논리학』 끝 부분에 부합되는 『엔치클로페디』의 §214에는 다음과 같은 대목이 있다. "이념은 이성으로서(이것이 이성의 본래 철학적인 의미이다), 나아가 주체-객체로서, 이념적인 것과 실재적인 것, 유한과 무한, 영혼과 신체의 통일로서, 그 현실성을 자체에 지니는 가능성으로서, 그 본성이 단지 실존하는 것으로서만 이해될 수 있는 것 등등으로서 파악될 수 있다. 왜냐하면 그 속에는 오성의 모든 관계들이, 하지만 그 무한한 회귀와 자체 내 동일성 속에서, 내포되어 있기 때문이다."(Hegel, Werke, a. a. O. [s. Anm. 8], Bd. 8: Enzyklopädie der philosophischen Wissenschaften I, S. 370). ― 그러나 헤겔의 경우 '주체-객체'라는 표현은 결코 아도르노의 지적에서 생각할 수 있는 것처럼 그렇게 중심적인 역할을 하지 않는다. 『논리학』에서 그것은 그저 단 한 번, 또 단지 (셸링과 관련해) 인용방식으로 언급될 뿐이다.(Vgl. Hegel, Werke, a. a. O. [s. Anm. 8], Bd. 6: Wissenschaft der Logik

II, S. 466).

38) 'ausschließt(배제하는)' 대신 추정함.

39) 에포헤라는 말로[그리스어로 '에페헤인(epéchein)': '돌려놓다', '멀리하다'] 스토아철학에서는 일반적으로 회의적인 판단억제를 지칭했다. 에드문트 후설은 자신의 현상학에서 에포헤를 방법적인 기본개념으로 수정했다. 그것은 '세계에 대한 자연스러운 태도의 일반적 테제'를 ─현존 세계 속에 경험적 자아가 현존한다는 가정─ '괄호 안에 넣기', '차단하기', 혹은 '작동-중단-시키기'를 의미한다. 이런 방식으로 에포헤는 선험적 환원을 도입하는데, 이는 은폐된 근원적 의식구조의 발굴을 목표로 한다. "에포헤와 환원은 현상학의 한 가지 방법적 기본조작의 서로 연관된 두 측면이다."(Edmund Husserl, Die Idee der Phänomenologie, hrsg. und eingeleitet von Paul Janssen, Hamburg 1986, S. XXX). '에포헤' 개념에 대해서는 vgl. Edmund Husserl, Ideen zu einer reinen Phänomenologie und phänomenologischen Philosophie, Tübingen 1980(4. Aufl., unveränd. Nachdr. d. 2. Aufl. 1922), §§ 27~32, insbesondere § 32, S. 56f. ─『존재와 시간』§ 6에서 마르틴 하이데거는 '존재론의 역사를 해체하는 과제'의 근거를 다음과 같이 제시한다. 즉 존재의 의미에 대한 물음은 그것이 최초로 제기된 곳에서 이미 ─고대 그리스에서─ 현재라는 시간양식을 지향함으로써 어느 정도 은폐되었는데, 이러한 은폐는 서양 전통이 진행되는 동안 유지되고 강화되었다는 것이다. 따라서 어떤 ─역사적이고 또한 구조적인─ 근원적 존재경험에 도달하고 시간성으로서의 존재의 의미를 완전한 규모로 발굴할 수 있으려면 현존재 분석은 전통을 거치며 이루어진 은폐의 연관관계를 일종의 필연적 가상으로서 거슬러 추적하고 파헤쳐야 한다는 것이다.(Vgl. Martin Heidegger, Sein und Zeit, 15. Aufl. Tübingen 1979, S. 19ff.).

40) 아마 여기서 아도르노는 은연중에 사회연구소의 이른바 '채광중단연구(Abkehrstudie)', 즉 『서독 7개 석탄광산에서의 주관적 객관적 채광중단 이유와 지하작업자들의 안전에 미치는 그 영향(Die subjektiven und objektiven Abkehrgründe bei sieben Zechen des westdeutschen Steinkohlebergbaus in ihrer Auswirkung auf die Sicherung des Belegschaftsstandes unter Tage)』을 염두에 두고 있을 것이다. 이 연구에는 에곤 베커(Egon Becker), 만프레트 테슈너(Manfred Teschner), 클라우스 리펠트(Klaus Liepelt)가 참여했고 책임자는 루트비히 폰 프리데부르크(Ludwig von Friedeburg)였다.

41) 'Naivität' 대신 'Naivetät'를 쓰는 것은 아도르노의 언어적 특성이며, 이를 GS 및 NaS에서는 그대로 놓아두고 있다.

여러분 안녕하십니까.

지난 시간에 나는 여러분에게 전체가 진리라는 명제를 해석해 주고, 동시에 변증법 철학, [특히] 관념론적인 헤겔식 변증법에서 체계 개념이 차지하는 위상에 대해 몇 가지를 말하고자 하는 것으로 끝을 맺었습니다. 이제 여러분은 체계 개념 자체야말로 내가 여러분에게 변증법에는 어울리지 않는 것, 즉 일종의 근원철학이라고 설명하려 했던 바로 그것이라 생각하고, 이 점을 아주 중요시할 수 있을 것입니다. 그러니까 하나의 절대적 제일원리로부터 총체성이 어떤 식으로든 전개되는 철학이라고 말입니다. 왜냐하면 우리가 체계에 대해 논할 경우에는 일반적으로 자체 내적으로 완전히 완결되어 빈틈이 없는 사고구성물, 즉 논리학의 언어로 하나의 완결된 연역적 연관관계라고 칭하는 것을 생각하기 때문입니다. 그리고 그러한 연역적 연관관계의 본질은 일반적으로 하나의 최상위 원리로부터 추론을 수단으로 다른 것들 모두가 연역된다는 데에 있기도 합니다. 그와 반대로 여러분이 귀납적으로 사고할 경우, 즉 그러한 최상의 원리로부터 연역을 하지 않고 특수한 것에서 보편적인 것으로 나아가려고 시도할 경우, 여러분은 전통적 논리학의 교리에 따르면 여러분이 다루는 사태를 완전히 확신할 수 없습니다. 예컨대 지금까지 모든 인간이 죽었고 여러분이 그로부터 인간은 죽을 수밖에 없다고 추론한다면, 순수하게 논리적으로 볼 때 그러한 사실을 근거로 이제 한 사람도 실제로 죽[지 않]는 일은 없다는 결론이 정당화되지는 않으며, 언젠가 어떤 사람이 살아남을 수도 있는 것입니다. 이에 반해 인간의 원칙 자체에 그의 사멸성을 보증하는 무엇인가가 담겨 있다면, 그러한 사멸성에 대해 확신할 수 있고 그런 명제를 일종의 순수 아프리오리의 명제라고 말할 수 있을 것입니다. 전통적인 체계관은 바로 하나의 특정한 명제에 근거해 완결된 연역의 관념이며, 이로써 또한 내가 여러분에게 일단 헤겔 철학에 대해 말한 바와 반대되는 것이기도 합니다.

우선 나는 여러분에게 『정신현상학』의 한 대목을 통해 헤겔의 체계 개념이, 혹은 좀 덜 까다롭게 철학사적으로 말하자면, 변증법적 총체성 개념이 실제로 그와 정반대라는 점을 보여주고자 합니다. 또 동시에 어떤 다른 조명 속에서 변증법 일반의 중심 모티프, 즉 우리가 이미 지적했던, 진리는 단지 결과로서만 파악할 수 있다는 모티프를 보여주고자 합니다. 이 경우 이 결과라는 것은 어느 한 지점에서 산출되어 나오는 것일 뿐만 아니라 그 자체의 타당성 및 의미의 필연적 조건으로서의 과정을 자체 내에 포함하는 것이기도 합니다. 이런 맥락에서 내가 여러분에게 읽어주고 싶은 대목 역시 『정신현상학』 서문에 나오는 것이며, 또한 전통적인 체계 개념에 맞서고, 아울러 일반적으로 정태적인 진리 관념에 맞서는 전환을 아주 각별히 예리하게 수행하기 때문에 특히 지금 다루는 문제와 관련이 있는 것입니다. "언급한 내용에서 나오는 여러 가지 추론들 가운데, 다음과 같은 것을 강조할 수 있다. 즉 지는 단지 학 또는 체계로서만 현실적으로 존재하고 서술될 수 있다는 것, 나아가 철학의 원리나 원칙은 그것이 참일 경우, 그것이 단지 원리나 원칙으로만 존재하는 한 이미 그 때문에 허위이기도 하다는 것이다."[43] 그런데 이 명제는 철학사적으로 명백하게 피히테의 『학문론Wissenschaftslehre』[44] 1794년 초판본[45]에 맞서는 것인데,

피히테의 저서는 사실 어떤 점에서 헤겔 체계의 전제를 이룹니다. 또 여기서는 실제로 그런 하나의 원리로부터 전체 철학을 추론하려고 시도합니다.[46] 위의 명제는 앞에서 우리가 말한 바와 극단적으로 모순되는 것입니다. 왜냐하면 연역적 연관관계의 척도, 즉 한 가지 최고 원리에 근거하는 완결된 추론의 척도는 바로 무모순성이기 때문입니다. 어떤 모순적 계기가 추가될 경우 전통적인 논리학의 규칙에 따르면 연역적 연관관계가 손상된 것처럼 보입니다. 여러분이 여기서 이미 알 수 있듯이, 한 가지 특정한 모티프로 인해, 헤겔 철학은 지속적이고 불변적인 것을 주창하는 전통적 형이상학 및 전통적 철학과 대립할 뿐만 아니라, 심지어 전통적 논리학과도 대립하고 있습니다. 즉 헤겔 철학은 사유 자체가 모순 없이 진행된다는 점에 진리가 있는 것은 아니며, 오히려 반대로 바로 사유 자체의 귀결을 통해 지속적인 모순에 빠질 수밖에 없고, 사유가 시도하는 개별 단계들이 아니라 단지 실현된 총체성으로서만 논리적 통일 즉 무모순성을 지닌다고 보며, 그런 한에서 모순율을 인정하지 않습니다. 이것이 변증법적 사유가 우리에게 제기하는 또 하나의 요구입니다. 그것은 여러분이 "나아가 철학의 원리나 원칙은 그것이 참일 경우, 그것이 단지 원리나 원칙으로만 존재하는 한 이미 그 때문에 허위이기도 하다"[47]는 명제를 올바르게 이해하면 여기서 이미 직면할 수 있는 요구이기도 합니다. 일단 이를 실제로 해명하기 위해 이렇게 말할 수 있을 것입니다. 즉 관념철학에서는 사유의 절대성에 대한 사고가 출발점을 이루고, 따라서 사고가 아닌 것은 아무것도 없으며, 따라서 ─피히테가 표현했듯이─ 사유하는 원리인 자아, 즉 어떤 절대적 존재가 스스로를 정립한다면, 전적으로 헤겔적인 의미에서 ─그런데 피히테도 이미 이 길을 걸었습니다─ 이 최초의 원칙이 이미 필연적으로 또한 허위이기도 하다고 말할 수 있는 것입니다. 왜냐하면 스스로를 정립하는 이 사유의 개념 속에는 필연적으로 그 사유가 관계하는 계기가 담겨 있기 때문입니다. 사고가 지향하는 사유된 것을 지니지 않는 사유, 따라서 사유함으로써 단순한 사고 이상으로 되지 않는 사고는 없습니다. 그러나 그것을 그렇게 파악함으로써, ─그리고 피히테는 내가 여기서 여러분에게 암시하는 이 길을 이미 아주 확고하게 걸었습니다─ 그것을 그렇게 이해함으로써, 철학의 출발 원칙은 ─그리고 헤겔과 피히테의 원칙은 이 결정적인 지점에서 동일합니다─ 사실상 매개되지 않은 것은 아무것도 없고 우리가 사고를 통해 알지 못하는 것은 아무것도 알지 못하는 한에서 참이지만, 동시에 이 외견상의 절대적 근원 속에 그 자체의 대립물이 함께 정립되어 있기 때문에, 절대적이고 생산적인 자아 즉 순수 이념에 대한 사고 속에, 사유가 관계하는 것에 대한 사고 즉 비-자아에 대한 사고가 필연적으로 함께 정립되어 있기 때문에 허위이기도 하다고 말할 수 있습니다.

"그래서 그것을" ─이 원리를─ "논박하기는 쉽다. 논박의 본질은 그것의 결함을 보여주는 데에 있다. 그런데 원리는 그것이 단지 보편적인 것 혹은 원칙, 시초일 뿐이기 때문에 결함 있는 것이다. 논박이 철저한 것이라면 대립되는 단언들과 발상들을 통해 외부로부터 이루어지는 것이 아니라, 그 원리 자체에서 끌어내어져 전개되는 것이다."[48] 여러분은 이 몇 개의 명제에서 변증법적 방법 전체를 위해 결정적인 규정 두 가지를 추론할 수 있을 것입니다. 우선 헤겔의 경우 '논박'은 어떤 명제에 대해 그것이 단순히 허위라고 말하는 통상적 의미를 지니지 않는다는 것을 추론할 수 있습니다. 오히려 그가 표현하는 바와 같이 어떤 명제와 관련해 '그것의 결함을 보여주는' 것입니다. 즉 각각의 유한한 인식에 대해 그것이 단지 유한한 인식인 한 ─또 우리는 단지 유한한 것으로서만 아무튼 어떤 특정한 것에 대해 말할 수 있습니다─ 필연적으로 아직 전체가 아니라는 점을 보여주는 것입니다. 그러나 단지 전체만이 진리여야 하기 때문에 그런 한에서 각각의 사고는 모두 허위입니다. 그러나 어떤 우연하고 바로잡을 수 있는 오류판단, 말하자면 어떤 사유의 결함이라는 의미에서 허위가 아니라 유한한 판단의 본성으로 인해 허위인 것입니다. 왜냐하면 유한한 판단은 모두 단적으로 간파할 수 있는 바로 이 특성, 즉 헤겔에 의하면 진리 일반의 개념을 비로소 추론할 수 있게 해주는 그 전체가 아니라는 특성을 갖기 때문입니다. 나아가 여기에는 이 허위라는 것도 우연한 것이 아니라는 점, 그러니까 그것은 철학 내지 개념의 운동에 대해 외적인 어떤 것이 아니며, 우리는 이 허위에 필연적으로 빠져들게 된다는 점도 담겨 있습니다.

이러한 사고는 사실상 이미 칸트의 사고이기도 합니다. 물론 칸트의 경우 그것은 헤겔이 이룩한 바와 같이 완전히 일관되고 명확하게 서술되지는 않았다고 할 수 있습니다. 그것은 다음과 같은 사고인데, 칸트의 경우 일단 아직 매우 제한된 방식으로 거론되고 있습니다. 즉 특정 유형의 명제들, 실증적 경험을 넘어서는 명제들이 있는데, 이 명제들에서 우리는 그것을 경험자료로 채울 수 있을 때처럼 여전히 우리의 개념 장치를 사용하며, [그리하여] 우리는 필연적으로 모순에 빠지게 된다는 것입니다. 또한 동시에 칸트는 『순수이성비판』의 선험적 논리학 둘째 중심부에서 우리가 그럼에도 불구하고 어떻게 이 필연적 모순들을 풀고 어떻게 이 모순들에서 벗어날 것인지 지침을 제시하고자 합니다. 이는 칸트에게서 볼 수 있는 기이한 사고로 그 상태에 머물고 있으며, 그 자신은 그것을 더 이상 추적하지 않습니다. 한편으로 『순수이성비판』에는 우리가 필연적으로 이 모순에 얽혀 들어가며, 인식론적인 숙고도 우리를 그로부터 '치유할' 수 없다고 되어 있습니다. 하지만 다른 한편으로 그는 바로 본체계noumena와 현상계phainomena의 적용상의 구분을 통해서 그 해결책을 제공할 수 있다고 믿습니다. 그에 따르면 이 양자에는 상이한 법칙들이 적용된다고 합니다.[49]

여러분이 보는 바와 같이 이때 칸트의 경우에도 일종의 모순이 존재합니다. 하지만 칸트의 경우에 —본의 아니게라고 말할 수 있을 것입니다— 그대로 남아 있는 모순 자체를 헤겔은 의식으로 끌어올리며, 거의 철학적 사유 일반의 기관으로 만든다고 할 수 있습니다. 그러니까 한편으로 이성은 필연적으로 모순들에 얽혀 들어가지만, 동시에 이 모순들을 벗어나고 스스로를 바로잡는 힘도 가지는 것입니다. 헤겔에 따르면 이것이 개념의 운동의 본질이며, 본래 철학의 본질입니다. 여러분은 변증법을 올바르게 이해하려면 두 가지를 고수해야 합니다. 한편으로는 모순들의 불가피성이며, 다른 한편으로 모순들의 추진력이 그것입니다. 이 추진력은 모순들을 더 높은 진리의 형식으로, 또 헤겔의 경우 언제나 이와 상관적으로 사유되듯이, 더 높은 현실의 형식으로 지양하게 됩니다. 헤겔의 경우 진리와 현실은 단순히 상이한 어떤 것으로 사유되는 것이 아니라 그때그때 서로 관련되는, 즉 서로 의존하며 실제로 서로를 통해 비로소 구성되는, 두 개의 역동적 계기로 사유되기 때문입니다.

이 몇 가지 명제에서 내가 여러분에게 지적하고자 했던 둘째 사안은 앞에서 심사숙고한 바를 통해 이미 어느 정도 암시된 바이기도 합니다. 즉 한 명제의 진리에 대한 논박 혹은 한 명제에 대한 부정 혹은 ─드디어 여러분에게 아마 여러분이 오래전부터 기대했을 핵심어를 한번 제시하자면─ 명제에 대한 반명제는 외부로부터 첨가된 것이 결코 아니며, 사고 자체의 일관성으로부터 본래 따라 나오는 것이라는 점입니다. 내 생각에 여러분이 철학적인 변증법 개념을 얻고 철학 이전적인 전래의 상투적 변증법 개념에서 탈피하려면 ─이의 본질은 '그래, 우리는 무엇을 표현하든 간에 어떻게 해서든 그 반대도 말할 수 있다'고 말하는 데에 있습니다─ [여러분은 위의 명제들에서 그 기회를 찾을 수 있습니다. 왜냐하면] 여기서 헤겔이 발전시킨 것, 즉 반명제는 명제에 맞서 외부로부터 맞세운 반대주장과 같은 것이 아니라, ─이를 그는 실제로 단순한 궤변적 의견싸움이라고 거부했을 것입니다─ 명제의 반명제 자체가 언제나 명제 자체로부터, 그 자체의 일관성으로부터 추론되어야 한다는 생각은 실제로 이 상대주의적인 상투적 생각에 맞서기 때문입니다. 이는 바로 헤겔의 『정신현상학」에서 결정적인 주제를 이루는 자아와 비-자아의 관계를 통해 내가 여러분에게 간략히 암시한 바와 같습니다. 따라서 변증법적으로 사유한다는 것은 결코 어떤 성격의 한 명제에 외부로부터 다른 견해를 대립시키는 것이 아니라 [사고가] 어느 정도 그 자체의 유한성, 자체의 허위를 깨닫게 되고 이로써 스스로를 넘어서 나아가게 하는 지점으로까지 사고를 밀고 가는 것입니다.

　내가 여러분에게 위의 구절 나머지를 더 낭독해도 좋겠지만, 그 이전에 사고 자체로부터 산출되지 않고 외부로부터 어떤 사고에 대립시킨 외적 대립을 헤겔이 '단언들' 혹은 '착상들'이라는 명칭으로 분명히 거부한다는 점을 다시 여러분에게 환기하고자 합니다. 헤겔 철학을 전체적으로 개관하면 이 말들이 고립상태로 이 자리에서 말하는 것보다 여러분은 훨씬 더 많은 것을 이 두 단어에서 간파할 수 있습니다. 즉 헤겔의 경우 사고가 매우 중요해지고, 또 본래 스스로에 근거해 절대자를 전개한다는 요구를 아무튼 제기하지만, [이는] 동시에 이 사고가 객관을 통해 구성된다는 식으로 [이해해야 합니다]. 가장 수준 높은 의미에서, 헤겔의 변증법은 주관적 변증법이라고 할 수 있다면, 그러니까 언젠가 언급한 바와 같이 [50] 절대적인 것이 실제로 주체라면, 이는 바로 사고의 모든 개별 단계에서 주체가 객관에 그 척도를 둔다는 것을 뜻합니다. 그리고 완전히 변증법적인 이 철학의 파토스는 본래 언제나 다음과 같은 것입니다. 즉 주체가 단순히 반성하는 주체 혹은 궤변만 늘어놓는 주체일 경우, 그러니까 그것이 관여해야 하는 객체의 규율, 객체의 힘과 무게에 스스로 복종하지 않고 자신에 근거해 객체에 접근하는 한, 주체의 판단은, 또 이로써 실제로 주체는 언제나 자신의 자의성, 자신의 우연성, 혹은 헤겔이 아주 빈번히 언급하는 바와 같이, 자신의 허영 때문에 비난을 받습니다.[51] 사태로부터 파악되지 않은 모순, 사태가 그 자체로 인해 빠져드는 모순이 아니라 단순히 외부로부터 사태에 첨가된 대립인 모순은 말하자면 그저 유한한 우연적 주체에 귀속될 뿐입니다. 그러한 모순은 이 우연적 주체의 단순한 의견, 이미 여러분이 보았듯이 플라톤이 극히 예리하게 비판한 억견δόξα이 됩니다. 그리고 이제 진리가 주체로, 절대 주체로 되는 데에 여러분이 도달하는 길은 언제나 사유하는 주관이 그 개별 단계에서 마주치는 객관에 비추어 단순한 개인적 의견에 작용을 가하는auftrifft[52] 것입니다.

"그것은" —논박은— "따라서 자체의 부정적 행위만을 주목하고, 자체의 진행과 결과를 긍정적 측면에서도 의식되지는 않는다는 점을 오해하지 않는다면, 본래 그것의" —원칙의, 시작의— "전개이며, 이로써 그 결함의 보완일 것이다."[53] 이 구절은 내가 일단 여러분에게 제시하려는 변증법적 사유의 골격 매우 깊은 곳으로 귀결됩니다. 우선 이러한 사고에서는, 변증법에서 논박이 거론되는 한 이 논박은 흔한 전통적 논리학의 의미에서, 어떤 사고가 허위임을 입증할 때, 논박이라고 지칭하는 것과 동일한 것이 아니라는 점을 아주 특이하게 인정하고 있습니다. 왜냐하면 이 논박은 사실 그 사고에 맞서서가 아니라 그 사고와 더불어, 그 사고 자체의 힘에 근거해 이루어지기 때문입니다. 전반적으로 헤겔의 변증법적 사유와 또 한편 마르크스의 사유도, 비판적 사유인 한, 언제나 내재적 비판입니다. 우리가 어떤 구성물에 비판을 가할 경우 이 비판은 —이는 대중적인 이야기방식입니다— 초월적 비판일 수 있습니다. 즉 판단하는 자에게 확고해 보이지만 사태 자체에 담겨 있는 것은 아닌 어떤 전제들에 비추어 그 구성물 혹은 현실 혹은 무엇이든 평가할 수 있습니다. 아니면 그 비판은 내재적 비판일 수 있습니다. 즉 비판의 대상을 그 자체의 전제, 그 자체의 형식법칙에 비추어 평가할 수 있습니다. 변증법적인 방법은 언제나 내재적 비판의 방법입니다. 즉 전적으로 내가 여러분에게 방금 설명한 의미에서 사태에 외적인 기준을 사태에 적용해서는 결코 안 되며, 어떤 '단언'이나 '단순한 착상'이어서는 안 되고, 사태 자체에 도달하기 위해, 사태 자체에, 사태 자체의 개념에 근거해 평가해야 합니다. 여러분에게 유물변증법에서 한 가지 예를 제시하자면, 마르크스가 자본주의 사회를 비판할 경우, 이는 결코 그가 자본주의 사회에 맞서 이른바 이상적인 사회 예컨대 어떤 사회주의적인 사회를 내세움으로써 이루어질 수 없습니다. 마르크스는 이를 어디서나 세심히 피했습니다. 이는 헤겔이 어디서도 유토피아나 실현된 이념 그 자체를 그려내는 일에 관여한 바 없는 것과 꼭 마찬가지입니다. 두 가지 형태의 변증법에는 그와 관련해 엄중한 터부가 지배하고 있습니다. 오히려 마르크스는 사회를 비판할 경우 사회가 스스로 어떠하다고 주장하는 바에 비추어 사회를 평가함으로써 비판을 수행합니다. 예컨대 그는 이렇게 말합니다. "이 사회는 자유롭고 정의로운 교환사회라고 주장한다. 그렇다면 우리는 이 사회가 이러한 요구를 충족시키는지 보고자 한다." 혹은 "이 사회는 계약당사자로서 자유롭게 교환하는 주체들의 사회라고 주장한다. 우리는 이러한 요구가 어떤 상태인지 보고자 한다." 이 모든 계기들은 마르크스의 방법을 특징지을 뿐만 아니라 또한 마르크스의 방법을 올바르게 파악하는 것을 그토록 어렵게 만들고 마르크스와는 너무 동떨어져 있는 어떤 이상사회에 대한 학설의 의미로 오해할 수 없도록 만드는 것인데, 이런 계기들은 모두 바로 그 헤겔의 글에서 구상되고 있는 바입니다.

하지만 이제 나는 한 걸음 더 넘어서고자 합니다. 여러분은 우선 변증법적 부정이 어떤 잘못된 사고에 대한 대립이나 교정이 아니라, 확장이라고 할 수 있다는 것, 또는 그가 아주 일관성 있게 말하는 바처럼 사고의 발전이며 그 결함의 보완이라고 할 수 있다는 것을 알게 되었습니다. 따라서 실제로 교정이며, 사고를 무력화시키는 어떤 것이 아닙니다. 그러므로 예컨대 —다시 한 번 마르크스에게서 예를 들겠습니다— 자유롭고 정의로운 사회라는 사고를 마르크스가 비판할 경우, 변증법적 방법에서는 자유와 정의의 이념이 폐기되는 것이 아니라, 단지 그 이념과 대질되는 현실에서는 그 이념이 아직 실현되지 않았다는 점이 제시될 뿐이며, 이로써 물론 이제까지 통용되고 있는 자유와 정의의 개념들 자체도 수정됩니다. 즉 그것들은 이제 처음 사유와 맞설 때처럼 그렇게 추상적이지 않고 구체화됩니다. 이 모두는 아주 대수롭지 않은 듯하며, 여러분은 이 자리에서 안도의 한숨을 쉬며 이렇게 말할 수 있습니다. "하지만 그렇다면 변증법은 그렇게 끔찍하게 나쁜 게 전혀 아니며, 모순이라는 것도 결코 그렇게 진지한 뜻으로 이야기한 것이 아니군. 그렇다면 오히려 전체는, 어느 정도 편협하지 않고 제한된 사고들을 확장하여 그것을 넘어서고 이런 식으로 바로 전체에 도달한다는 상식의 규칙으로 귀결되는군." 변증법에는 사실상 이러한 상식의 요소도 담겨 있습니다. 그러나 사태가 그렇게 완전히 멋지고 그렇게 완전히 매끄러운 것은 아닙니다. 이로써 나는 다시 변증법 개념상의 한 가지 결정적인 지점으로 돌아가는데, 여러분에게는 이를 아주 엄격히 고수할 것을 청하는 바입니다. 즉 헤겔은 사고가 실제로 발전하기만 하고 논박되지 않는다면 모두 아주 멋지고 훌륭할 것이라고 말합니다. 다만 사태는 이렇습니다. 비판적 사고, 즉 사태를 그 자체에 비춰 평가하고 그 자체와 대질하고 사태를 더욱 밀고 가는 사고는 자체의 "부정적 행위만을 주목하고, 자체의 진행과 결과를 그 긍정적 측면에서도 의식하지는 않는다"[54]는 것입니다. 이는 우선 이 논박이 지극히 진지하다는 것, 즉 그것은 우리가 그러한 전체를 얻지 못했으며, 모든 사물들에 그 올바른 자리를 할당해 주는 신의 표정으로 여유만만하게 사고를 넓힐 수 있고 사고의 제한성을 넘어 사고를 그 올바른 자리에 가져다 놓을 수 있는 것이 아니라, 사고가 정말 무조건 무자비하게 변증법으로 들어가야 한다는 것을 의미합니다. 이것이 내가 지난 시간에 여러분에게 말하고자 한 바에서, 즉 전체는 결코 미리 주어진 것이 아니며, 진리는 경직된 것 혹은 우리에게 보장된 것이 아니라 어떤 생성되는 것, 생겨나는 것이자 결과라는 데에서 나오는 귀결입니다. 그러나 이는 또 우리가 진리를 외부로부터 가져다 적용하고, 말하자면 변증법적으로 사유하는 가운데 이 추상적 진리 덕분에 이미 변증법을 능가할 수 있게 되는 식으로 진리를 이용할 수 있는 것은 아니라는 점을 의미하기도 합니다. 오히려 우리는 이 변증법적 과정에 침잠해야 합니다. 우리는 전체를 가지지 못하고 있기 때문에, 아무튼 전체에 도달하기 위해 부분적인 것의 편협한 상태밖에 우리에게 남은 것이 없다고 할 수도 있을 것입니다. 우리는 [그런 상태에] 자신을 내맡길 때만, 그러니까 비판적 운동 자체를 진리로 간주하는 이 제한을 겪어낼 때에만 진리에 도달하는 것이 아무튼 가능합니다. 그러나 다른 한편으로 ―그리고 여러분은 이때 헤겔의 경우 실제로 변증법 개념이 얼마나 진지한지 알 수 있습니다― 이는 그 다음 단계가 스스로를 아주 진지하게 받아들여야 하고, 또 자체를 전체의 부분 계기로만 봄으로써 이미 자신을 상대화할 수는 없다는 것을 [의미합니다]. 이에는 또한 이미 그 다음 단계 ―유한한 것에 그 오류가능성을 설복하는 바로 그 반성적 부정성― 자체는 아직 진리가 아니며, 다시 이처럼 그 단계에 필연적인 자기오해 속에서 그것이 비진리로 되며, 이로써 스스로를 넘어서 나아가게 된다는 사실이 내포되어 있습니다. 그리고 그것이 빠져드는 이 필연적 비진리 때문에 실제로 그 다음 단계는 단순한 확장 혹은 허위의 교정으로 등장하지 못하며, 그것은 필연적이고 불가피하게 어떤 절대적 모순의 가상을 띠게 됩니다. 이러한 관계 속에서 여러분은 모순의 개념이 그러한 제한에도 불구하고 지극히 진지한 문제라는 것을 파악할 수 있습니다. 역사적인 문제에 관심을 두자면, 프랑스 혁명에서 시민사회의 해방을 초래한 사람들이 이 시민사회를 극히 진지하게 정의롭고 절대적인 사회의 구현이라고 여기지 않았다면, 이 사고 자체의 제한성이 동시에 그 사고 속에서 폭발력으로서 작동하지 않았다면, 프랑스 혁명 전체는 일어나지 않았을 것입니다. 하지만 동시에 바로 이 오류가능성을 통해 또한 혁명을 역사적으로 단지 상대적인 것으로 만든 제한이 초래되기도 했습니다.

나는 이 사고를 여러분에게 처음에 설명하고자 한 모티프, 즉 진리 자체의 시간적 핵심이라는 모티프와 관련지어 또 좀 다른 식으로 설명하고 싶기도 합니다.[55] 이 경우 아마 여러분은 헤겔 사유 내부의 가장 깊숙한 지점에 도달하게 될 테고, 이 지점에 근거해 그 모티프 전반을 파악할 수 있을 것입니다. 즉 그 속에는 실제로 시간으로부터, 자체의 시간적 핵심으로부터 벗어나는 어떠한 사고도 사유될 수 없다는 생각이 담겨 있습니다. 그러니까 자기 시대의 구체적 조건들에서 성장해 나오고 그것에 근거해 스스로를 평가하는 대신, 직접 절대적인 것, 시대를 넘어서는 정의와 관계하게 될 어떤 사고, 어떤 정치적 사고는 —『정신현상학』이야말로 아주 확연한 의미에서 정치적으로 구상된 것입니다— 결코 그 시대의 이 구체적 조건들보다 우월할 수 없을 것이며, 좀 더 추상적일 테고, 또 이처럼 좀 더 추상적이기 때문에 실로 무기력상태에 빠질 것이며 이로써 현실화되는 힘도 지니지 못할 것입니다. 그런데 변증법적 원칙의 의미에서 현실화되는 힘이야말로 본래 어떤 사고의 진리에 대한 증거입니다. 어떤 일반적이고 정적으로 자체 내에 머무는 진리, 사회를 넘어선 진리는 존재하지 않는다는 것, 오히려 본래 진리 자체가 언제나 구체적 상황으로부터 나오며, 그것이 구체적 상황과 분리되거나 혹은 자신이 그 구체적 상황을 넘어선다고 믿는 순간 이로써 바로 무력증과 무기력에 빠질 수밖에 없고, 그것이 원래 자체에 근거하여 발휘하리라고 믿는 바의 정반대를 야기한다는 것이야말로 진리의 시간적 핵심이라는 사고의 이른바 실천적 혹은 정치적 표현입니다.

내가 이러한 고찰을 끼워 넣은 것은 여러분에게 이 자리에서 하나의 모델을 통해 동시에 어떤 다른 것을 한번 보여주기 위해서인데, 이 또한 변증법적 사유의 풍토에 지극히 중요한 것입니다. 즉 극단적으로 이론적인 사고와 실천으로의 전환 사이에는 부단한 상호작용이 존재한다는 것이 그것입니다. 변증법적 사유에서는 우선 완성된 이론 체계가 있고, 그

다음에 우리가 일단 훌륭히 이론 전체를 아주 평온하게 파악한 다음 이로부터 '실천적 결론들'을 끌어내는 것이 아니고, 이 사유의 모든 단계에서 —이렇게 말할 수도 있습니다— 불꽃이 일면, 이 불꽃은 이론적 성찰의 극에서 실천적 행위의 극으로 옮겨붙는다는 점에서, 변증법적 사유는 전통적 사유와 근본적으로 상이합니다. 나는 여기서 여러분에게 모순의 제한이 불가피하다는 —예컨대 추상적인 정치적 유토피아에 비해 구체적인 정치적 실천이 중심 역할을 한다는— 사고의 논리구조를 보여주었는데, 이는 변증법적 사유 전반에 대해 전적으로 중심적인 문제입니다. 우리는 —이미 피히테의 경우에도 그렇고, 헤겔의 경우에는 확실하고, 또 마르크스의 경우에도 확실한데— 모든 변증법적 사유에서 사유된 이론과 실천의 통일이 실제로 결말에서야 비로소 등장하는 것이 아니라 내가 여러분에게 보여주고자 한 바처럼 이미 부단한 상호작용 속에서 존재하는 방식의 통일이라는 데에 실로 익숙해져야 합니다. 그리고 바로 이것 자체야말로 또한 헤겔이 주장하는 진리의 시간적 핵심에서 나오는 결론입니다. 왜냐하면 그것의 의미는 바로 진리 자체가 관조적으로 시대에 대립해 있는 것이 아니라, 오히려 그 시대적 형태를 취함으로써 언제나 또한 동시에 가능한 실천과 아주 강력한 관계를 지닌다는 것을 의미하기 때문입니다.

앞에서 인용한 [『정신현상학』의] 단락은 [다음과 같이] 끝납니다. "시작의 실제적 긍정적 실행은 동시에 역으로 시작에 대한, 즉 그저 직접적이거나 목적일 뿐이라는 시작의 일면적 형식에 대한 부정적 반응이기도 하다. 이로써 그 실행은 그와 마찬가지로 체계의 기초를 이루는 것에 대한 논박으로 받아들일 수도 있다. 좀 더 정확히 말하자면 그것은 체계의 기초 혹은 원칙이 사실상 단지 체계의 시작일 뿐임을 보여주는 것이라고 간주할 수 있다."[56] 이는 우리가 지난 시간에 이미 들었던 바를 다시 한 번 요약해줍니다. 즉 예컨대 동물학을 '동물들'에 대한 학설에 근거해 규정하는 것은 결코 실현된 동물학과 동일하지 않으며, 이러한 명제로 여러분이 동물학을 얻을 수는 없는 것입니다. 오히려 여러분이 이 규정 혹은 그 개념에 근거해 발전에 합당한 개별 동물들의 파생과정에 구체적으로 파고들어야 비로소 동물학을 얻을 수 있습니다. 하지만 이 경우 실제로 그 이상의 것도 이야기되고 있습니다. 여러분이 최초의 명제 혹은 최초의 원리는 단지 시작일 뿐이라는 말을 들으면 이는 우선 아주 대수롭지 않은 것처럼 들릴 수도 있고, 이를 다음과 같이 이해할 수도 있습니다. "그래, 예컨대 피히테의 원리와 같은 어떤 제일 명제를 얻었다면 점차 더욱 풍요로운 것을 추가로 얻기 위해 그것을 더욱더 실행해가야 하지." 그러나 이 경우에도 나는 '단지 하나의 시작일 뿐'이라는 등의 개념들이 헤겔의 경우 여러분에게 나타나는 것보다 훨씬 더 많은 내용을 담고 있는 것, 훨씬 더 진지한 것으로 받아들여야 한다는 점을 여러분에게 다시 한 번 상기시켜야겠습니다. 그와 같은 명제가 말하자면 나중에 색깔을 띠게 되고 윤곽을 지니게 되거나 혹은 이 대목에서 비-변증법적 전통적 사유의 상투어처럼 들릴 수도 있기 때문은 아닙니다. 오히려 시작은 단순히 시작인 한, ―헤겔이라면 이렇게 말할 것입니다― 그것이 단지 추상적인 한, 실제로 허위이기 때문입니다. 헤겔의 경우 또한 추상적인 것은 일반적인 사유에서 '추상성'이라는 개념이 의미하는 것과 완전히 동일한 것을 의미하지는 않습니다. 즉 헤겔의 경우 단순히 보편적인 것이 아니라 유리된 것 혹은 개별 규정이야말로 ―그것이 속해 있는 전체로부터 말 그대로의 의미에서 '추출된', 떼어낸 한에서― 추상적입니다. 그리고 전체를 향한 운동인 사유의 운동 자체는 헤겔의 의미에서 '구체적인 것', 즉 하나로 결합되어 있는 것을 향한 운동입니다. 헤겔의 경우 실제로 진리는 구체적인 것[57]이라는 말이 진리에 대한 규정들 가운데 하나이기도 합니다. 따라서 이 경우 추상적인 것은 실제로 개별적인 것이며, 아직 유리되어 있는 것입니다. 또 시작은 추상적이기 때문에, 유리되어 있기 때문에, 아직 전체로까지 넘어가지 않았기 때문에, 혹은 아직 그 자체에 도달하지 못했기 때문에 허위입니다. 또한 그 때문에 시작에 대한 실행의 관계는 자로 제도판 위에 미리 그어놓은 도식을 색깔로 채우는 관계가 아닙니다. 오히려 시작 자체가 본질적으로 진리가 자체에 도달하는 과정을 의미합니다. 이것이 오늘 여러분에게 변증법 입문을 위해 말하고자 했던 것들입니다.[58]

42) 제4강의 녹취록 첫 쪽(Sign: Vo 3050)에서는 '녹음 해독 어려움!'이라고 손으로 쓴 메모를 볼 수 있다.

43) Hegel, Phänomenologie des Geistes, a. a. O. [s. Anm. 16], S. 16(Vgl. Hegel, Werke, a. a. O. [s. Anm. 8], Bd. 3: Phänonmenologie des Geistes, S. 27).

44) 요한 고틀립 피히테(Johann Gottlieb Fichte: 1762~1814), 1794년부터 예나, 베를 린, 에얼랑엔, 쾨니히스베르크 그리고 끝으로 다시 베를린에서 교수로 재직.

45) Vgl. Johann Gottlieb Fichte, Grundlage der gesammten Wissenschaftslehre als Handschrift für seine Zuhörer(1794), Einleitung und Register von Wilhelm G. Jacobs, Hamburg 1988. ―비록 피히테는 1794년에 나온 자신의 과학이론이 완결되었다 고 여겼지만, 그는 그것을 그 후에도 여러 차례 수정했다.

46) 피히테에 따르면 철학은 모든 과학들의 전체 지를 단 하나의 원리 혹은 원칙 에 의거해 정초하고 그리하여 하나의 통일된 체계로서 서술하는 단 하나의 과제 를 지닌다. 이런 이유에서 철학은 그의 입장에서 과학이론 혹은 과학 일반에 관 한 과학일 수밖에 없었다. 하지만 "나는 나다"라는 명제는 피히테에 따르면 어 떤 절대적인 제일원리의 조건을 충족시키는데, 첫째 그것이 직접적으로 확실하 기 때문이며, 둘째 그것이 근원적 사행(事行: Tathandlung)으로서 어떤 미리 주어 진 것에 호소하지 않고 생산적 자체 정초의 구조를 가지기 때문이다. "스스로를 존재하는 것으로 정립하는 데에만 그 존재(본질)가 있는 것은 절대적 주체로서의 자아 이다."(Fichte, Grundlage der gesamten Wissenschfatslehre, a. a. O. [s. Anm. 45], S. 17). "자아는 원래 그 자체의 존재만을 정립한다."(Ebd., S. 18). "나는 내가 존재하기 때문에 존재한다."(Johann Gottlieb Fichte, Über den Begriff der Wissenschaftslehre, hrsg. von Edmund Braun, Stuttgart 1981, S. 61). 또한 셋째로 제일의 원리는 모든 가능한 지의 절대적 원칙이다. 왜냐하면 그것은 존재하는 자아로서의 자신의 정 립과 더불어 하나의 주체-객체-구조를 정립하고, 이 구조 속에서 자아는 한편으 로 절대적 주체-객체이지만, 다른 한편으로 자체 내에서 객체이며, 이로써 객체 의 설정 속에서 자아와 구분되는 경험의 객체들(비-자아)이 그 자리를 찾거나 정 립될 수 있는 장소를 제시하기 때문이다.

47) 주석 43) 참조.

48) Hegel, Phänomenologie des Geistes, a. a. O. [s. Anm. 16], S. 16(Vgl. Hegel, Werke, a. a. O. [s. Anm. 8], Bd. 3: Phänomenologie des Geistes, S. 27).

49) '현상계'는 칸트의 경우 "범주들의 통일성에 따라 대상들이 사유되는 한에서의 현상들"이다(Immanuel Kant, Kritik der reinen Vernunft. Nach der ersten und zweiten Original-Ausgabe neu hrsg. von Raymund Schmidt, Hanburg 1956, S. 298). 즉 직관의 형식들(공간과 시간) 및 인간의 오성 및 그 범주들을 통해 구성되는 한에서의 사물들이다. '본체계'는 사물들 자체이다. 즉 비-감성적 직관을 통해 드러나는 것으로 고찰되거나 혹은 사유되는 사물들이다. 그런데 이는 감성적 직관 및 논증적 오성에 의존하는 인간 인식으로는 접근할 수 없다. 그런 한에서 칸트에게 '본체계'의 개념은 또한 "단지 감성의 월권을 제한하기 위한 한계개념이며, 따라서 단지 부정적인 효용만을 지닐 뿐이다."(Ebd., S. 305).

50) "절대자는 주체다"라는 표현은 헤겔의 경우 정확히 이런 형태로 단지 『정신현상학』 내용 목차에만 나타나며, 여기서 그것은 내용상 그러한 사고가 전개되는 한 장의 표제가 된다.(Vgl. Hegel, Werke, a. a. O. [s. Anm. 8], Bd. 3: Phänomenologie des Geistes, S. 7 und S. 20 ff.). 내용상 이 명제는 물론 절대자에 대한 헤겔의 이론 전반에 적합하다.

51) 『정신현상학』 서론에서 헤겔은 처음에 자연적이었던 의식이 그 대상들을 경험하는 과정에서 이룩할 수밖에 없고 또 개념과 대상의 일치를 목표로 하며 그 속에서 인식은 더 이상 진정한 대상과 분리되어 정립되는 외적 수단 혹은 매체로 사유되지 않고 오히려 사태의 진리와 동일해져 있는 발전과정에 대해 말한다. 이러한 발전과정은 자연적 의식에 우선은 불안을 야기한다. 인식을 도구나 매체로 보는 견해를 "우연하고 자의적인 표상들"(Hegel, Werke, a. a. O. [s. Anm. 8], Bd. 3: Phänomenologie des Geistes, S. 70 f.)이라고 배척하고 객체와의 경험을 추구하는 대신, 그것은 합리적 회의주의 속으로 달아난다. 여기서는 "진리에 대한 두려움이 자신과 타자 앞에서 바로 진리 자체에 대한 뜨거운 열성 때문에 단 한 가지 허영의 진리 이외의 다른 진리를 찾는 것이 어렵고 사실상 불가능해지는 것 같은 가상 뒤로 숨을 [수도 있다]. (…) 모든 진리를 무효로 여기는 이러한 허영은 이에 근거해 자신으로 돌아갈 줄 알며, 자신의 오성을 즐기는데, 이러한 오성은 모든 사고를 점점 해체하고 모든 내용 대신에 무미건조한 자아를 찾을 수 있을 뿐이며, 자신에게 내맡겨질 수밖에 없는 일종의 충족인 것이다. 왜냐하면 이러한 충족은 보편을 회피하고 단지 대자존재만을 찾기 때문이다."(Ebd., S. 75).

52) 'auftritt(등장하다)' 대신 추정함.

53) Hegel Phänomenologie des Geistes, a. a. O. [s. Anm. 16 f.] (Vgl. Hegel, Werke, a. a. O. [s. Anm. 8], Bd. 3: Phänomenologie des Geistes, S. 27 f.).

54) 주석 53) 참조.

55) 36쪽 이하 참조.

56) Hegel, Phänomenologie des Geistes, a. a. O. [Anm. 16], S. 17(Vgl. Hegel, Werke, a. a. O. [s. Anm. 8], Bd. 3: Phänomenologie des Geistes, S. 28).

57) "그렇지 않아도 명제 형식 혹은 좀 더 확정적으로 말하자면 판단 형식은 구체적인 것 ―그런데 진리는 구체적이다― 그리고 사변적인 것을 표현하기에 적합하지 않다. 판단은 그 형식을 통해 일면적이고 그런 한에서 허위이다."(Hegel, Werke a. a. O. [s. Anm. 8], Bd. 8: Enzyklopädie der philosophischen Wissenschaften I, S. 98). 구체의 개념에 대해 헤겔은 예컨대 『엔치클로페디』§164에서 이렇게 기술한다. "예컨대 개념이 어떤 추상적인 것이라는 말보다 더 흔히 듣는 것은 없다. 이는 한편으로 사유 일반이 그 요소이지 경험적으로 구체적인 감성적인 것이 그 요소가 아닌 한에서, 또 한편으로 개념이 아직 이념은 아닌 한에서 타당하다. 그런 한에서 주관적 개념은 아직 형식적이다. 하지만 그것이 자체 이외의 다른 내용을 그때그때 가지거나 보존해야 한다는 식으로 그런 것은 아니다. ― 개념은 절대적 형식 자체로서 전적으로 특정한 상태이지만 형식의 참인 상태에서 그렇다. 따라서 개념은 추상적일지라도 구체적인 것이며, 더욱이 단적으로 구체적인 것, 주체 자체이다. 절대적으로-구체적인 것이 정신이다. (…) ―개념은 개념으로서 그것의 객관과 구분되지만 이 객관이 구분과 관계없이 그 개념의 객관으로 남는 한에서 실존한다. 다른 모든 구체적인 것은 설혹 풍부하다고 해도 자체와 그렇게 내적으로 동일하지 않고 그래서 그 자체에서 그렇게 구체적이지 않으며, 사람들이 일반적으로 구체적인 것이라는 말로 이해하는 것, 외적으로 결합된 잡다함은 가장 구체적이지 않은 것이다. ―"(Ebd., S. 314).

58) 아도르노는 제11강에서 다시 한 번 상세히 헤겔의 '추상적인'이라는 개념을 상세히 다룬다. 191쪽 이하 참조.

여러분 안녕하십니까.

지난 시간에 우리는 변증법적 부정의 개념을 조금 면밀히 파악하려고, 즉 변증법적 모순을 설명하려고 일차적으로 시도했습니다. 내 생각에 우리가 말한 것에서 나오는 일차 결론 중 하나는 변증법에 관한 아주 흔한 통속적 관념 한 가지를 거부하는 것입니다. 즉 변증법은 세계를 완전히 지성화하는 것이고 또한 이와 연관하여 세계를 조화롭게 하는 것이라는 관념을 거부하는 것입니다. 그 주장은 이런 형태입니다. 즉 변증법이 시도하는 바와 같이, 존재하는 모든 것을 그 모순적 성격의 운동에 근거해 파악하려고 할 경우, 우리는 존재하는 모든 것을 하나의 지적 도식에 복속시키고 마치 세계 자체가 완전히 합리적인 세계인 듯한 태도를 취하는데, 이런 전제하에서만 세계가 말 그대로 완전하게 구성되기 때문이라는 것입니다. 따라서 여기서는 비합리적 계기가 소홀히 된다는 이야기입니다. 나는 최근에야 아이헨도르프Eichendorff를 연구하면서 그 자신이 직접 위대한 독일 관념론의 전통에서 출발했으면서도, 다소 일관적으로, 칸트 이후 철학 전체가 어두운 것, 불협화음적인 것, 합리적인 밝음과 동화되지 않는 것을 소홀히 한다고 비난하는 대목을 지적할 기회가 있었습니다.[59] 그러니까 이런 부류의 사유에서는 나 자신이 그다지 고상하다고 여기지 않는 독일 전통과 관련하여 일반적으로 프랑스 정신, 특히 데카르트주의를 상대로 제기되는 비난이 변증법에도 제기되는 것입니다. 그동안 우리가 심사숙고한 것들을 통해 여러분은 이러한 관념이 얼마나 부적절한지 간파할 수 있었으면 합니다. 왜냐하면 바로 헤겔의 철학은 변증법을 통해, 그러니까 부정성의 계기를 받아들임으로써, 존재하는 것을 이성ratio에 의해 단절 없이 구성할 수 있다는 그런 관념에 대립하기 때문입니다. 이를 엄밀히 표현하자면, 사실상 변증법은 현실을 완전히 구성하려는 시도이지만, 단절 없이 구성하는 것이 아니라 현실 자체에 내재하는 단절들을 통해, 단절들 속에서 구성해낸다고 말할 수 있을 것입니다. 그리고 변증법이 나에게, 또 나의 사유 시도들에 예로부터 발휘해왔고 여러분 가운데 많은 사람에게도 발휘하게 될 매력과 관련해 여러분에게 좀 털어놓자면, 다름 아니라 이 매력은 변증법이 어떤 원의 사각형 같은 것을 약속한다는 점 —물론 약속만 하는 것은 아닙니다—, 즉 합리성과 동화되지 않는 것, 비동일자, 직접 구성되지 않는 것 등을 그래도 구성하고, 따라서 의식 자체를 통해 비합리적인 것을 파악한다는 점, 혹은 —헤겔의 어법을 훨씬 더 현대적인 대립쌍에 적용하자면— 이성 자체를 통해 합리적인 것과 비합리적인 것의 대립을 넘어선다고 약속하는 점이었다고 할 수 있을 것입니다.

지난번에 여러분에게 말했듯이 부정적인 것은 사유의 입장을 보완하는 것, 즉 단지 외부로부터 사유에 맞서 등장하는 것이 아닙니다. 그와 마찬가지로 변증법적 안티테제Antithese, 변증법적 반명제는 사유가 다루어야 하는 테제These에 맞서 외부로부터 설정되는 반대테제Gegenthese가 아닙니다. 오히려 변증법적 방식의 본질은 반명제가 명제 자체로부터 나오며, 따라서 존재하는 것 자체는 그 자체와 동일하면서 동일하지-않은 것으로 파악된다는 점입니다. 하지만 이 부정의 계기가 개별 명제 자체에 담겨 있으며 외부로부터 그것에 맞서 설정되는 것이 아니기 때문에, 그러니까 아무튼 이 계기들을 파악하려면 생략하는 태도를 취해서는 안 되기 때문에, 변증법은 지난 시간에 여러분에게 설명한 바와 같이 진지하게 됩니다. 이 진지함은 아마 이런 형식으로도 표현할 수 있을 것입니다. 즉 변증법적 사유는 개별자를 그 상위개념에 환원함으로써, 이 개별자를 단순히 더 보편적인 개념들 아래 포괄함으로써 규정하지는 않는 사유입니다. 따라서 변증법적 사유는 분류를 통해 개별자를 파악하지 않고, 말하자면 그것을 그 자체 내부에서 해명함으로써, 일종의 핵분열을 시도하고 이로써 사유의 각 객체에 담긴 특수와 보편의 대립을 포착하려고 함으로써 개별자를 파악하려는 시도입니다. 하지만 또한 이로 인해 이제 논리적 추론 Räsonnement 속에는, 따라서 이른바 모든 것을 지배한다는 이성 자체 속에는, 현존하는 것의 힘에 직면해, 이성의 대립물 자체도, 즉 개별자로 동화되지 않는 것, 비동일자, 달리 존재하는 것, 그리고 결코 추리ratiocinatio 내지 단순한 추론을 통해서가 아니라 관조Zusehen를 통해서만 의식화할 수 있는 것 등의 계기도 동시에 들어가게 됩니다. 또 그런 한에서 변증법적 사유는 사실상 합리주의적 사유가 아닙니다. 왜냐하면 변증법적 사유의 비판은 모든 개별적 합리적 정립 일반의 해결되지 않은 요소 및 모호한 요소와 마찬가지로 그 제한성도 끌어들이기 때문입니다.

이러한 고찰은 일단 시작 단계에서 어쩔 수 없이 형식적일 수밖에 없었지만, 그렇게 형식적인 수준에 머물지 않도록, 이 자리에서 여러분에게 합리주의논쟁Rationalismusstreit에 대해 무엇인가를 말할 필요가 있을 것입니다. 이 논쟁은 ―본래 야코비Jakobi[60]의 철학과 관련된 논쟁 이래, 그후 셸링에 대한 헤겔의 논박 이래―[61] 사유에 대해 여전히 중요한 역할을 하고 있습니다.[62] 그러니까 한편으로 합리적 사유, 즉 헤겔이 다소 폄훼하는 뜻으로 '반성철학Reflexionsphilosophie'이라고 지칭하는 흔한 의미에서, 일반적인 논리적 형식들만을 ―정의, 분류, 추론, 개념적 배열과 구분 및 이 모든 계기를― 이용하고 인식을 단지 이 형식들 속에서 진행되는 만큼만 타당한 것으로 인정하려는 사유가 있습니다.[63] 다른 한편으로는 일반적으로 다소 거칠게 비합리적인 것das Irrationale이라는 명칭 아래 포괄되는 온갖 철학들이 있는데, 그 최후의 위대하고 의미심장한 대표자는 아마 앙리 베르그송Henri Bergson[64]이었다고 할 수 있을 것입니다. 이 철학은 원론적으로 셸링이 처음으로 공식화한 입장, 즉 독일 관념론의 언어로 말하면 단지 유한할 뿐인 오성적 인식은 그 대상에 그저 외적인 상태에 머물고, 사태 자체의 생명에 대해서는 너무 조금밖에 말해주지 않으며, 그래서 진정한 인식은 사태를 단순히 외부로부터가 아니라 내부로부터 정리하고 파악하며 바라보지만, 그 대신 서구 과학이 그 데카르트적 출발단계에서부터 일단 자체의 최고 척도로 삼은 검증가능성·필연성·보편성이라는 척도를 희생시킨다는 입장 위에 서 있습니다. 내 생각에 변증법적 사유 일반의 가장 중요한 모티프 가운데 하나인, 대립 넘어서기Sich-Erheben über Gegensätze에 대한 헤겔의 논의 혹은 변증법적 논의는 이른바 이 합리주의 논쟁에서 훌륭히 예증되고 있습니다. 그런데 이 논쟁은 헤겔 철학 자체 속에서도 나름의 지위를 차지하며, 또 헤겔은 이 논쟁을 해결하고 있습니다. 한편으로 헤겔은 단순한 기계적 분류법적 사유를 각별히 비판하지만 —나는 여러분에게 오늘날 일종의 과학적 독재를 휘두르기에 이른 도표 Tabelle가 『정신현상학』의 한 대목에서 이미 공격받고 있다는 점을[65] 앞에서 지적했다고 생각합니다—, 다른 한편으로 그는 당대에 특히 자신의 친구였고 나중에 적수가 된 셸링을 통해 구현된 바와 같이 '피스톨로 쏜 것처럼'[66] 갑자기, 직접, 절대적인 것을 파악할 수 있다고 믿는 사유를 극히 격렬하게 비판했습니다. 또 우리는 그의 천재적인 첫 대작 『정신현상학』을 일반적으로 서로 모순을 이루는 이 계기들이 서로 끝까지 대결하여 마침내 서로를 비판하지만 더 높은 수준에서 결합하도록 하려는, 극단에까지 이루어진 시도라고 파악할 수 있을 것입니다.

일단 좀 더 멀리 떨어져서 이러한 양자택일을 일반적으로 고찰할 수 있다면 이에 대해 무슨 말을 해야 하겠습니까? 한편으로 사유는 개념적 형식들 말고 다른 형식들을 실제로 활용할 수 없으며, [또한] 형식논리학이 만들어낸 분류 및 정의 기술들을 일단 가지게 된 이래 우리는 이 형식들 밖으로 뛰쳐나갈 수 없습니다. 또 이성 자체의 요구, 그러니까 일반적으로 '이성Vernunft'이라고 불리는 것, 달리 말해 세계의 이성적 건설에 관한 문제도 개념적으로 투명한 인식 자체의 질서인 이성과 분리될 수 없습니다. 그렇다고 해서 이로 인해 헤겔 철학에서는 전통적 논리학이 ―사실 헤겔은 주지하듯이 이의 가장 핵심적인 대목, 즉 모순율Satz vom Widerspruch을 비판했습니다―, 이 전통적 논리학이, 변증법적 논리학에 의해 간단히 무효화되는 것은 아닙니다. 내 생각에 여러분이 이런 측면에서 변증법을 올바르게 이해하려면 변증법적으로 사유하는 것은 결코 비논리적으로 사유하는 것이 아니라는 점, 논리학의 법칙들을 소홀히 하는 것이 결코 아니라는 점, 오히려 개별 규정들이 자체와 모순에 빠지고, 따라서 논리적 범주들을 그 규정들에 적용함으로써 말하자면 이 규정들이 유동하게 되어 그 자체 너머를 가리키도록 사유하는 것임을 명확히 알아야 합니다. 여러분은 이런 관점에서 『논리학』 전체를 논리적 이성의 자체비판의 일종, 혹은 논리학이 자체에 가하는 비판의 일종이라고 볼 수 있습니다. 헤겔의 『논리학』은 전통적인 논리적 형식들을 모두 고수합니다. 여러분은 그것들이 헤겔의 대 『논리학』 3부, '개념의 논리학'에서 모두 다루어지는 것을 보게 됩니다. 하지만 그와 동시에 통상적 형식에서는 이 전통적 논리학의 구성물들이 사실 없어서는 안 되지만, 개별 규정들로서 따로 떼어놓고 보면 실제로 그것들이 인식의 전체를 이루는 것이 아니라는 점이 여기서 대단한 통찰력을 통해 드러납니다.

다른 한편 우리가 일반적으로 '비합리주의'라고 칭하곤 하는 것도 또한 그 나름으로 진리의 계기를 지닙니다. 그것은 사유에 의해 삭제되는 것, 자연을 지배하고 스스로를 지배하는 이성을 통해 현실적인 것의 경험으로부터 사라지는 것이 사유 속에서 효력을 발휘하도록 되풀이하여 노력하는 것입니다. 따라서 그것은 어떤 점에서 철학을 통해 계몽과정의 희생물들을 고려하려는 [시도]입니다. 비합리주의 전체는 유럽 계몽의 진행과정에서 묵살되어 온 것, 그리고 이성의 지배를 통해 패배하게 된 것, 그러니까 어떤 덧없는 것이고 영원한 형식들로 보존할 수 없는 것으로 판결받은 더 나약한 것, 무기력한 것, 단순히 존재하는 것에, 그것을 심판한 사유 자체 속에서도 되풀이하여 그 지위를 부여하려는 경향을 띤다고 할 수 있을 것입니다. 그리고 비합리주의 철학이 일반적으로 복고적이고 반동적이었던 것은 아마 우연도 아닐 테고 단순한 지식사회학적 분류도 아닙니다. 그것은 오히려 이 비합리주의 철학 자체의 본질과 아주 깊이 관련되어 있을 것입니다. 내가 지금 '복고적' 혹은 '반동적'이라는 말을 쓸 때 폄하의 뉘앙스는 전혀 없습니다. 즉 비합리주의 철학은 말하자면 역사의 희생물이 된 것들의 목소리가 되고자 했다는 의미에서 쓰고 있습니다. 물론 이 경우 비합리주의 철학이 이 희생, 이 좌절 자체의 필연성을 자체 내에서 파악하는 것은 아닙니다. [이로써 비합리주의 속에는] 한편으로 사람들이 합리성을 통해, 또 자연을 지배하는 사유를 통해서만 자연적 연관관계 전반의 맹목성에서 벗어날 수 있으며 합리성을 포기하게 되면 다시 야만에 빠져들지만, 또 [다른 한편] 동시에 세계의 점진적 합리화 과정은 점진적 사물화 과정이기도 했다는 [점에 대한 기억이 담겨 있습니다].[67] [한쪽에서 이루어지는] 세계의 사물화, 즉 세계가 인간으로부터 소외된 대상상태로 경직되는 현상과, 다른 쪽에서 진행되는 주관성의 증대는 단순한 대립도 아니고 단순한 모순도 아니며, 오히려 세계 속에 주관성이 더 많을수록 그에 상응하여 사물화도 더 많아지는 식으로 서로 상보적이기 때문입니다. 그리고 비합리주의는 바로 이에 맞서는 것입니다.

이제 어떤 사유가 근본적으로 계몽과정 자체의 변증법일 뿐인 이러한 숙명을 일단 간파할 경우, 이쪽에도 저쪽에도 귀의할 수 없을 것이며,

또 합리와 병행해 예컨대 무의식이나 비합리적인 것에도 그 자리를 지정해 주어야 한다고 말하는 가련한 부류의 중도노선을 택하려 들 수도 없을 것입니다. 왜냐하면 그렇게 울타리로 에워싸인 채 합리에 의해 마치 자연보호공원에서처럼 그저 묵인될 뿐인 비합리성은 이로써 이미 몰락에 내맡겨진 셈이며 자체로서는 더 이상 전혀 아무 힘도 갖지 못할 테고 전적으로 무기력한 것일 터이기 때문입니다. 그리고 변증법적인 노력은 바로 사고 속에서 무기력한 상태로 있는 것이 아니라 사고가 자체의 실현 가능성을 자체 내부에서도 동시에 파악하게끔 사유하기에 이르는 것입니다. 헤겔이 이러한 양자택일에서 끌어낸 결론은, 다름 아니라 오늘날 이른바 비합리성까지도 포함하여 모든 것을 관료적 질서 개념 아래 종속시키고 합리성의 집합과 비합리성의 집합을 서로 깨끗하게 분리하는 현대의 끔찍한 행정적 사유습관들 내부에서 그러하듯이, 이른바 비합리적인 것의 힘들을 합리적인 것의 힘들에 대립시키는 일은 결코 하지 않는다는 것입니다. 헤겔은 바로 이 빈약한 출구를 거부했으며, 그 대신 사실상 내게는 유일하게 일관성 있어 보이는 것, 즉 의식 자체를 통해, 전개된 논리성을 통해, 또 여러분이 원한다면, 계몽의 힘을 통해 계몽 자체를 일깨우고, 그렇지 않으면 단지 외부로부터, 그래서 무기력하게 규정될 뿐인 사물화, 소외, 외화의 계기들을 계몽 자체의 내부에서 합리적 수단으로 규정하는 일을 했습니다. 달리 말해 비합리성이라는 계기를 세계관적으로 외부로부터 사유에 맞서 대립시키는 것이 아니라 사유 속에, 이성 자체 속에 그것에 내재적으로 모순되는 것으로서 받아들이는 것입니다. 달리 말해 비합리성 혹은 이성 자체에서 벗어나는 것을 그 나름으로 파악하고 다른 한편으로는 이성으로 이성에 대한 비판을 칸트의 비판 훨씬 너머까지 확장하여, 이성이 필연적으로 모순에 얽힘으로써 그것과 동일하지 않은 것, 그 자체가 이성이 아닌 것을 되풀이하여 부당하게 대하고 또 되풀이하여 좌절한다는 점을 보여주는 것이라고 할 수도 있습니다. 실제로 이는 변증법적 사유 일반이 합리주의논쟁[68]에 직면해 있는 상황입니다. 그런데 루카치Lukács[69]라는 자는 예전에 분명히 더 현명했을 터이나, 더 이상 잘 쓸 수도 없었을 『이성의 파괴Die Zerstörung der Vernunft』[70]라는 자신의 책에서 사실상 비합리적 철학이라고 하는 모든 것을 ―여기에는 니체도 포함되고, 또 완전히 오해된 프로이트도 포함됩니다― 간단히 '파시즘'이라는 상투어로 낙인찍어 버립니다. 그리고 다름 아니라 인식하는 이성에 대립하는 계기를 실체적인 것으로 대하지 않는 변증법은 그 자체의 개념을 지양하며 변증법 철학의 위대한 창시자들이 그토록 강력히 반대했던 바로 그 기계적 사유가 되었다는 사실을 루카치는 보지 못하고 있습니다. 이는 사실상 내게 변증법이 처량하게도 천박해진 한 가지 징후처럼 보입니다.

적어도 나는 여러분에게 헤겔의 글 한 구절을 통해, 변증법적 사유를 지성주의라고 여기는 통상적 관념이 얼마나 부적절한지 보여주고 싶습니다. 하지만 그런 일을 하기 전에, 저급한 것이지만 널리 퍼져 있어서 언급하지 않을 수 없는 오해에 대해 여러분에게 다시 한 번 경고하고자 합니다. 그것은 결단코 이성 말고 다른 수단을 갖지 못한 철학이 이제 이 수단을 사용하면 철학이 전 세계를 지성화한다고 비난하는 식의 오해입니다. 물론 사유는 일단 시작되면 사유여야 하지, 사유가 아닌 것에 대한 단순한 단언이나 단순한 열성일 수 없지만, 다른 한편으로 사유는 자체로서 사유가 아닌 것을 명명하고 규정하는 사유 자체에 깊이 스며들어 있는 이 특이한 능력을 지니는 것입니다. 다음 구절은 다시 『정신현상학』 서문에서 인용한 것입니다. "따라서 신의 생명과 신적 인식은" ―신학자들이 그랬듯이― "자신과의 사랑놀음이라고 말할 수 있다. 이러한 이념은 그 속에 부정적인 것의 진지함, 고통, 인내, 노동이 결여되어 있을 경우 교화적인 것이 되고 심지어 김빠진 것이 될 수 있다."[71] 여러분은 이 문장에서 다시 한 번 변증법의 분위기와 묘미를 아주 명확하게 맛볼 수 있습니다. 그러한 표현에서 '부정' 또는 '부정성'의 개념으로 제시된 논리성의 영역과

'진지함', '고통', '인내', '노동'과 같은 표현에 담겨 있는 본래의 인간적 경험 영역 사이의 흔한 구분이 지양되어 있는 한 그렇습니다. 헤겔의 경우 이 범주들은 분류법적 사유에서처럼 깔끔하게 서로 떨어져 있는 것이 아니라, 그의 경우 일반적으로 모순에 대해 논의될 때면 언제나 그렇듯이 그 속에는 우리가 어떤 부정적 상황 속에서 괴로움을 겪고 있다는 의미에서 '인간적인 것', 경험, 고통, 부정성의 계기도 동시에 담겨 있기 때문입니다. 이는 우리가 겪어야 할 이 '개념의 노동'이 헤겔의 경우 사실 언제나 동시에 주체의 노동이기도 하다는 점, 달리 말해서 인식하는 인간이 수행하는 것이라는 점을 통해 분명해집니다. 그리고 인식하는 인간의 이 수행에는 구체적 내용과 분리된 지성만이 들어가는 것이 아니라 인류의 전체 경험 혹은 인류의 전체 역사가 들어간다고 할 수 있습니다. 그래서 모든 사유과정은 또한 언제나 일종의 고난이거나 행복이며, 또 사유와 행복 혹은 사유와 고난의 구분 전체는 —그리고 고난과 행복의 차원은 사실 같은 것입니다— 사유가 총체성 속에서 지니는 자체의 역사적 조건들을 깨닫는 사유를 통해 지양되어야 할 것입니다. 나는 언젠가 헤겔에 대한 짤막한 글에서 헤겔 철학이 사실상 또 한 번의 삶이며 이 철학에서 우리는 찬란한 반사광 속에서 실제로 삶을 다시 한 번 누린다고 표현했습니다.[72] 이때 나는 정확히 헤겔 철학에서는 사유과정이 전적으로 논리적인 과정이지만 동시에 그 자체의 논리성에 따라 추상적 사고 너머를 가리키고 본래 우리가 처해 있는 경험들로 가득 차게 된다는 점을 말하려고 했습니다. 따라서 칸트의 철학이 유명론의 입장에서 벗어나 존재론을 다시 한 번 구제하려는 웅대한 시도라고 한다면, 형이상학적으로 무의미한 어떤 상태에 대한 모든 불만, 고통스러운 모든 것은 칸트가 수행한 논리적 노력에 함께 들어가며 바로 이 논리적 노력 자체의 한 가지 조건이 될 것입니다. 그리고 나는 나 자신의 변증법적 시도를 설명하기 위해, 실증주의자들이 원하는 것처럼 언어를 논리학화하는 것이 아니라 거꾸로 논리학으로 하여금 말하게 하는 것이 중요하다고 말할 수 있는데, 이 말로 내가 이해하는 바는 실제로 정확하게 다음과 같은 헤겔의 의도를 의미하는 것입니다. 즉 어떤 점에서 고난과 행복을 사유 자체의 내재적 조건, 내재적 내용으로서 밝힌다는 것, 또 삶이 다시 한 번 규정된다는 생각, 이 생각을 아주 진지하고 일관되게 해나가야 한다는 것이 그 의도입니다. 물론 전통적으로 변증법에 저항하는 사람들은 바로 그러한 계기를 일반적으로 단순한 지성적 성격이라고 완전히 오해했습니다. 물론 변증법은 일반적으로 오늘날 훌륭히 작동하는 전통적 사유 내부에서 진퇴양난에 직면해 있습니다. 즉 한편으로 변증법은 너무 지적이라고, 이른바 비합리적 계기들을 논리화한다고 비난받으며, 다른 한편으로 평균적인 보통의 논리학자는 누구나 앞의 인용문에 대해 "그래, 하지만 그것은 감정적이지. 사유가 진지함, 고통, 노동, 고난 따위와 도대체 무슨 상관이람. 그건 정말 완전히 다른 범주들이야" 하고 말할 것입니다. 변증법의 본질은 사고 자체를 통해 사유, 감정, 의지 등의 평범한 상투어로 표현되는 영역 구분을 철회시키려고 하는 데에 있습니다. 그리고 이론과 실천의 통일이라는 유명한 사상 자체도 말하자면 이 철회 시도의 최고 표현일 뿐입니다. 물론 그것은 한때의 분리되지 않은 상태를 복고적으로 부활시키는 것을 뜻할 수 없고 분리를 관통하면서 분리된 것 자체의 힘에 근거하는 분리된 것의 결합을 뜻합니다.

계속해서 여러분에게 그 구절을 낭독하겠습니다. "즉자적으로 그 삶은" ―신의 삶은― "자체와의 완전한 동일성과 통일성이며, 이에는 다른 상태Anderssein 및 소외 그리고 이 소외 극복의 진지함이 없다. 그러나 이러한 즉자는 추상적 보편성인데, 여기서는 대자적으로 존재한다는 자체의 본성과 아울러 형식의 자체운동이 간과된다."[73] 이 자리에서 나는 헤겔을 이해하는 데에 꼭 필요한 두 가지 표현에 관해 설명할 기회를 갖고자 합니다. 또 여러분이 그 정확한 의미에 비춰볼 때 이 개념들이 헤겔의 경우 결코 간단히 파악할 수 없지만 일상어 속에 파고들어 갔다는 점을 주목했으면 합니다. 일반적으로 한 철학의 영향력이나 권위와 그것의 일반적 이해 가능성은 서로 전혀 직접 관련되지 않는 셈입니다. 그것은 즉자존재Ansichsein와 대자존재Fürsichsein 그리고 즉자대자존재Anundfürsichsein 개념입니다. 사실 우리는 모두 아직 변증법이나 아예 헤겔에 대해 들은 적이 없을 때도 그것은 '즉자적으로' 그렇다, 혹은 그것은 '즉자 및 대자적으로' 그렇다고 말하곤 합니다. 이때 우리는 그러한 표현으로 이미 실제로 어떻게 시작되는지 알지만 어떻게 다시 빠져나올지 조망하기 어려운 과정에 들어섰다는 점을 납득하지 못하기도 합니다. 즉자존재는 한 사태를 그것이 자체 내부를 반성하지 않는 한에서 그 사태가 존재하는 대로 그것을 규정하는 것입니다. 대자존재 개념 또한 여러분이 말 그대로 받아들일 경우 비교적 간단히 이해할 수 있습니다. 즉 이 경우 '대자'라는 것은 전체와 분열된 것, 분리된 것만을 의미하지는 않고 —이때 이 분리상태라는 계기가 매우 본질적인 역할을 합니다만— 우리가 예컨대 이 인간은 즉자로 악당이지만 대자로는 예의 바른 인간이라고 말할 때 뜻하는 바를 실제로 의미합니다. 즉 그 인간은 자신이 악당이라는 생각을 전혀 하지 않고 심지어 자신의 악함이나 비열함을 인식할 수도 없고, 오히려 자신이 —심리학자들은[74] 나르시시즘 때문이라고 말할 것입니다— 홀륭한 인간이라고 생각합니다. 따라서 그는 대자적으로는 홀륭한 인간이며, 즉자적으로는, 그러니까 예컨대 그의 사회적 기능을 통해 표현되는 그의 객관적 규정에 따르면 악당입니다. 헤겔 철학은 사실 모든 변증법과 마찬가지로 본질적으로 주체와 객체, 주관적인 것과 객관적인 것이 서로 분리되어 있다는 사실을 다루고, 바로 이 즉자존재와 대자존재의 구분을 입증하는 것을 과제로 삼는데, 이때 헤겔 철학은 다양한 길을 택합니다. 『논리학』에서 그것은 즉자존재에서 대자존재로, 그리고 마침내 즉자대자존재로 진전하는 길인데, 『정신현상학』에서는 그 길이 그와 반대입니다. 즉 주관성에서 출발해서 다음에는 주관성 자체의 의식 곧 대자존재에 도달하고 이러한 의식과 이에 관련되는 모든 반성들을 거쳐 즉자존재 및 즉자대자존재에 도달합니다. 이 경우 즉자존재와 대자존재의 이러한 대립이 그처럼 진지하게 설정되었다는 데에는, 실제로 이미 객관적 규정, 즉 사람들이 —그런데 헤겔 철학은 그 기원에 비춰볼 때 인간주의 철학입니다— 객관적으로 사회에서 지니는 기능을 통해 [자기 자신과] 동일하지 않다는 객관적 규정, 따라서 현대적으로 표현하자면 사회적 역할인 사람들의 즉자존재와 그들이 자기 자신에 대해 갖는 그들의 의식인 대자존재가 대립한다는 극히 결정적인 모티프가 담겨 있습니다. 또 바로 이 대립, 그러니까 인간과 그들 자신의 세계의 —그러나 이 세계는 사실 아직 그들 자신의 세계가 전혀 아닙니다— 이러한 비동일성은 여러분에게 앞에서 말한 것처럼 단지 노동, 인내, 진지함, 개념의 노고를 통해서만 극복될 수 있습니다.

따라서 여러분은 여기서 헤겔의 논리학적-형이상학적 구상이 겉보기에 정서적 색깔을 띠는, 진지함이나 그 밖의 무엇이라 불리든, 아무튼 인간적 경험으로 충만한 그 표현들과 사실상 직접 만나는 것을 볼 수 있습니다. 이에 비춰보면 내가 여러분에게 이제 여러분이 미리부터 갖고 있는 헤겔 이미지에서 중요한 한 부분을 제거해버리고, 여러분 가운데 몇몇은 충격을 받겠지만, 유명한 삼중의 도식, 즉 명제·반명제·합명제의 구분이 헤겔 철학에서는 대중적인 의식이 그것에 부여하는 역할을 별로 수행하지 않는다고 해도 여러분은 놀라지 않으리라고 봅니다. 그리고 이 강의에서 시험문제의 이 자동장치에서 벗어나는 변증법 개념을 여러분에게 극히 다양한 측면에서 일깨울 수 있으면 나는 완전히 만족할 것입니다. 물론 거기에도 뭔가 의미는 있습니다. 하지만 이때 여러분이 그것을 먼저 하나의 테제, 한 주장, 한 명제를 갖고 그 다음 이 명제에 말하자면 외부로부터 그것에 대립하는 명제를 맞세우고, 그 다음에 두 가지를 역시 다소 외적인 방식으로 다시 결합한다는 식으로 상상하는 한, 그렇게 생각하는 한, 여러분은 사실상 변증법에 대해 완전히 외적인 관념을 갖는 것입니다. 그런 식으로 외부로부터 모순들을 가지고 사유의 유희가 작동되는 것이 변증법의 본질은 아니고, 모순 자체가 명제 자체로부터 나온다는 데에, 즉 모순은 변증법적 명제 자체가 언제나 동시에 참이면서 허위라는 사실을 통해 드러난다는 점에서 변증법은 진지한 것입니다. 그런데 헤겔 자신은 이처럼 삼중의 도식이라는 의미로 변증법 개념을 사용하는 데에 아주 격렬히 반대했습니다. 여러분이 모든 사물과 관련해 그것의 테제·안티테제·진테제에 대해 기계적으로 묻는 것보다는, 정신적으로 현실에 변증법적으로 대응한다는 것이 도대체 무엇인지를 배우는 것이 훨씬 더 중요합니다. 이 경우 여러분에게 고백하건대, 나에게는 '진테제'라는 말이 지극히 불길한 것입니다. 그리고 내가 여러분을 올바르게 이해하고 있다면 여러분 가운데 대부분도 진테제 개념에서 일종의 가벼운 두려움을 느낄 것입니다.

헤겔의 글 가운데 이와 관련하여 여러분에게 읽어주고 싶은 대목은 다음과 같습니다. "본능을 통해 겨우 재발견된, 아직 죽어 있는, 아직 개념으로 파악되지 않은 칸트식 삼중성이 그 절대적 의미로 고양되고 이로써 진정한 형식이 그 진정한 내용 속에서 동시에 정립되고 학의 개념이 산출된 후에도 여전히 이 형식의 활용을 어떤 과학적인 것이라고 간주할 수는 없다. 그로써 우리는 그 형식이 생명 없는 도식으로, 진짜 도식으로 격하되고, 또 과학의 조직은 도표로 격하되는 것을 보게 된다."[75] 그런데 여러분은 여기서 이미 오늘날 관리되는 세계의 시대에 과학 전반의 보편적 형식이 된 ─그에 비할 때 언어 자체는 명백히 가망 없는 방어 상태에 처해 있습니다만─ 도표적 사유에 대한 비판이 이루어지고 있는 것을 보게 됩니다. 달리 말하면 변증법적 사유는 어떤 경우에도 대상들을 이러한 도식 아래 억지로 집어넣도록 유도해서는 안 됩니다. 오히려 변증법적으로 사유한다는 것은 다름 아니라 실제로, 제한적으로 개별 대상들을 대자적으로 존재하는 그 상태로 받아들이지 않고, 또 그것들을 그와 마찬가지로 제한적으로 그 상위개념 아래 집어넣지 않고, 개별 사태 자체 속에서 주도적이고 개별 개념 속에서 주도적인 생명, 그리고 사실상 헤겔이 모순적인 것, 적대적인 것으로 본 생명을 정당하게 대하려 시도하는 것입니다. 헤겔은 이미 자신이 가장 빈번히 비난받는 바, 즉 변증법은 기계적인 것으로 타락할 수 있다는 위험을 스스로 아주 예리하게 간파했습니다. 그리고 헤겔의 위대한 저술들, 특히 『정신현상학』을 읽는 노고를 기울이는 사람은 여기서 얼마나 이 기계적 요소를 찾기 어려운지 알게 될 것입니다.

끝으로 여러분에게 제시하고 싶은 멋진 표현은 다음과 같습니다. "그러한 지혜의" —즉 방법으로서의 변증법의— "요령은 그것을 사용하기 쉬운 것과 마찬가지로 곧 습득할 수 있다. 그것이 알려질 경우 그것을 반복하는 것은 간파된 마술을 반복하는 것처럼 견딜 수 없게 된다."[76] 여기에 좀 더 일반적인 표현을 부여하자면, 실로 철학에서는 사고가 시작되는 순간 이미 간파되는 인식은 모두, 그러니까 우리가 '나는-이미-알아-반응 Weiß-ich-schon-Reaktion'을 보이는 인식은 모두, 근본적으로 그 상위개념에 이미 포함되어 있는 인식은 모두, 전적으로 가치 없는 것입니다. 그리고 사고가 등장하는 순간 이 사고 속에 어떤 자명한 것으로서 이미 담겨 있고 그로부터 간단히 튀어나오는 것이 아닌 무엇인가에 사유가 부딪칠 수 있느냐가 바로 진리의 한 가지 지표, 혹은 진리와 허위의 한 가지 지표ein Index veri et falsi입니다. 이런 의미에서 단순히 사고가 정식화됨으로써 간파될 수 있는 진리는 일반적으로 없다고 말할 수 있을 것입니다. 그리고 오늘날 변증법이 '디아마트'라는 명칭 아래 겪고 있는 끔찍한 타락현상 가운데 그것이 순수한 허위로 넘어갔다는 가장 확실한 징후는 아마 여기서 사실상 마술에서와 같이 고정되고 완성된 구호들이 나오고 그것에 따라 위로부터 판단이 이루어지고 요약되면서, 변증법에 요구되는 개념의 노동과 노고는 아예 쏟지 않는다는 것입니다. 이는 이런 식으로도 표현할 수 있습니다. 즉 여기서 변증법은 그 본래적인 상태, 그 본질적인 상태를 잊어버렸습니다. 다시 말해 변증법은 여기서 비판적 이론이기를 그만두었으며, 단순한 기계적 포괄작업mechanische Subsumption으로 몰락한 것입니다. 어떤 사유도 이런 현상에 면역되지는 않습니다. 심지어 기계론적 사유에 대립하는 변증법의 원칙조차도 변증법적으로, 즉 그 대상과 밀접한 관계 속에서 대상을 상대로 유연하게 다루어지지 않을 경우 매 순간 기계적인 사유로 돌아갈 수 있습니다. 혹은 달리 말하자면 변증법 자체도 그 나름으로 이데올로기가 되지 않으리라는 특허장을 가지고 있지는 않습니다.

59) "아이헨도르프는 정신사 시대구분 및 그 자신의 자세에 비춰볼 때 이미 독일 낭만주의 몰락 단계에 속한다. 아마 그는 제1세대의 여러 인물, 특히 클레멘스 브렌타노(Clemens Brentano)를 아직 알고 있었을 것이다. 하지만 그 유대는 끊어진 듯하다. 그는 슐레겔의 말로 그 시대의 중대 경향들 가운데 하나인 독일 관념론을 합리주의와 혼동한다. 그는 칸트를 위해 통찰력 있고 존경심 어린 말을 찾아내지만, 칸트의 후예들이 '그림을 진실로 살아 있게 만드는 그림자가 전혀 없는 일종의 중국식 그림'이나 그린다고 완전히 오해하면서 비난했다. 그리고 그들이 '인간의 전체 삶을 관통하는 신비로운 것, 탐구할 수 없는 것을 간단히 방해되고 불필요한 것이라고 부정한다'며 비판한다."(Adorno, Zum Gedächtnis Eichendorffs, in: GS 11, S. 86f.).

60) 프리드리히 하인리히 야코비(Friedrich Heinrich Jacobi: 1743~1819), 문필가이자 철학자. 1805년 이래 바이에른 학술원 회원, 1807년부터 원장. ―야코비는 모든 담론적 오성인식에는 필연적으로 경험적 현실과 또한 초감성적 현실에 대한 직접적이고 직관적인 이성인식이 앞설 수밖에 없다는 테제를 통해, 인간 인식에 대한 칸트의 비판적 자기제한에 맞섰다. 그것을 통해 물자체, 인간의 자유와 신이 인식가능하다는 것이다. 이와 관련해서는 예컨대 논문 「신적인 사물들과 그 계시에 관하여(Von den göttlichen Dingen und ihrer Offenbarung)」, Leipzig 1811 참조. 그의 신앙철학 및 감정철학, 그리고 그가 유발한 스피노자 르네상스는 칸트 이후 관념론의 중요한 출발점들을 이루었다. ― 아도르노는 제11강에서 다시 한 번 야코비에 대해 좀 더 상세히 언급하게 된다.

61) 헤겔이 셸링과 엄격한 의미에서 논쟁적으로 대립하는 대목들은 그가 셸링의 절대자에 관해 모든 소가 검게 되는 밤이라고 말하는 구절에 한정된다.(Vgl. Hegel, Werke, a. a. O. [s. Anm. 8], Bd. 3: Phänomenologie des Geistes, S. 22). 그에 반해 헤겔에 대한 후기 셸링의 논조는 훨씬 더 논쟁적이다. 이에 대해서는 예컨대 Friedrich Wilhelm Schelling, Zur Geschichte der neueren Philosophie. Münchner Vorlesung(1827); in: Schellings Werke, hrsg. von Mafred Schröter, Bd. 5: Schriften zur geschichtlichen Philosophie 1821~1854, München 1928, S. 196~234 참조.

62) '합리주의논쟁'이라는 표현은 여기서 보이는 것처럼 아도르노의 시대나 혹은 독일 관념론 시대에 아도르노가 그로써 지칭하는 논쟁을 흔히 표현하는 용어가 결코 아니었다. 물론 그 이전에 막스 호르크하이머는 '합리주의논쟁'이라는 제목

으로 이 문제를 제법 긴 논문으로 다루었다. 따라서 이 표현이 프랑크푸르트학파 구성원들에게는 흔히 쓰였고 그래서 아도르노가 여기서 그것을 역으로 투사했을 수 있다.(Vgl. Max Horkheimer, Zum Rationalismusstreit in der gegenwärtigen Philosophie; in: Zeitschrift für Sozialforschung [3], 1934; jetzt in: Max Horkheimer, Gesammelte Schriften, hrsg. von Alfred Schmidt und Gunzelin Schmid Noerr, Bd. 3: Schriften 1931~36, hrsg. von Alfred Schmidt, Frankfurt a. M. 1988, S. 163~220).

63) 헤겔은 예컨대 칸트 철학도 '반성철학'에 포함시킨다. 그는 여기서 자신이 '외적' 혹은 '외면적 반성'이라고도 지칭하는 사유방식이 작동한다고 본다. 그는 이러한 표현으로 "주어진 직접적 표상을 넘어서고 그것을 위한 보편적 규정들을 찾아 그 것과 비교하는" 사유의 운동을 이해한다.(Hegel, Werke, a. a. O. [s. Anm. 8], Bd. 6: Wissenschaft der Logik II, S. 30). 어떤 특정한 유형의 반성, 바로 외적 반성에 대해서만 비판하는, 반성철학에 대한 비판 덕분에 헤겔은 그 시대의 보편적 반성비판 일반과(그는 『논리학』에서보다 초기저술들에서 이에 좀 더 가까이 있었다) 구분될 수 있었다. "한동안 근대 철학의 논조였던 것처럼 반성 일반에 대해 온갖 나쁜 뒷이야기가 무성하고 그것이 그 규정과 더불어 절대적 고찰방식의 대척점이자 철천지원수로 간주되었을 때 그것은 외면적 반성을 뜻하는 것이기도 했다."(Ebd., S. 31). 반성 일반을 거부하고 그것에 다른 성격을 지니는 사유유형을 —예컨대 직접적인 지적 직관을— 대치하는 대신 헤겔은 반성 개념이 절대자의 진정한 구조가 되도록 하는 방식으로 반성 개념을 수정한다. 따라서 그는 외적 반성에 맞서 사유만 아니라 그 대상들에도 내재하는 반성구조를 내세운다. 그것은 직접적 소여들로서 미리 주어진 규정들에서 출발하는 대신 자체에 근거해 이러한 규정들을 정립한다. 또 그것은 이 규정들을 이미 주어진 보편과 관련지어 외적으로 비교하지 않고 자체 내에서 반성된 보편을 모든 개별 규정 및 객관적 현실 전체 자체의 내부 규정구조라고 인식한다.

64) 앙리 베르그송(Henri Bergson: 1859~1941), 1900년부터 콜레즈 드 프랑스 철학교수. 생철학의 가장 중요한 대표자. 아도르노는 프랑크푸르트 대학에서 1949년에서 1958년까지 여러 차례 베르그송에 대한 강좌를 개최했다.

65) 아도르노는 좀 뒤에서야 형식으로서의 도표를 비판하는 『정신현상학』 서문의 한 구절을 인용한다(88, 96쪽 참조). 나아가 이 구절과 관련해 헤겔은 도표에 대해 다음과 같이 기술한다. "천상의 것과 지상의 것, 자연적 형태들과 정신적 형태들 모두에 보편적 도식의 몇 가지 규정들을 붙여놓고 이런 식으로 모든 것을 분류하는 이 방법이 산출하는 것은 우주의 유기체에 관한 아주 명확한 보고서나 다

름없다. 즉 작은 쪽지들을 붙여 놓은 해골이나 양념가게 안에 상표를 단 채 밀봉
되어 있는 일련의 상자들과 같은 일종의 도표인데, 그것은 이 경우든 저 경우든
다 분명히 알아볼 수 있는 것이다. 전자의 경우에는 뼈에서 살과 피가 제거되었
지만, 후자의 경우에도 그와 마찬가지로 상자들 속에는 살아 있는 것이 숨겨져
있지 않고, 물건의 생명적 본질이 제거되거나 은폐된 것이다. —"(Hegel, Werke, a.
a. O. [s. Anm. 8], Bd. 3: Phänomenologie des Geistes, S. 50f.).

66) '피스톨로 쏜 것처럼': 이 경우 헤겔이 여러 차례 써먹은 어법의 은밀한 인용이
관건이다. 예컨대 『논리학』의 '과학의 출발점은 무엇인가?'라는 단원에는 다음과
같은 구절이 나온다. "하지만 출발점으로 인한 현대의 당혹스러움은 독단적으
로 원칙의 증명과 관계하거나 혹은 독단적 철학행위에 맞서 회의적으로 어떤 주
관적 기준을 찾는 일에 관계하는 사람들은 아직 알지 못하는, 그리고 피스톨로
쏜 것처럼 자신의 내적 계시, 신앙, 지적 직관 등에서 시작하고 방법과 논리를 넘
어서 있으려 하는 자들이 전적으로 부인하는 또 다른 욕구에서 나온다."(Hegel,
Werke, a. a. O. [s. Anm. 8], Bd. 5: Wissenschaft der Logik I, S. 65f.; vgl. ebenso
Hegel, Werke, a. a. O. [s. Anm. 8], Bd. 3: Phänomenologie des Geistes, S. 331).

67) 녹취록은 텍스트에 공백이 있음을 표시한다.

68) '비합리주의논쟁(Irrationalismsstreit)' 대신 추정함.

69) Georg Lukács(1885~1975), 헝가리 철학자, 문학비평가, 정치가.

70) Georg Lukács, Die Zerstörung der Vernunft. Der Weg des Irrationalismus von
Schelling zu Hitler, Berlin 1954.

71) Hegel, Phänomenologie des Geistes, a. a. O. [s. Anm. 16], S. 13(Vgl. Hegel, Werke,
a. a. O. [s. Anm. 8], Bd. 3: Phänomenologie des Geistes, S. 24).

72) "그의 경우 사고는 비교할 수 없을 만큼 풍부한 경험을 바탕으로 한다. 그런 경
험은 사고 자체로 전환되었고, 어디서도 단순한 소재로서, '질료'로서, 혹은 심지
어 예나 증거로서 사고에 대해 외적인 것이 아니다. 추상적 사고는 경험된 것을
통해, 단순한 소재는 사유의 진행을 통해 살아 있는 것으로 다시 전환된다. 『정신
현상학』의 각 문장에서 이 점을 드러내 보일 수 있을 것이다. 사람들이 예술가를
놓고 부당하게 찬양하는 바, 즉 승화는 사실상 그의 몫이었다. 그는 실로 다채로
운 반사광, 정신을 통한 반복에서 생명을 지닌다. (…) 인간 헤겔은 그의 학설의
주체처럼 정신 속에 양자를, 주체와 객체를, 흡수해 들였다. 그의 정신의 생명은
자체 내적으로 또 한 번의 풍부한 생명이다."(GS 5, S. 293f.). 여기서 아도르노가
끌어들이는 논문 「헤겔 철학의 제측면(Aspekte der Hegelschen Philosophie)」은 이

강의가 열리기 전해에 발표되었고, 나중에 헤겔에 관한 두 편의 다른 텍스트들과 함께 1963년 새로 발간되었다.(Vgl. Theodor W. Adorno, Drei Studien zu Hegel, Frankfurt a. M. 1963).

73) Hegel, Phänomenologie des Geistes, a. a. O. [s. Anm. 16], S. 13f.(Vgl. Hegel, Werke, a. a. O. [s. Anm. 8], Bd. 3: Phänomenologie des Geistes, S. 24).

74) 'wir(우리)' 대신 추정함.

75) Hegel, Phänomenologie des Geistes, a. a. O. [s. Anm. 16], S. 33(Vgl. Hegel, Werke, a. a. O. [s. Anm. 8], Bd. 3: Phänomenologie des Geistes, S. 48).

76) Hegel, Phänomenologie des Geistes, a. a. O. [s. Anm. 16], S. 34(Vgl. Hegel, Werke, a. a. O. [s. Anm. 8], Bd. 3: Phänomenologie des Geistes, S. 50). 뒤의 판본에는 '습득할(erlernt)' 대신 '마비될(erlahmt)'로 되어 있다.

여러분 안녕하십니까.

지난 시간에 우리는 이른바 지성주의 문제, 혹은 예전에 변증법의 범논리주의Panlogismus[77]라고 지칭했던 문제를 다루었습니다. 오늘은 그로부터 여러분이 아마 변증법에 대해 좀 더 명확한 관념을 갖고 또 여러분 대다수가 변증법 철학 전반에 접근할 때 갖게 되는 변증법의 이념을 일정하게 교정하는 데에 도움이 될 몇 가지 결론을 끌어낼 수 있으리라 믿습니다. 나는 여러분 가운데 누구의 기분도 상하게 하고 싶지 않지만, 아마 여러분 대다수는, 흔히 멋지게 전문철학자라 불리는 사람이 아닌 한, 변증법과 관련해 일단 자동으로 변증법은 정·반·합이라는 식으로 반응할 것입니다. 나는 이 개념들이 전혀 중요하지 않다거나 변증법과 관련해 전혀 특징적이지 않다고 말하지는 않겠습니다. 하지만 이 개념들에는 변증법 이론 자체에서 이루어지는 바가 그대로 적용됩니다. 즉 예컨대 '진리는 정·반·합에 있다'는 식의 추상적 명제들은 실행되지 않는 한 실제로 참은 아니라는 사실이 그것입니다. 나아가 이 개념들은 경직되는 순간, 즉 변증법적으로 사유하기 위한 일종의 지침이 되는 순간, 실제로 헤겔 자신이 생각한 것과 반대되는 것으로 변한다고 말하더라도 변증법의 정신을 너무 훼손하는 것은 아니라고 하겠습니다. 사실 나는 이 경우 헤겔을 근거로 삼을 수 있습니다. 사람들이 삼중의 도식이라고 칭하는 것, 즉 정·반·합이라는 삼박자의 의미를 이렇게 제한하는 일은 헤겔의 『정신현상학』 자체에서 이루어지고 있습니다. 물론 그것은 몇 마디밖에 되지 않지만, 이를 통해 훨씬 더 많이 나아갈 수 있을 것입니다. "본능을 통해 겨우 재발견된, 아직 죽어 있는, 아직 개념으로 파악되지 않은 칸트식 삼중성이 그 절대적 의미로 고양되고 이로써 진정한 형식이 그 진정한 내용 속에서 동시에 정립되어 학의 개념이 산출된 후에도, 여전히 이 형식의 활용을 어떤 과학적인 것이라고 간주할 수는 없다. 그로써 우리는 그 형식이 생명 없는 도식으로, 진짜 도식으로 격하되고, 또 학문적 조직이 도표로 격하되는 것을 보게 된다."[78] 나는 여러분에게 이미 이 구절을 주지시킨 바 있습니다. 여기에 둘째 정식을 덧붙임으로써, 매우 미심쩍은 변증법 사용에 대한 경고등을 세워놓고자 합니다. 즉 우리가 이 삼중 도식을 가지고 멋대로 장난할 경우 허위에 빠지게 된다는 것입니다. "그러한 지혜의 요령은 그것을 사용하기 쉬운 것과 마찬가지로 곧 습득할 수 있다. 그것이 알려질 경우 그것을 반복하는 것은 간파된 마술을 반복하는 것처럼 견딜 수 없다."[79] 그러니까 이러한 생각은 우선 추상적으로 볼 때 가장 진보적인 사유 방법이라고 해도, 그것이 기계적으로 적용될 경우, 즉 사실들이 그 방법 아래 간단히 통합되고 사실들 자체에 대한 통찰이나 경험이 그 통합의 방식을 중단시키지 않을 경우, 어떤 허위가 산출된다는 것입니다. 역설적으로 말하자면, 변증법은 일종의 손작업처럼, 일종의 처방처럼, 하나의 방법처럼 다루어지는 순간, 그 자체가 이미 필연적으로 허위로 넘어간다고, 더욱이 실로 엄격한 변증법적 의미에서, 즉 그로써 변증법이 그 자체의 개념과 모순에 빠지게 된다는 의미에서, 허위가 된다고 할 수 있을 것입니다. 왜냐하면 변증법적으로 사유한다는 것은 다름 아니라 방해받는 가운데unterbrochen 사유한다는 것, 그러니까 개념이 어떤 중요한 의미에서 그때그때 그 개념으로 파악되는 것에서 자체에 대한 비판을 발견하고, 역으로 단순한 사실성이 그 자체의 개념에 근거해 평가되는 식으로 사유하는 것이기 때문입니다. 그러니까 그로부터 거리를 두고, 다른 대목에서 '개념의 노동과 노고'라고 칭한[80] 일을 더 이상 수행하지 않는 순간, 우리는 그 방법을 확실하게 손에 들고 있다고 믿는 가운데 이미 그 방법을 실제로 날조하고 그르쳐버린 셈입니다. 한편 그보다 훨씬 더 일반적인 사실, 예컨대 예술에서 되풀이하여 접할 수 있는 사실을 칸딘스키Kandinsky는 언젠가 자신의 저서 『예술 속의 정신적 요소Über das Geistige in der Kunst』에서 멋지게 표현한 바 있습니다. 즉 한 예술가가 자신을 발견하고 자신의 스타일을 갖게 되었다고 믿는 순간 실제로는 이미 그것을 일반적으로 잃어버린 셈이라는 것입니다.[81] 여기서 여러분은 다시 변증법적 분위기와 관련해 실로 중요한 무엇인가를 확인할 수 있습니다. 구체적으로 말하자면 내가 이미 여러분에게 말한 바 있는 확실성 욕구에 대한 대립을 확인할 수 있습니다.[82] 변증법적 사유의 요구 가운데 한 가지로 결코 사소하다고 할 수 없는 것은, 변증법적으로 사유할 경우 칸트 스타일의 교사처럼 "이제 나는 방법을 가지고 있는데, 내가 일단 그것을 가지고 있는 한 내게는 더 이상 아무 일도 일어날 수 없다"는 식으로 사유하지 말라는 것입니다. 바로 이처럼 매 순간 사고 자체의 노고를 수행하지 않고, 말하자면 자동화되어 맹목적으로 계속해서 써먹을 수 있는 방법이라는 관념[에] 헤겔은 극히 격렬히 [반대]했습니다. 하지만 이는 아직 비교적 겸손하고 단순한 통찰들입니다. 물론 구체적 사유에서 실제로 그러한 통찰들에 따라 반응하는 것은, 일반적으로 그런 통찰을 얻는 것보다 훨씬 더 어려운 일입니다. 변증법적으로 사유하더라도, 변증법적 사유를 헤겔이 그토록 절실하게 경고하는 마술 사기의 괴로운 반복으로 바꿔놓지 않는다는 보장은 없습니다. 또 우리가 사유하는 인간으로서 자신의 범주들을 기계적으로 적용하는 데에 빠지지 않도록 하는 일, 즉 부단히 자신의 범주들을 반성하여 그것들이 사실상 그것으로 사유되는 사태들에 여전히 적합한지 검토하는 일에도 애초부터 단련되는 것은 확실히 아주 중요한 일입니다.

이런 맥락에서 헤겔의 매우 훌륭한 점, 또 오늘 여러분에게 주목하도록 만들고 싶은 점은, 헤겔이 그러한 것을 확인하고 변증법적 사유의 기계적 사용이나 고착을 논박하는 데에 만족하지 않고, 언제나 그러듯이 그가 모든 부정적 요소들을 다룰 때 그러하듯이, 나름으로 그런 현상도 파악하려고 시도한다는 사실입니다. 즉 그런 현상 자체를 —사유의 이러한 일탈, 사유의 이러한 경직과 사물화 자체를— 사유 자체의 살아 있는 과정으로부터 추론해내려고 시도한다는 것입니다. 그리고 이는 변증법 전반에 대해 지극히 특징적인 것입니다. 일반적으로 변증법은 사물화된 것, 경직된 것, 고정된 것에 이른바 살아 있는 것, 직접적인 것을 간단히 맞세우는 것이 아니라, 그 경직된 것을 활용하고 응고된 삶, 응고된 노동, 그 속에 침전된 것을 지각하며, 단지 그것을 그 자체의 힘에 근거해, 그러니까 우리와 소외된 상태로 맞서 있는 사물들과 개념들 속에 침전되어 있는 삶에 근거해 작동시킴으로써 경직된 것과 고정된 것을 극복하여 그것을 용해하는 일을 신경중추로 삼고 있습니다. "하지만 그 훌륭한 것이 그렇게 생명과 정신을 잃게 되고 그렇게 혹사당한 채, 그 피부는 생명 없는 지Wissen와 이의 허영으로 둘러싸인 것을 보게 될 운명에서 벗어날 수 없는 데에 그치는 것이 아니다."[83] 그런데 여러분은 여기서 동시에 헤겔의 어떤 뛰어난 언어적 면모를 느낄 수 있을 것입니다. 사실 일반적으로 외견상 훌륭한 문체의 소유자인 쇼펜하우어Schopenhauer에 비해 헤겔의 문체는 형편없는 것으로 악평을 듣습니다. 분명히 이는 다소 부당하게 언어적 능력을 심판하는 위치에 서게 된 사람들이 철학자의 경우 언어는 건전한 상식 및 구어와 얼마나 직접 소통하느냐에 따라 판정할 수 있다고 믿는 데에 기인합니다. 다름 아닌 헤겔의 경우에는 이것이 적용되지 않습니다. 그의 경우 훌륭한 면은 특이한 성격의 이차적 감각성, 이차적 직접성에, 즉 이 훌륭한 사유의 건축물에서 개념들 자체가 내부로부터 생명으로 충만해 있고 강도 높게 움직이기 때문에 그것들은 외견상 아주 추상적인 개념인 듯하지만 생명의 충만함과 온전한 다채로움을 자체 내에 받아들이고 이 특이한 방식으로 불꽃을 일으키기 시작한다는 데에 있습니다. 오늘날까지도 헤겔의 언어에 대한 실제적 분석은 없습니다. 내 생각에 헤겔에 대한 언어철학적 연구는 매우 필요할 뿐 아니라, 헤겔 철학 내용의 지극히 깊은 층들로 안내해 줄 수도 있을 것입니다. 위와 같은 문장에서 여러분은 실제로 헤겔 전체를 엿볼 수 있습니다. 그러니까 생명이 떨어져 나간 단순한 피부라는 관념이 지나 의식처럼 외관상 매우 추상적인 것에 완전히 직접 적용되는 문장 말입니다. 여러분에게 지난 시간에 이미 말했듯 연속적 이행이 아니라, 사고가 구체의 극에서 추상의 극으로 뛰어넘는 식의 엄청난 도약을 통해 운동하는 헤겔 철학의 특이한 긴장의 장은 다름 아니라 지극히 감각적인 것 혹은 가까운 것으로부터 지극히 멀리 떨어진 것에까지 이런 식으로 추론이 이루어진다는 데에 있습니다. 즉 양자 사이의 어중간한 결합이 이루어지는 것이 아니라 오히려 양극단인 보편과 특수가 서로 접하는데, 이는 다시 극히 깊숙하게 헤겔 철학의 내용과 연관되는 것입니다. 왜냐하면 보편이 언제나 동시에 특수이며 또 특수는 보편이라는 것이야말로 사실상 변증법 이론 자체의 정수이기 때문입니다. 따라서 여러분은 이 철학의 내용이 얼마나 그러한 언어적 구성의 대담성 속에도 스며들어가 있는지 알 수 있습니다. 여러분 가운데 독일 문학을 다루는 사람들에게는 이런 맥락에서 다음과 같이 말해도 좋을 것입니다. 즉 그러한 언어의 색조에 근거해 아마 횔덜린의 문학에도, 지금까지 전혀 올바르게 파악하지 못했다고 할 수 있는 완전히 새로운 조명을 가해줄 수 있을 것입니다. "오히려 이 운명 자체에서는"—그러니까 사람들이 죽은 피부 속에 말하자면 사태 자체를 가지고 있다고 믿는 운명—"그것이 정신에는 아닐지라도 정서에 발휘하는 힘도 인식할 수 있고, 아울러 그것의 완성이기도 한 형식의 보편성과 확정성이 형성되는 것을 인식할 수도 있는데, 이 형식을 통해서만 보편성은 표면적인 것에까지 적용될 수 있는 것이다."[84] 헤겔은 이 문장에서 지극히 심오한 어떤 것을 말하고 있습니다. 즉 사유 자체가 착상의 단순한 우연성, 주관의 자의성을 버리려면 객관화·대상화의 형식에 도달해야 한다는 점, 하지만 그것이 이런 성격의 보편성, 개념적 확정성을 띰으로써 자체 내에서 필연적으로 사물화되고 일종의 처방이 되고 악용될 위험을 생산한다는 점을 말하는 것입니다. 달리 말하면 헤겔이 경고하는 악용, 즉 삼중 도식을 피상적으로 이용하는 데에 따른 이 악용 자체는 사고에 대해 외적인 것이 아니라, 사고가 지금 여기의 단순한 자의성에서 벗어나려 하고 사고 자체가 어떤 객관적 진리가 되고자 하면 해야 하는 것을 따름으로써 야기되는 것입니다. 또 달리 말하면 고착이라는 의미에서 허위로 되는 것 내지 허위는 진리 자체의 객관화되는 성격과 분리될 수 없는 듯합니다. 하나를 가지면서 다른 것을 가지지 않을 수는 없습니다. 아무튼 이는 가장 중요한 변증법적 원칙 가운데 하나입니다. 즉 한편으로 사고에 그 객관성·힘·구속성을 부여하면서 바로 그로써 사고가 스스로를 자립시키고 사태에 맞서 그것에 외적인 것으로서 폭력적으로 딱딱하게 기계적으로 사용되지 않도록 할 수는 없습니다. 여러분은 여기서, 즉 변증법을 기계적으로 써먹는 데에 대한 이 경고에서, 변증법적 사유 자체의 모범사례를 보게 됩니다. 변증법 일반의 중추신경을 이루는 것을 여러분이 여기서 아주 명확하게 인식할 수 있다는 의미에서 그렇습니다. 즉 진리와 허위는 서로 외적인 것이 아니라는 것, 진리와 허위는 서로 간단히 추상적 안티테제로 대립하지 않고 진리 자체에 마치 그 운명처럼, 그 저주처럼, 그것이 처해 있는 죄의 연관을 가리키는 표지처럼, 허위로의 이행이 내재한다는 것, 그리고 거꾸로 진리 일반이 나아가는 길은 —그리고 진리는 사실 일종의 과정입니다— 단지 허위를 통과해서만 존재한다는 것이 그것입니다. 따라서 여러분은 변증법적 사유에 그 자체의 악용에 대한 경고와 같은 것도 담겨 있다는 점을 알 수 있습니다.

삼중 도식의 악용에 대한 이 경고에는 또 하나의 변증법적 기본 통찰로서 여러분이 결코 잊지 말아야 할 것이 담겨 있습니다. 그것은 위의 생각을 단지 조금 달리 표현한 것입니다. 즉 고립시켜 놓을 경우 —그리고 헤겔의 경우 추상적이라는 것은 언제나 고립시키는 것, 전체의 연관관계로부터 떼어내는 것을 뜻합니다— 동시에 또한 허위가 되지 않을 수 있는 사고는 없다는 통찰이 그것입니다. 헤겔은 이미 내가 여러분에게 해석해 준 구절, 즉 신이 자신과 벌이는 유희가 세계의 과정이라는 말과 관련된 구절에서 그 점을 설명했습니다. 이에 대해 그는 그것이 즉자적으로 참이지만, 이 과정 자체를 우리가 추적하지 않으면 허위로, 즉 김빠진 상태로, 무관심한 상태로 추락하리라고 말했습니다.[85] 내 생각에 우리는 그보다 훨씬 더 나아가서 이렇게 말할 수 있습니다. 즉 단적으로 어떤 진리도, 아무리 참인 이론도, 심지어 변증법 이론 자체도 그 연관관계로부터 떨어져 나오고 특히 어떤 이해관계에 얽힌 상황에 복무하게 될 경우, 직접 허위로도 될 수 없는 것은 없습니다. 이 세상에는 철학의 최고 구성물이든, 예술의 최고 구성물이든, —그것을 고립시켜 파악함으로써— 사람들을 다른 사물들과 떼어놓고, 사람들을 다른 것에 대해 속이고 그들에게 그릇된 만족·허위만족·사이비만족을 만들어주는 데에 악용될 수 없는 것은 없습니다. 그리고 여러분이 여기서 일단 나에게 변증법의 실천적 적용을 기대한다면, 그러한 적용은 바로 변증법적 사고가 본래 어떤 방식으로 고립되어 그러한 악용에 쓰이는 것에 지극히 불신을 갖고 대응하는 사고라는 데에 있습니다. 즉 일반적으로 어떤 개별 인식이, 어떤 유한한 개별 인식이 —전체에 대한 어떤 인식이든 사실 인식으로서 언제나 아직 하나의 개별 인식입니다— 마치 전체인 체하고 절대적인 것으로 설정될 경우, 그 것은 당장 허위에 복무하게 되고 이데올로기가 될 수 있습니다. 여러분은 이를 물론 동구권 전체에서 아주 확실하게 연구할 수 있습니다. 여기서 사람들은 변증법을 일종의 국가종교로 끌어 올렸습니다. 또 경우에 따라서는 아마 때때로 아주 착실하고 성실하게 변증법 이론의 어떤 부분들을 ―내게는 그것이 당장 떠오르지만 암송하지는 않겠습니다― 사람들에게 어떻게든 이해되도록 하려고 시도합니다. 하지만 여기서 변증법은 이미 오래 전에 일종의 국가종교로서 억압의 영속화로 귀결될 뿐인 실천을 정당화하기 위해 아직 존재할 뿐입니다. 본래 변증법의 충동은 전적으로 억압에 맞서는데 말입니다. 물론 그로부터 예컨대 뒤집힌 결론, 즉 변증법으로 이 말도 안 되는 짓을 해냈으므로 변증법은 허위라는 결론을 끌어내서도 안 된다는 말만 하겠습니다. 오히려 모든 파렴치한 행위에도, 모든 폭력 행위에도, 모든 종류의 고문에도 악용되었다는 것은 변증법이 지난날 역사 속에 존재한 어떤 진리와도, 확실히 기독교 속에 구현된 진리와도 공유하는 특징입니다. 내 생각에 동구에서 '디아마트'라고 칭하는 이 헛소리가 사실상 이제 변증법 이론 자체에 대해 어떤 구속력 있는 것을 말하는 듯이 처신하면 이는 일종의 위험한 합선이라 할 수 있습니다.

이제 삼중 도식은 상대적으로 중요하지 않다는 문제로 돌아가겠습니다. 나는 이제까지 여러분에게 말한 것에 근거해 여러분이 ―이는 말그대로 헤겔의 텍스트에 쓰여 있는 것과는 대립하지만, 헤겔 철학의 정신에 근거해 책임질 수 있다고 생각합니다― 변증법은 바로 전통적 의미에서 어떤 방법이 아니라는 점, 즉 자신의 대상들을 장악하는 정신의 단순한 방식이 아니라는 점, 오히려 실로 변증법의 운동은 언제나 사태 자체의 운동이면서 동시에 사유의 운동이어야 한다는 점을 기억함으로써 그 도식이 상대적으로 사소하다는 점을 아주 간단히 의식할 수 있으리라 믿습니다. 하지만 이 점이 사실이라면, 즉 변증법적 운동이 사태의 운동이며 사태에 근거해 수행될 수 있다면, 그로부터 실제로 단지 방법적으로, 단지 외부로부터 사물들에 뒤집어씌워진 모든 종류의 변증법적 고찰은 이미 변증법을 그르친다는 결론이 저절로 나옵니다. 여러분은 정·반·합의 유희라는 변증법에 대한 전통적 견해의 불합리하고 피상적인 측면이 실제로 어디에 있는지 분명히 함으로써 그 점을 가장 생생하게 떠올릴 수 있을 것입니다. 여러분이 철학 이전의 의식을 보게 되면, 이러한 의식은 변증법과 정·반·합에 대한 이야기를 들을 때 이렇게 상상합니다. "그래, 먼저 하나의 명제가 세워지고, 그다음 이 명제에 대해 그 명제의 반대가 되는 다른 명제가 세워지며, 이때 양자에 무엇인가가 필요해지는데, 그러면 합이 나타나지. 이 합의 본질은 그렇게 서로 대치된 명제들의 가장 좋은 부분을 차지하고 그로부터 이른바 종합을 이룩하는 데에 있다." 여러분에게 나의 초년기부터 나를 엄습해온 종합 개념에 대한 혐오감을 무조건 기대하지는 않겠습니다. 그러나 아무튼 사람들이 상상하는 것처럼 사정이 그렇게 전적으로 확실하지는 않습니다. 오히려 변증법적 운동은 한 명제에 외부로부터 그것에 대립하는 것이 첨가되는 데에 있는 것이 아닙니다. 변증법적 운동은 모순적인 계기가 여러분이 발언하는 명제 자체에서 발견된다는 점, 즉 확고하고 굳어진 것으로서 여러분에 맞서는 명제가 자체 내에서 긴장의 장이며 자체 내에서 특정한 종류의 생명을 지닌다는 점, 그리고 철학은 명제를 통해 이러한 생명을 어떤 점에서 사후구성하는 과제를 지닌다는 점이 드러난다는 것입니다. 또한 그와 마찬가지로 합은 두 명제의 공통점을 끄집어내는 것이 아닙니다. 헤겔은 합이 바로 그와 반대되는 것, 즉 부정의 또 다른 형식, 부정의 부정이라고 설명했습니다. 즉 명제 자체로부터 끄집어낸 명제의 대립물인 반명제는 자체로 유한한 명제로서 그와 마찬가지로 또한 참이 아니며, 그것에 담긴 이 비진리가 규정됨으로써 원래 부정되었던 명제 속의 진리 계기가 다시 타당성을 지니게 되는 것입니다. 하지만 다름 아니라 내가 여러분에게 이런 관점에서 묘사한 사유와 외부로부터 대립들을 설정하고 그다음 그 대립들에서 추상적 특징을 결과로서 파악하는 추상적 사유 혹은 외연논리적 사유umfanglogisches Denken의 대립에, 아무튼 여기에 변증법적 사유의 본질이 있습니다. 삼중 도식이 그다지 엄청나게 중요하지는 않다는 것은, 이 도식이 실제로 주관적 추출일 뿐, 그러니까 그것은 사람들이 사태에 접근할 때의 주관적 반응에 대한 묘사일 뿐이라고 할 수 있는 데에 반해, 이 주관적 반응은 단지 하나의 계기에 지나지 않는다는 사실에서 야기됩니다. 이 계기를 헤겔은 자신이 '순수 관찰'이라고 칭하는[86] 다른 계기, 그러니까 완전히-무제한적으로-사태에-자신을-내맡기기Völlig-uneingeschränkt-der-Sa-che-sich-Überlassen를 통해 교정하고 있습니다.

지금 우리가 수행한 다소 형식적인 이 고찰은 이런 형태로는 아직 여러분을 만족시키지 못하리라는 것을 나는 잘 알고 있습니다. 그리고 나는 여러분에게서 어떤 반론을 기대합니다. 이 [경우] 나도 처음 변증법 철학과 접하게 되었을 때 그런 반론을 품었던 것이 기억납니다. 즉 도대체 왜 모든 것이 모순에 처해야 하는가? 정말 모순만이 존재하고 단순한 차이들은 없는 것인가? 단지 풍성한 질들이 존재하며, 이것들은 나란히 있고 초록·빨강·파랑처럼 그저 상이할 뿐인데, 내가 이제 존재하는 모든 것을 모순으로, 내 입장에서는 내적 모순으로, 아무튼 모순으로 끌고 가려는 것은 일종의 자의적 행위이자 ―이로써 우리는 매우 부담스러운 의미에서 개념들의 강압성 문제에 부딪칩니다― 강압적인 방법-에-근거해-현실-을-억압하기Von-der-Methode-aus-die-Realität-Vergewaltigen가 아닌가? 그리고 이제 내가 모든 것을 어디서나 모순의 형식으로 끌고 갈 경우, 근본적으로 예컨대 다양한 색도의 아름다움에 맞서 평준화, 다름 아닌 추상화·평탄화의 한 계기가 존재하는 것은 아닌가?[87] 물론 이런 반론은 철학사에서 아주 빈번히 제기되었으며, 내 생각에 그것을 이제 간단히 우아한 제스처로 끝내려 하는 것은 전혀 바람직하지 않고, 오히려 그것과 대면해야 할 것입니다. 그것은 전통적 논리학, 즉 아리스토텔레스 논리학 측에서, 아리스토텔레스주의자인 트렌델렌부르크Trendelenburg[88]에 의해 처음으로 극히 예리하게 정식화되었습니다. 그는 이를 19세기 전반기에 자신의 헤겔 비판을 위한 기반으로 삼았습니다.[89] 그리고 그 반론은 마침내 완전히 다른 의미에서 이른바 헤겔-르네상스 초기에 헤겔에 대한 베네데토 크로체Benedetto Croce의 책[90]에서 다시 다루어졌습니다. 이 책은 이른바 헤겔-르네상스의 물꼬를 텄지만, 다소 양심의 가책을 갖고 헤겔에 접근했으며, 이미 트렌델렌부르크가 그랬던 것과 비슷하게 헤겔을 실증주의적인 사유, 이른바 '반성철학'과 나름으로 일치시키려고 했고, 이로 인해 그렇게 크로체가 시작한 재탄생에는 다소 문제적인 사태가 남게 되었습니다.

내 생각에 이 복합문제 전체를 올바른 관점 속에 설정하기 위해서는 우선 여러분에게 사유에 본래 적합하다고 여겨지는 사유의 반응방식 일반에 대해 무엇인가를 말해야 하겠습니다. 나는 아무튼 존재하는 모든 것을 어떤 식으로든 통일시키는 것이 사유의 과제는 결코 아니라고 주장하고자 합니다. 바로 이런 욕구 자체를 변증법은 비판했습니다. 또한 변증법은 이 대목에서 ―거의 이렇게도 말할 수 있을 것입니다― 마치 나비 잡는 그물로 풍부한 경험을 실제로 모두 잡아넣을 수 있다고 믿는 철학의 순진성을 깨달았으며, 이로써 변증법도 어느 수준까지는 이미 사람들이 변증법 자체에 맞서 매우 적합한 것을 말할 수 있을 만한 지점에 이른 것입니다. 즉 변증법이 단지 환원적 사유일 뿐이어서 차이들 모두를 모순의 공식 아래 끌어들이려 한다면, 그것은 실제로 모든 것을 말하자면 하나의 원칙에 근거해 설명하려는 시도와도 같은 것인 셈인데, 본래 변증법은 이러한 것에 반대했습니다. 내 생각에 변증법적 사유 일반이 수행하는 역할, 또 변증법적 사유 혹은 철학적 사고 일반이 본래 가지는 의미는 오히려 살아 있는 경험에 맞서 규율을 제시하는 힘의 일종입니다. 상이한 것 속에서 통일성을 찾지 못하고, 또 그 통일성을 찾음으로써 단순히 상이한 것 속에 담겨 있는 모순의 성격 또한 지각하지 못하고, 단지 차이만을 보고 단지 상이함만을 지각할 경우, 사유는 말하자면 녹아버리며 이론의 형태도 취하지 못하기 때문에, 또 이론을 절대화할 수 없는 것과 마찬가지로 다른 한편으로 이론 없이는 인식과 같은 어떤 것을 얻을 수도 없기 때문에, 우리는 특정한 자기제한의 의미에서 본래 변증법적으로 사유하는 것입니다. 여기에 일종의 역설적인 관계가 있습니다. 전체를 장악하여 모든 것을 해명할 수 있는 열쇠가 되리라고 믿는 이론은 사실상 조야한 오만에 빠지고 맙니다. 하지만 이론의 이러한 계기, 즉 우리가 오늘 처음부터 들은 바 있는 인식을 통일하거나 혹은 객관화하는 이 계기가 사유에 전혀 없다면, 근본적으로 더 이상 결코 인식에 도달할 수 없고, 실제로 다소 병렬적으로 늘어져 있고 조직되지 않고 산만한 사실들을 단순히 확인하는 데에 도달할 뿐입니다. 그리고 실제로 특별히 변증법적인 구상의 기초가 되는 것은 바로 사물들에 지나친 폭력을 가하지 않으면서 그런 상태에 맞서 작업하려는 욕구입니다. 하지만 이러한 설명은 아직 그다지 만족스럽지 못합니다. 여러분이 이렇게 말할 수 있기 때문입니다. "그러니까 너는 그런 방법을 갖는 것, 어떤 견고한 것을 손에 잡는 것이 건강하고 또 사유에도 어느 정도는 유익하기 때문에 변증법을 실제로 영혼 혹은 개념의 영양학자처럼 도입하지만, 실은 너 자신도 그것을 그다지 믿지 않고 절대적인 것도 없다고 생각하지." 사실 나는 이 자리에서 여러분에게 변증법적 방법과 모순 개념에 대해 실로 결정적인 어떤 것을 말할 의무감을 느낍니다. 모순 개념은 어떤 다른 개념과 꼭 마찬가지로 실체화해서는 안됩니다. 즉 어떤 다른 개별 개념이 핵심 개념이 아닌 것과 마찬가지로 그것도 변증법을 위한 핵심 개념은 아닙니다. 오히려 변증법은 사실상 어떤 개별 개념에 절대적 품위를 요구하는 데에 있는 것이 아니라 단지 개념들 상호 간의 관계 속에 있을 뿐입니다.

하지만 여러분은 사실상 변증법에서 모순 개념이 왜 이 중심적인 역할을 하는지, 그것도 사유-영양법적인 이유가 아니라 어떤 실제적인 모티프로 인해 실제로 그러한지 알 권리가 있습니다. 일단 이 문제를 우선 다음과 같이 표현하고 싶습니다. 즉 모든 유한 판단은 그 판단 형식을 통해, 즉 'A는 B다'라고 말함으로써, 이미 어떤 절대적 진리, 단적인 진리임을 주장하고, 그 자체의 유한성과, 즉 어떤 유한 판단도 바로 유한한 것으로서 전체적 진리가 결코 될 수 없다는 사실과 갈등에 빠집니다.[91] 변증법에서는 모순 개념이 그처럼 탁월한 역할을 수행하고, 또 단순한 관찰과 사태에 대한 적응에 가장 많은 것을 요구하는 개념이며, 한편으로 이 개념에 대해 변증법에서는 그것이 본래의 원칙이라고 이야기되는데, 이는 바로 이 대목에 실제로 그 근거가 있습니다. 모순의 범주, 혹은 근대적 변증법 이론의 기원은 사실 『순수이성비판』에 있습니다. 내 생각에 여러분이 오늘 시작했지만 마무리할 수는 없는 강의의 이 부분을 제대로 따라잡으려면 원본으로든 적절한 이차 문헌을 통해서든 일단 칸트의 '선험적 변증론'이 주장하는 바와 다소 친숙해지는 것이 좋을 것입니다. 그 기본적인 사고는 이렇습니다. 즉 우리가 우리 이성의 기본개념들, 이른바 우리의 범주들을 우리 경험의 가능성 너머로까지, 감성적 실현의 가능성 너머로까지 적용할 경우, 달리 말하면 우리가 무한판단을 내릴 경우, 그 나름으로 각각 동일한 수준에서 명증하지만, 서로 모순되는 판단을 내릴 수밖에 없는 위험에 빠진다는 것입니다. 예컨대 모든 사건은 시간 속에 하나의 출발점을 가진다, 아니면 모든 사건은 시간 속에서 무한한 계열을 이룬다는 판단들이 그렇습니다.[92] 혹은 공간에도 유사한 것이 적용됩니다. 또는 존재하는 모든 것은 인과율에 종속된다, 아니면 자유로부터 나오는 인과율도 있고 따라서 인과의 계열이 중단되는 지점이 존재한다[93]는 판단들도 그렇습니다. 서로 모순되는 이 모든 명제들은 칸트의 말에 의하면 본래 우리의 경험을 조직하기 위해서만 존재할 뿐인 우리의 범주들이 이제 혼란스러워진 데에 기인합니다. 즉 이 범주들이 그 자체로 공허해지고 자체에 근거해 절대적인 것을 가진다고 주장하지만 단지 그것들에 대립하는 것과의 관계 속에서만 본래 타당하다는 데에서 그처럼 모순되는 명제들이 생겨납니다. 이로써 칸트는 모순성의 개념을 지극히 중요시하면서 인식에 새로이 받아들이며 다음과 같이 말했습니다. 즉 우리의 이성은 이 모순들에 필연적으로 얽혀 들어갈 수밖에 없는데, 우리는 여전히 우리의 사유를 계속 끌고 갈 수밖에 없으며, 우리 사유의 조직 속에는 우리가 유한성을 넘어선다는 것도 포함되어 있고 바로 그 때문에 우리는 되풀이하여 그런 명제들을 주장하도록 오도되며, 또한 ―『순수이성비판』의 다른 대목에는 이렇게 쓰여 있습니다― 우리가 이 모순들을 그 근원의 측면에서 간파할 수 있고 우리가 그것들을 풀 수 있다는 사실도 우리에게는 아무 도움이 되지 않는다는 것입니다.[94] 여러분은 일단 간단히 헤겔이 다음과 같이 말한다고 상정할 수 있습니다. "이 모순들이 우리의 인식에 결코 없어서는 안 될, 그래서 우리가 되풀이하여 얽혀 들어가는 필연적 모순들이라고 그대가 우리에게 말한다면, 또 이 모순들에 대한 그대의 해결이라는 것이 우리에게 아무 도움도 되지 않는다면, 왜 그대는 그 길 전체를 가서 이 불가피한 모순들에 관여하지 않는가. 왜 그대는 자신이 불가피하다고 말하는 이 모순들과 대면하지 않으며, 그런 다음 왜 이 모순들의 운동을 통해 진리에 도달하려 시도하지 않는가?" 그런데 헤겔 철학의 이러한 요구는 사실상 칸트 철학에 맞선 본질적인 인식론적 수정에 근거를 둡니다. 즉 칸트가 비교적 순진하고 조야하게 설정한 감성과 오성, 사유와 경험이라는 낡은 대립에 헤겔은 더 이상 동의하지 않는 것입니다. 헤겔은 이런 식으로 말하기 때문입니다. "나는 근본적으로 도대체 어떻게 감성과 같은 것에 도달할 수 있는지 모르겠다. 오성을 통해 매개되지 않은 감성적인 것 따위는 단연코 없으며, 그 반대도 없다. 따라서 칸트의 이율배반론은 이처럼 전적으로 감성과 오성의 경직된 구분에 근거하며, 또 그것이 어떤 점에서 나에게 모순들에 빠져드는 것을 경계하지만, 그러한 구분은 결코 고수할 수 없다. 오히려 오성 없는 감성은 없고 감성 없는 오성은 전혀 없기 때문에, 칸트가 실제로 의식의 단순한 과오라고 보는 이 운동 자체가 정신 자체의 본질을 통해 필연적으로 규정된 활동들 가운데 하나이며, 바로 그래서 사유는 본질적으로 모순들 속에서 운동한다."

77) '범논리주의' 개념은 1853년 헤겔주의자 요한 에두아르트 에르트만(Johann Eduard Erdmann)이 헤겔 철학을 완전히 긍정적인 뜻에서 일반적으로 성격규정하기 위해 사용했다. "그(헤겔)의 학설을 나타내는 데에 가장 적합한 명칭은 범논리주의이다. 그의 철학은 이성 말고 어떤 현실적인 것도 승인하지 않는다. 그것은 비이성적인 것에는 단지 잠정적이고 자체를 지양하는 실존만을 인정한다." (Johann Eduard Erdmann, Geschichte der neueren Philosophie, Band III, 2, Leipzig 1953, S. 853). ―그 후 '범논리주의' 개념은 에두르아트 폰 하르트만(Eduard von Hartmann)의 경우에 헤겔 비판적 함의를 띠게 된다. Vgl. ders., Schellings positive Philosophie als Einheit von Hegel und Schopenhauer, Berlin 1969, insbes. das Kapitel 'Die Unzulänglichkeit des Panlogismus', S. 7~12. ― 베네데토 크로체에게는 드디어 헤겔 변증법의 범논리주의가 일종의 '병적인 기형물'이다. 그것은 이미 헤겔 자신의 경우에도 변증법을 잘못 사용하게 했지만, 헤겔 철학의 참된 부분들을 보존하기 위해 제거할 수 있다는 것이다.(Vgl. Benedeto Croce, Lebendiges und Totes in Hegels Philosophie. Deutsche, vom Verfasser vermehrte Übersetzung von K. Büchler, Heidelberg 1909, S. 155). Zur Kritik von Croce an Hegel s. Anm. 90.

78) 주석 75) 참조.

79) 주석 76) 참조.

80) 83쪽 참조.

81) 칸딘스키의 이런 표현을 아도르노는 여러 차례 끌어들이며, 아놀드 쇤베르크에 관한 글에서나(vgl. GS 10-1, S. 172) 그가 살아 있는 동안 발표되지 않은 『미니마 모랄리아』의 한 잠언에서(GS 4, S. 293) 그는 이 구절을 말 그대로 인용한다. "예술가는 '마침내 자신의 형식을 찾은' 후 이제 편안히 예술작품들을 창작할 수 있다고 생각한다. 유감스럽게도 그는 일반적으로 이 ('편안한') 순간 자기가 벌써 이처럼 마침내 찾은 형식을 잃어버리기 시작한다는 것을 알아차리지 못한다." 인용문은 물론 칸딘스키의 것이지만, 『예술 속의 정신적인 요소』에서 찾을 수 있는 것이 아니라, 1912년 알반 베르크가 발행한 아놀드 쇤베르크 기념논총에 실린 작은 기고문에서 볼 수 있다. Wassily Kandinsky, Die Bilder; in: Albanberg (Hrsg.), Arnold Schönberg, München 1912, S. 59~64. S. 61. Wieder abgedruckt in: Arnold Schönberg, Wasilly Kandinsky. Briefe, Bilder und Dokumente einer außergewöhnlichen Begegnung, hrsg. von Jelena Hahl-Koch, mit einem Essay

von Hartmut Zelinsky, Salzburg und Wien 1980, S. 153~156. S. 154f.

82) 앞에서 아도르노는 확실성 욕구를 단지 간접적으로만 언급했다(vgl. etwa S. 28f.). 하지만 강의가 계속 진행되면서 그는 이 주제를 되풀이하여 다시 다루게 된다. Vgl. S. 155, 214, 254, 260, 274ff., 281, 294.

83) Hegel, Phänomenologie des Geistes, a. a. O. [s. Anm. 16], S. 35(Vgl. Hegel, Werke, a. a. O. [s. Anm. 8], Bd. 3: Phänomenologie des Geistes, S. 51).

84) Ebd.

85) 83쪽 참조.

86) 헤겔은 '순수 관찰'에 대해 『정신현상학』 '서론'의 한 주요대목에서 언급한다. 이 구절에서는 ─인식의 방법과 관련하여─ 첫째로 지의 타당성을 검증할 수 있는 척도의 문제가 관건이며, 둘째로 이 경우 고찰되는 의식이 수행하는 역할이 관건이다. "하지만 개념과 대상, 척도와 검증되어야 할 것이 의식 자체 속에 현존한다는 이 측면에 비춰볼 때 우리의 첨가는 불필요해질 뿐만 아니라, 우리는 양자를 비교하고 실제로 검증하는 노고에서도 벗어나 있다. 그래서 의식이 스스로를 검증함으로써 우리에게는 이런 면에서도 단지 순수 관찰만이 남는다."(Hegel, Werke, a. a. O. [s. Anm. 8], Bd. 3: Phänomenologie des Geistes, S. 77). 아주 단순화해서 말하자면 헤겔은 지─대상에 대한 의식의 관계─를 한 척도에 비춰 검증하는 과정에서 객관적 과정이 관건이라고 생각한다. 왜냐하면 인식론적인 ─한편으로 대상과 개념의 구분, 다른 한편으로 대상의 즉자존재와 그것의 인식에 대한 존재의─ 구분들이 고찰되는 의식 자체의 구분이며 이로써 그 속에 포함되기 때문이다. 그래서 의식은 진리의 척도를 어느 경우나 자체 내에 지닌다. 그리고 대상과 개념이 서로 상응하는가에 대한 검증은 의식 자체에 과제로서 포함된다. 이때 반성적으로 불─일치가 파악될 경우 의식은 그 지만 아니라 지의 대상의 변화에 대한 경험에 대해서도 개방되어야 한다고 한다. "의식이 자체에서, 그 지만 아니라 그 대상에서도 실행하는 이 변증법적 운동은, 그로부터 참인 새 대상이 지를 위해 생겨나는 한에서, 실제로 경험이라고 불리는 바로 그것이다."(Ebd., S. 78).

87) "주목해야 할 중심문제는 우주론에서 받아들인 네 가지 특수한 대상들에만 이 율배반이 있는 것이 아니라 오히려 모든 유들의 모든 대상들 속에, 모든 표상들, 개념들, 이념들 속에도 있다는 점이다."(Hegel, Werke, a. a. O. [s. Anm. 8], Bd. 8: Enzyklopädie der philosophischen Wissenschaften I, S. 127f.). "모든 사물들은 그 자체로서 모순적이다."(Hegel, Werke, a. a. O. [s. Anm. 8], Bd. 6: Wissenschaft der

Logik II, S. 74).

88) Friedrich Adolf Trendelenburg(1802~1872), 1837년부터 베를린에서 실천철학 및
교육학 교수.

89) 트렌델렌부르크는 주로 두 편의 저술에서 헤겔의 논리학 및 변증법을 비판적
으로 분석한다. 즉 자신의 주저 『논리학 탐구(Logische Untersuchungen)』(Berlin
1840, zweites Kapitel: Die dialektische Methode, Bd. I, S. 23~99) 가운데 헤겔의 변
증법을 다루는 장과, '헤겔 체계의 논리학 문제'(Leipzig 1843)라는 제목으로 발
표되어 자신의 비판 가운데 본질적인 점들을 한 자리에서 간략히 요약하고 있는
(ebd., S. 12~19) 두 편의 좀 짧은 논쟁문서가 그것이다. ─그의 비판에 따르면,
변증법적 모순에 대한 헤겔의 이론은 논리적 부정과 실재적 대립의 혼동에 근거
한다는 것이다. 트렌델렌부르크에게 부정은 실재적 힘이 없는 순수한 논리적 현
상이다. 부정은 단지 사유 속에만 실존한다. 또 그것 자체는 어떤 긍정적 내용도
없고 이로써 완전히 불확정적이기 때문에 단지 절대적으로 보편적일 수 있을 뿐
이기도 하다. 그에 반해 실재적 대립은 직관할 수 있는 현실의 현상이라고 한다.
그것의 대립면들은 그것에 대립을 통해서만 비로소 부여되는 것이 아니라 대립
바깥으로부터도 부여되는 긍정적 내용을 지니는 실재적 원칙들이다. 논리적 부
정과 실재적 대립의 이러한 구분을 기초로 이제 다음과 같은 결론이 나온다. 즉
『논리학』은 헤겔의 주장에 의하면 사유와 존재의 동일성을 자체에 근거해 산출
하려고 한다. 하지만 이에는 헤겔이 써먹을 수 있는 논리적 수단이 전혀 그럴 힘
을 지니지 못한다. 논리적 부정으로부터는 어떤 식으로도 개념들의 규정성·이
행·변화 혹은 자기운동이 설명되지 않는다는 것이다. 실제로 헤겔은 『논리학』에
서 부정 및 변증법적 모순의 수단으로 어떤 진전을 이루고자 할 경우 언제나 직
관 및 현실의 실재적 대립들에 호소하며, 이처럼 인정하지 않는 가운데 직관된
논리 외적 현실 및 이의 운동을 다시 끌어들임으로써만 소위 논리적-변증법적으
로 산출된 사유와 존재의 동일성에 도달한다는 것이다.

90) Benedetto Croce(1866~1952), 이탈리아 철학자, 역사학자, 문예학자, 정치가.
그의 책 『헤겔 철학의 살아 있는 것과 죽은 것(Ció che è vivo e ció è morto della
filosofia di Hegel)』은 1907년 바리(Bari)에서 발행되었다.(Vgl. 'Lebendiges und
Totes in Hegels Philosophie', a. a. O. [s. Anm. 77]). ─ 크로체는 비판의 출발점을
제4장 '차이들의 결합과 변증법적 형식의 오용'(Ebd., S. 64~81)에서 정리한다. 크
로체에 따르면, 다른 모든 '착오들'의 근원이 될 헤겔 변증법의 근본 오류는 "차이
의 이론과 대립의 이론을 혼동하는" 데에 있다.(Ebd., S. 80f.). 그에게 차이는 여

러 등급들의 형태로 분화되고 유기적으로 전개되지만 그 부분들이 서로 적대관계에 들어서지 않고 처음의 통일이 통일원칙으로서 전개된 전체의 기초로 남아 있는, 다원적 질서의 구조 원칙이다. 그에 반해 이항 대립은 대립면들의 적대적 관계를 의미하는데, 이는 단지 더 높은 통일로 대립을 종합하는 원칙을 통해서만 지양될 수 있다. 확실히 차이와 대립은 크로체에게 동시에 존재하는 현실의 양 측면을 이루며, 이는 모든 현상 속에서 구분될 수 있다. "유기체는 죽음에 맞선 삶의 투쟁이다. 하지만 유기체의 기관들은 그래서 어떤 다른 것에 맞선 투쟁이 아니다. 발에 맞선 손의 투쟁, 혹은 손에 맞선 눈의 투쟁이 아니다! 정신은 발전이고, 역사이며, 아울러 존재와 동시에 비존재이며, 하나의 형성과정이다. 그러나 철학이 생각하는 영원한 관점에서의 정신은 시간성 바깥에 있는 영원한 이상적 역사이다. 그것은 헤겔이 말한 것처럼 자체로 생성되지도 소멸하지도 않는 생성과 소멸의 일련의 영원한 형식들이다."(Ebd., S. 76). 따라서 헤겔 변증법에 대한 비판은 좀 더 정확히 말하면, 그가 차이를 통해 구성된 "등급들의 결합을 변증법적으로, 대립 변증법의 방식으로"(ebd., S. 78) 파악하고 이로써 변증법의 타당성을 부당하게 현실의 비-변증법적 존재영역에도 확장했으며, 이로써 현실을 전체적으로 대립과 그 종합의 변증법적 도식 안에 억지로 꿰맞췄다는 것이다.

91) 주석 57), 316) 참조.

92) 이율배반들은 『순수이성비판』에서 다음과 같이 구성되어 있다. 즉 하나의 명제가 하나의 반명제에 대립하여 설정되어 있으며, 이어서 양자를 위해 ―명제를 위해서만 아니라 반명제를 위해서도― 증명이 이루어지는 것이다. 첫째 이율배반은 다음과 같다. "명제: 세계는 시간상으로 시초를 지니며, 공간상으로도 한계 속에 둘러싸여 있다. 반명제: 세계는 시초를 지니지 않고 공간 속의 한계도 없으며, 시간의 관점에서나 공간의 관점에서나 무한하다."(Kant, Kritik der reinen Vernunft, a. a. O. [s. Anm. 49], S. 454f.).

93) 셋째 이율배반은 다음과 같다. "명제: 자연의 법칙들에 따르는 인과성은 세계의 현상들 전체가 추론될 수 있는 유일한 인과성이 아니다. 현상들의 설명을 위해서는 자유를 통한 인과율도 상정하는 것이 필요하다. 반명제: 자유는 없으며 세계 속의 모든 것은 단지 자연의 법칙들에 따라 일어난다."(Kant, Kritik der reinen Vernunft, a. a. O. [s. Anm. 49], S. 462 f.).

94) 순수이성의 이율배반에 대한 서론에서 칸트는 다음과 같이 쓴다. "우리가 우리의 이성을 단지 오성의 원리들을 사용하기 위해 경험의 대상들에만 적용하지 않고 감히 후자의 한계를 넘어서 확장할 경우, 경험에서 입증을 바랄 수도 없고 논

박을 두려워할 필요도 없는 궤변적 교리들이 생겨난다. 이것들 각각은 자체로서 모순이 없을 뿐 아니라, 심지어 이성의 본성에서 그 필연의 조건들과 만나게 된다. 다만 불행히도 그 대립명제도 그와 마찬가지로 나름으로 타당하고 필연적인 주장의 근거를 지닌다. (…) 그에 따라 순수이성의 변증론적 교훈은 그것을 모든 궤변적 명제들과 구분하는, 다음과 같은 것을 자체에 지녀야 한다. 즉 그것은 어떤 자의적 의도로 제기하는 자의적 물음과 관계하지 않고 모든 인간 이성이 그 진행과정에서 필연적으로 부딪칠 수밖에 없는 물음과 관계해야 한다. 둘째로 그것은, 그 대립명제와 함께, 그것을 꿰뚫어볼 경우 당장 사라지는 인위적 가상이 아니라 자연적이고 불가피한 가상을 수반하는데, 이는 그것을 통해 속아 넘어가지 않을 때조차 비록 기만당하지는 않더라도 여전히 착각하게 하는, 따라서 무해하게 만들 수는 있지만 결코 제거할 수는 없는 가상이다."(Kant, Kritik der reinen Vernunft, a. a. O. [s. Anm. 49], S. 449f.).

여러분 안녕하십니까.

지난 시간에 우리는 헤겔 철학을 향해 비교적 일찍이 제기되었고 또 어느 정도 근본적인 성격을 띠는 반론을 다루기 시작했습니다. 그것은 왜 이 철학이 단지 모순만 알고 단순한 차이는 모르는가 하는 반론입니다. 근본적으로 이러한 반론에서는 앞에서 여러분에게 조금 더 일반적인 개념들로 말한 반론, 즉 존재자가 헤겔 철학을 통해 처하게 된 개념들의 구속 장치에 대한 반론이 조금 더 면밀한 공식으로 표현되고 있다는 것을 어렵지 않게 인식할 수 있습니다. 아무튼 여러분은 이 경우 다소 사소한 것이 문제일 뿐이라고 말할 수 있을 것입니다. 그런 이야기가 또 처음은 아닙니다. 그러니까 헤겔이 이루어낸 엄격한 형태의 변증법은 이 철학이 역사 속에 들어서기 위한 일종의 보조 골조와도 같은 것이며, 심한 희생을 치르지 않고도 포기할 수 있는 일종의 보조장치라는 것입니다. 그리고 특히 실증주의의 영향 아래 수많은 대목에서, 그런 식으로 헤겔 앞에서 자신을 구제하거나 보존할 수 있다고 믿은 [사람들은] 사실상 바로 그런 식으로 변증법을 희생시키기도 했습니다. 유명한 공식은 이렇습니다. 즉 절대적 관념론자Idealist 헤겔은 위대한 실재론자Realist이기도 했으며, 사실상 그가 제공하는 모든 인식은, 니콜라이 하르트만Nicolai Hartmann이 표현했듯이, 경험에서 유래하며, ―이 경험의 개념은 실제로 그의 경우에 아주 각별한 성격을 지닙니다― 그의 경우 사변적 혹은 구성적 변증법보다는 ―사람들이 역시 수상쩍은 표현으로 명명하는 바에 의하면― 실재변증법 Realdialektik이 관건이라는 것입니다.[95] 사실이 그렇다면, 우리가 여기서 쏟는 수고는 절약할 수 있을 것입니다. 또 실제로 방대한 체계적 주저들, 그러니까 『정신현상학』, 및 『논리학』을 면밀히 다루는 수고도 절약할 수 있을 것입니다. 또 간단히 이른바 체계의 실행 부분들에 집중할 수 있을 테고, 그중 가장 유명하고 효과가 큰 부분은 역사철학[96]과 법철학[97]일 것이며, 가장 생산적인 부분은 아마 미학[98]일 것입니다. 그런데 사실은 그렇지 않습니다. 그 이유는 간단합니다. 즉 실제로 헤겔 철학에서 그 구성의 엄격성을 제거할 경우 그것은 엄밀히 말해 더 이상 철학이 아니고, 실제로 일련의 다소 중요한 실질적 통찰들을 자유분방하게 모아놓은 것이 되고 말 것입니다. 그리고 그러한 통찰들 사이에는, 바로 이 헤겔 철학이 맞섰던 전통적 과학 활동 내부에서와 꼭 마찬가지로 저 유명한 정신적 유대가 결여될 것입니다. 달리 말하면 올바르게 실행된 엄격한 변증법 개념을 갖지 못하면, 우리는 헤겔을 예컨대 분트Wundt[99]나 기껏해야 딜타이Dilthey[100] 부류의 박식가로 만들 것입니다. 또한 동시에, 이는 아마 좀 더 중요한 문제일 것입니다만, 우리는 헤겔이 그러한 통찰들을 얻는 데에 꼭 필요했던 힘을 실제로 포기하게 될 것입니다. 왜냐하면 내 생각에 헤겔 철학에 대해서는 그것이 의식의 경험에 관한 학이지만, 아무튼 그가 파악한 것처럼, 즉 본질적으로 발전해 가는 것으로서 현실을 파악할 수 있었던 것은 단지 변증법적 원칙 덕분이었으며, 따라서 또한 이 예리한 변증법적 원칙이 없으면 헤겔에 대한 일반적인 의식에 남아 있는 것, 즉 다른 모든 개념들보다 상위의 범주인 발전 혹은 역동성의 사고도 필연적으로 사라지고 일종의 우연한 확인이 될 수밖에 없다고 할 수 있기 때문입니다. 물론 이 철학이 구속력을 지니려면 어떤 정신적 결속이 있어야 한다는 이 필요성으로부터 이처럼 구속력 있는 구성이 사실상 존재하며 그러한 품위를 지닌다고 추론할 수는 없습니다. 또 실제로 19세기의 비판에서는 헤겔 철학의 바로 이 계기를 중심으로 논란이 분분했습니다. 모순 따위는 그냥 내버려 두고 실은 이에 기인할 뿐인 이른바 구체적 통찰들에 관심을 기울이는 것이 아니라, 헤겔 철학 구성의 핵심과 관련된 이 문제를 일단 정확히 파악하는 것이 우리의 과제입니다. 헤겔 철학의 이 핵심은 ―이 점이야말로 내가 여러분에게 지금 나와 함께 일련의 간단하지 않은 고찰을 수행하도록 촉구하는 이유입니다― 사실상 부정의 원칙 혹은 모순의 원칙입니다. 사람들은 헤겔 철학을 ―특히 크로너Kroner[101]는 매우 강조하며 자신의 저서 『칸트에서 헤겔까지Von Kant bis Hegel』[102]에서― […].[103]

지난번에 우리는 정면돌파를 시도했습니다. 즉 헤겔의 모순 개념 혹은 ―직접 말하자면― 헤겔의 변증법 개념을 우선 칸트의 변증론에서 추론하려고 시도했습니다. 그러니까 칸트의 논리학이 두 개의 큰 부분으로, 즉 '선험적 분석론'과 '선험적 변증론'으로 나뉘며, 이때 변증론은 논리학의 이른바 부정적인 측면을 나타낸다는 점을 상기하기 바랍니다. 이 경우 아주 간단히 말해서, 『순수이성비판』이 의식을 분석하여 우리 의식의 본질구성적 형식들 덕분에 보편타당하고 필연적인 인식과 같은 어떤 것이 가능해진다는 점을 보여줌으로써, 보편타당하고 필연적인 인식의, 혹은 ―칸트가 명명하는 바에 따르면― '아프리오리한 종합판단들synthetische Urteile a priori'의 가능성을 설명하려고 시도한다는 점이 관건입니다. 그런데 『순수이성비판』은 바로 그것이 비판이라는 점을 통해 이중적인 것을 말합니다. 즉 한편으로 그것은 어떤 범위 내에서 우리가 그런 인식의 능력을 지니는지 증명하려고 하지만, 다른 한편으로 그것은 우리가 어디서 그처럼 구속력 있는 인식의 능력을 더 이상 지닐 수 없는지 설명하려고 합니다. 그러니까 이성이 이성에 비판을 가함으로써, 이성이 마구 날뛰며 거칠어져서 실제로는 바로 우리 정신의 단순한 고안물들일 뿐인 진술들을 절대적이고 필연적이며 보편적인 것이라고 상정하는 것을 막으려는 것입니다. 달리 말하면 『순수이성비판』은 한편으로 형이상학의 근거를 그 필연성 속에서 밝히려고 할 뿐 아니라, 동시에 형이상학을 거부하고자 합니다.

칸트의 『순수이성비판』의 이 방법적 혹은 체계적 기본사고를 여러분에게 방금 강의한 바와 같이 진지하게 이야기할 경우 아마 여러분 가운데 많은 사람에게는 수많은 이성적 문제들의 경우에 종종 그러하듯이, 사태에 너무 긴밀히 관여하고 이로써 거리를 잃을 때에만 떨쳐버릴 수 있는 질문이 밀려올 것입니다. 그것은 아주 간단한 것입니다. 또 그것은 헤겔로 하여금 변증법을 구상하게 한 고찰들의 필연성으로 어쩌면 여러분을 끌어들일지도 모르는 생각이기도 합니다. 즉 여러분은 이렇게 말할 수 있을 것입니다. "하지만 이성이 이성을 비판하고, 이성이 이성에 한계를 설정해 주어 그 속에서 이성이 확실하고 위험하지 않게 보편적 구속력을 요구하면서 작동하게 되고, 동시에 [네가] 그것을 넘어설 경우, '멈춰라, 그것은 불합리하게 되며 그러면 너는 허구를 만들어내고 사실상 이론적으로 인식의 진술이 될 수 없고 기껏해야 그저 규범적 의미에서 우리 행동의 규제적 요인들로서만 이루어질 수 있는 진술을 한다'고 말해야 한다는 것은 아주 기이한 일이다." [나아가] 이렇게 말할 수 있을 것입니다. "하지만 사실 네가 여기서 이성적으로 판단하는 자로서 이성에 이러한 한계를 지정한다면 너 자신이 이미 이 한계 위로 올라서는 것 아닌가? 거기까지는 가도 되고 저기까지 가서는 안 된다고 구분하는 이성의 주장은 이미 암묵적으로 이성이 그 스스로 설정하는 한계 너머에 있다는 주장 아닌가?" 또 다음과 같이 말할 수 있을 테고 실제로 헤겔이 그렇게 정리했습니다. 즉 이성은 도대체 어디서 인식을 비판하는 권한을 얻는가요? 그러한 비판 자체도, 이성을 통한 인식능력에 대한 그 비판도, 우리가 얻는 내용적 인식, 어떤 사태들에 대한 실질적 통찰이 아니라 ─칸트가 명명하는 바와 같이

— 선험적 통찰, 즉 단순한 가능성과 관련된 통찰일 뿐인데도, 칸트는 이러한 통찰과 관련해 그것이 우리 인식 일반의 본질구성에 대해 절대적 타당성을 지닌다고 주장하니 말입니다. 그런데 그러한 것이 사실이라면 실제로 자신에 대한 우리의 인식은 이른바 경험의 가능성을 넘어설 수 있게 되는 일종의 힘을 가질 수밖에 없습니다. 즉 그것은 그 나름으로 감성적 충만상태 혹은 질료에 의존하지 않는, 달리 말해 궁극적으로 단순한 감각에 의존하지 않는 인식을 만들어줄 수 있어야 하는 것입니다. 일단 아주 단순한 이 주장이 타당하다면, 이는 한계를 설정하는 것은 실제로 언제나 동시에 한계를 넘어선다는 것을 의미한다고 정리할 수 있으며 —게오르크 지멜Georg Simmel이 그렇게 정리했습니다[104]— 이로써 이미 『순수이성비판』이 긍정적인 부분, 즉 우리 경험의 기본개념들을 제시하는 '선험적 논리학'과, 부정적인 부분, 즉 우리가 모순들에 얽히게 되는 부분 사이에 설정하는 차이, 이 구분은 실제로 더 이상 합당하지 않으며, 이 경우 둘째 부분, 그러니까 우리가 필연적으로 모순에 빠지게 되는 부분도 첫째 부분과 꼭 마찬가지로 긍정적인 부분으로서도 인식에 포함됩니다. 왜냐하면 우리의 이성이 인식하는 이성에 대해 반성하는 한 무조건적인 것과 절대적으로 의무적인 것에 [대해] 판단하는 힘을 내포하지 못한다면, 그런 이성은 선험적 변증론에서 이루어지는 것 같은 거부의 판단도 전혀 내릴 수 없을 것이기 때문입니다. 달리 말하면 이 경우 여러분은 선험적 변증론에서 다루어지는 바로 그 이율배반들 혹은 모순들을 하나의 긍정적 요소로서 받아들이고, 이성이 그 자체의 한계에 부딪치고 그 자체의 한계를 넘어서는 바로 그 지점을 말하자면 하나의 인식 기관 자체로 개조하고자 노력해야 하는 것입니다. 다시 말해서 이성의 비판적 업무와 이른바 이성의 긍정적 업무는 서로 융합되어야 합니다. 즉 존재자에 대한 긍정적 인식은 그 부정적 비판적 요인을 자체 내에 받아들일 수밖에 없고, 역으로 그 단순한 부정적 요인은 결코 단순히 부정적인 것으로 머물지 않으며 오히려

자체 내에서 하나의 긍정적 계기가 되도록 발전해가야 하는 것입니다.

사실상 이 점이 헤겔의 경우 변증법에 대한 한 가지 근본적 정식화로 귀결된 근본적 고찰들의 가장 본질적인 측면 가운데 한 가지입니다. 여러분에게 이 자리에서 크로너의 글 가운데 아주 멋진 구절을 읽어주어도 좋겠지요. 그것은 이러한 사고를 다시 요약하고 있습니다. "칸트의 이성 비판은 추상적 사유와 구체적 사유, 형식적 사유와 내용적 사유, 합리적 사유와 경험적 사유, 아프리오리한 사유와 아포스테리오리한 사유의 상호의존상태를 발견한다. 구체적, 내용적, 경험적, 아포스테리오리한 사유가 그 이성 비판 속에서 자체에 대해 반성하고 스스로를 분석하고 자체 내에서 스스로를 구분하고 스스로를 비판함으로써 그렇다."[105] 여기에 덧붙이자면, 칸트를 넘어서는 헤겔의 이러한 고찰들이 실마리로 삼는 결정적인 개념은 반성의 개념입니다. 이와 관련해 여러분에게 아마 헤겔 철학과 그 선구자들의 결정적 차이를 명확히 해줄 몇 가지 설명을 덧보태고 싶습니다. 문제는 반성 개념입니다. '반성'은 일단 '반영'을 뜻할 뿐입니다. 달리 말하면 칸트의 경우 반성은 우선 우리의 이성이 이성 자체를 고찰하고 이성에 대해 비판적 이성으로 대응한다는 것을 의미합니다. 실제로 헤겔과 나아가 칸트 이후 관념론자들 전체가 하는 일, 또 실제로 칸트에 대한 그들의 구분을 나타내는 것은, 그들의 경우 예컨대 영국 경험론자들처럼 이러한 반성을 의식 없이 수행하는 것이 아니라는 점, 따라서 그들의 경우 단순히 이성이 거울을 바라보는 데에 그치지 않고, 이 반성 행위 혹은 이 반성 능력 자체가 이제 철학의 주제가 된다는 점입니다. 다시 말해 이 경우 언제나, 이성이 스스로를 인식할 수 있게 해주는 힘은 동시에 이성이 유한한 상태의 자신을 넘어서고 무한한 것으로서 마침내 자기 자신에 도달하게 해 주는 힘이기도 하고, 또 필연적으로 그런 것이어야 한다고 합니다. 언젠가 슐레겔Schlegel이 정식화한 것처럼[106] 문제는 반성의 반성이라고 혹은 자체 내에서 무한해지고 자체 내에서 무한히 반성되며 또 이 철학 전체의 전제를 이루는 의식이라고 말할 수도 있을 것입니다. 여러분이 헤겔 철학을 칸트 철학과 구분해 주는 핵심 개념, 즉 사변 개념에 대한 간단한 정의를 ―이런 표현을 써도 좋다면―, 혹은 단순한 규정을 원한다면, 사변적 의식은 단순한 의식 혹은 단순하게 반성하는 의식과 대립하는 의식이라 하겠습니다. 즉 사변적 의식에서는 의식의 자체에 대한 반성이라는 계기가 주제로 되고 그 자체의 자의식에 도달하며 바로 이로써 인식분석 자체의 출발점에서 이미 궁극적으로 이 변증법 전반의 주요대상이 되는 것, 즉 반성의 독특한 중복과정 속에 이미 담겨 있는 주체와 객체의 구분에 부딪치게 된다고 하겠습니다. 왜냐하면 이 경우 한편으로 여러분은 객체로서의 사유, 즉 칸트가 말하듯이 고찰되고 분석되는 것으로서의 사유를 보게 되며, 다른 한편으로는 주체로서의 사유, 즉 스스로를 고찰하는 사유, 혹은 본래의 선험적 원칙, 혹은 통각의 종합 원칙, 본래의 종합적 원칙이라고 해도 좋은 것을 보게 되기 때문입니다. 그리고 이 두 원칙은 이런 식으로 서로 결합되어 있는 것입니다.

반성 개념의 이 완전히 새롭고 중심적인 지위는 실제로 이 철학의 기관을 이루는 것입니다. 그리고 우리는 이 반성의 계기가 ―이것이 바로 우리가 여기서 제기한 물음에 대해 내가 여러분에게 제시할 답입니다―, 스스로를 알게 되는 이 반성의 원칙이 실제로 부정의 원칙과 동일함을 알게 될 것입니다. 사유에 대한 사유는 ―그리고 여기서도 헤겔의 경우 다른 여러 문제에서와 마찬가지로 고대 아리스토텔레스적 모티프, 즉 노에시스 노에세오스 $νόησις νοήσεως$[107]를 다시 받아들이는 일이 관건입니다―, 사유 자체에 대한 사유는 헤겔의 경우 실제로 실현된 부정성의 원칙일 뿐입니다. 허나 크로너의 글을 조금 더 따라가 보기로 하겠습니다. "그것은" ―칸트의 이성비판은― "경험의 타당성 근거를, 인식하는 사유 혹은 인식하는 주체 내부의 두 계기의" ―그러니까 아프리오리한 계기와 아포스테리오리한 계기, 형식적 계기와 내용적 계기라고 할 수 있습니다― "종합에 둔다. 그리고 이 주체의 동일성은 그 두 계기의 상호보완적 결합을 파악할 수 있게 하고 보증한다."[108] 그러니까 달리 말하면 의식의 통일을 통해 ―이 의식의 사실은 바로 위에서 종합으로 요약되는 의식의 사실입니다―, 개인적 의식의 이 동일성을 통해, 칸트의 경우 예컨대 세계의 통일, 경험의 통일, 동일성, 궁극적으로 논리적 동일성까지 생겨나는 것입니다. 이제 크로너는 내가 여러분에게 말한 칸트와의 차이를 아주 멋지고 간결하게 설명합니다. "하지만 그것은" ―이성비판은― "이 경우 그 반성이 '단지' 비판적이기만 한 한에서(따라서 각자 보기에 따라 '단지' 경험적이거나 혹은 '단지' 논리적이고 분석적이기만 한 한에서) 그 자체가 '순진한' 방식으로 작업하는 것이다. 그것이 계기들의 결합·종합을 단지 경험적 인식을 위해서만 연역하고 그 자체의 인식은 '단순한' 반성으로, '단지' 형식적 인식으로, 따라서 인식이 아니라 '단순한' 사유로, 비인식적, 즉 비-형이상학적 논리로 경험적 인식에 대립시키는 한에서 그렇다. 그래서 그것은 형이상학에 '단지' 부정적으로만 대응하며, 형이상학을 단지 모순적 사유로만 보며, 그래서 이 형이상학적 사유는 내용이 없고 스스로를 무화하는 공허한 것이다. 이는 경험적 사유가 그 속에서 생겨나는 모순들을 바라보는 것과 꼭 마찬가지이다."[109] 인용문이 뜻하는 바는 다음과 같습니다. 칸트의 경우 한편에는 인식의 형식과 같은 어떤 것이 있고 다른 한편으로는 내용이 있습니다. 내용은 어떤 식으로든 우연히 외부로부터 인식에 들어옵니다. 내용 자체는 본래 반성을 벗어나 있다고 말할 수 있을 것입니다. 이제 크로너는 헤겔에 대한 묘사에서 이렇게 말합니다. "이러한 구분 전체는 실제로 경직된 것이다. 나는 한편에 형식들이 있으며, 다른 한편에 내용들이 있다고 전제한다. 그리고 다소 자의적으로 이 형식들은 단지 그 내용들을 위해서만 타당할 뿐 그 자체로는 타당하지 않다고 판정한다. 하지만 나는 형식들에 대해 반성함으로써 사실상 그 형식들 자체를 이미 내용으로 만든다고 할 수 있다. 또한 이로써 나의 출발점이 된

이 형식과 내용의 구분이 절대적 구분으로서는 가능하지 않다는 점을 드러낸다. 그와 똑같이 역으로 이른바 내용들, 즉 감각 자료들은 나의 의식과 무관하게는, 사유의 동일성과 무관하게는, 나에게 주어질 수 없는 것이다." 그러니까 달리 말해서 크로너는 칸트가 이미 종합의 원칙, 곧 선험적 종합 혹은 통각의 원칙을 설정했지만 그것을 단지 추상적으로만 설정했고 사실상 형식과 내용, 구체와 추상, 아프리오리와 아포스테리오리의 매개되지 않은 대립들에 머물렀다고 말하는 것입니다. 그런데 바로 이 대립들을 간단하게 그처럼 독단적으로 서로 맞선 상태로 내버려 두지 않고 각자로부터 전개되어 나오게 하는 것, 그것이 철학의 과제인 것입니다. 헤겔은 이때 그 계기들 사이에 존재하는 긴장을, 그러니까 형식이 내용으로 동화되지 않으며 내용이 없으면 형식은 그러한 난관들에 빠져든다는 사실을, 간단히 말해서 칸트가 선험적 변증론에서 설정하는 모든 난관들을, 단순히 부인하지 않고 오히려 반대로 그것을 직시하는 한에서 칸트를 따릅니다. 다만 그는 이렇게 말합니다. "나는 형식들을 통해 내용들을 넘어서 버릴 경우 이러한 난관들에 빠진다는 점을 나의 반성 속에 이미 받아들인 후에는, 어떤 경계선을 설정해서는 안 된다. 이 경우 나는 갑자기 '중지'를 말할 수 없으며, 사실상 이 난관들 자체를 내 인식의 외적 착오들로 간주할 것이 아니라, 내가 빠져드는 난관들 자체를 인식 일반의 내생적 원칙으로 파악해야 한다. 실제로 내가 그것들을 전혀 피할 수 없기 때문이다. 즉 그 한계를 넘어서지 않고는 철학자로서, 인식론자로서 본래 아무 판단도 할 수 없고 아무 명제도 말할 수 없기 때문이다. 왜냐하면 내가 그 한계를 넘어서지 않을 경우, 그러니까 나 자신이 이미 이성에 대해 반성하는 자로서 절대적 인식을 갖지 못할 경우 이 한계에 대해서도 전혀 말할 수 없을 것이기 때문이다. 따라서 그 한계를 설정하면서 동시에 넘어서야 하는 것이다." 그리고 이러한 계기 속에서 ―이 한계를 제거할 수 없는 것으로서 지극히 진지하게 인정[하]지만 그럼에도 불구하고 극복해야 한다는 점에서— 여러분은, 이 사유가 순진하게 형식논리학적 영역이나 단순한 경험적 인식의 영역에서 움직이지 않고 실제로 반성철학이 되자마자, 즉 경험적 계기와 형식적 계기가 서로 매개된 것으로 인식되어야 하는 영역에서 움직이게 되자마자 부딪치는, 논리적 모순의 단순한 형식을 얻게 됩니다.

이는 중요한 이야기입니다. 사람들이 늘 손쉽게 비난한 것처럼 헤겔이 형식논리학을 내팽개치고 모순율은 없다는 듯이 무작정 철학을 하지는 않았다는 점을 여기서 여러분이 확인할 수 있기 때문입니다. 그런 비난은 실제로 헤겔을 완전히 전도시키는 일일 것입니다. 우선 헤겔은 모순율을 다른 모든 사유를 위해서와 꼭 마찬가지로 통상의 오성적 인식, 그러니까 우리의 통상적인 경험적 인식과 형식논리학을 위해 상정합니다. 하지만 내가 반성하는 자로서 움직일 경우, 즉 내가 직선적인 태도로[110] 형식적 명제들이나 내용을 향하지 않고 이 계기들 자체의 관계를 심사숙고할 경우, 나는 사실상 그것들을 파악할 수 있게 해주는 형식이 단지 모순 자체의 형식이며 어떤 순수한 동일성의 형식이 아니라는 사실에 도달합니다. 따라서 형식과 내용 혹은 그와 같은 성격의 어떤 모순을 부인하는 것이 아니며, 오히려 그러한 모순은 일단 유한하고 제한된 인식에 대해 효력을 지닌다는 것입니다. 하지만 이 인식은 자의식에 도달하고, 스스로를 반성함으로써, 그것이 타당성의 기준으로 다루어야 하는 모순이 동시에 진리의 기관이기도 하다는 사실, 즉 각각의 개별 인식은 일반적으로 모순을 통과하면서만 어떤 인식이 된다는 사실에 도달합니다. 그러니까 이것이 실제로 헤겔에게서 보게 되는, 칸트의 이율배반론으로부터 이 부정적 원칙, 이 모순의 원칙을 추론하는 일입니다.

여러분은 나에게 이 자리에서 정당하게 이제 하나의 모델을 통해 이 문제들을 좀 더 상론해 달라고 요구할 수 있습니다. 나는 이러한 희망 사항을 회피하고 싶지 않습니다. 하지만 동시에 이러한 희망에 부응하면 실은 아주 엄밀한 의미에서 헤겔을 그르친다고 말하고 싶습니다. 헤겔은 사례라는 개념에 지극히 회의적이었습니다. 『엔치클로페디Enzyklopädie』에는 예를 들어달라는 요구를 아주 거만한 제스처로 물리치는 대목이 몇 군데 있습니다.[11] 헤겔이 왜 그랬는지, 왜 사례를 거부했는지는 —그리고 변증법 이전의 의식에 대해서는 이런 대목에서 그를 올바르게 파악하는 것이 분명히 어려운 일입니다— 아주 쉽사리 알아볼 수 있습니다. 왜냐하면 사례라는 것은 언제나 어떤 보편 개념적 범위가 있고 이것이 어떤 확실한 것, 실증적으로 주어진 것, 결과적인 것, 사물적인 것이며, 또 그것으로 파악된 특수한 것을 통해 예시되어야 하는 것임을 전제하기 때문입니다. 그런데 아무튼 헤겔의 경우 사변적 개념의 수준에 머물고 있는 이 자리에서는 특수한 것을 포괄해내는 보편적 논리적 외연의 관계가 전적으로 보류되어 있습니다. 즉 이 경우 이러저러한 만큼의 사물들을 포괄해내는 어떤 보편적 개념적 외연이란 없으며, 보편 개념적 외연이란 본래 그것으로 포괄된 특수한 것의 생명 속에서 존속합니다. 그런 외연은 특수한 것을 통해 실현되며 특수한 것을 단순히 포괄하기만 하지 않고 특수한 것으로부터 생겨나고 특수한 것 속에 생명을 지닙니다. 따라서 어떤 특수한 것도 본래 그 보편 개념적 외연으로부터 추상해낸 그저 죽은 사례로서 고찰될 수는 없습니다. 또 사실상 우리가 누군가에게 변증법적으로 사유하도록 요구할 때면 항상 변증법의 사례를 제시하기가 그처럼 매우 어렵게 되는 것도 바로 그러한 이유 때문입니다.

하지만 그럼에도 불구하고, 이 모든 어려움을 의식하면서도, 나는 여러분에게 이 자리에서 한 가지 예를, 그것도 가능한 한 단순하고 초보적이며 여러분이 원한다면 가능한 한 충격적인 예를 들고 싶습니다. 'X는 한 인간이다'라는 명제를 봅시다. 이 경우 우선 이 명제는 X씨를 인간이라는 유Gattung 아래 포괄하는 것이 관건인 한 물론 올바른 명제입니다. 아무튼 예컨대 다른 생물학적 유들과 구분되는 한 인간이 관건이라는 전제하에서 말입니다. 하지만 'X는 한 인간이다'가 무엇인지 한번 숙고해 보기 바랍니다. 우리는 한 인간이라고 말했습니다. 여러분이 'A는 B다'라는 흔한 논리적 형식의 경우와 같이 일반적으로 'X는 인간이다'라고 말한다면, 그 속에는 우선 어떤 문제가 담겨 있습니다. 왜냐하면 이때 B이어야 하는 A는 완전한 B가 아니며, B는 보편적인 것이고, A는 단지 그것의 특정한 대표물일 뿐이기 때문입니다. 물론 현상 혹은 개별 A가 B라는 개념 아래 포괄되는 한에서 어떤 동일성이 존재합니다. 하지만 그럼에도 불구하고 이 경우 동일시는 완전한 것이 아닙니다. 이제 헤겔은 이렇게 말할 것입니다. 즉 그 속에 형식적으로 들어 있는 내용, 즉 X는 물론 한 인간이지만, 이를 'A는 B다'라는 논리적 형식으로 끌고 가면 이때 A가 완전한 B는 아니고 단지 B의 한 대표물일 뿐이라는 내용은 심각한 의미를 지닌다고 할 것입니다. 즉 그는 다음과 같이 말할 것입니다. "내가 X를 인간의 개념 아래 포괄할 때, 인간의 개념에서는 개별 X가 사실상 아닌 온갖 가능한 것도 함께 사유되는 것이다." —그리고 내 생각에 이는 동시에 변증법적 사유 속에 일단 포함되어 있는 엄격성, 특이한 자유, 거의 유희적인 우월성과 관련해 어떤 것을 여러분에게 보여줄 수 있을 것입니다. — 따라서 그는 어떤 기초적인 생물학적 인간의 정의에 만족하지 않고, 생생하게 이루어진 인식 속에서 인간 일반에 대해 말할 경우, 우리는 자유·개별화·자율·이성에 의한 규정상태 등의 범주들과 함께, 인간의 개념 속에 그 객관적 규정으로 담겨 있고, 인간이란 바로 이러이러한 생물학적 성격의 유적 특징들을 가지고 있는 아무개라고 조작적으로 정의할 때에만 자의적으로 생략할 수 있는 수많은 다른 것들을 생각한다고 말할 것입니다. 내 생각에 우리는 단지 '인간'이라는 말과 같은 말에 정확히 귀를 기울이면, 그 속에 생물학적 최근 유 즉 유인원에 대한 단순한 종차와는 다른 것도 함께 담겨 있다는 것을 발견할 것입니다. 헤겔은 이제 이렇게 말할 것입니다. "하지만 인간의 개념 속에 언제나 이 중요한 것이 이미 함께 설정되어 있다면, 즉 누군가가 올바른 인간이라는 사실과 관련되는 바로 그 계기가 함께 설정되어 있다고 하면, 'X는 한 인간이다'라는 명제는 동시에 엄밀히 말해 참이 아니다. 왜냐하면 함의적으로 이미 밖으로 드러날 필요는 없지만 그 속에 설정된 이 중요한 것은 지금 이 자리에서 어떤 특수한 존재에서는 아직 구현된 것이 전혀 아니기 때문이다." 어쩌면 인간의 개념이 그 자체에 근거해 본래 객관적으로 파악하는 인간 따위는 아직 전혀 존재하지 않는다고 말할 수도 있을 것입니다. 달리 말하면 'X는 한 인간이다'라는 명제는 내가 여러분에게 말했듯이 맞으면서 동시에 틀립니다. 또 내 생각에 단 한 번만이라도 실제로 아주 진지하게 어떤 인간에게 그가 한 인간이라는 이 명제를 적용하면, 당장 그 차이를, 즉 그가 실제로 중요한 의미의 인간 개념에, 그러니까 절대적 진리라는 의미의 인간 개념에 아직 전혀 합당하지 않다는 점을 알게 될 것입니다. 물론 이 경우 우리가 그처럼 중요한 인간 개념, 궁극적으로 올바른 인간 개념, 최종적으로 올바른 세계 조직 개념을 생각한다는 것이 전제됩니다. 우리가 '인간'이라고 말할 경우, 주관적으로는 전혀 그렇게 생각하지 않을지라도 그 말은 우리에게 단순한 유 이상의 것을 말해 줍니다.[112]

이로써 아마 나는 여러분에게 변증법적 모순의 개념이 실제로 뜻하는 바와 관련해 무엇인가를, 그 분위기를 보여주었으리라고 생각합니다. 우리는 변증법이 모순의 학설인 한 세계의 단순한 논리성을 비판한다고 말할 수 있을 것입니다. 왜냐하면 모순 혹은 무모순성, 그리고 양자는 사실 상관개념들이며, 이는 본래 논리적 척도이기 때문입니다. 우리는 논리학 전체를 무모순성으로 환원할 수 있으며, 또 사람들은 그렇게 하기도 했습니다. 그런데 헤겔 철학의 경우처럼 모순의 개념에 그처럼 중심적인 역할을 부여하면, 이는 내가 여러분에게 전혀 다른 맥락에서 이미 설명한 어떤 것, 즉 우리가 세계의 논리성을 간단히 인정하지 않는다는 것, 세계와 우리의 사유가 서로 동일하다고, 세계와 우리의 사유가 서로 동화된다고 무조건 인정하지는 않는다는 것, 오히려 양자는 다름 아니라 서로 어긋난다는 것을 의미합니다. 이 경우 우리는 이제 세계와 사유의 이러한 어긋남이 다시 사유에 의해 매개되어 있을 뿐이라는 역설에 부딪치게 됩니다. 따라서 사유 자체는 말하자면 그것 자체가 아닌 것을 파악하고자 해야 합니다. 그리고 이러한 역설, 즉 사유가 본래 전혀 할 수 없는 어떤 것을 해야 한다는 이 역설은, 사유가 수행하는 모든 개별 판단에서 나타나며, 이제 사유로 하여금 전체를, 총체성의 연관을 참조하도록 만듭니다. 사유는 바로 자체의 모순상태 속에서 그러한 연관을 향해 전개되어야 하는 것입니다. 따라서 우리는 그런 한에서 결국 헤겔의 모순 이념이 진리의 중요한 개념 자체로부터 나온다고 말할 수 있을 것입니다.

95) 니콜라이 하르트만(Nicolai Hartmann: 1882~1950), 마르부르크, 쾰른, 베를린, 괴 팅엔 대학에서 철학교수로 활동. 하르트만 인용구절은 확인할 수 없었다. ─ 실 재변증법 개념에 대해서는 주석 11 참조.

96) Vgl. Hegel, Werke, a. a. O. [s. Anm. 8], Bd. 12: Vorlesungen über die Philosophie der Geschichte.

97) Vgl. Hegel, Werke, a. a. O. [s. Anm. 8], Bd. 7: Grundlinien der Philosophie des Rechts.

98) Vgl. Hegel, Werke, a. a. O. [s. Anm. 8], Bd. 13~15: Vorlesungen über die Ästhetik.

99) 여기서 아도르노가 끌어들이는 인물은 철학자이자 심리학자인 빌헬름 분트 (1822~1920)이지, 그의 아들 막스 분트(1870~1963)가 아니다.

100) 빌헬름 딜타이(Wilhelm Dilthey: 1833~1911), 자연과학들의 방법들과 경계를 그으면서 이해 이론으로서의 정신과학들의 인식론을 정초한다(해석학).

101) 리하르트 크로너(Richard Kroner: 1884~1974), 1919년부터 프라이부르크 i. Brsg., 그다음에는 드레스덴, 킬, 베를린에서 철학 교수로 재직. 1938년 이민, 1941년부터 뉴욕에서 교수로 재직한다.

102) Vgl. Richard Kroner, Von Kant bis Hegel(2 Bde.), Tübingen 1921~24.

103) 텍스트 상의 공백.

104) 사회학자이자 철학자인 게오르크 지멜(1858~1918)은 독자적인 과학으로서 의 사회학을 창시한 인물에 포함된다. 1914년부터 슈트라스부르크에서 교수 로 재직. ─ 그는 한계의 본성에 대한 자신의 생철학적 견해를 1912년에 나온 네 편의 형이상학적인 장 '생의 초월' 가운데 첫 장에서 상세히 설명한다.(Vgl. Georg Simmel, Lebensanschauung. Vier metaphysische Kapitel; in: Georg Simmel Gesamtausgabe, hrsg. von Otthein Rammstedt, Bd. 16: Der Krieg und die geistigen Entscheidungen, hrsg. von Gregor Fitzi und Otthein Rammstedt, Frankfurt a. M. 1999, S. 209~425, S. 212~235). ─아도르노가 인용한 지멜의 사상과 관련해서 는 여기서 여러 대목을 지적할 수 있다. 예컨대 지멜은 정신의 자기-자신-넘어 서기로서의 삶의 초월에 대해 다음과 같이 기술한다. "우리의 구체적이고 직접 적인 삶은 위쪽과 아래쪽의 경계선 사이에 있는 하나의 영역을 설정한다. 그러 나 이에 대한 해명인 의식은 삶이 어떤 추상적이고 더 포괄적인 삶으로 되고, 이 로써 한계를 한계로서 확인하는 데에 매달린다. 하지만 이 경우 의식은 이 한계

를 고수하며 한계 이쪽에 위치한다. —또한 동일한 행위로 한계 너머에 위치하며, 그 한계를 내부에서와 동시에 외부에서 본다. 양자는 똑같이 한계의 확인에 포함된다. 그리고 한계 자체가 그 차안과 피안에 관여하듯이 삶의 통일된 행위는 제한된 존재와 한계의 초월을 포함한다. 다름 아닌 통일로서 사유된 이것이 어떤 논리적 모순을 의미하는 듯해 보인다는 데에 대해서는 무관심하다."(Ebd., S. 214f.). 하지만 이러한 표현들이 말 그대로 아도르노의 표현과 완전히 일치하지는 않고 다른 뉘앙스를 보이는 것은 아마 우연이 아닐 것이다. 즉 지멜은 바로 한계 자체가 그 초월의 원칙을 내포한다는 의미에서 변증법적 한계 개념을 가지고 있지 않았다. 그가 무엇을 염두에 두는지는 그의 시간이론에서 분명해진다.(Ebd., S. 218ff.). 여기에는 삶의 본질구조로서, 현재로부터 미래로의 일차적이고 연속적이며 직접 체험되는 확장으로서, 자아의 자기 넘어서기가(혹은 초월이) 기초를 이루고 있는 듯하다. 그리고 그 속에 의식적인 논리적 객관화 행위를 통해 비로소 어떤 한계가 지금과 나중 사이의 문턱으로서 삽입되며, 그래서 우리는 기초가 되는 일차적 통일에 근거해 언제나 이미 이 한계의 이편과 저편에 존재한다. 이로써 한계를 넘어서는 것은 어떤 선행적 한계-넘어서-있음에 근거를 둔다. "그러한 한계를 진술하는 것만 해도 이미 우리가 그것을 어떤 식으로든 넘어설 수 있고 넘어섰다는 것을 보여준다."(Ebd., S. 214).

105) Kroner, Von Kant bis Hegel, a. a. O. [s. Anm. 102], Bd. 2, S. 331.

106) 유명한 116번째 아테네움 단편에서 슐레겔은 다음과 같이 쓴다. "낭만적 시가는 보편시가이다. (…) 단지 보편시가만이 서사시와 마찬가지로 우리를 둘러싼 전 세계의 반영, 시대의 이미지가 될 수 있다. 하지만 그것도 대개는 서술된 것과 서술하는 자 사이에서, 모든 실재적 이상적 이해관계로부터 자유로이 시적 반영의 날개를 달고 그 한가운데를 떠다닐 수 있고, 이 반영을 점점 더 강화하고 반영의 무한계열 속에서 증폭시킬 수 있다." "반성의 반성"으로서의 이성이라는 말 그대로의 표현은 슐레겔의 경우 확인할 수 없었다. 그에 반해 "반성의 반성"이라는 표현은 키르케고르에게서 확인된다. 그는 이 표현을 아도르노처럼 슐레겔식의 낭만적 반어의 특정규정을 위해 사용한다.(Vgl. Sören Kierkegaard, Gesammelte Werke, Düsseldorf, Köln 1950ff., Bd. 3: Über den Begriff der Ironie mit ständiger Rücksicht auf Sokrates, unter Mitarbeit von Rose Hirsch übers. von Emanuel Hirsch, Düsseldorf 1961, S. 246).

107) 아리스토텔레스는 『형이상학』 12권 9장에서 다음과 같이 쓴다. "그러니까 이성은 사실 가장 뛰어난 것이고 사유는 사유에 대한 사유(νόησις νοήσεως)인 한에

서 스스로에 대해 사유한다."(Aristoteles, Metaphysik, 1074 b33~35, in: Aristoteles, Metaphysik, übersetzt von Hermann Bonitz, hrsg. von Héctor Carvallo und Ernesto Grassi, Hamburg 1966, S. 284). 사유에 대한 사유로서의 이성이라는 규정은 순수하고 영원한 활동성으로서 아리스토텔레스의 신 개념을 나타낸다. 이론에서 인간은 자신의 이성적 능력을 통해, 어떤 약해진 형식으로 한동안 그 개념에 가담할 수 있다. 주지하듯이 헤겔은 자신의 『엔치클로페디』를 아리스토텔레스의 『형이상학』 7장에서 발췌한 좀 긴 인용문으로 마무리함으로써 아리스토텔레스의 이성 개념에 대한 존경을 표현했다. 여기서는 사유의 자기관련성이라는 사상이 사유와 사유가능한 것(예지적인 것)의 동일성이라는 사상과 결합되어 있다.(Vgl. Hegel, Werke, a. a. O. [s. Anm. 8], Bd. 10: Enzyklopädie der philosophischen Wissenschaften III, S. 395).

108) Kroner, Von Kant bis Hegel, a. a. O. [s. Anm. 102], Bd. 2, S. 331.

109) Kroner, Von Kant bis Hegel, a. a. O. [s. Anm. 102], Bd. 2. S. 331f.

110) '직선적인 태도로'라는 특이한 표현은 후설 현상학(내지 스콜라철학의 전통)에서 유래하는 'intentio recta(직선적 의도)'라는 용어의 번역이다.

111) 아도르노가 끌어들이는 『엔치클로페디』의 구절은 확인할 수 없었다.

112) 주석 316) 참조.

여러분 안녕하십니까.

지난 두 시간 동안, 특히 둘째 시간에 나는 여러분에게 왜 변증법에서 단순한 차이들이, 즉 궁극적으로 모든 인식의 불가피한 조건인 개별 대상의 특화가 관건은 아닌지, 또 왜 변증법은 주로 모순과 관련 있는지 보여주고자 했습니다. 이때 동시에 여러분에게 모순의 원칙 자체를 헤겔 철학의 핵심으로부터 펼쳐 보이고자 시도했습니다. 차이의 인식이, 혹은 차이의 인식이 아니라 오히려 차이 자체가 일종의 유토피아를 나타낸다고 말할 수도 있을 것입니다. 즉 상이한 것이 나란히 존속하며 서로를 말살하지 않는다는 것, 또 상이한 것이 다른 것에다 발전의 여지를 허용한다는 것, 그리고 ―이 점을 덧붙일 수도 있을 것입니다― 상이한 것이 서로 사랑한다는 것, 이는 본래 어떤 화해된 세계의 꿈일 것입니다. 이는 어떤 부담스러운 의미에서 상이한 것을 본래 참아주지 못하는 것이야말로 불행한 연관에 사로잡혀 있는 죄 많은 세계의 표시인 것과 마찬가지입니다. 상이한 것에 대한 이 비관용이 실은 모든 전체주의적 상황의 표시입니다. 이 경우 '전체주의적'이라는 말은 매우 다양하게 사용할 수 있습니다. 그리고 변증법sie[113]은 실로 모순이, 그러니까 자체에 근거해, 자체의 원칙에 근거해 그 자체의 말살을 추구하는 것이, 차이의 행복을 실제로 대신하고 있는 현실에 대응하는 사유로서, 그런 상태에 대한 부정적 표현입니다. 물론 우리는 이제 그로부터 한 가지 중요한 결론이 나온다고 말할 수 있을 것입니다. 그것은 헤겔 철학에서만 아니라 유물론 형태의 변증법에서도 아무튼 전면적이거나 완전히 일관되게 끌어낸 결론은 아닙니다만, 일반적으로 변증법적 사유가 세계의 어떤 부정적 상태에 적응하며 이 부정적 상태 자체를 명시한다는 것입니다. 나는 이 점을 이미 아주 단순하게 변증법은 본질적으로 또 필연적으로 비판적이며, 그것이 일종의 실증 철학 혹은 이른바 세계관으로 정립되어 자체의 타당성을 내세우고 직접 어떤 진리 자체의 현상이라고 주장하며 등장하는 순간 허위가 된다는 식으로 표현했습니다. 헤겔의 경우 이 상황은 지극히 복잡합니다. 예컨대 여러분은 이 자리에서 헤겔 철학이 어떤 전체적인 것으로서 궁극적으로는 절대적 이념, 절대적 동일성을 대변하며, 그런 한에서 내가 변증법의 긍정적 표현 전반에 맞서 여러분에게 암시한 심판을 받는다고 나에게 이의를 제기할 수 있을 것입니다. 그러나 오히려 헤겔 철학을 움직이는 힘은 실제로 부정의 힘, 그러니까 모든 개별 계기 속의 비판적 힘이며, 그에 비할 때 헤겔의 유명한 긍정적 계기는 ―그러니까 총체로서 주체와 객체가 동일하다는 결론으로 치닫는 계기는― 그 부정적 계기에 비할 때 힘이나 위력의 차원에서 본질적으로 뒤처지는 것이라고 생각하고 싶습니다.

변증법이 왜 단순한 차이가 아니라 모순과 관계하느냐는 질문에 대해 내가 여러분에게 원론적으로 제시한 답변은 바로 그로써 사유가 자체와 동일하지 않은 것, 그 자체로 사유가 아닌 것을 유효한 것으로 만들면서 그때그때 단순히 존재하는 것의 우연성에 자신을 내맡기지 않고 동시에 여전히 이 비동일자를 구성하고 그 나름으로 본래 사고가 아닌 것에 대해 사유할 힘을 유지할 수 있다는 것이었습니다. 우리가 통상 논리학이라고 칭하는 것은 다름 아니라 절대적 동일성의 학설일 뿐이며, 논리학 본래의 핵심은 사실상 모든 논리적 규칙의 핵심이기도 한 것, 즉 논리학에 도입된 개념들 혹은 기호들이 자체와 동일한 것으로 고수된다는 것입니다. 그러니까 논리학은 바로 논리학에서 개별 내용을 대가로 치르며 보존되는 절대적 동일성에서 나오는 규칙들이 전개된 학설일 뿐입니다. 이때 그 개별 내용은 언제나 ―헤겔이 가르친 바와 같이― 형식 속으로 들어갈 뿐 아니라, 그 자체가 형식이 아님으로써 또한 이 형식과 대립하기도 하는 것입니다. 따라서 우리는 논리학의 동일성 원칙을 그렇게 구성해도 아마 무방할 것입니다. 이 때문에 논리학이 설정하는 주요 타부가 모순율이라는 것, 즉 서로 모순되는 두 명제 가운데 단지 하나만이 참일 수 있으며, 이것이 적용되지 않는 경우에는 언제나 사유의 법칙들이 손상된다는 계율이라는 것은 ―이는 하나의 진술이라기보다 계율입니다― 전적으로 일관성 있는 것입니다. 변증법에서 볼 수 있는 모순의 주도권은 실제로 그러한 논리학 즉 순수한 무모순성의 우선성을 깨려는 시도일 뿐입니다. 그러니까 이 세계가 단순히 생각일 뿐만은 아니라는 점, 논리적 법칙들에 따라 우리가 표상하는 바와 같은 단순한 사유의 조작일 뿐만은 아니라는 점, 따라서 ―달리 말하면― 이 세계는 논리적인 세계가 아니라 어떤 모순적인 세계라는 점을 지적하려는 시도일 뿐입니다. 변증법은 세계의 논리성에 대한, 세계를 우리의 개념과 직접 동화시키는 것에 대한 비판이며, 바로 그래서 논리학이 경멸하는 모순의 원칙 자체를 내가 여러분에게 지난 몇 시간에 철저히 분석해준 바와 같은 이유에서 그 매체 혹은 기관으로 삼습니다. 하지만 이는 세계가 우리의 개념들과 동화되지 않는다는 것만을 의미하는 것이 아니라, 또한 동시에 우리의 개념들이 현재 존재하는 것과 동화되지 않는다는 것도 의미합니다. 달리 말하면 내가 여러분에게 우선 사유·형식·주체의 측면에 근거해 설명한 변증법의 기원은 전적으로 대상의 측면에 근거해서도 설명될 수 있습니다. 그리고 헤겔은 사실상 이 일을 매우 광범하게 수행했습니다. 나에게서 여러분이 일단 아주 간단하게 변증법적 사유 전반을 고취한 경험, 또 이제 우리가 방금 다룬 논리적 혹은 사변적 계기들보다 한층 아래에 깔려 있는 경험을 알아내고자 한다면, 아주 단순하게 현실 자체의 모순적이고 적대적인 성격에 대한 지를 그러한 경험으로서 제시할 수 있을 것입니다. 달리 말하면 낭만주의에서 ―헤겔은 낭만주의 시기에 속합니다― 핵심적인 자리를 차지했던 분열상태에 대한 경험이 그것입니다. 그런데 이에 대한 헤겔의 해법이 지닌 특이성은 그가 결코 이 분열상태 속에서 자기 자신에게 돌아간 주체의 제한되고 일면적인 관점을 취하려 하지 않았다는 점, 하지만 또한 ―의고주의가 시도한 바처럼― 이 모순성을 매끄럽게 다듬거나 혹은 후기의 괴테가 그랬듯이 이 분열상태를 일종의 단순한 계약을 통해 해소하려는 경향을 띠지 않았다는 점, 오히려 정면돌파를 꾀했다는 점, 즉 아주 간단히 말해서 세계의 화해는 객관적 모순상태 위쪽에서의 조율을 통해서가 아니라 단지 이 모순상태 자체를 통과하면서만 실제로 이루어질 수 있다는 생각을 펼쳐갔다는 점입니다. 이러한 성격, 즉 발전, 추진력, 궁극적으로는 또한 화해를 추구하는 것 그 자체가 세계의 분열상태 속에, 부정적인 것 속에, 고난 속에 실제로 담겨 있는 어떤 것이라는 점이야말로 바로 현실에 대한 경험으로서 헤겔 변증법의 한 가지 기본적인 모티프입니다. 역으로 우리가 바로 앞에서 다룬 것들, 즉 어떤 개념도 그것의 사태와 동일하지 않다는 사실 또한 단순한 사고에 근거해 변증법을 유발합니다. 그래서 또 이렇게 말할 수도 있을 것입니다. 즉 헤겔 철학의 훌륭한 면은 아주 본질적으로 변증법적 사유의 이 두 가지 근간이, 그러니까 한편으로 논리적-사변적 근간과 다른 한편으로 방금 분열상태 혹은 소외의 개념을 통해 여러분에게 설명한 경험적 근간, 이 두 근간이 결합된다는 점, 마침내 변증법 내부에서 그 내적 통일이 아무튼 입증된다는 점에 있습니다.

내가 여러분에게 모순에 근거한 총체성 구성의 엄중한 필연성에 대해 말한 바를 이제 여러분이 이 경험의 계기에 적용할 경우, 이때 물론 여러분은 이런 형식으로는 헤겔에게 결코 등장하지 않지만 아마 이 철학의 진리를 다른 어떤 개별 명제보다 더 훌륭히 입증하는 어떤 사변적 명제에 도달하게 될 것입니다. 즉 세계는 —이때 '세계'라는 말로 나는 실질적인 의미에서 헤겔의 경험이 적용된 세계, 즉 사회적-정신적 세계, 매개된 세계를 뜻합니다— 자체 내적으로 모순적이지만, 동시에 하나의 체계라는 명제가 그것입니다. 그러니까 헤겔 철학 및 변증법 일반의 지극히 특이한 성격은 그것이 어떤 웅대한 통일을 구성하려고 시도하지만 동시에 이 통일 자체를 분열의 계기 속에서, 따라서 모순의 계기 속에서 찾는다는 점인데, 이처럼 지극히 역설적인 계기 자체는 헤겔 철학의 출발점을 이루는 경험, 즉 현실에 대한 경험 속에 들어 있으며, 이와 꼭 마찬가지로 우리가 지난 시간에 다룬 논리적 사변적 모티프들 속에도 들어 있는 것입니다. 이를 우리는 다음과 같이 정리할 수도 있을 것입니다. 즉 세계는 바로 세계 자체를 분열시키는 것이기도 한 원칙을 통해 하나의 통일체로 결합되며, 사회화되고 그 최후의 개별자에 이르기까지 통일된 하나의 총체로 만들어지는 것입니다. 그리고 바로 이 대목에서 변증법의 유물론적 형태는 관념론적 형태와 지극히 가까워집니다. 유물변증법은 통일적이면서 동시에 모순을 자체에 내포하는 이 원칙을 객관적 측면에서 규정하려고 시도하고, 그것을 교환에 의해 지배되는 세계의 적대적 성격과 마찬가지로 통일의 성격을 실제로 내포하는 교환 원칙으로서 상론했기 때문입니다.

나는 변증법에 대해 흔히 제기되는 유명한 반론, 즉 변증법은 일종의 강압장치이며 역연적 체계라는, 그러니까 현실을 순전히 개념에 근거해 전개하려는 시도라는 반론을 다시 한 번 다루겠습니다. 아마 여러분은 내가 여러분에게 설명한 바에 근거해 예전보다는 이와 관련한 복합 문제를 좀 더 잘 개관하고 숙고할 수 있을 것입니다. 즉 변증법[114]의 이러한 연역적 성격 혹은 체계적 성격에 대한 이 명제는 타당하기도 하고 타당하지 않기도 합니다. 이는 우리가 살고 있는 세계가 하나의 체계이지만, 즉 자체 내적으로 통일된 것이지만, 그럼에도 자체 내적으로 무한히 불협화음적인 것, 자체 내적으로 무한히 모순적인 것이라고 말할 수 있는 것과 같습니다. 변증법은 사실상 오늘 내가 여러분에게 설명한 바와 같은 관점에서 사고의 논리를 객관에 대한 관계 속에서 발전시키려는 시도일 뿐만 아니라 그와 마찬가지로 객관 자체의 논리를, 그것도 단순히 주체에 의해 규정된 논리가 아니라 사태 자체의 논리로서 발전시키려는 시도이기도 합니다. 물론 이 경우 헤겔에게는 모든 것이 궁극적으로 주관에 의해 산출된 것이며, 그런 한에서 그는 관념론적 개념장치를 이용합니다. 그는 이런 의미에서 전적으로 가장 극단적인 관념론자 피히테를 내포하고 있습니다. 그리고 헤겔에게 내포된 주관주의적 피히테를 간단히 그에게서 뽑아내버리려고 하면 헤겔을 완전히 무색무취하게 만들 것입니다. 또 그가 일단 전체 현실을 이런 의미에서 주체에 의해 산출된 것으로 파악한 후에는, 이제 주체가 객관 자체 속에 그 본래의 본질로서 담겨 있으므로 말하자면 개개의 개별 의식 혹은 제한된 주관적 의식에 의한 우연적 특징을 포기하고, 또 통일성을 단지 주관적-개념적 장치들에 의해 우선 설정된 것으로서 파악하는 대신 객체 자체 속에서 찾는 것이 단적으로 가능해집니다. 하지만 이를 간파하는 것은 비교적 간단하며, 나는 이제 이 대목에 너무 오래 머물고 싶지 않습니다. 그러나 여러분에게 다시 한 번 헤겔 철학이 경험의 철학이기도 하다는 점, 따라서 철학은 칸트에게서 보는 바와 같이 단순히 아프리오리들에 대한 학설이 아니라 아프리오리와 아포스테리오리의 통일이어야 한다는 피히테의 유명한 명제를 헤겔 철학이 진지하게 다룬다는 점을 상기시키고자 합니다.[115] 피히테 자신의 경우 그것은 거창한 계획에 머물렀으며, 여러분이 그에게서 그러한 경험의 실현 Durchführung[116]을 찾아도 허사일 것입니다. 하지만 헤겔의 경우 경험 개념은 대단히 실체적입니다. 사실 이 점은 그의 가장 천재적인 첫 주저 『정신현상학』 최초의 원래 제목에서도 나타납니다.[117] 그리고 여러분이 『정신현상학』을 살펴보면 여기서 경험 개념이 매우 중요한 방식으로 등장한다는 점, 즉 의식이 스스로를 고찰함으로써 스스로를 일종의 객체로서 경험하며, 이 경험의 진전 속에서, 예컨대 우리 삶의 경험이 진전되는 과정에서처럼, 고찰되는 객체와 고찰하는 주체가 스스로를 수정하고 스스로를 변화시키는 방식으로 등장한다는 점을 알게 됩니다. 실제로 나는 헤겔의 경우 이러한 경험의 사상을 진지하게 받아들여야 한다고 믿습니다. 여러분이 그렇게 받아들이고, 헤겔에게 사변적 계기가 얼마나 진지한 것인지 확인한 후 이제 우리가 하르트만 식의 오해 없이[118] 말하자면, 아마 이렇게 말할 수 있을 것입니다. 즉 하나의 체계이지만 동시에 자체 내적으로 모순된 체계인 현실의 객관적 성격이 헤겔의 경우 그 나름으로 또한 그러한 경험의 산물이기도 하다고, 즉 그와 같은 학설 자체가 본래 그의 경우 개념의 자체 반성에서 생겨난 것과 마찬가지로 현실에 대한 응시로부터도 나온다고 말할 수 있을 것입니다.

또 이 경우 사실상 헤겔은 또한 어쩌면 그의 체계가 지니는 특유한 관념론적 함의들과 전혀 무관하게 말할 수 있는 어떤 것을 처음으로 의식하게 되었다고 할 수 있을 것입니다. 또 나에게는 여러분에게 엄격한 변증법 개념이면서 동시에 다른 한편으로는 문젯거리가 된 관념론적 테제들 내부에 국한되지 않는 어떤 변증법 개념을 제시하는 것이 중요하기에, 이 점에 대해 숙고하는 것이 아마도 전적으로 부적절하지는 않으리라고 봅니다. 즉 내 생각에 여기서 헤겔의 경우 관건이 되는 경험은 ―이제까지보다 그것을 좀 더 특유하게 정식화하자면― 우리가 일반적으로 우리 개념의 산물이라고 믿는, 과학적 주관적 활동이라는 의미에서, 다소 칸트적인 의미로 카오스적 다양성에 우리가 각인한다고 믿는 이 세계의 질서, 이 개념적 질서가 이미 사태 자체에 내재한다는 경험입니다. 하지만 이에 대해 여러분은 그것이 극단적 관념론, 주관적 관념론이며, 그 속에는 전체 현실 자체가 담겨 있고, 주체의 산물이고, 따라서 주체는 객체에서도 자신의 아프리오리한 구성요인들을 통해 인식의 선험적 조건으로서 객체 속에 부여한 것만을 다시 발견한다고 말할 수 있을 것입니다. 이것이 내가 뜻하는 바는 아닙니다. 또 내 생각에 여러분이 변증법의 특유한 면을 이해하기 위해서는 지금 이 순간 아주 특별히 관건이 되는 차이를 파악하는 것이 매우 중요합니다. 여기서 관건이 되는 것은 우리가 사물들에 각인하는 과학적 질서의 개념적 요인들과는 전적으로 다른 평면, 다른 차원에 속하는, 현실의 본질구성 내부의 개념적 요인들입니다. 이 경우 근본적으로 중요한 것은 ―이는 유물 변증법 속에도 담겨 있지만 여기서는 특이하게도 실제로 이론적으로 반성된 적이 없습니다― 근본적인 사건 속에는, 사회적 근본사건 자체 속에는 ―여러분이 원한다면 이렇게 말할 수도 있습니다― 우리의 인식보다 사회적 과정 자체의 경과와 훨씬 더 관련된 어떤 개념적인 것이 내포되어 있다는 것입니다. 잠시 비약을 해서 실제로 헤겔의 경우에도 관건이 되는 자체 내적으로 적대적인 통일성 속의 계기, 즉 유물변증법이 원칙으로 간주한 교환의 계기를 끌어들이자면 다음 사실이 분명해집니다. 즉 객관적인 사회적 과정을 광범하게 규정하는, 주체의 첨가물이 아니라 현실적으로 사태 속에 담겨 있는, 이 교환원칙 속에는 교환해야 할 대상들의 특유한 계기들을 도외시하고 그것을 하나의 추상적이고 그것들에 공통된 형식으로 ―사람들은 이를 '등가형식'이라고 칭했습니다― 끌고 가고 그 형식을 통해 일정하게 대상들이 서로 통분되는 경우에만, 또 그런 한에서만, 교환을 할 수 있는 한에서, 개념적인 것이 담겨 있는 것입니다. 그러니까 아무튼 헤겔 철학이 그 본래의 내용상 실제로 지향하는 시민사회의 삶 전체를 지배하는 원칙은 그 자체 내에서 객관적으로 어떤 개념적인 것에 의해 규정됩니다. 즉 바로 인간관계들 내부의 추상성을 통해 규정되는 것입니다. 이는 재화들에 대한 인간의 관심 및 욕구들을 사실상 생략하고 재화들 사이에서 단지 공통점만을 어느 정도 남겨 놓는데, 그 아래에서 재화들은 통합되고, 그것을 통해 재화들은 통분되며, 그것을 통해 아무튼 교환가능해집니다. 그것은 바로 추상적 시간의 계기인데, 한편으로 이는 동시에 칸트 철학 이래로 매우 심오한 차원에서 이른바 형이상학적 혹은 논리적 본질구성 문제들의 궁극적 근거로 간주된 것이기도 합니다. 여러분은 간단히 간파하겠지만, 여러분이 교환에서 떠올릴 수 있는 사태 자체 속에 담긴 개념적 요인의 객관성이라는 이 계기는 그러니까 인류의 개념적 노동과 같은 것으로서, 통상적인 과학논리에서나 예컨대 칸트 철학에서도 주도적인 개념의 관념과 완전히 상이한 어떤 것입니다. 칸트의 경우 개념은 사실 우리가 사태들에 부여하는 질서원칙일 뿐입니다. 내 생각에 헤겔의 결정적인 경험은 본래 우리가 인식하는 세계 자체가 관념철학이 우리로 하여금 믿도록 하려는 것처럼 어떤 카오스적인 것이고 여기에 우리가 하나의 형식을 부여하는 것이 아니라, 개념적 형식들도 나름으로 인간 역사의 침전물로서 이미 이처럼 인식해야 할 현실 속에 담겨 있다는 경험입니다. 물론 이는 철학으로 파악되는 현실 자체를 인간에 의해 본질적으로 규정된 것으로 보는 것이지만, 선험적 주체에 의해 추상적으로 과학적으로만 구성된 인식 대상이라는 의미에서가 아니라, 철학에 의해 인식되어야 할 세계를 본질적으로 인간의 노동에 의해 매개된 세계로 본다는 의미에서 실천적으로 파악한다는 것을 전제합니다. 『순수이성비판』 이래 관념 철학 전체 속에서 본질적 역할을 수행한 자발성 혹은 근원적 통각의 산출은 헤겔의 경우 이미 다음과 같은 형태를 취합니다. 즉 인간이 살고 있는 세계 자체가 실제로 노동의 세계이고, 이 노동의 계기를 간과할 수는 없으며, 설혹 부정적으로만일지라도 인간 노동의 흔적을 지니지 않는 자연은 실제로 아무것도 없다는 것입니다. 그리고 여러분이 이제 경험이라는 의미에서 헤겔의 매개 개념에 대한 해석에 관하여 묻는다면, 이렇게 말할 수 있을 것입니다. 즉 헤겔의 경우에 매개가 의미하는 바, "하늘 아래 매개되지 않은 것은 아무것도 없다"[119]는 명제가 뜻하는 바는 실제로 이미 헤겔의 경우에도 본래 특정한 의미에서 인간 노동의 계기를 통해 규정되지 않은 인간적인 것은 아무것도 없다는 것을 의미합니다.

어느 정도 제거할 수 있는 주관적 첨가물이 아닌, 현실의 객관적 규정상태에 대한 이 사고를 잠시 더 따라가 보면, 여러분은 그것을 늘 헤겔에 맞서 피상적으로 제기되는 강압적인 것이니 연역적 체계니 하는 비난과 관련지을 수 있습니다. 내 생각에 어떤 철학자가 자신에게 철학 일반이라고 여겨지는 철학을 전개할 경우, 이 철학을 변호하고 예컨대 그런 비난에 맞서 "변증법은 조잡한 변증법 반대자들이 주장하는 것처럼 그렇게 나쁜 것이 아니며 오히려 경험의 온전한 다양성을 위해서도 나름의 공간을 허용한다"고 말하는 것이 철학자의 과제는 아닙니다. 나는 여러분에게 설명할 수 있는 한에서 변증법이 그러한 공간을 허용한다는 것을 보여주었다고 생각합니다. 하지만 이 경우 또한 헤겔이 자신의 언어로 표현한 바처럼 변증법의 핵심[120]을 제거하지 않도록, 그것을 무색무취한 것으로 만들지 않도록 지극히 조심해야 합니다. 오히려 나는 사실상 변증법 철학이, 그 두 가지 형태 모두에서, 연역적 체계의 강압적 성격과 다소 본질적으로 관계한다고 생각합니다. 물론 한 가지 제한은 따릅니다. 즉 그것은 그토록 푸르고 그토록 생생하고 그토록 자발적이며 직접적인 현실에 폭력을 가하는 것이 아니라 오히려 반대로 본래 개념들로, 개념이라는 매체로, 현실이 실제로 행사하는 강압적 성격 자체를 표현하는 수단인 것입니다. 사실 변증법은 프랑스의 옛 격언을 써먹자면 '이이제이'[121]라고 할 수 있습니다. 즉 변증법이 우리에게 요구하는 듯해 보이는 강압적 구성은 사실상 자체 내에서 죄의 연관을 이루는 세계가 우리에게 가하는 객관적 강압의 구성일 뿐이라고 말할 수 있을 것입니다. 이와 대조할 때 실제로 개념들의 강압 장치에 대한 욕설이 얼마나 보잘것없는 것인지 이해할 수 있습니다. 이 경우 사실상 이러한 욕설은 일종의 '적반하장'임이 드러나기 때문입니다. 그러니까 변증법은 세계의 이 강압적 성격을 폭로하기 때문에 비난받으며, 이로써 바로 그 강압적 성격이 이데올로기적으로 비호받는 것입니다. 이때 헤겔에 맞서는 비합리주의는 사실상 일종의 변론으로 귀결됩니다. 반면에 개념적 구성의 강압 속에 담긴 이 강압적 성격을 탄핵함으로써, 다를 수도 있는 것, 그 자체로 이미 이 강압에 종속되지 않는 것, 단순한 체계가 아닌 차이를 실제로 정당하게 대하게 됩니다. 여러분은 이 점을 이 강압적 성격 없이는 사실상 단순한 사실성밖에 아무것도 없다는 식으로도 표현할 수 있을 것입니다. 이론 없이는 ―그리고 변증법은 이 포괄적인 의미에서 다름 아니라 우리가 일반적으로 이론이라고 부를 수 있는 것의 본보기입니다― 전혀 아무런 인식도 없고 단순한 확인들만 존재할 것이며, 이러한 확인들에 머묾으로써 그저 멈춰 서 있을 뿐 아니라, 즉 진리를 향해 나아가는 일을 소홀히 할 뿐만 아니라, 이미 허위로써 말하고 허위로써 사유하게 될 것입니다. 왜냐하면 아주 간단히 말해서 마치 단순한 직접성, 단순하게 현존하는 듯한 모습으로 우리에게 제시되는 그러한 확인들이 전체적으로 이미 매개되어 있기 때문입니다. 즉 실제로 사회적 총체를 자체 내에 담고 있기 때문입니다. 그리고 이는 바로 변증법적 구성을 통해서만, 즉 이론 일반을 통해서만 표현될 수 있습니다. 이에 따르면 변증법의 체계화는 바로 현실이 이루는 체계의 체계화일 것입니다. 즉 어떤 의미에서 일종의 숙명으로 발전하는 체계의 역동성일 것이며, 각자는 그 숙명적 성격을 자기 자신에게서 매 순간 입증할 수 있을 것입니다. 이 점에서 변증법 철학은 세계가 자체 내적으로 특정한 형태를 가지지 않는다는 듯이 거동하고, 바로 그 때문에 유일하게 관심거리가 되는 것, 즉 바로 이 세계가 우리에게 가하는 강압을 간과하는 훨씬 더 무해한 이론들보다 훨씬 더 현실주의적이며, 단순한 개념의 구성물과 무한히 더 거리가 멉니다.

내가 여러분에게 방금 설명한 이 모티프들에 근거해, 세계를 체계로서 옹호하려 하여 원래 보수적인 것으로 보였던 이론이 동시에 그 체계를 부정적인 것으로 그려냄으로써 그와 연결된 사회주의의 혁명적 구상을 위한 전제조건을 이루었다는 점을 여러분은 아주 잘 이해할 수 있을 것입니다. 여러분은 바로 이 두 가지 계기들이 서로 소통하는 것을 볼 수 있습니다. 그리고 그 논쟁적인 양극단 속에서, 특정한 것들, 예컨대 어중간한 조화론적 개인주의를 거부하는 가운데, 변증법의 두 형태, 즉 헤겔 변증법과 마르크스 변증법이 사실상 얼마나 서로 일치하는지를 추적하는 것도 아주 흥미로운 과제일 것입니다. 이는 오늘날까지 아직 시작되지 않은 작업이지만, 변증법 이론의 자기 이해를 위해 지극히 필수적인 일일 것입니다.

이로써 나는 여러분에게 어떤 의미에서 체계를 변증법에서 비판적인 개념으로 이해할 것인지 보여주었다고 생각합니다. 즉 이 체계가 나타내는, 또 아무것도 그냥 내버려두지 않는 바로 그 통일의 계기가 일단 살아 있는 인간을 굴복시키는 강압의 계기, 인간이 그로부터 자신을 해방해야 할 강압의 계기로 규정된다는 의미에서 그렇습니다. 또 한편으로 이 통일의 계기가 어떤 역동적이고 자체 내에서 전개되는 계기로서 동시에 그 자체의 몰락으로 향하는 잠재력을 지닌다는 의미에서도 그렇습니다. 이는 예컨대 헤겔 자신이 정식화한 것이기도 합니다. 그는 이 문제를 『법철학』의 유명한 대목에서 대단히 냉정하고 명확하게 간파했습니다. 여기서 그는 시민사회에서는 그 자체의 원칙으로 인해 필연적으로 부와 함께 가난도 동시에 증대한다고 말했습니다.[122] 아마 이 자리에서 당장 다음 사실을 첨언해도 좋을 것입니다. 즉 헤겔이 국가에 요구한 유명한 변론적 역할은 바로 이 지점에서 이루어집니다. 그는 변증법으로부터 어떤 절망적 도약을 통해 ―이렇게 말할 수 있을 것입니다― 국가를 변증법 자체 내부 대립들의 증대로 인해 분해될 수밖에 없는 것을 정리하는 일종의 중재재판관으로 끌어들였습니다. 하지만 여기서, 그 점을 말하면서도, 헤겔에 맞서 그가 이 경우 일종의 폭력적인 구성을 이루었다고 이단적인 견해를 표하면서도, 이런 식으로 헤겔 체계의 긍정성을 구제하기 위해 나는 여러분에게 이 점을 동시에 말해야겠습니다. 즉 이 대목은 첫눈에 지성을 희생시키는 일sacrificio dell'intelletto처럼 보이고, 사실상 그것에 대해 어정쩡한 정신박약자들은 누구나 예로부터 아주 각별히 분격했지만, 이 대목도 지극히 심오한 통찰을 내포하고 있는 것입니다. 시민사회는 시민사회로서 그 자체의 조건 속에 머물고자 하는 한 결국 그 최종단계에서 자체로 인해 정체되고 권위주의적 성격을 띤 형식들을 산출하게 되어 있으며, 이것들은 말하자면 내재적인 힘의 작용에 더 이상 자신을 맡기지 못하고 폭력적으로 역동성을 차단하며 사회를 다시 단순 재생산의 단계로 되돌려 놓는 결과에 이른다는 통찰이 그것입니다. 따라서 아주 과감하게 말하자면 헤겔의 경우 국가론, 국가를 통한 절대 정신의 실현에 대한 학설이 부정적인 이론으로서 제시된다면, 즉 사실상 최종단계의 시민사회가 시민사회로 존속하고자 하는 한, 필연적으로 파시즘과 전체주의 국가로 귀결될 수밖에 없다는 점, 또 무한히 그 자체의 체계에 내재적으로 머무는 시민사회는 전혀 상상할 수 없다는 점을 보여주는 데에 이른다면, 이는 전적으로 올바른 것이라 할 수 있습니다. 하지만 헤겔의 국가철학에 담긴 이 훌륭한 결론은 변론적인 이유들로 인해, 물론 어느 쪽에서도 이끌어내지 못했습니다.

사실상 우리의 삶 속에서 우리를 지배하고 있는 일종의 연역적 연관관계로서의 변증법을 옹호하는 것과 관련해서는 이 정도로 설명하겠습니다. 그러나 다른 한편으로 변증법은 또한 직접적이고 빈틈없는 연역적 연관관계가 아닙니다. 즉 변증법은 순수한 동일성을 통해 작업하지 않습니다. 변증법은 모든 것을 아무 굴절 없이 하나의 명제로부터 추론하지는 않습니다. 그리고 바로 변증법이 그런 일을 하지 않는다는 것이야말로 사태에 근거해서 볼 때 변증법 내 모순의 중심적 기능입니다. 즉 변증법은 사태를 내적으로 모순적인 것으로서 전개함으로써 동시에 사태를 그 자체와 분열되어 있는 것으로, 자체와 동일하지 않은 것으로서 전개하며, 이런 의미에서 비판적인 이론입니다. 따라서 진정한 철학적 개념은 연역적 요소도 가져야 하고 그와 마찬가지로 경험의 요소도 가져야 한다는 점, 양자 모두여야 한다는 점도 변증법에 포함됩니다.

  끝으로 여러분에게 헤겔의 경우 모든 개념이 그렇듯이 경험의 개념도 일차적이고 직접적인 것으로 받아들여서는 안 된다고 말해야겠습니다. 이 자리에서 내가 경험에 대해 말할 경우 여러분은 이른바 경험주의 철학에서 볼 수 있는 바와 같이, 그때그때 협소하게 제한된 감성적 경험을 생각해서는 결코 안 됩니다. 오히려 헤겔이 경험에 대해 말할 경우, 그것은 언제나 의식의 경험과 같은 어떤 것을 뜻합니다. 즉 자신의 사유와 자신의 삶 및 현실의 연속성을 감당할 수 있는 인간이 이 현실을 하나의 전체적 현실로서 경험하고 이때 헤겔이 『예비학Propädeutik』의 한 대목에서 '객체를 상대로 한 자유'라고 지칭한 것[123]에 따르려고 하는 방식을 뜻하는 것입니다. 즉 이 경우 인간은 이 현실에 폭력적으로 자신의 계기들을 각인하는 것이 아니라 이 현실에 자신을 내맡기고 말하자면 객체에 적응하고 객체에 따르는zu folgen[124] 탁월성을 지니는 것입니다. 이런 종류의 유연성, 생산적 수동성 혹은 자발적 수용성이야말로 본래 헤겔이 사유 자세로서의 경험 개념, 특별히 의식의 자신에 대한 경험 개념으로 뜻하는 바입니다. 하지만 이 경험 속에 들어가는 것은 전체적이고 완전한 사회적 현실입니다. 또 이런 경험을 하는 사람은 자신의 모든 능력을 구사할 수 있는 전체적이고 분명한 인간이며, 결코 단순한 선험적 주체도 아니고 단순히 어떤 감성적 자료들과 개별 사안들이나 기록하는 실험적 주체도 아닙니다. 헤겔의 경우 정신 개념 속에 언제나 경험 개념이 함께 들어 있는 것과 마찬가지로, 역으로 헤겔의 경우 경험 개념은 여러분이 그것을 본질적으로 아마 간단히 정신적 경험이라고 칭해도 되는 어떤 것으로 파악할 때에만 어떤 의미를 제공하게 됩니다.

113) 'er' 대신 추정함.

114) 녹취록에서 'Realität(현실)' 대신 추정함.

115) "관념론의 그러한 궁극적 결과들을 논리적 추론의 귀결들로 보는 한에서 그것
은 아프리오리(a priori), 즉 인간 정신 내부의 것이며, 논리적 추론과 경험이 실
제로 일치할 때, 바로 그 동일한 것을 경험에 주어진 것으로 보는 한 그것은 아포
스테리오리(a posteriori)라고 한다. 아프리오리와 아포스테리오리는 완전한 관
념론에 대해 결코 두 가지가 아니라 완전히 한 가지이다. 그것은 단지 두 측면에
서 고찰될 뿐이다. 그리고 그것은 단지 그것에 도달하는 방식을 통해서만 구분된
다. 철학은 전체 경험을 예기하며, 스스로를 필연적인 것으로 사유한다. 그리고
그런 한에서 현실적 경험과 비교할 때 철학은 아프리오리이다. 수는 주어진 것으
로 고찰되는 한 아포스테리오리이다. 동일한 수가 사실들에서 나온 산물로서 추
론되는 한 아프리오리이다. 이에 대해 달리 생각하는 사람은 자신이 말하는 것이
무엇인지 자신도 모른다."(Johann Gottlieb Fichte, Versuch einer neuen Darstellung
der Wissenschaftslehre; in: Johann Gottlieb Fichte, Gesamtausgabe der Bayrischen
Akademie der Wissenschaften, hrsg. von Bernhard Lauth und Hans Gliwitzky, Bd. I, 4:
Werke 1797~1798, hrsg. von Bernhard Lauth und Hans Gliwitzky unter Mitwirkung
von Richard Schottky, Stuttgart-Bad Cannstatt 1970, S. 206).

116) 'Buchführung(부기)' 대신 추정함.

117) 헤겔은 자신의 글을 원래 자신이 계획한 '과학의 체계' 제1부로 구상했었고 그
제목은 우선 '제1부. 의식 경험의 과학'이었다. 하지만 그것이 1807년에 발표될
때에는 이미 '제1부. 정신현상학의 과학'으로 되었다. 1831년 그는 『논리학』의 개
정을 계기로 제목에서 '과학의 체계 제 1부'를 빼겠다고 천명했고, 그리하여 최종
적으로 그가 원하는 제목으로 '정신현상학'을 택할 수 있었다.

118) 116쪽 참조.

119) 주석 17) 참조.

120) '변증법적 핵심(das dialektische Salz)'이라는 표현은 헤겔에게서 확인할 수 없었
다. 여기서 아도르노는 아마 레닌의 유명한 말을 인용하는 듯하다. 레닌은 「『논
리학』 개관」 가운데, 헤겔이 절대적 부정성을 '개념의 운동의 전환점'이라고 말하
는 발췌 구문에서 '변증법의 핵심'이라는 메모를 기입한다.

121) 프랑스 속담: 'A farceur, farceur et demi'.

122) "부르주아 사회는 아무 방해 받지 않고 작동할 경우, 그 자체 내부에서 인구증가와 산업발전을 이룬다. ― 인간의 욕구로 인한 인간의 연관관계와 욕구를 위한 수단을 마련하고 산출하는 방식의 일반화를 통해, 부의 축적은 한편으로 ―이 이중의 보편성으로부터 최대의 이익을 뽑아내기 때문에― 증대한다. 다른 한편으로 특수한 노동의 고립과 제한성, 그리고 이 일에 묶여 있는 계급의 예속성과 궁핍도 증대한다. 시민사회의 다양한 자유들과 특히 정신적 장점들을 느끼고 향유할 능력의 부재는 그와 관련되어 있다."(Hegel, Werke, a. a. O. [s. Anm. 8], Bd. 7: Grundlinien der Philosophie des Rechts, § 243, S. 389). "거대한 대중이 자체로 사회구성원에게 필수적인 것으로 조절되는 어떤 생존방식의 척도 아래로 가라앉게 되면 ―이로써 자신의 활동과 노동을 통해 존립한다는 권리와 정의와 명예의 감정을 잃게 되면― 천민이 만들어지는데, 이는 동시에 또 다시 소수의 손에 비교할 수 없는 부를 더 쉽게 집중시키는 결과를 초래한다."(Ebd., §244, S. 389). "가난해지는 대중"을 노동을 통해 "그들의 합당한 생활방식 수준에서 살게 만들려고" 할 때조차, "생산의 양은 증대하지만, 그 과잉과 비교적 자체 생산적인 소비자들의 부족으로 불행은 존속하며 그 두 방식으로 증대할 뿐이다. 이 점에서 부의 과잉에도 불구하고 시민사회는 충분히 부유하지 않다는 점, 즉 가난의 과잉과 천민의 산출을 조절하기에 충분할 만큼 그 고유의 자산을 소유하지 못한다."(Ebd., § 245, S. 390). 헤겔은 시민사회의 가난과 부의 이 내적 연관성을 전적으로 "그 사회의 변증법"이라고 규정하며, 이를 통해 시민사회는 자체를 넘어서게 되리라고 본다.(Ebd., § 246, S. 391).

123) '객체를 상대로 한 자유'라는 표현은 아도르노의 경우 '객체를 향한 자유'라는 중요한 모티프로 되는데, 헤겔의 경우 『예비학』에서나 다른 글에서 확인할 수 없었다.

124) 'zu verbinden(결합하는)' 대신 추정함.

여러분 안녕하십니까.

변증법이란 비동일자, 즉 우리의 사유와 동화되지 않는 계기들을 사고 속에서 그래도 합당하게 대하려는 시도라고 하는 규정을 여러분이 상기하면, 이 명제 자체에 어떤 모순이 들어 있다는 것은 분명합니다. 즉 내가 지금 말하는 것처럼 간단히 표현해서 비동일자의 동일성은 일종의 오류 명제일 것입니다. 그런데 이것은 한 가지 과제를 의미합니다. 변증법은 이 명제에 근거해 사고 일반의 상황 속에 담겨 있는 이 역설을 극복하려는 노력이라고 해석할 수 있을 것입니다. 또 이러한 난관이 하나의 단순한 명제로는 극복될 수 없다는 점도 명백합니다. 그로 인해 실제로 변증법은 전체적으로 체계적 혹은 확장적 성격을 지닐 필요가 있습니다. 즉 내가 여러분을 위해 방금 특징지은 시도의 역설은 스스로를 전개하도록 강요합니다. 또 어떤 의미에서 변증법은 이 모순의 전개를 통해 인식 자체의 상태 속에 존재하는 과제를 극복하려는 단 하나의 매우 광범한 시도라고 볼 수 있을 것입니다. 여러분은 아마 내가 여러분에게 방금 말한 역설적 단초가 단순히 지어낸 역설이 아니라는 점, 오히려 그것은 본래 인식 일반의 과제를 내포한다는 점을 명확히 이해할 경우 그러한 사고를 그 필연성 속에서 가장 잘 이해할 수 있을 것입니다. 왜냐하면 사유 혹은 인식은 본래 단순히 자체에 대한 의식 이상인 경우에만, 그러니까 어떤 다른 것을 지향할 경우에만, 단순한 동어반복에 머물지 않을 경우에만 하나의 인식이라는 점이 분명하기 때문입니다. 우리가 무엇인가를 인식하려 할 때, 우리는 ─학교선생님 투의 똑똑한 소리를 해도 좋다면─ 무엇인가를 인식하려고 하지 단순히 인식에 머물려고 하지 않습니다. 달리 말하면 우리는 우리 사유의 영역을 넘어서려고 합니다. 하지만 다른 한편 우리가 이 무엇인가를 인식하려고 함으로써 이것 자체는 또한 우리 사유의 한 계기가 되며, 그 자체가 인식이 되고, 그 자체가 실제로 또한 정신이 됩니다. 인식이란 언제나 우리에게 낯설고 동일하지 않은 것으로 맞서는 것을 우리 자신의 의식 속에 받아들이고 어떤 점에서는 가로채서 우리 자신의 것으로 만드는 일입니다. 그리고 이 역설, 즉 인식은 무엇인가를 동일성으로 이끌고 가지만 동시에 동일하지 않은 무엇과 관계한다는 역설, ─그렇지 않으면 아무 인식도 아닐 터이기 때문입니다─ 달리 해소될 수 없는 이 역설이 실제로 우리가 '변증법'이라는 이름으로 생각하는 개념의 노고를, 스스로 전개되는 진리 혹은 스스로 전개되는 사유의 과정을 강요하는 것입니다.

내 생각에 이제 우리가 충분히 진전해 왔기에 여러분에게 이러한 이론적 추론과 변증법에 대한 규정을 동시에 요구해도 좋을 것입니다. 오늘날까지 존재하는 변증법의 본질적인 두 유형에 대한 규정 역시 ─아마 무리가 전혀 없지는 않겠지만 어느 정도 명백하게─ 그와 연관될 것입니다. 이 경우 나는 이 두 유형의 배타성을 주장할 뜻은 전혀 없습니다. 예컨대 다름 아닌 존재론적 성격을 띠는 운동에서, 특히 최근의 가톨릭적인 사유에서 변증법 철학을 구성하려는 아주 강력한 경향들이 존재한다는 것은 나도 잘 알고 있습니다.[125] 이 문제를 다루지는 않겠습니다. 변증법과 존재론의 관계에 대해 여러분에게 테제 식으로 몇 가지를 이미 말한 바 있기에 더욱 그렇습니다. 나는 오늘과 다음 시간에 존재 개념에 대한 변증법의 입장에 대해 훨씬 더 확정적인 진술들로 그 문제를 보완할 수 있을 것입니다. 비록 피히테와 셸링, 특히 피히테의 사유는 매우 강력하게 변증법적 특징들을 지니지만, 무엇보다 헤겔이 대변하고 완성한 관념론적 변증법과, 다른 한편으로 기원상 마르크스의 이름과 본질적으로 결합되어 있는 유물론적 변증법을 변증법의 두 가지 본질적 유형이라고 지칭할 경우 나는 책임을 질 수 있다고 봅니다. 그런데 내가 여러분에게 이 강의에서 제시한 변증법의 규정을 상기하면 여러분은 어쩌면 ―나는 이 유혹에 저항하기 어려우며, 전혀 저항하지 못할까 걱정입니다― 그로부터 변증법의 두 가지 주요 유형을 추론할 수 있을 것입니다. 즉 한편으로 여러분은 변증법을 본질적으로 규정하는 두 계기 가운데 동일성의 계기가 사실상 주도적인 사유가 변증법의 한 유형임을 알게 됩니다. 물론 이러한 사유에서 모든 개별 동일성에 대해서는 논란이 있습니다. 달리 말하면 그 모든 개별 계기들에서는 사유가 동일성 속의 비동일성의 계기를 강조합니다. 하지만 전체적으로는 일종의 화해가 이루어집니다. 이 경우 바로 이러한 변증법 유형이 관념론적 유형일 수밖에 없다는 사실은 단적으로 명백합니다. 왜냐하면 여기서는 사실상 존재에 대한 사유의 우선성을 주장하게 되기 때문입니다. 이때 그러한 사유에서는 개별자 속에 아무리 비동일성이 존재해도 비동일자는 궁극적으로 전체 속에서 하나의 동일자가 되고 맙니다. 또 언제나 변증법은 인식하는 능력 자체 즉 정신에 대해 숙고하면서 시작되기 때문에, 바로 동일화를 위한 원칙으로서의 정신이 그런 사유에서는 지배적 원칙으로 됩니다. 따라서 아주 조야하고 초보적인 형태로 표현해도 좋다면, 헤겔의 변증법은 전체적으로, 또 아주 멀리 떨어져서 본다면 일종의 정신철학입니다. 사실 그 이상으로 일종의 정신형이상학입니다. 그 속에서 정신은 절대적인 것입니다. 아무튼 존재하는 모든 것은 궁극적으로 정신의 한 가지 규정임이 입증됩니다. 헤겔에 관한 나 자신의 글에서[126] 나는 본질적으로 한 가지 다른 계기를, 즉 비판적 혹은 부정적 계기라고 칭할 수 있는 계기를 강조했습니다. 하지만 여러분에게 다음과 같은 점을 말하고 싶습니다. 즉 이 경우 여러분은 내가 내 책에서 설명한 생각들을 헤겔이 본래 뜻하는 바와 같은 헤겔 철학에 대한 서술이라고 단순하게 받아들여서는 안 되고, 오히려 이 경우 헤겔을 구제하려는, 더욱이 헤겔의 어떤 기본 의도들과 일정하게 모순을 이루면서까지 구제하려는 시도가 중요한 한에서, 이미 어떤 경향을 띤다는 점이 그것입니다. 왜냐하면 헤겔의 기획과 같은 부류의 기획에서는 비동일자가 그 권한을 찾아야 하지만 동일성 원칙 즉 절대 정신 속에서 궁극적으로 완전히 해소되고 완전히 지양되는데, 그런 사유에서는 비동일자가 즉 우리 경험 속의 본래 정신이 아닌 모든 것이 완전히 진지하게 다루어지지는 않는다는 점이 명백하기 때문입니다. 그런데 그에 반해 나는 헤겔 철학 속에 담긴 비동일자의 진지함, 모순의 진지함을 끌어내는 경향을 띤 내적 계기들을 강조했습니다. 하지만 헤겔에게는 언젠가 고 막스 셸러Max Scheler[127]가 마르틴 부버Martin Buber[128]의 종교 강의를 들었을 때 그에게 한 말, 진지하고 매우 진지하지만 완전히 진지하지는 않다는 말이 어울립니다. 이로써 나는 헤겔의 철학을 완전히 진지하게 받아들여서는 안 된다고 말하려는 것이 아닙니다. 나는 이러한 오해에서 어느 정도 벗어나 있다고 믿습니다. 하지만 이로써 나는 헤겔의 경우 그가 그토록 훌륭히 유효하게 만들어 놓은 비동일성의 사고가 완전히 진지하게 유효한 것으로 되지는 못했다는 점, 그에 비할 때 그의 철학에서는 긍정적, 위안적, 또 심지어 변론적 계기가 궁극적으로 우선권을 주장한다는 점을 말하고 싶습니다. 물론 헤겔의 사유 가운데 그 후 키르케고르와 마르크스가 ─아무튼 서로 무관하게─ 극히 철저히 비판한 측면은 그러한 점과 아주 긴밀한 관계를 지닙니다.

그에 반해 여러분이 우리가 제시한 규정들 ─특히 변증법은 단순히 사유과정일 뿐 아니라 현실 자체의 과정이기도 하다는 규정─ 에서 출발한다면, 현존하는 세계 즉 인식 대상과 관련해 사유와 존재 사이의 최종적 동일성을 주장하지 않는다는 의미에서, 유물변증법은 변증법 내부에서 비동일성의 계기 내지 모순의 계기를 사실상 결정적인 것으로 만드는 경향이 형성된다는 것을 의미합니다. 여러분은 이를 다음과 같이 표현할 수도 있습니다. 즉 마르크스의 변증법 내부에서는 이 변증법을 본래 구성하게 해주는 경험이 ―'경험'이라는 표현을 내가 지난 시간 끝 부분에서 설명하려고 시도한 바와 같은 것으로 받아들인다면―, 즉 우리가 관여하고 또 지금까지 인류 전반이 관계해 온 세계가 내적으로 모순에 찬 세계라는 경험이, 중심에 자리 잡고 있다고 할 수 있습니다. 또 헤겔의 경우 사변적 개념을 통해 사실상 어느 정도 장악했다고 주장하고 체계의 총체성에서 찾게 되는 동일성은 이제야 비로소 산출해내야 할 것이라고, 즉 현실의 모순 없는 상태를 만들어내는 일은 인간 실천의 문제이지 철학의 문제가 아니라고 할 수 있습니다.

내 생각에 여러분은 이 두 가지 규정을 통해, 변증법 자체의 본질로부터 이 두 가지 유형이 생겨난다는 것을 매우 분명히 알 수 있습니다. 이 두 유형은 물론 변증법을 생각하는 사람들의 입장에서도 그와 마찬가지로 훌륭하게 추론될 수 있습니다. 즉 시민계급이 지금까지 취했던 가장 진보적인 입장과, 다른 한편으로는 이제까지 취했던 시민사회에 대해 초월적이었던 최초의 입장에서 추론될 수 있는 것입니다. [나아가 내가 여러분에게 제시한 일반적인 변증법 규정의 관점에서는][29] ―앞에서 나는 여러분에게 관념변증법이 비동일자를 명시하고 원칙적으로 강조하면서도 전체로서는 절대적 동일성을 주장함으로써 상당한 어려움들에 빠진다고 말했는데― 유물변증법 개념 또한 그 나름으로 방금 내가 여러분에게 암시한 것과 같은 영역에 속하는 매우 중대하고 더할 바 없이 심각한 난관들에 사로잡혀 있다는 점이 [드러납니다]. 사실상 세계의 인식에서 비동일자에, 그러니까 정신이 아닌 것에 우선성을 인정한다면 어떤 의미에서는 도대체 어떻게 변증법에 도달할 것인지 파악하는 것이 지극히 어렵습니다. 왜냐하면 변증법적 원칙 자체는, 그러니까 부정 혹은 반성의 원칙은 그 나름으로 필연적으로 어떤 정신적 원칙이기 때문입니다. 그리고 우리가 실제로 정신적인 것은 단순한 상부구조이며 존재가 의식을 근본적으로 규정한다는 사상을 아주 엄격하게 수행하게 되는 순간 근본적으로 어떻게 변증법에 도달할 것인지 전혀 인식할 수 없을 것입니다. 왜냐하면 바로 이 경우 우선성을 부여받는 것이 일종의 조야하고 형태 없는 덩어리rudis indigestaque moles,[130] 즉 자체 내적으로 반성을 통해 굴절되지 않은 것, 단순한 직접성이기 때문입니다. 그러니까 유물변증법 개념은 '변증법' 개념의 가장 단순한 어의와 연관된 난관, 즉 본질적으로 개념들의 운동, 디알레게스타이$\delta\iota\alpha\lambda\acute{\epsilon}\gamma\epsilon\sigma\theta\alpha\iota$,[131] 혹은 사고 구성물의 해명을 본질로 하는 세계에 대한 관념이 이제 어떤 점에서는 이와 전혀 아무런 관계도 없는 것처럼 실체화된다는 난관으로 귀결되기 때문입니다. 나는 여기에 담긴 난관을 지금 여러분을 위해 풀어줄 수 없지만, 최소한 그것을 암시만이라도 하고 싶습니다. 왜냐하면 실제로 유물변증법이 일종의 국가종교 및 도그마로 경직되는 단초가 바로 이 대목에 있기 때문입니다. 이러한 경직현상은 사고가 그 자체의 내재적 난관들을 더 이상 아주 진지하게 직면하지 않는 곳이면 어디서나 등장할 수밖에 없는 것입니다. 하지만 나는 여러분에게 이 모순의 해결책이 다음과 같은 점에 있다는 사실을 적어도 암시하고 싶습니다. 즉 이 경우 기초가 되는 변증법 개념은 결코 순전히 이론적인 변증법 개념이 아니며, 그 속에서는 실천의 계기 자체가 [설혹] 어떤 우선권을 갖지는 않[더라도] 하나의 규정적인 계기를 이룬다는 것, ―유물변증법에서 이론과 실천의 관계는 지극히 복합적으로 얽혀 있는 것입니다― 또 하지만 아무튼 여기서 실천은 아주 진지하게 효력을 발휘하게 되며, 실천 ―그러니까 다른 말로 행위를 통한 세계의 변혁― 개념을 받아들이지 않고는 사실상 물질적 관계들 혹은 단순한 존재자가 자체 내적으로 변증법적일 수 있다는 사고를 전혀 생각할 수 없다는 것입니다. 반면에 단순히 명상적이고 이론적으로 해명하는 사고로서의 이러한 사고는 마르크스의 경우 전혀 구상된 바 없지만, 그럼에도 불구하고 이 경우 일종의 이론이 관건입니다. 이는 지극히 난해한 구조입니다. 나는 본 강의 결말 부분에서 여러분에게 그것을 좀 더 상세히 설명하게 되기를 희망합니다.[132] 이 자리에서는 다만 여러분에게 한 가지만 미리 지적하고 자 합니다. 즉 우리가 유물변증법에다 간단히 하나의 철학 개념, 자체 내 적으로 일관된 세계해명의 형식이라는 개념 혹은 동구에서 벌어지고 있 듯이 일종의 과학 개념을 적용할 경우, 우리는 처음부터 끔찍한 난관들에 빠지며, 이러한 난관들 때문에 바로 모든 변증법적 사유와 반대되는 일, 즉 자체 내적으로 역동적이고 자체에 대해 비판적인 사고로부터 이제 세 계관과 같은 어떤 것을 만들고 이를 뒤따라 외워야 하는 짓을 할 수밖에 없는 것입니다.

하지만 이제 나는 여러분에게 또 한 번 변증법적 사유가 우리에게 야 기하는 본래의 난관들을 제시하고, 이때 동시에 여러분 자신이 변증법적 으로 사유하고자 시도할 경우 여러분에게 도움이 될 수 있는 어떤 규정 들을 여러분에게 제공하고자 합니다. 왜냐하면 여러분을 변증법으로 안 내하는 강의의 과제는, 중요한 변증법적 텍스트들의 연구를 여러분을 위 해 쉽게 해 주는 일을 논외로 하면, 무엇보다 여러분에게 난관들이 있는 지점들을 정확히 지적해 주고 이 난관들을 결코 매끄러운 개념적 추론으 로 은폐함으로써 이 사유를 무색무취한 것으로 만들지 않고, 오히려 여러 분이 이 사유로 인해 가장 중요한 난관들에 직면하는 대목에서 이 사유의 동기에 대해 여러분을 확신시키는 것이기 때문입니다. 이때 나는 여러분 에게 제시하는 규정들이 동시에 여러분에게 나름으로 변증법적 사유 자 체를 가르쳐주리라 희망합니다. 이 난관들 가운데 첫째는 변증법적 사유 에서 전체와 부분이 언제나 서로 관련될 수밖에 없다는 점입니다. 이는 여러분 가운데 심리학자들이 일단 친숙하게 접하게 될 명제입니다. 왜냐하면 사실 게슈탈트이론Gestalttheorie, 그러니까 최소한 오늘날 대학가에 가장 널리 퍼져 있는 현대의 심리학적 사유 형태도 대체로 그렇게 말하기 때문입니다.[133] 하지만 이 경우에는 본질적으로 지각영역을 생각하게 되며, 이때 어느 정도 암암리에 부분에 대한 전체의 우위를 주장하게 됩니다. 그뿐만 아니라 전체와 부분 사이에는 일반적으로 일종의 조화가 이루어진다는 점, 아무튼 전체와 부분의 관계가 긴장 관계는 아니라는 점도 주장하게 됩니다. 당장 이 말을 바로잡아서 이렇게 말해야겠습니다. 즉 게슈탈트이론은 '나쁜 형태'의 개념으로 부분과 전체의 비동일성도 인정하지만, 부분에 대한 전체의 우위에 대한 이 과학 이론의 전체적인 파토스는 변증법에서보다 훨씬 덜 적대적입니다.[134] 우선 나는 부분에 대한 전체의 지배에 대한 사고가 사실상 변증법에서는 내가 여러분에게 상세히 말한 전체가 진리라는 헤겔의 명제에서 처음 등장했다는 점을 말하고 싶습니다.[135] 그 후 마르크스의 경우에는 이 명제를 실제로 다음과 같이 전도시키거나 해석합니다. 즉 이 사회의 총체가 모든 개별 사회 과정들의 열쇠이며 그에 비할 때 이 사회적 개별 과정들은 결코 자립성을 얻지 못한다는 것입니다. 전체와 부분의 관계에 대한 변증법적 구상은 전체는 부분들의 합계 이상이라는 아주 친숙한 명제보다 훨씬 더 난해합니다. 왜냐하면 한편으로 부분이 전체에 근거해 파악되어야 하며, 또 전체는 나름으로 부분들의 협력에 근거해 파악되어야 한다고 부단히 요구하지만, 동시에 이 계기들, 전체와 부분, 보편과 특수 사이에는 어떤 긴장관계가 견지되며, 이를 통해 그 두 계기들을 결합하려는 노력은 실제로 지극히 문제적이고 지극히 난해한 일이 되기 때문입니다. 내가 여기서 다루면서 여러분이 의식했으면 하는 난관은, 전체와 부분이 단지 상호관계를 통해서만 파악될 수 있지만, 그때그때 여러분이 부분을 택하면 전체는 결코 실증적으로 주어지지 않으며 역으로 여러분이 전체를 생각하면 이로써 그 부분들은 결코 실증적으로 주어지지 않는다는 점, 그래서 여러분은 이 두 가지를 도대체 어떻게 결합할 것인지 부단히 자문할 수밖에 없다는 점입니다. 왜냐하면 ─이 점은 내가 여러분에게 충분히 해명했다고 믿습니다─ 변증법에서는 전체와 부분의 관계가 한 원의 부분들이 그 원에 포함되어 있는 식의 단순한 포괄의 관계, 그러니까 외연논리적인 관계가 아니고, 어떤 역동적인 관계이기 때문입니다. 즉 이 두 계기들은 상호 대립적으로 서로를 생산하며, 초시간적으로, 사물처럼, 동시적으로 함께 현존하지 않습니다. 변증법 전체는 ─칸트의 구분을 받아들이자면─ 이른바 역학적 원리들을 확장하여, 칸트의 경우 수학적 원리들이라는 명칭 아래 나타나는 것 즉 논리적 원리들까지도 함께 역학적 성격 아래 들어가게 된다고[136] 일반적으로 말할 수 있습니다. 따라서 그것은 그 자체로는 결코 완전히 존재하지 않는 어떤 전체로부터 이미 어떻게 부분을 파악해야 할 것이냐 하는 문제입니다. 이는 변증법이 여러분에게 제기하는 커다란 어려움들 가운데 하나입니다.

우리가 어떤 인식을 추구할 경우 이러한 문제들이 연구에서 실제로 어떻게 보일지 이 자리에서 여러분에게 보여주기 위해, 거의 20년 전 발터 벤야민Walter Benjamin이 보들레르Baudelaire에 대한 논문을 썼을 때[137] 그와 내가 벌인 논쟁에 관해 말해도 좋을 것입니다. 이때 문제가 되는 것은 이 보들레르 연구 가운데 출판되지 않은 제1부, 『포도주Le vin』라는 연작시에 나오는 보들레르의 시 한편, 즉 「넝마주이들의 포도주Le vin des chiffo-niers」[138]에 대한 해석입니다. 넝마주이들은 보들레르가 작품을 썼던 시기에 룸펜프롤레타리아트의 극단적 대표로서, 이 시기 프랑스 문학 전체에서 ─『레미제라블』[139]을 생각해 보기 바랍니다─ 전적으로 중심적인 역할을 수행한 극단적 참상의 묘사를 위해 일종의 핵심적 의미를 지니고 있었습니다. 벤야민은 이 시의 해석에서 이 시기 파리에 존재했던 포도주세를 다룹니다. 노동자들은 포도주세 때문에 시외로, 교외banlieue[140] 밖으로 나가 아무튼 그들이 구할 수 있는 한 포도주를 마셨습니다. 그런 다음 돌아올 때면 이 취한 노동자들은 다소 교만하게 취기를 보이고, 이로써 일종의 반항행위를 통해 그들이 본래 물질적으로는 할 수 없었던 일, 즉 취하도록 마시는 짓을 했다는 것을 내보였다고 묘사한 ─이것이 아주 신빙성 있어 보이지는 않지만─ 당시의 프랑스 작가들도 있습니다.[141] 그리고 벤야민은 『포도주』연작에서 이런 종류의 몇 가지 모티프들을 확인할 수 있다고 믿었습니다. 이것이 맞느냐 틀리느냐 하는 문제는 그냥 놓아두고 싶습니다. 본 강의를 염두에 두고 최근 며칠 동안 근래의 자료[142]를 검토해 보니 벤야민의 주장이 우리 사이에 논쟁이 오가던 시절보다는 좀 더 신빙성 있게 여겨졌습니다. 아무튼 그의 경향은 그의 이론상 보들레르 시에서도 핵심적 성격을 지니는 전체 현실의 유물론적 결정성에 대한 문제를 그러니까 포도주세, 싸구려 술집, 넝마주이 등과 같은 개별 경험들로 완전히 직접 환원시키는 것이었습니다. 물론 나는 이때 결코 이 개별 경험들의 의미를 깎아내리려 하지 않았습니다. 하지만 여러분이 이제 유물변증법적 사고, 그러니까 물질적 조건들에 근거해 사회적 사실들을 이론적으로 설명하는 사고에 대해 생각한다면, 포도주세나 교외와 같은 직접적 사실들에 호소하는 것은 물론 그런 이론을 위해 충분하지 않습니다. 그것이 아무리 구체적인 듯해 보이고 그러한 구체화가 매력적이며, 또 겉보기에 아주 눈에 띄는 사실들을 직접 최고의 사변적 범주들과 결합할 수 있었다면 이는 이미 그런 사고를 열광시켰겠지만 말입니다. 바로 이런 성향, 변증법적 사고의 이런 오도를 헤겔은 셸링에게서 감지했으며, 그런 오도에 맞서 사고를 보호하는 것이 본래 헤겔이 셸링에 대한 논박에서 떠맡은 과제들 가운데 매우 중요한 것이기도 했습니다. 이 점에서 벤야민은 헤겔주의자라기보다 셸링주의자였습니다. 당시 나는 벤야민에게 이 경우 볼 수 있는 물질적 모순들과 물질적 긴장들의 개별 모티프들을 지적하는 것으로는 어떤 시의 내용을 변증법적으로 해석하기에 충분하지 않으며, 오히려 유물변증법은 어떤 상황에서도 언제나 그것이 근거로 삼는 개별 자료들이 전체에 의해 규정되어 있고 사회의 총체에 의해 매개되어 있다고 상정해야 한다고, 그러니까 개별 경험들은 그것이 아무리 충격적이고 아무리 확고해도 자체로는 이론적인 사회적 결론들, 사회 이론적 결론들을 끌어내기에 충분하지 못하며, 눈에 띄는 사실들을 단순히 묘사하는 데에 빠지지 않으려면, 우리가 경험하는 이 개별 계기들을 나름으로 사회적 총체의 구조와 관련지어야 한다고 말하려 했습니다. 따라서 예컨대 우리가 전성기 자본주의에 대한 보들레르 서정시의 관계를 다루고자 할 경우, 그리고 사실상 그의 서정시는 전성기 자본주의의 조건들로부터 힘겹게 쟁취한 최초이자 이제까지 능가하지 못한 서정시의 사례이기도 합니다만, 이경우 우리는 보들레르가 직면했던 자본주의 현실의 개별 모티프들을 끄집어내어 그 내용의 해명에 관련짓는 것으로 만족할 수 없고, 이때 예컨대 보들레르에게서 사실상 아주 중심적인 역할을 수행하는 상품의 성격을 사회구조 전체로부터 추론하고, 또 어떤 점에서는 이 서정시에서 상품형식의 주관적 반영을 감지하려 시도해야 하지, 개별적인 동기유발들에 만족해서는 안 될 것입니다.[143]

곁들여 지적하자면 여러분 모두가 이미 들었겠지만 면밀히 생각하는 일은 드물고 또 일반적으로 잊어버리고 있는 변증법적 유물론과 속류 유물론의 차이를 이 대목에서 아주 정확히 묘사할 수 있습니다. 그리고 여러분은 아마 이에 근거해 속류 유물론에 대해 논쟁적으로 반론을 제기한다는 것이 도대체 무엇인지 이해할 수 있을 것입니다. 그것은 결코 속류 유물론에 어떤 좀 더 세련된 유물론이 대립한다는 것을 의미하지 않습니다. 오히려 그것은 물질적 조건들로부터 어떤 과정들이나 정신적 산물들 혹은 다른 무엇이든 해명하려 시도할 경우, 이제 이른바 물질적 모티프들을 직접 해명의 원칙들이라고 곡해하는 데에 만족해서는 안 된다는 것을 의미합니다. 그러니까 달리 말하면 예컨대 속류 경제학이 이른바 이윤추구 혹은 금전욕 혹은 자본가들의 다른 신념적 계기들로부터, 혹은 심리적 모티프들과 완전히 분리해서 단지 이른바 이윤추구로부터만 이제 현실을 추론한다고 믿을 경우, 그것은 사회의 총체로 소급되지 않기 때문에 속류 유물론적 해석일 것입니다. 개별 기업가와 노동자들의 노력들은 이 사회의 총체 속에서 그 위상을 갖게 되기 때문입니다. 즉 전체 개별 자본가들이 천사라고 ―혹은 오히려 성자라고― 상정하더라도, 동시에 자본주의의 조건들 아래에서 경제활동을 하게 되어 있다면, 이는 이 주관적 신념에도 불구하고, 이른바 이윤추구가 아예 존재하지 않더라도, 전체로서의 사회과정들의 진행에는 아무튼 아무 변화도 일어나지 않으리라는 것을 뜻합니다. 또 한마디 덧붙이지만, 내 생각에 오늘날 볼 수 있는 변증법의 유물론 형태를 값싸게 처리하는 아주 흔한 방식들은 바로 다음과 같은 데에 있습니다. 즉 총체의 매개를 통해 사회 현상들을 해명하는 노고를 전혀 기울이지 않고, 그 대신 적수인 유물론적 이론을 향해 이윤추구와 같은 어떤 것, 혹은 흔히들 아주 멋있게 말하듯이 저열한 물질적 모티프들에 근거해 세계를 해명하려 드는 순진성에 빠져 있다고 실제로 비난하는 것입니다. 그리고는 이 어처구니없는 테제를 적수에게 덮어씌운 다음 이처럼 저열한 모티프들과 완전히 다른 어떤 것, 즉 고상하고 고결한 모티프들도 또한 존재한다는 것을 그 적수에게 가볍게 입증할 수 있다고 믿는 것입니다. 내 생각에 여러분이 유물변증법의 문제와 아무튼 대결하고자 한다면, 이러한 생각을 너무 심각하게 받아들이는 일을 제일 먼저 금해야 할 것입니다. 그리고 이 경우 이른바 저열한 모티프들로 세계가 해명된다거나 이윤추구가 인간의 기본특징으로 실체화될 수 있다는 모든 관념들을 청산해야 합니다. 그 대신 사회적 총체, 그러니까 자본주의의 객관화된 정신이라는 사상을 실제 설명의 원칙으로서 진지하게 받아들여야 할 것입니다.

내가 지금 여러분에게 이야기한 바에 대해서는 다음과 같이 응수하고 물을 수 있습니다. "너는 여기서 총체성 개념을 가지고 작업하며 그런 사실을 그 직접성의 상태로는 전혀 파악할 수 없다고 말한다. 하지만 그렇다면 총체성은 어디서 얻는다는 말인가? 벤야민은 아마 전적으로 옳았을 것이다. 사실 포도주세 등은 존재하고, 무엇인가를 염두에 두는 개별 집단들의 특정한 개별 경향들도 존재한다. 반면에 네가 말하는 사회의 총체성을 과학자로서, 학자로서 너는 실제로 전혀 파악할 수 없다. 그것은 단지 너의 형이상학적 테제일 뿐이다." 곁들여 말하자면 이러한 반론은 오늘날까지 실제로 이루어진 사회과학 내부의 변증법적 유물론에 대한 가장 중요한 비판, 즉 막스 베버가 가한 비판의 실제 핵심입니다. 사실 그의 비판은 결코 유물론이 고상한 재화들, 고상한 모티프들이나 그 밖의 어떤 것을 오해한다는 식으로 진행되지 않으며 —또 이는 막스 베버의 비범한 통찰력을 증명해줍니다— 오히려 본래 변증법이 일종의 형이상학이라는 것, 즉 변증법은 부분적인 것이 총체적인 것에 근거해서만 파악될 수 있다고 주장하지만 총체적인 것 자체를 현실적으로 주어진 상태로는 결코 장악하지 못하고 언제나 어떤 개념들을 절대화하고 실체화하며 이로써 변증법의 유물론적 형태가 본래 반대하는 형이상학과 꼭 마찬가지로 자의적인 진술을 할 수밖에 없다고 주장하는 것으로 귀결됩니다.[144] 그다음 과학 활동 내에서 이 문제는 흔히 아주 평범한 방식으로 다루어집니다. 즉 과학자는 자신의 사실들을 수집하고 분류하고 정리해야 한다고 하지만, 그 다음에는 그밖에 직관과 같은 어떤 것이 말하자면 피안에서 오는 어떤 근원처럼 첨부되며, 더욱이 저 유명한 불꽃까지 갖추어 멋지고 깔끔하게 분류된 사실들을 이 불빛 아래 조명하게 되면 인식과 같은 어떤 것이 생겨나리라는 것입니다. 이와 관련해 답변을 찾고 이에 맞서 부분에서 출발하지만 이때 우리에게 직접 주어지지 않은 어떤 전체가 필요할 경우, 실제로 전체와 부분의 관계는 어떤 모습을 취해야 할 것인지 말하는 것, 이것이 실제로 변증법이 이 지점에서 제기하는 어려움이자 요구입니다.

125) 이 경우 아도르노는 아마 신토마스주의 내지 신스콜라철학을 생각할 것이다. 이 학파들은 19세기에 일단 단호히 보수적인 방향을 취하고 근대 철학을 오류라고 본 후, 20세기 전반기에 ―예컨대 마레샬학파(Maréchal-Schule)에서― 헤겔과 생산적으로 대결하고자 수없이 시도했다.(Vgl. B. Lakebrink, Hegels dialektische Ontologie und die thomistische Analektik, Köln 1955; A. Marc, Dialektique de l'agir, Paris 1952). 막스 호르크하이머는 이미 그 이전에 『도구적 이성 비판』의 제2장 ('대립적 만병통치약')에서 신토마스주의 내지 신스콜라철학을 분석했다.(Vgl. Horkheimer, Gesammelte Schriften, a. a. O. [s. Anm. 62], Bd. 6: Zur Kritik der instrumentellen Vernunft und Notizen 1949~1969, hrsg. von Alfred Schmidt, S. 75~104). 아도르노는 이 조류들에 대해 다음다음 번 강의에서 다시 한 번 언급하게 된다. 190쪽 참조.

126) 주석 72) 참조.

127) 막스 셸러(Max Scheller: 1874~1928), 철학자이자 사회학자. 1919년부터 쾰른에서 교수로 재직. 1928년부터 프랑크푸르트에서 철학적 인간학의 공동 창립자로 활동(『우주 속의 인간의 위치 Die Stellung des Menschen im Kosmos』[1926]).
― 셸러의 발언은 확인할 수 없었다.

128) 마르틴 부버(Martin Buber: 1878~1965), 유대 종교철학자 및 사회철학자. 1938~51년 예루살렘 히브리 대학 사회철학 교수로 재직. 마르틴 부버 사유의 중심에는 인간에 대한 인간의, 또 신에 대한 인간의 대화적 원칙이 있다.(Vgl. hierzu seine Schrift 'Ich und Du' 1923).

129) 녹취록 상의 공백.

130) rudis indigestaque moles: 조야하고 형태 없는 덩어리. Vgl. Ovid, Metamorphosen, I. Buch, Vers 7. 오비드는 이로써 『메타모르포제』의 시작부분에서 최초의 세계상태를 묘사한다. "바다와 땅, 그리고 모든 것 위의 지붕으로서 하늘이 있기 전에, 세계 전체 어디서나 단지 한 가지만을 볼 수 있었다. 사람들은 그것을 카오스라고 불렀는데, 그것은 형태 없고 조야하며 거대한 덩어리로서, 짐스러운 무게, 잘못 결합된 사물들의 아직 조화롭지 않은 맹아들 덩어리일 뿐이었다."(Ovid, Metamorphosen, hrsg. und übersetzt von Gerhard Fink, Düsseldorf/Zürich 2004, Vers 5~9, S. 9).

131) '디알레게스타이'의 원래 어의는 사실 '대화하다'이다. 하지만 아도르노는 명백

히 이 개념이 플라톤의 경우 보편개념들의 형성, 그것들의 구분, 그것들의 결합을 통해 정의를 내리는 일 등이 관건인 곳에서 이 개념이 얻게 된 의미를 염두에 두었다. 이와 관련해서는 주석 4) 참조.

132) 아도르노는 강의에서 이 일을 더 이상 수행하지 못했다.

133) 독일에서 게슈탈트이론은 1896년부터 프라하에서 교수로 재임한 크리스티안 에렌펠스(Christian Ehrenfels: 1859~1932)에 의해 창시되었다.(Vgl. ders., Über Gestaltqualitäten. Vierteljahreszeitschrift für wissenschaftliche Philosophie 14[1890], S. 249~292. 막스 베르트하이머(Max Wertheimer: 1880~1943), 아데마르 겔프(Adhémar Gelb: 1887~1936), 쿠르트 골드슈타인(Kurt Goldstein: 1878~1965) —아도르노는 뒤의 두 사람에게서 프랑크푸르트 학창시절 강의를 들었다— 그리고 그 외의 인물들이 20세기 전반기에 게슈탈트이론을 더욱 발전시켰다. 이 이론은 게슈탈트요법의 이론적 기반을 제공했다.

134) '나쁜 형태'라는 개념으로 예컨대 막스 베르트하이머는 생산적 사유가 일단 시작되어야 하는 한 문제의 출발상태를 나타낸다. 그다음에 사유는 —그것에 내재하는 간명성 지향 경향 덕분에— 재구조화 과정을 통해 어떤 전체적 형태를 발견하게 된다. 이 전체적 형태는 사유로 하여금 나쁜 형태에서 좋은 형태로의 이행을 수행할 수 있게 해 준다.(Vgl. Max Wertheimer, Drei Abhandlungen zur Gestalttheorie, Erlangen 1925). —막스 베르트하이머는 1929~1933년 프랑크푸르트에서 심리학 정교수로 재직했다.— 아도르노는 게슈탈트이론에 대한 비판을 여기서보다 『인식론 메타비판』에서 더 명확하게 정식화했다. "사람들은 게슈탈트이론이 실증주의적 실험조건에 의거한 자료에서 직접 형이상학적 의미를 발견하려 했다고 비난했는데 이는 근거 있다. 게슈탈트이론은 탈마법화의 대가를 치르지 않으면서 과학으로 등장했다. 그래서 게슈탈트이론은 분열된 현실을 이데올로기적으로 은폐하는 데에 기여한다. 게슈탈트이론은 분열의 조건들을 지적하는 대신 현실을 분열되지 않고 '행복한' 것으로 안다고 주장하는 것이다."(Gs 5, S. 164).

135) 43쪽 이하 참조.

136) Vgl. Kant, Kritik der reinen Vernunft, a. a. O. [s. Anm. 49], S. 206.

137) Vgl. Walter Benjamin, Charles Baudelaire. Ein Lyriker im Zeitalter des Hochkapitalismus; in: Walter Benjamin, Gesammelte Schriften, [s. Anm. 26], Bd. I-2, hrsg. von Rolf Tiedemann und Hermann Schweppenhäuser(1974), S. 509~690. — 아도르노가 언급하고 있고 또 그가 이하에서 설명하고 있는 논쟁은 1938/39년 그와 벤

야민 사이에 오간 편지들에 기록되어 있다.(Vgl. Theodor W. Adorno, Briefe und Briefwechsel, hrsg. vom Theodor W. Adorno Archiv, Bd. I: Theodor W. Adorno/ Walter Benjamin, Briefwechsel 1928~1940, hrsg. von Henri Lonitz, Frankfurt a. M. 1994, S. 364ff.). 벤야민은 계획은 했지만 완성하지는 못한 보들레르 연구서의 중간 부분을 출판하도록 사회연구소에 보냈다. 이 첫 판본을 아도르노는 1938년 11월 10일 자 편지에서 철저하게 비판했다. 그 핵심은 그가 이 강의의 진행과정에서 정식화하는 비판과 일치한다. 또 이 비판 때문에 벤야민은 자신의 해석을 —물론 제2장 '산책자'의 일부만— 포괄적으로 개조하게 되었다. 벤야민 텍스트의 첫판본은 전집 속에 '보들레르가 본 제2제정기의 파리(Das Paris des Second Empire bei Baudelaire)'라는 제목으로 발표되었다.(Vgl. Benjamin, Gesammelte Schriften, a. a. O. [s. Anm. 26], Bd. I-2, hrsg. von Rolf Tiedemann und Hermann Schweppenhäuser[1974], S. 511~604). 개정판 제목은 '보들레르의 몇 가지 모티프들에 대해(Über einige Motive bei Baudelaire)'(ebd. S. 605~653).

138) Ebd., S. 519~23.

139) Victor Hugo(1802~1885), Les Misérables(1862); deutsch: Die Elenden, übers. von Paul Wiegler, Zürich 1998.

140) Banlieue: 교외, 시외를 나타내는 프랑스어(본래 'Bannmeile'). 사실 아도르노는 '교외 바깥'이라고 말하지만 뜻하는 것은 '관세장벽(barriére) 바깥'이다. 이것이 녹취기록 상의 오류인지 아니면 아도르노의 착오인지 이제 의문의 여지없이 해명될 수는 없다. 하지만 사실상 교외 자체가 논란이 되는 것은 아니고, 도시와 교외를 구분하고 포도주세를 올려놓은 관세장벽이 문제였다.(Vgl. Walter Benjamin, Gesammelte Schriften, a. a. O. [s. Anm. 26], Bd. I-2, hrsg. von Rolf Tiedemann und Hermann Schweppenhäuser[1974], S. 520).

141) 여기서 뜻하는 것은, Honoré-Antoine Frégier, Des classes dangereuses de la populations dan des grandes villes, et des moyens de les rendre meilleures, Paris 1840. 아도르노는 여기서 벤야민의 사고과정을 논평하고 있다.

142) 자료라는 말로 아도르노는 벤야민의 텍스트 및 이 주제에 관한 자신들의 서신교환을 뜻한다[주석 137) 참조].

143) 1938년 11월 10일 자 편지에서 아도르노는 벤야민에게 이렇게 썼다. "내가 많이 착각하지 않는다면, 이 변증법에는 하나, 즉 매개가 부족합니다. 전적으로 한 가지 경향, 즉 보들레르의 실용적인 내용들을 그 시대 사회사의 인접한 특징들에, 그것도 가능한 한 경제적인 성격의 특징들에 관련짓는 경향이 주도적입니다.

나는 예컨대 주제에 관한 대목(I, S. 23), 바리케이드에 대한 어떤 설명들, 혹은 이미 시작된 아케이드와 관련된 대목(II, 2) 등을 생각하는데, 특히 이 대목이 문제라고 여겨집니다. 바로 여기서는 어떤 원칙적인 이론적 고려에서 생리학을 거쳐 산책자의 '구체적' 묘사에 이르는 이행과정이 파손되어 있기 때문입니다. (…) 나는 (…) 아무튼 그 특수한 성격의 구체적인 것과 행동주의적 특징들에 대한 혐오감과 관련해 당신에게 이론적 근거를 제시하고자 시도합니다. 하지만 이는 상부구조 영역에서 나오는 눈에 띄는 개별 특징들을 상부구조의 인접한 특징들과 매개되지 않은 채 어쩌면 심지어 인과적으로 관련지음으로써 '유물론적으로' 표현하는 것을 내가 방법적으로 불행한 것이라고 여긴다는 것일 뿐입니다. 문화적 성격의 유물론적 결정은 전체과정을 통해 매개됨으로써만 가능합니다."(Theodor W. Adorno/ Walter Benjamin, Briefwechsel 1928~1940, a. a. O. [s. Anm. 137], S. 366f.). 벤야민의 성향을 이해하려면 다음 사실을 보완해야 한다. 즉 그는 아도르노가 접한 부분에서 사회사에 대한 구체적 개별 연관들을 문헌학적으로 강조하는 작업을 아도르노가 비판한 매개와 우선은 의식적으로 분리하고, 이러한 매개를 계획 중이었던(하지만 집필하지 못한) 제3부에서 수행하려 했던 것이다.

144) 막스 베버는 1904년에 나온 논문 「사회과학적 인식 및 사회정치적 인식의 '객관성'(Die 'Objektivität' sozialwissenschaftlicher und sozialpolitischer Erkenntnis)」에서 '이상형(Idealtypus)'에 대해 설명한다. 이때 그는 아도르노가 언급하듯이 마르크스를 겨냥하는 형이상학비판을 최소한 단초적으로 정식화한다. "이제까지 우리는 이상형들을 본질적으로 단지 연관관계들의 추상적 개념들로만 알아왔다. 즉 사건의 흐름 속에 계속 남아, 제반 발전이 이루어지게 하는 역사적 개인들이라고 상상했다. 하지만 이제 사회과학들의 목표가 현실을 '법칙들'로 환원하는 일이어야 한다고 보는 자연주의적 선입견을 '전형' 개념의 도움으로 지극히 쉽게 다시 끌어들여 써먹는 어려움이 등장했다. 즉 발전들도 이상형으로 구성되며, 이러한 구성들은 아주 두드러진 발견술적 가치를 지닐 수 있다. 하지만 이 경우 이상형과 현실이 서로 혼합될 위험이 상당히 높다. (…) 이상형적 발전구성과 역사는 엄격히 구분해야 할 두 가지 사안이다. 이 경우 구성은 단지 계획적으로 어떤 역사적 과정을 우리 인식의 수준에 따라 가능한 원인들의 범위에서 얻은 그 현실적 원인들로 타당하게 설명하는 수단이었다는 점을 항상 염두에 두는 한 그런 과정은 방법론적으로 아무 염려거리가 되지 않는다. (…) 우리에게 지극히 중요한 이상형적 구성의 사례, 즉 마르크스를 통해 설명하는 것은 의도적으로 피해왔다. (…) 따라서 여기서는 단지 마르크스주의 특유의 '법칙들'과 발전구성들이 물론

모두 ―이론적으로 오류가 없는 한― 이상형적 성격을 지닌다는 점만을 확인하
도록 하겠다. 마르크스주의 개념들로 작업한 사람이라면 누구나 이 이상형들을
현실과의 비교에 써먹을 때의 그 뛰어나고 실로 유일무이한 발견술적 중요성과
마찬가지로, 그것을 경험적으로 타당하거나 심지어 실재적인(즉 사실은 형이상
학적인) '작용력들', '경향들' 등으로 상상하자마자 야기되는 그것의 위험성을 알
고 있다."(Max Weber, Die 'Objektivität' sozialwissenschaftlicher und sozialpolitischer
Erkenntnis, in: Max Weber, Gesammelte Aufsätze zur Wissenschaftslehre, Tübingen
1922, S. 146~214, S. 203~205).

여러분 안녕하십니까.

지난 시간에 나는 여러분에게 헤겔 철학에서 전체와 부분의 관계가 초래하는 난관들과 이 난관들의 가능한 해소에 관해 세부적인 것을 말하기 시작했습니다. 이때 우리는 이 어려움이란 개별적인 것이 개별적인 것으로서는 파악될 수 없고 오히려 개별적인 것은 언제나 전체에 근거해 파악되어야 한다는 데에 있다는 사실에 부딪쳤고, 또 그에 반해 통상적 논리학과 아울러 유행하는 심리학은 전체가 우리에게 결코 적합하게 주어지지 않고 언제나 그 부분들만이 주어진다고 주장한다는 사실에 직면했습니다. 이로써 우리에게는 개별적인 부분들을 아무튼 이해할 수 있게 해 주는 전체에 대한 예기Antizipation의 문제가 제기된 것입니다. 하지만 이 문제를 적합하게 해결하거나 적어도 변증법이 이 난관에 대해 어떤 태도를 취하는지 묘사하기 위해서는 —변증법은 이 난관을 제거할 수 없는데, 만일 그럴 수 있다면 아무런 인식론 문제도 없을 터이고, 실제로 전체가 직접 주어지고 말하자면 주체와 객체가 일치할 터이기 때문입니다—, 이제 여러분에게 널리 퍼져 있는 사유습관들에 맞서 다시 몇 가지를 요구하는 심사숙고를 하도록 할 수밖에 없습니다. 그런데 이러한 심사숙고는 지난 번 사회학 세미나 중에도 직면했던 것이기도 합니다.[145] 즉 나는 전체라는 것이 실제로 뒤늦게 존재하는 것인가, 사실상 우리의 경험이 부분들에서 시작하고 그다음 서서히 전체로 올라가는가 하는 질문을 제기하고 싶습니다. 이 문제를 잘못 이해하지는 말기 바랍니다. 나는 지금 이 문제를 지각심리학적으로 혹은 게슈탈트이론적으로, 즉 우리에게 우선 어떤 복합체 내지 어떤 형태가 주어지고, 그로부터 비로소 반성을 통해 개별 계기들이 드러난다는 의미에서 말하는 것이 아닙니다. 오히려 나는 이때 훨씬 더 포괄적이고 본래적인 의미에서 철학적인 사태를 생각합니다. 즉 우리의 경험은 도대체 어떻게 조직되어 있는가, 따라서 우리가 아무튼 어떻게 인식하는가 하는 사태를 생각합니다. 이때 나에게는 우리가 부분들을 지각하고 그 다음 이 부분들을 유사성과 상이성에 따라 배열하고 다음에 분류하고 또 이런 식으로 보편적인 개념과 마침내 보편적인 이론으로 상승한다는 통상적 과학논리학의 주장이 사실은 우리 인식의 실상과, 그러니까 아주 간단히 말해서 우리가 실제로 인식하는 바와 아주 멀리 떨어져 있는 일종의 구성인 듯해 보입니다. 우리가 그처럼 인식론이라고 부르는 것이 도대체 우리가 실제로 인식으로서 수행하는 바에 얼마나 합당하며, 이때 과학들의 타당성 요구로부터 추론되었지만 우리의 살아 있는 경험과는 비교적 별 관계가 없게 된 규범들이 어느 정도 관건이냐 하는 것이 언젠가 아주 원칙적으로 철저히 다루어야 할 문제인 것처럼 말입니다. 물론 과학은 우리의 살아 있는 경험이 타당한 한 다름 아닌 과학적 명제들로 변형될 수 있어야 한다고 주장합니다. 하지만 바로 이 변형이야말로 지극히 문제적이며 결코 진지하게 실행되지는 않았습니다. 그럼에도 우리의 생생한 인식은 무수한 통찰들로 구성되며, 우리는 그 타당성 혹은 진리를 —이 점을 좀 더 강조해서 말하겠습니다— 과학적 명제들로의 변형이 이루어지지 않을 때에도 받아들이며, 심지어 아주 중요한 의미에서, 즉 우리 자신의 진리 혹은 우리에게 고유한 진리로 받아들이기도 합니다. 내 주장은 다름 아니라 우리가 어떤 의미에서 —그리고 나는 지금

물론 헤겔도 그랬듯이 본질적으로 과학들의 조직화된 경험이 아니라 우리의 사회적 역사적 경험에 대해 생각하면서 말합니다— 그러니까 특수한 개별 상황들을 경험하고 그 다음 그것에 근거해 우리가 살고 있는 어떤 총체성에 대한 견해 내지 어떤 총체성 개념으로 점차 상승해가기보다, 기본적으로 우리가 살고 있는 체계를 알게 되고 우리가 얽혀 들어가 있는 현실을 우리 자신에게서an uns 경험한다는 것입니다. 한편으로 —내 생각에 이 점을 게슈탈트이론에 맞서 비판적으로 주장해야 할 것입니다— 전체가 그 속에 담겨 있는 개별 계기들에 비해 하나의 추상산물인 것과 전적으로 똑같이 개별자도 그 나름으로 우리 경험의 총체에 비할 때 하나의 추상 산물입니다. 양자 사이의 직접적인 통일은 존재하지 않으며 다름 아니라 한 과정의 관계가 존재할 뿐입니다. 그리고 과학의 질서는 그것이 분류법적으로 산출해낸 위계, 즉 개별 관찰들에서 보편적 개념에 도달하는 위계가 실제로 현실 자체의 특성과 동일하다고 우리에게 설득하려는 한에서 사태를 뒤집어 놓는 것입니다. 그것은 본래 스피노자Spinoza의 명제에서 최초로 표현된 것입니다. 그에 따르면 관념의 질서는 사물의 질서와 같은 것입니다ordo idearum idem est ordo rerum.[146] 이 명제는 나에게 독단적으로 관념론적인 듯해 보이는데, 이에 대해서는 아마 데카르트와 관련하여, 또 과학적 방법의 근원적 유형인 데카르트의 방법에 대해 변증법의 관점에서 가하게 될 비판과 관련하여 다시 다루게 될 것입니다.[147]

나는 이른바 개별 자료들에 대해 알기보다 오히려 내가 어떤 세계에 살고 있는지를 압니다. 무엇보다 압박과 부자유의 계기, 사람들이 이 시대 사회학에서 '사회적 역할'이라는 중립적 표현으로 묘사하는 바, 그러니까 기능들에 근거하는 존재das Auf-Funktionen-gestellt-Sein, 상대적으로 추상적이라 할 수 있는 이 모든 것이 의식에서는 상하 관계Vorgesetztenverhältnis나 기업풍토 혹은 그 밖에 사회적 상황들로서 존재할 수 있는 무엇이든, 예컨대 집단 내의 팀-상황, 가족 상황 등의 특수한 상황들보다는 오히려 비교가 안 될 만큼 더 많이 드러납니다. 물론 여러분은 이에 대해 정말 심리학적으로 말하고 싶다면 개체발생적으로 이 관계의 근원상을 일반적으로 가족제도 속에서 찾을 수 있다고 말할 수 있을 것입니다. 하지만 여러분이 일단 실제로 여기서 발생적인 것을 철학적인 것에 맞서 전면에 내세울 경우에조차, 이렇게 말해야 할 것입니다. 즉 아주 어린 유아도 결코 아버지의 구체적 위협이라는 경험에서 좀 더 보편적인 위협들로 상승하는 어린 학자처럼 반응하지는 않으며, 오히려 우선 아이는 위협 일반과 같은 어떤 것, 즉 불안을 일단 경험합니다. 그다음에 비로소 이른바 특수한 상황의 [특정] 구체화, 즉 그것이 화난 아버지 때문이라는 점이 점차 그런 상태에 연관될 것입니다. 하지만 우리가 일단 이 발생적 계기들을 논외로 하고 완전히 발전한 사회 내부의 상황과 관계할 경우, 실제로 직접적인 것, 즉 우리가 처음 지각하는 것은 우리가 빠져드는 특수한 상황이라기보다 오히려 일반적인 상황입니다. 이는 예컨대 일반적으로 개가 상당히 정확히, 옷을 잘 입은 사람들이 방에 들어오면 꼬리를 치고, 덜 차려입은 사람들이 들어오면 반응도 덜 하며, 심지어 넝마를 입은 사람이 문 앞에 나타나면 짖기 시작하는 식으로 반응하는 것과 마찬가지입니다. 내 생각에 일반적으로 인간의 경험은 이런 식으로 조직됩니다. 물론 나는 이런 관점에서 인간과 동물의 차이는, 관념론 철학이 우리에게 주입하여 우리의 나르시시즘에 아부하고 우리로 하여금 가능한 한 무제한의 윤리적 노력을 기울이도록 부추기려는 것처럼 그렇게 심각한 것으로 받아들 수는 없다고 확신합니다.

하지만 사실이 그렇다면, 그러니까 아주 섬세하게 이해해야 할 어떤 의미에서 과학의 조직과 반대로 우리가 실제로 특수한 것보다 앞서 오히려 전체를 의식한다면, 또 우리가 특수한 경험이라고 칭하는 것이 나름으로 이미 반성의 산물이라면, 우리는 변증법적 처리방식을 위한 하나의 정식화를 찾을 수 있을 것입니다. 물론 이 정식화에서는 변증법적 사유, 바로 헤겔적 사유의 아주 위험한 계기가 드러나기도 합니다. 그러니까 이렇게 말할 수 있습니다. 변증법적 사유의 과제는 순진성을, 즉 우리가 아직 조직화된 사유를 통해 어리석어지지 않은 한에서 가지고 있던 일종의 세계에 대한 견해를 부활시키는 것이라고 말입니다. 다시 말하면 변증법의 과제는 반성을 통해 정립된 구분과 대상화의 계기들을 반성을 관통하며 다시 지양하는 것이라고 할 수 있습니다. 여기에는 한 가지 위험스러운 사고가 담겨 있다고 하겠습니다. 그리고 이 위험에 대해 언급할 때 나는 다름 아닌 헤겔 자신을 염두에 두고 있습니다. 왜냐하면 헤겔의 경우 —그의 경우에는 방금 내가 정식화한 사고가 커다란 역할을 수행합니다— 이러한 사고가 그의 긍정적 세계관을 토대로, 그가 실제로 정신이 관철된다고, 정신이 절대적이고 유일하게 실체적이라고 생각한다는 점을 토대로 다음과 같은 [형태를] 취하기 때문입니다. 즉 변증법을 수단으로 하여, 다소 반성 이전에 존재하는 단순한 긍정이라는 의미의 순진성이, 그러니까 주어진 상황, 주어진 실증적 견해들, 주어진 종교들을 단순히 받아들인다는 의미에서, 주도권을 얻게 되는 것입니다. 이는 사변 철학이 반성에 맞서 믿음과 공동의 업무를 수행한다는 의심적은 헤겔의 명제로 표현됩니다. 이러한 정식화는 사실상 말 그대로 헤겔에게서 찾아볼 수 있습니다.[148] 하지만 내가 여러분에게 지난 시간에 설명한 바와 같이 헤겔의 경우에 실로 주도적인 원론적 동일성 구상을 포기하고 그 대신 열리고 파손된 변증법 개념을 갖게 될 경우 그러한 요구는 떨어져 나간다는 것은 명백합니다. 그러나 사유가 스스로에 대해 반성함으로써, 즉 자신이 대상을 도막 내고 잘라내고 단순히 지배적으로 정리하는 존재임을 의식함으로써, 본래 사유 스스로가 초래한 책임을 제거하거나 제거의 준비를 도우려 시도하는 듯하다는 것은 확실히 변증법의 모티프들 가운데 상당히 본질적인 것입니다.

　나는 우리가 실제로 압박을 먼저 감지하며 또 먼저 압박을 감지하는 한 특수한 것보다 총체를 더 감지하며, 그에 비할 때 상황들은 전체와 꼭 마찬가지로 추상적이라고 말했습니다. 이 경우 여러분은 그러한 것이 실은 비교적 모호하고 명확하지 못한 경험이며 또 이 경험을 인식의 과제, 즉 실제로 책임 있는 인식과 무조건 동일시할 수는 없다고 말할 수 있습니다. 나는 당연히 이러한 반론이 전적으로 정당하다고 인정합니다. 그리고 변증법적 사유에 대해 이론이 지니는 특유한 의미는 바로 다음과 같은 데에 있다고 말하겠습니다. 즉 이론은 실제로 어떤 선행적인 것으로서 언제나 이미 현존하는 전체에 대한 의식과, 또 나름으로 다시 전체에 의해 매개되어 있는 그다음의 특수한 개별 소여들 속에 침투하여 그것들이 서로 일종의 일치상태에 도달하도록 하려는 시도입니다. 말하자면 한편으로 ─나는 여기서 여러분에게 일단 변증법을, 여러분이 변증법적으로 사유하고자 할 경우 여러분 자신의 사유 속에서 아무튼 시험할 수 있는 일종의 프로그램 내지 일종의 지침으로 정식화하고자 하겠습니다─ 변증법은 언제나 그것이 관여하는 자료들을 이론에 비추어 평가해야 하며, 따라서 단순하게 그것이 스스로 나타나는 그대로 순진하게 받아들여서는 안되고 이론을 통해 매개된 전체에 비추어 투명해지도록 만들려고 시도해야 합니다. 하지만 다른 한편으로 변증법은 그와 마찬가지로 그것이 실제로 접근해 가는 특수한 경험들을 상대로 이론을 열린 상태로 유지해야 하고, 이 경험들에 맞서 또한 그와 마찬가지로 어떤 확고한 것, 어떤 종결적인 것을 형성해서는 안 됩니다.

여기서 내가 전체, 혹은 조직화된 인과적 기계적 분류법적 인식을 넘어서는 계기의 의미를 규정할 경우, 두 가지를 말해야 할 것입니다. 첫째, 이 경우 한 가지 계기가 관건이라는 점, 그러니까 ─나는 어느 정도 우리 자신의 인식을 단순히 처리하는 방식이라는 의미에서 중요하면서도 헤겔의 경우 지극히 어렵게 전개된 모티프를 여기서 여러분에게 다시 옮기는 셈입니다─ 여기서 내가 여러분에게 부각시키는 이 계기가 실제로 단지 하나의 계기일 뿐이라는 점, 따라서 그것이 결코 전체가 아니라는 점, 그리고 여러분이 인식은 전체적으로 그러한 이론적 예상들 혹은 단순한 이론으로 이루어진다고 믿어서는 안 된다는 점입니다. 만일 인식이 그와 같은 것이라면 인식은 원칙적으로 매 순간 될 수 있는 것일 테고 이로써 인식은 세계의 어떤 힘으로부터도 아프리오리하게 보호받지 못할 것이며, 말하자면 인식은 어떤 망상 체계로 전락할 것입니다. 나아가 나는 여러분에게 특히 리하르트 크로너를 비롯한 수많은 사람이 이 대목에서 변증법의 본질이라고 간주한 바를 추종하는 것, 그러니까 나에게 어떤 보증된 것, 주어진 것으로서 결코 현존하지 않는 어떤 포괄적 전체라는 이 계기의 수용을 이제 직관이라는 불행한 개념과 동일시하는 것을 경계하고 싶습니다.[149] 이 직관 개념은, 아무튼 그것이 어떤 정당성을 얻는 한에서, 어떤 배타적인 것으로서가 아니라 실제로 인식과정 속의 한 계기로서만 정당성을 얻을 뿐입니다. 나는 일단 여기서 잠시 베르그송이 이룩한 것처럼 완전히 구성되고 명료하게 정리된 직관 철학은 논외로 하고자 합니다. 그의 철학에서는 이 개념이 매우 세분되고 변형되어 내가 지금 여러분에게 말하고자 하는 바는 그것에 제대로 적용되지 않습니다. 여기서 나는 여러분이 확실하게 챙겨서 편한 마음으로 집에 가져갈 수 있는 것을 넘어서는 어떤 인식들을 얻게 될 때면 늘 반복해서 일종의 자동 해결책처럼 발견하게 되는 논증에 여러분을 대비시키고 싶습니다. 이때 여러분은 다음과 같은 이야기를 듣습니다. 사람들이 우호적일 경우 "아하, 그건 직관의 계기인데, 엄청나게 고무적이다"라고 말할 것입니다. 여기에는 일반적으로 이미 어떤 특정한 비호감이 감추어져 있습니다. 즉 '엄청나게 고무적'이지만 실제로 조금은 어떤 유치한 충동이며, 아무도 직관을 갖지 못하면 어떤 과학도 아예 존재할 수 없기 때문에 아무튼 진지한 과학자가 사용하는 것이긴 하지만, 이 경우 과학의 의미는 이 직관을 가능한 한 신속히 사소한 것으로 바꿔놓고 그것이 이제 아무 마찰 없이 인식의 체계적 조직 속에서 지양되도록 신경 쓰는 것입니다. 나는 인식과정 속에 그러한 직관들이 얼마나 존재하느냐 하는 문제에는 결코 깊이 관여하지 않겠습니다. 물론 나는 어떤 인간에게 무엇인가가 떠오른다면 그가 생생한 정신적 경험을 한다는 증거라고 확실히 믿습니다. 어떤 인간에게 아무것도 떠오르지 않을 경우 그는 일반적으로 대개 아둔합니다. 즉 그럴 경우 그는 자신의 대상과 아무런 관계도 가지지 못합니다. 또 일반적으로 착상의 계기로 지칭되는 계기를 내포하지 않는 이른바 단순히 논리적인 지성은 근본적으로 단지 자체를 맴돌며 사태와 전혀 아무 관계도 지니지 못하는 부류의 지성입니다. 하지만 이 모두를 일단 논외로 할 경우, 베르그송이 직관을 일종의 특수한 고유의sui gegeris 인식원천으로, 어떤 특수분야로 다른 인식방식들과 대립시킨 것은 전적으로 그릇된 것입니다. 또한 사실상 이 점이야말로 셸링 및 헤겔과 공유하는 단순한 반성적 사유에 대한 비판에서 그가 범한 주요 오류라고 하겠습니다. 범주들이나 질서개념Ordnungsbegriff들로의 구분, 작은 상자 속의 사유, 단순히 분류법적이고 완결되고 기계적인 개념들을 통한 사유 등을 지칠 줄 모르고 비판한 베르그송이 자신이 올바르다고 간주한 인식의 종류를 그 나름으로 작은 상자 속에 집어넣고 마치 그것이 인식과정의 총체와 전적으로 분리되어 있는 어떤 것인 듯이 다루었다는 것은 기이한 역설입니다. 내 생각에 직관에 대한 이러한 견해는 근본적으로 그릇된 것입니다. 우리가 정당하게 직관이라고 칭할 수 있는 것은, 그 개념이 예컨대 그것을 각별히 애용하는 오페레타 작곡가들의 은어에서 의미하는 것 그 이상을 의미하려면, 조직화되지 않은 ―일단 잠시 심리학적으로 표현해도 좋다면― 전의식적 경험에 근거하는 일종의 인식입니다. 말하자면 이러한 경험에 반성의 시선이 닿게 되면 어떤 특정한 순간에 의식의 표면으로 나오며, 또 이처럼 등장하는 순간 갑작스럽고 뜻밖이며 산만한 성격을 띠는 것이라 하겠습니다. 하지만 이 경우 논리실증주의자들은 아마 직관이라 지칭되는 혹은 비난받는 개념들에 그 산만하고 구속력 없는 성격이 어울린다고 말할 텐데, 그러한 성격은 이 통찰들이 하늘에서 떨어진 것이기 때문이 아니라, 그것들이 언제나 —이 점을 비록 베르그송도 그렇게 명확히 표현한 적은 없지만 의문의 여지 없이 본래 의도한 바입니다— 본래 생생한 경험 혹은 생생한 인식이 우리에게 미리 주어진 인습적이고 사물화된 견해들과 개념들의 껍질을 깨고 나오는 순간들, 그러니까 우리가 실제로 무엇인가를 인식하는 순간들, 우리의 사유가 그때그때 이미 존재하는, 대상에 대한 이미 사회적으로 인정된 통찰에 만족하지 않고 자신이 다루는 사태에 도달하는 순간들을 나타내기 때문입니다. 이 경우 우리의 사유는 일종의 충돌 내지 일종의 폭발에 도달합니다. 사람들이 늘 우리에게 말해주는 이른바 직관적인 것의 갑작스럽고 번쩍하는 성격은 실제로 이러한 갈등으로부터 나오는 것입니다. 하지만 인식 과정 자체 혹은 직관의 기원에 관해 말하자면 그것은 결코 그처럼 갑작스러운 것이 아닙니다. 오히려 그 뒤에는 우리 내면에서 이루어지는, 그리고 우리가 통제되지 않은 채 사유하고, 우리 의식의 자유와 같은 것을 유지하고, 우리의 사유를 종속시키게 될 규범에 의해 우리의 사유가 아직 정돈되지 않은 방식으로만 생생하게 이루어지는 경험들의 완전한 결합물이 있는 것입니다.

이 점이 바로 직관 개념에 대해 내가 말하고자 한 것입니다. 직관 개념 자체는 본래 변증법적 의미를 지닐 뿐이라고 말할 수 있습니다. 즉 직관을 갑작스러운 것으로 나타내주는 것은 실제로 경직되고 대상화된 개념들이 살아 있는 지식으로 전도되는 것일 뿐입니다. 이러한 전도는 아직 미리 소화되지 않고 아직 조직되지 않은 우리 경험의 개념들이 반성될 경우에 때때로 일어나는 것입니다. 따라서 직관 자체는 다름 아니라 언제나 미리 생각한 개념들 속에서 이루어지는 것이 아니고 그 심리적 차원에 비춰볼 때 또한 일반적으로 명석 판명한 지각과 동일시되지만 결코 이와 단적으로 동일한 것이 아닌, 배후에 있는 개념의 운동 덕분에 객체가 운동-에-

들어서는 것의 일종입니다. 하지만 나는 이론 역시 직관과 마찬가지로 내가 여러분에게 이 자리에서 방금 묘사하고자 시도한 이 변증법적 성격 덕분에 그 나름으로 또한 중단되어서는 안 되고, 오히려 이론 자체 속에서는 당연히 그때그때 인식 대상의 자체 모순적인 본질이 작동하며, 그래서 모든 이론은 열려 있다는 점, 그러니까 ―우리의 출발 주제로 돌아가자면― 이론도 완결된 것으로 생각할 수 없다는 점을 다시 한 번 말하고 싶습니다. 이 점은 아마 내가 지금까지 다룬 어려움처럼 그렇게 분명한 것은 아니겠지만 둘째의 어려움이라고 하겠습니다. 한편으로 ―여러분이 그것을 다시 한 번 좀 더 분명히 의식하도록 하자면― 나는 일반적으로 언제나 전체에 대한 지식도 갖고 이 전체에 대한 지식에 비춰 평가하는 한에서만 개별자를 인식합니다. 하지만 다른 한편으로 이 전체 또한 어떤 완성된 것, 어떤 완전한 것으로서 나에게 주어지는 일은 결코 없으며, 내가 그것을 그처럼 완결된 것, 완전한 것으로 활용하는 순간, 즉 사람들이 말하듯이 그로부터 단순한 결론들을 이끌어내는 순간 그것은 실제로 언제나 이미 허위가 됩니다. 사실 원과 그 부분들에 대한 관념과 반대로 내가 여러분에게 말한 것처럼 전체는 그 나름으로 변증법 이론의 의미에서 어떤 추상적 상위 개념으로부터가 아니라 그 부분들의 운동으로부터 추론됩니다.

변증법을 일반원리 속에 받아들였다고들 주장하는 곳, 즉 동구권에서, 바로 이 계기가 실제로 완전히 묵살된다는 점, 즉 여기서는 실제로 변증법이 많든 적든 간에 확고한 ―대개는 많이 확고한― 일종의 체계로 혹은 테제들의 나열로 경직되며, 이로부터 간단히 개별자가 추론되고 무엇보다 그로부터 개별자가 그때그때 판정받는다는 점이야말로, 내게는 사실상 변증법 이론이 무너지고 있는 결정적 징후라고 여겨집니다. 그래서 예컨대 본래 젊은 시절에는 논란의 여지 없이 유물론 형태의 변증법에서 변증법 개념 일반을 다시 일깨운[150] 공로가 있는 게오르크 루카치의 후기 저술 전체 곳곳에서는, 순전히 독단적인 변증법으로 인해 사실상 전혀 변중법에 도달할 수 없으며, 변증법에서 차용한 고정된 개념들로 온갖 가능한 가치판단들이 날조된다는 사실을 확인할 수 있습니다. 예컨대 여러분에게 한 가지 구조만 말하자면, 루카치는 상승하는 시민계급과 몰락하는 시민계급의 이론을 만들었는데, 그의 경우 예술에 대한 관계가 문제인 한 이른바 상승하는 시민계급의 작품들은 훌륭하고 높은 질을 지닌다고 합니다. 몰락하는 시민계급의 작품들이 문제인 한에서 ㅡ그리고 이는 루카치의 사유에서 이미 아주 일찍부터, 그러니까 플로베르와 인상주의에서 시작됩니다ㅡ 모두가 꼭 어느 통일사회당 당비서가 상상하듯이 형편없고 비난받을 만한 것입니다. 이때 그는 자신이 언젠가 그토록 힘주어 강조했던 범주, 즉 사회의 총체성 범주를 완전히 잊어버립니다. 이 경우 그는 사회가 자체 내에서 계속해서 움직인다는 점을 망각합니다. 또 특히 그가 언젠가 두드러지게 강조한 사실, 즉 계급으로서의 프롤레타리아트는 시민계급과 반대로 문화적 특권으로부터 배제되었다는 점 때문에, 또 일련의 다른 문제들 때문에 이제 결코 정신적으로 가장 진보적인 계급은 아니며, 그래서 정신적으로 아무튼 실체적인 것은 시민적 발전의 영역 속에서 전개되었다는 점을 잊고 있습니다. 또한 ㅡ시민사회에 대해 여전히 아주 비판적인 입장을 취할 수는 있습니다만ㅡ 이 비판은 그것이 정신적인 일들과 관련되는 한 실제로 이 시민 정신의 자체운동 속에 파고드는 [만큼] ㅡ이 시민 정신 속에는 어떤 의미에서 전체 사회의 발전도 그 그림자를 드리우며 드러납니다ㅡ 그 대상을 얻게 된다는 점을 잊어버립니다. 하지만 그는 이러한 일을 실행하지 않음으로써 실제로 우리 세대가 15살이 되면 기피하게 되는 고등학교 교사 유형의 판단들에 도달합니다. 그는 월터 스콧Walter Scott을 위대한 문학가로 간주하고, 카프카와 조이스를 독점자본주의의 기관원으로 여기기에 이릅니다. 이를 통해 나는 여러분에게 어느 정도 노골적으로, 하지만 부당하지는 않게, 변증법적 이론도 포함하여 이론이 그것으로 사유되는 대상에 대한 살아 있는 관계와 대비해 경직될 경우, 그 반대로 이른바 주어져 있는 것에 직접 매달리고 전체와 그것의 매개상태를 파악하지 않을 경우와 비슷하게, 어떻게 허위가 되고 불길해지는지 보여주었다고 생각합니다.

이제 변증법적 사유 특유의 난관들에 대한 생각을 계속해 봅시다. 이는 동시에 여러분을 변증법적 사유의 구체적인 문제점 속으로 끌어들인다는 의도에 따르는 것이기도 합니다. 변증법적 방식은 자연과학들에서 고전적인 모델로서 우리가 대면하게 되고 실제로 다루어지는 전통 과학에서 되풀이하여 접하게 되는 단계적 사유Schritt-für-Schritt-Denken가 아닙니다. 이 점은 여러분 가운데 일반적인 과학이론 및 논리학의 교육을 받아 온 사람들에게 확실히 어려움들을 제기하게 될, 변증법적 사유에 대한 또 하나의 요구라고 믿습니다. 그러니까 아주 괴기해 보이기는 합니다만 변증법적 사유 속에서는 계기들이 전통적 사유 방식에서보다 훨씬 더 긴밀하게 서로 관련되어 있는데도, 변증법적 사유에는 본래의 체계화가 결여되어 있다는 의미에서 비과학적이라는 비난이 되풀이하여 제기되는 것입니다. 그 밑바탕에는 변증법 이론에 절대적 제일원리가 없다는 사실이 깔려 있습니다. 오히려 헤겔의 이론은 어떤 절대적 최종요인ein absolut Letztes을 인정하며, 이로부터 모든 것이, 즉 실현된 총체성, 실현된 체계가 나온다고 말할 수는 있습니다. 이는 물론 한 가지 비판적 모티프입니다. 하지만 아무튼 변증법에는 모든 것이 거기로 환원될 수 있어야 하는 어떤 제일원리가 없습니다. 이로써 변증법에는 어떤 환원의 파토스도 결여되어 있습니다. 그러한 파토스에 대해서 나는 언젠가 다음과 같이 말한 바 있습니다. 즉 그러한 파토스에 대해 진리는 단순한 차이규정, 좀 더 적절히 말하자면 잔여규정, 즉 인식과정의 전체 원가를 빼내고 난 뒤 남는 것일 뿐입니다. 그럴 경우 이 진부한 견해에 따르면 인식의 순이익으로서 ―나는 이를 의도적으로 이처럼 아주 진부하게 표현합니다― 단순한 주관적 사고작업과 사고의 조작으로부터 정제된 절대적 제일원리가 남게 됩니다. 헤겔은 근원이 진리가 아니라는 점, 오히려 근원은 진리로 받아들여지는 순간 거짓으로 된다는 점을 우리에게 보여주었습니다. 그것이 거짓인 이유는 그것이 결코 근원이 아니며, 오히려 절대적 제일원리임을 주장하는 모든 것은 이미 자체 내에서 매개되어 있는 것이기 때문입니다. 이로써 다름 아니라 우리가 철학적인 형태로 알게 되었건 그렇지 않았건 상관없이, 여러분 모두와 나 또한 원래부터 엄마 젖과 함께 받아들인 견해, 즉 명석 판명한 지각에 대한 데카르트의 학설, 즉 절대적으로 명석하고 자체로서 판명하고 다른 것들과 구분되는 개별 인식들이 우리 인식의 기반이며, 또 그러한 계기들에 환원될 수 있는 것만이 본래 인식이라는 견해가 도전을 받은 것입니다. 독일에서는 이러한 이념이 헤겔 철학과 관념론 철학 덕분에 나머지 세계 전체에서처럼 전혀 그렇게 지배적이지 않으며, 심지어 때로는 그 사상이 진리의 계기로서 우리 사이에서 그다지 견고하지 못하다는 점을 한탄하고 싶을 때도 있습니다. 왜냐하면 실제로 그것에 대한 비판을 통해, 그리고 일단 명석 판명한 지각이 무엇인지 사실상 완전히 경험한 후에야 비로소 온전히 진지하게 변증법으로 넘어갈 수 있기 때문입니다. 더구나 나는 때때로 여러분이 너무 쉽게 나의 변증법적 반성들을 따라온다는 점 때문에 거북합니다. 왜냐하면 이 대목에서 문명화된 서구세계 전체에 존재하고 바로 데카르트주의에 근거하는 그러한 저항이 독일에서는 다른 곳에서 지니는 전통적 힘을 전혀 제대로 가지지 못하며, 이때 사람들이 너무 편하게 변증법에 도달하게 된다고 할 수 있기 때문입니다. 이는 변증법에도 아마 썩 건전한 것이 결코 아닐 것입니다. 그러니까 아무튼 이 명석 판명한 지각에 맞서서는 일단 그처럼 궁극적인 것, 절대적으로 주어진 것, 모든 매개로부터 정제된 것은 그것이 순수한 의식이건 순수한 감성적 자료건 결코 존재하지 않는다는 점을 말해야 할 것입니다. 이를 증명하는 것이 『정신현상학』의 실제 내용입니다. 그리고 나는 이 자리에서 『정신현상학』의 이 기본사상을 변증법에 대한 이 전체적 서술에 끌어들이겠습니다. 그러니까 사유가 지금 여기에 절대적 고정점이 있다고 믿는 곳에서 다시 이 절대적 고정점이 용해되며, 이때 마침내 그처럼 절대적으로 확고한 것, 자체 내에서 움직이지 않은 것 자체가 실은 인식의 망상임이 입증된다는 점에서 그러한 본래의 기본 모티프들이 실현되고 있다는 것을 여러분이 이해할 수 있도록 여러분에게 『정신현상학』의 전체 사고과정을 약술해줄 시간이 있었으면 합니다.[151] 우리가 변증법에서 배우는 바에 따르면 진리는 결코 주어져 있는 것이 아니며, 헤겔이 말하듯이 기성품이 아닙니다.[152] 오히려 진리는 그 자체로 과정 속에 존재하며, 우리가 대면하는 대상은 그 자체가 자체 내에서 운동하게 된 것입니다. 하지만 자체 내에서 운동하게 된 것으로서 대상은 분명한 것이 아닙니다. 혹은 좀 더 정확히 말하자면, 대상은 분명하기만 한 것이 아닙니다. 즉 우리에게는 ─그리고 이 자리에서 데카르트적 계기는 존중할 만합니다─ 대상의 분명함, 대상의 확정상태가 필요하며, 특수한 것, 정확히 윤곽을 드러내며 우리 눈앞에 존재하는 것에 대한 통찰이 필요합니다. 또 우리는 이 확고하고 확정적인 대상을 그 확정상태로 완전히 가까이서 주시함으로써 그 대상이 그처럼 확고하고 확정적인 것은 아니라는 [사실에 부딪칩니다]. 그것은 개별자에 침잠하는 미시론적 시선과 같은 것인데, 그러한 시선 아래서 경직된 것, 외관상 분명한 것, 외관상 확정적인 것이 운동하기 시작하며, 이로써 물론 동시에 데카르트의 그러한 명제는 비판을 받게 됩니다.

　여러분은 그 명제가 사실상 독단적 합리주의의 명제임을 잊어서는 안 됩니다. 사람들이 철학적으로 사유하면서 실질적인 과학들의 영역에서 작업할 경우, 역사적인 철학에서 언젠가 그 위상을 지녔던 수많은 관념들이 철학을 통해 이미 오래전에 처리되었거나 아니면 아무튼 제자리로 돌려보내지게 되었는데, 명목상 우리 철학자들보다 훨씬 진지하고 엄격하게 사태를 받아들인다는 개별 과학 활동에서는 이처럼 철학을 통해 해결된 개념들이 아직도 여전히 활개를 치고 있다는 것은 우리가 겪는 아주 기이한 경험입니다. 이에는 예컨대 명석 판명한 지각이라는 관념도 포함됩니다. 우리는 실제로 이 관념을 합리적 과학만 아니라 실증주의적 과학들의 요구들 가운데에서 아주 느슨하게 은폐된 상태로 되풀이하여 만날 수 있습니다. 이 경우 우선 내가 타당한 인식을 얻으려면 어떤 대상이 절대적으로 명확하고 확고하며 다른 것들과 구분되어 존재해야 한다는 요구 속에는, ─그리고 이것이 바로 그러한 견해의 독단적 계기입니다─ 실제로 세계가 이처럼 확고하고 확정적인 성격을 지닌다는 전제가 깔려 있습니다. 즉 인식의 대상들 자체가 일단 자체 내적으로 정태적이고 자체 내적으로 견고하게 윤곽을 지니며 자체 내적으로 명확할 경우에만, 그것들이 그 자체의 진리를 해치지 않으면서 전체로부터 분리되고 개별 대상들로서 다루어질 수 있을 만큼 다른 대상들과 고립되어 있을 경우에만, 그러한 명석 판명한 지각에 아무튼 도달할 수 있는 것입니다. 그러니까 달리 말하면 내가 체계적으로 철저히 조직된 어떤 과학을 구성할 수 있도록, 과학을 위해, 근본적으로는 수학적 이상을 위해, 내 인식의 대상들이 이미 그러한 범주들 아래 나에게 적합하게 주어진다고 실제로 전제됩니다. 그런데 이는 독단적 주장이며, 이와 관련해 우리는 세계가 실제로 그렇게 조직되어 있는지 알지 못합니다. 그뿐만 아니라 인식비판, 다름 아닌 헤겔의 인식 비판은 세부에 이르기까지, 우리가 대상들을 명석 판명하게 지각하기 위한 전제조건임에 틀림없는 대상들의 바로 그러한 특성이 결코 이런 식으로 존재하지는 않고, 대상들은 일단 자체 내적으로 역동적이며 모순에 차 있으며, 다른 한편으로 바로 이 모순적 본질 덕분에 자체 내적으로 다른 모든 대상들과 결합되어 있다는 점을 증명했습니다. 따라서 그로 인해 일요일의 설교를 위해 자신의 철학을 유보해두지 않고 일상에서 건전한 상식으로 작업하는, 실제로 일관된 방식을 취하는 인식의 의미에서 바로 이 명석 판명한 지각에 대한 요구는 구제할 수 없는 것입니다.

145) 아도르노는 직전의 1957/58년 겨울학기에 막스 베버의 책『경제와 사회(Wirtschaft und Gesellschaft)』에 대한 전공 세미나를 열었다.(Vgl. Max Weber, Wirtschaft und Gesellschaft. Grundriß der verstehenden Soziologie, hrsg. von Marianne Weber, Bonn 1922).

146) 정신의 본성과 근원을 다루는『윤리학(Ethik)』제2부의 제7정리는 다음과 같다. "제7정리. 관념들의 질서 및 결합은 사물들의 질서 및 결합과 동일한 것이다.(Propositio VII. Ordo et connexio idearum idem est, ac ordo, et connexio rerum)"(Baruch de Spinoza, Ethica/ Ethik, in: Baruch de Spinoza, Werke, Lateinisch und Deutsch, hrsg. von Konrad Blumenstock, Darmstadt 1967, Bd. 2, S. 168f.).

147) 224쪽 이하 참조.

148) '사변 철학이 반성에 맞서 믿음과 공동의 업무를 수행한다'는 표현은 헤겔의 글에서 확인할 수 없었다. 편집자가 보기에 헤겔이 실제로 그런 말을 할 수 있었을지도 의심스럽다. 왜냐하면 반성과 사변이 사실상 서로 동화되지 않는「믿음과 지(Glauben und Wissen)」같은 예나 시대의 저술들에서조차 반성에 대한 사변의 반대에 대해서는 거의 논할 수 없기 때문이다.(Vgl. Hegel, Werke, a. a. O. [s. Anm. 8], Bd. 2: Jenaer Schriften 1801~1807, S. 287~433; s. auch Anm. 63)

149) "진리는 전체이며, 전체는 자체 내에서 구분되고 스스로를 자신과 동일한 것으로 정립하며 단지 이 자체운동 속에서 생겨나고 스스로에게 생겨나는 정신이다. 이것이 헤겔 형이상학의 스스로를 정립하는 정립인 근원적 정립이며, 그것의 선-정립(Voraus-setzung)이라 할 수 있다. 하지만 그것은 체계에 외적으로 선-정립되지 않고 그 속에서 체계가 스스로를 전제한다. (…) 전체로서의 체계는 증명되지 않는다. 왜냐하면 그것을 증명할 수 있을 모든 정립, 모든 선-정립은 자체가 체계를 통해 비로소 정립되기 때문이다. 개별 정립들의 내용들은 모두 그것들 속에서 해명되고 해석되는 전체의 내용들이다. 따라서 체계는 전체와 개별자 속에서 직관에 근거를 둔다고 말할 수 있다. 하지만 이로써는 너무 부족하고 단지 진실의 반만 말한 셈일 것이다. 왜냐하면 그것은 그와 마찬가지로 반성과 추상에도 근거를 두기 때문이다. 즉 그것은 스스로 사유하는 직관, 스스로 반성하는 관조이다. 두 계기는 똑같이 본질적이며 함께 작용한다."(Kroner, Von Kant bis Hegel, a. a. O. [s. Anm. 102], Bd. 2, S. 342~361).

150) 여기서 아도르노는 무엇보다 루카치의 글『역사와 계급의식(Geschichte und

Klassenbewußtsein)」을 끌어들이고 있다. 이 책은 그와 그의 세대 전반에 매우 큰 영향을 끼쳤다.(Vgl. Georg Lukács, Geschichte und Klassenbewußtsein: Studien über marxistische Dialektik, Berlin 1923; wieder abgedruckt in: Georg Lukács, Werke, Neuwied/ Berlin 1969, Bd. 2: Frühschriften, S. 161~517).

151) 아도르노는 강의에서 이 일을 실행하게 되지 못한다.

152) "참과 거짓이 하나는 이쪽에, 다른 하나는 저쪽에 다른 것과 공통점 없이 고립 되고 고정된 채로 있으면서 운동하지 않는 독자적 본질들로 간주되는 특정 사고 들에 귀속된다. 그에 맞서 진리는 완성되어서 존재하고 그래서 주머니에 쓸어 넣 을 수 있도록 주조된 동전이 아니라고 주장해야 한다."(Hegel, Werke, a. a. O. [s. Anm. 8], Bd. 3: Phänomenologie des Geistes, S. 40).

여러분 안녕하십니까.

변증법적 사유로 인해 우리가 직면하는 난관들을 다루기 전에 나는 오해를 피하기 위해 지난 시간 논쟁의 열기로 인해 어쩌면 너무 거칠게 잠정적으로 다루었을 몇 가지 문제점을 조금 세분화하고 싶습니다. 아마 이 문제들을 세분화하게 되면 또한 어떤 특유한 문제에서 변증법적 사유의 특징 속으로 여러분을 좀 더 깊숙이 안내하게 될 수도 있을 것입니다. 이때 쟁점은 지난번 강의의 대상, 즉 전체와 부분의 관계입니다. 우선 이 경우 나는 현대 사회과학에서, 특히 미국 사회학자 탤컷 파슨스Talcott Parsons[153] 이론의 여파로 점점 광범하게 자리 잡은 역할 개념을 본보기로 끌어들인 한에서 정확하지 못했다는 책임이 있습니다. 이때 나는 여러분에게 우리가 특히 본질적으로 우리 삶의 결정적인 부분에서, 즉 우리의 노동에서, 처음부터 사회가 우리에게 어떤 역할을 지정해 주기 때문에 사회에 의존한다고 느끼며 결코 부분으로, 즉 독자적인 존재로 느끼지 않는다는 데에서, 부분에 대한 전체의 우선성을 일차적으로 직접 지각할 수 있다고 말했습니다. 내가 이 생각 자체를 철회할 필요는 없을 것이며 오히려 나는 그것을 지지합니다. 하지만 현대 사회학에 등장하는 '역할'이라는 표현은 ―예컨대 사르트르의 『존재와 무L'être et le néant』[154]에서 쓰이는 것과 반대로— 일반적으로 그와 정 반대를, 즉 우리가 한 사회 속에서 취하는 특유의 개인적 반응방식들을 나타내려 한다고 말해야 할 것입니다.[155]

하지만 이러한 전문용어상의 수정은 다름 아닌 사실의 문제로 여러분을 이끌어가게 될 것입니다. 아마 여러분도 기억하겠지만, 지난 시간에 나는 우리가 사회적 압력을 이른바 우리가 처해 있는 특유한 상황보다 먼저 지각하는 한에서 부분에 대한 전체의 우선성이라고 할 수 있는 것을 우리 자신에게서 경험한다고 다소 노골적으로 말했습니다. 그리고 이때 나는 특히 개별 경험들에서 출발하여 다소 꾸준히 단계적으로 전체의 경험으로 진전해 간다는 생각을 옹호하는 통상적 과학의 귀납논리에 반대했습니다. 이 경우에도 나는 여러분에게 말한 것의 충동 혹은 이념 가운데 아무것도 철회하고 싶지 않습니다. 하지만 내가 —그리고 다름 아니라 여러분 가운데 심리학자들이 나에게 이 점을 확인해 줄 것이라고 믿습니다— 아무튼 부분들에 대한 경험이 없을 경우 엄격한 의미에서 전체로서의 전체에 대한 경험에 대해서도 말할 수 없고 또 그 역도 성립하는 한에서 그러한 비교는 다소 왜곡된 것이라고 여겨집니다. 오히려 이 두 개념은 다른 한쪽이 없을 경우 사실상 생각할 수 없을 뿐 아니라 엄밀히 말해 아예 상상할 수도 없는 것입니다. 그 자체가 변증법을 위한 한 가지 작은 모델입니다. 전체는 부분들과 대조되어 전체로서 나타나는데, 우리는 이 부분들에 대한 관계 속에서 전체를 지각하거나 지적으로 인식하는 한에서만 실제로 어떤 전체를 전체로서 압니다. 그리고 우리는 역으로 부분들을 어떤 전체와, 예컨대 시야視野와 관련지을 수 있는 한에서만 또한 이 부분들을 부분들로 압니다. 대립항들의 이러한 상호관계 없이는 실제로 전체와 부분의 개념은 그 엄밀한 의미를 잃어버립니다. 따라서 여러분은 여기서 전체의 개념과 부분의 개념이 그러하듯이 서로 모순을 이루는 범주들이 서로에 의해 상호 매개되어 있다는 변증법적 명제의 진리를 아주 기본적인 의미에서 검증할 수 있습니다. 그에 반해 내가 지난 시간에 강조하려고 한 사실은 아마 좀 더 엄격하고 적합하게 이렇게 특징지을 수 있을 것입니다. 즉 우리는 우선 전체도 아니고 부분도 아닌 제삼의 어떤 것, 말로 파악하기 지극히 어려운 어떤 것을 지각한다고 할 수 있습니다. 이에 대해 나의 옛 스승 코르넬리우스Cornelius[156]는 객관적으로 다소 반어적인 '혼란 속의 혼란Wirrnis in einer Wirrnis'이라는 개념을 쓰곤 했습니다. 이 경우도 엄밀히 말해 '혼란'이라는 개념 또한 이미 그 대립물을 전제할 것입니다. 그러니까 여러분은 아무튼 이러한 사실을 포착하는 일이 얼마나 어려운지 알 수 있을 것입니다. 전체도, 부분들도 우선은 그러한 것으로 명료하게 지각되지 않으며, 우리가 일차로 지각하는 것은 '일반적인 어떤 것'입니다. 말하자면 그러한 구분에 도달하지 못하는 것입니다. 이로써 물론 일반적인 지식논리에 의해 실현되는, 전체―우리는 이를 향해 올라가야 한다고 하는데―에 대한 부분들의 우선성은, 부분에 대한 의식도 역시 우리에게 주어지지 않았기에, 우리가 지각할 수 있어야 할 자체 내에서 전적으로 명료해진 형태들이라는 독단적 관념과 마찬가지로 효력이 없는 것입니다. 나는 오해를 피하기 위해 여기에 다음과 같은 점을 첨언하고자 합니다. 즉 우리가 여기서 원칙적으로 심사숙고하는 것들은 실제로 우리가 이제 우리의 감각기관을 가지고 경험적으로나 사유심리학적으로나 제일 먼저 무엇을 얻느냐 하는 심리학적-발생론적 문제와 관련되지 않습니다. 오히려 이 경우 전적으로 본질 구성적 우선성의 문제가 관건입니다. 그러니까 우리가 의미 있는 판단을 내릴 수 있으려면 그때그때 어떤 제일원리 혹은 어떤 전체로부터 출발해야 하는가 하는 것이 관건입니다. 그리고 이러한 문제 내부에서 물론 발생론적-심리학적 근원은 전혀 절대적으로 결정적인 것이 아닙니다. 하지만 나는 지금까지 심사숙고한 바를 통해, 이 경우 사실상 개별 부분들의 우선성도 전체의 논리적 우선성도 말할 수 없다는 점을 여러분이 아무튼 알게 되면 좋겠습니다.

오늘 내가 다루고 싶은 것은 아마 여러분 자신은 그다지 어려움이라고 의식하지 않을 테지만, 그럴수록 더 끈질기게 우리의 모든 사유습관들 속에서 나타날 수 있는 어려움입니다. 왜냐하면 우리가 전혀 철학자가 아닐 경우에도, 즉 우리가 철학에 의해 전혀 타락하지 않았을 경우에도, 물론 우리는 가능한 온갖 철학적 관념들을 받아들인 상태이며, 바로 이처럼 우리가 알지 못하는 가운데 사물들에 적용하는 이 철학적 관념들이야말로 오히려 지양하여 바로잡으려면 우리가 흔히 얻는 이른바 직접적 경험들 혹은 순진한 경험들보다 더 비판적 반성이 필요한 것이기 때문입니다. 우리는 이 위장된 철학과 함께 성장했고, 또 그것은 명시적이지 않지만 우리의 과학적인 삶 속에서 되풀이하여 주입되고 있는 셈입니다. 다름 아니라 구속력 있는 인식은 본래 어떤 절대적 제일원리에 근거를 두는 것이라는 생각이 그것입니다. 이 경우 그러한 인식이 근거로 삼아야 할 제일원리가 단순히 주어진 상태이며 이른바 생각으로 지워버릴 수 없고 그 이면으로 소급할 수 없는 감성적 자료이어야 하느냐, 아니면 그 절대적 제일원리가 모든 개별자를 매개하고 그 가능성 일반을 비로소 구성하기에 그와 같은 절대적 우위를 얻게 되는 순수한 사고, 이념, 정신 혹은 그 밖에 무엇이어야 하느냐는 하는 것은 그다지 결정적이지 않습니다. 내 생각에 여러분이 이 절대적 제일원리에 대한 테제를, ―그런데 사실 이는 철학에 대한 전통적 관념 전체와 동일한데, 그것이 프로테 필로소피아πρώτη φιλοσοφία, 프리마 필로소피아prima philosophia,[157] 그러니까 '제일철학'이라고 불린 것은 공연한 것이 아닙니다― 여러분 자신이 다양한 과학 분야에서 추구하는 처리방식들을 돌아볼 경우, 여러분은 되풀이하여 본의 아니게 이제 그 궁극적인 것을 진리에 대한 절대적이고 확고하며 의심의 여지없는 보증물로서 손에 넣었다고 믿게 된다는 사실에 부딪칠 것입니다. 이제 우리가 손에 넣는 어떤 궁극적인 것에 대한 이 욕구는 우리 인식 전체와 얽혀 있는verschränkt[158] 확실성에 대한 욕구와 극히 강력하게 관련되어 있습니다. 이는 사실 계통발생적으로 보자면 전반적으로 우리가 우리에게 대립하는 낯선 것을 우리 자신의 것으로 만들고 그것을 어느 정도 우리 자신의 일부로 이해함으로써, 태곳적에 자연의 막강한 힘 앞에서 우리를 지배했던 불안을 극복하려고 시도한다는 데에 기원을 두고 있습니다. 이러한 의도는 모든 형태의 근원철학 속에 살아 있습니다. 왜냐하면 직접적으로 주어진 것, 즉 우리가 어떤 궁극적인 것으로서 근거로 삼는 우리 의식의 사실들은 사실상 언제나 우리 의식의 사실들이며 이로써 우리 자신의 것, 우리에게 고유한 것이어야 하며, 역으로 모든 존재자의 궁극적 권리 원천인 정신 혹은 의식 또한 엄밀히 말해서 그와 마찬가지로 우리의 관념이고, 다만 형이상학적으로 어느 정도 과장되고 어떤 절대적인 것으로 부풀려졌을 뿐인 자아의 관념이기 때문입니다. 한편 우리는 그로부터 형이상학의 다양한 기본유형들—예컨대 유물론과 유심론, 관념론과 경험론, 혹은 관념론과 실재론, 합리주의와 경험주의—에 대해 판정하기 위한 어떤 결론들을 끌어낼 수 있습니다. 즉 그런 부류의 어떤 제일원리, 그런 부류의 절대적 근원적 원칙을 주장하는 곳에는 일반적으로 어디에나 실제로 관념론적 사유가 존재한다는 점,[159] 이때 거론되는 이론들이 스스로를 관념론적인 것이라고 알고 그렇다고 표명하는가, 아니면 그 반대인가와 전혀 상관없이 그렇다는 점이 그것입니다. 왜냐하면 확실히 [우리는] 우리 손에 들어오는 것, 우리 자신이 아닌 것의 원인으로 삼을 바로 그 제일원리를, 그것이 그러한 절대적 제일원리가 되려면, 언제나 동시에 우리 자신과 동일시하기 때문입니다. 이때 이 자신을 우리가 경험적 인격이라고 생각하느냐, 아니면 선험적 형식이라고 생각하느냐, 혹은 궁극적으로 사변적 관념론적 형이상학에서처럼 우리 자신을 절대 정신이라고 생각하느냐는 전적으로 마찬가지입니다. 내가 그와 같은 부류의 근원적 원칙, 그처럼 궁극적인 것을 진술하자마자, 사실상 그 속에는 존재하는 모든 것을 지배할 수 있다는 정신의 요구가 들어 있습니다. 왜냐하면 이 궁극적인 것은 언제나 정신이 생각한 것이며, 그런 한에서 독단론적 유물론, 즉 비-변증법적 유물론에서조차, 그것이 순수한 사고에 근거해 그러한 절대적 근원의 원칙을 갖고 있다고 믿는 한에서, 어떤 관념론적 성격을 확인할 수 있기 때문입니다.

이 절대적 근원의 원칙이야말로 실제로 어떤 부류의 것이든 변증법적 철학 전체의 파토스가 대립하는 바입니다. 또 그런 원칙을 포기하라는 것, 그러니까 진리란 우리가 근거로 삼을 수 있는 궁극적인 것이라는 관념을 무시하고, 그 대신 근원철학적인 의미에서 실제로 이차, 삼차적인 것, 단순히 파생된 것으로서 간주되어야 하고 또 경시되는 것에 만족하는 일이야말로 분명히 성장기에 우리 몸에 밴 사유습관들에 제기되는 가장 엄격한 요구입니다. 그러한 가치질서는 이제 변증법적 사유에 의해, 더욱이 이미 헤겔의 사유에 의해서도 전반적으로 뒤집히게 됩니다. 물론 내가 여러분에게 이미 반복해서 말했듯이 그럼에도 불구하고 헤겔 변증법의 전체구성은 정신의 우선권을 주장합니다. 헤겔은 관념론적이면서 동시에 관념론적이지 않기도 한 한에서 최상의 의미에서 여전히 변증법적이라고 말할 수 있을 것입니다. 하지만 내가 여러분에게 완전히 다른 맥락에서 헤겔 철학에 대해 분석한 바를 여러분이 잠시 떠올린다면, 즉 그의 철학은 어떤 하나의 단언에 근거를 두지 않는다는 점, 헤겔 철학의 출발점을 이루고 헤겔의 다양한 저술들에서 변형되고 있는 단초를 진리와 동일시하지 않고 진리를 실제로 그의 철학이 말하듯이 전체에서, 과정에서, 계기들의 연관에서 찾으며, 그에 비할 때 그 근원, 그 절대자라는 것을 우리가 아무튼 상상할 수 있는 가장 빈곤하고, 가장 어리석은 것이라고 파악한다는 점 등을 떠올리면, 여러분은 변증법이 우리에게 제기하는 요구란 실제로 진리를 그런 하나의 근원적 원칙으로 환원하는 데에서가 아니라, 과정에서, 연관에서, 계기들의 짜임관계에서 간파하라는 요구임을 알 수 있을 것입니다. 이는 어떤 식으로든 헤겔이 이미 겨루었던, 또 오늘날 철학 토론이라는 것이 우리에게 아무리 공허해 보이더라도 아무튼 우리가 철학 토론이라고 칭하는 것에 특징적인 두 가지의 주요 철학 경향에 대한 변증법의 입장과 관련해 어떤 의미를 지닙니다.[160] 내가 여러분의 전략적 방향설정을 위해 ―거의 그렇게 말하고 싶습니다― 말해도 좋다면, 변증법은 이중의 전선을 설정합니다. 즉 한편으로는 존재론에 맞서고, 다른 한편으로는 실증주의에 맞서는 것입니다. 그리고 오늘날 비록 퇴행적이기는 하지만 아무튼 주도적인 이 두 부류에 제대로 어울리지 않는다는 점은 확실히 변증법적 사유가 부딪치는 한 가지 본질적인 어려움입니다.

우선 내가 오늘 당장 정면돌파를 꾀해 여러분에게 존재론에 대한 입장과 관련해 좀 더 절실한 것을 말하는 것이 필요해 보입니다. 더욱이 여러분 가운데 많은 사람이 나를 상대로 내가 오늘날의 존재론적 복고운동들에 대한 적수로서 여기서 헤겔을 자의적으로 끌어들인다는 의심을 결코 품지 않도록 헤겔 자신의 말을 가능한 한 적극 활용할 필요가 있을 것입니다. 이는 오늘날 존재론적 경향들 내부에도 사실상 헤겔을 존재론적 사상가로 광고하는 극히 다양한 입장들이 없지 않기에 더욱 필요합니다.[161] 하이데거 자신은 헤겔에 대한 일종의 격정적 신앙고백을 담고 있는 둔스 스코투스에 대한 청년기 저술에서 이미 그와 유사한 요구를 제시했습니다.[162] 또 하이데거의 『숲속의 길들Holzwege』에는 『고르기아스』에 나오는 두 소피스트를 어딘가 상기시키는,[163] 『정신현상학』 서론에 대한 해석, 실로 장황한 해석, 특히 이 책의 원제목에 대한 해석이 들어 있는데, 이 해석이 헤겔을 다루는 그 장 전체를 구성할 정도입니다.[164] 마찬가지로 오늘날 극히 다양한 곳에서 시도하는 토마스주의적 혹은 일반적으로 스콜라적 존재론의 재구성들 내부에는 헤겔을 받아들이려는 단초들도 되풀이하여 나오고 있습니다.[165] 그런데 이러한 단초들은 모두 결코 경멸할 만한 것이 아닙니다. 왜냐하면 그것들 속에서는 어떤 경직되고 정태적인 존재론에 대한 불만이 명시되고 있기 때문입니다. 하지만 다른 한편 이러한 존재론은 헤겔 자신의 의도와 결합되기 매우 어렵습니다. 헤겔 철학이, 아무튼 그의 저술들 가운데 가장 훌륭한 한 권, 즉 『논리학』에서 존재 개념으로 시작한다는 것은 사실입니다.[166] 또 어떤 의미에서 헤겔의 경우 논리학과 형이상학이 동일한 것이어야 하는 한에서 우리가 헤겔 철학을 어느 정도 정당하게 존재 전체에 대한 해석으로서 고찰해도 된다는 것 또한 맞는 말입니다. 나의 친구인 허버트 마르쿠제[167]가 헤겔과 존재론에 관한 그의 저서에서 서술한 바와 같이 헤겔의 경우 그 존재는 바로 역동적 존재, 삶이라고 파악할 수 있을 것입니다.[168] 그렇기는 하지만 나는 그러한 성격규정이 형식상으로는 타당해도 엄밀한 의미에서 헤겔 철학의 본질과 결합될 수 없다고 봅니다. 왜냐하면 그것 자체는 아직 필연적으로 헤겔의 사유가 비판하는 추상성, 그러니까 일반성 및 부분성을 지니기 때문입니다.

덧붙여서 여러분이 직접 헤겔을 좀 더 쉽게 읽을 수 있도록 전문용어와 관련해 한 가지를 언급하겠습니다. 즉 헤겔의 경우 추상의 개념은 우리가 이 말로 이해하는 것에 국한되지 않습니다.[169] 헤겔의 경우 추상은 그것을 충족시키는 특수한 개별 내용들에 대립하는 공허한 보편성일 뿐인 것이 아닙니다. 비록 헤겔의 경우 이러한 추상성의 개념도 없는 것은 아니지만 말입니다. 다음 시간에 우리는 바로 이 추상성의 개념이 있는 『정신현상학』의 한 대목을 해석할 것입니다. 하지만 여러분이 헤겔 철학의 의미에서 개념 없는, 아직 자체의 매개에 대해 의식하지 못하는 단순한 여기 이것Diesda, 토데 티τόδε τι[170] 역시 가장 공허한 최상의 개념들과 마찬가지로 공허한 것이자 규정되지 않은 것으로 사유되고 있다는 점을 상기하면, 여러분은 추상의 개념이 헤겔의 경우 때때로 그것이 일상어에서 본래 말하는 바의 정반대를 의미한다는 점, 즉 고립된 것, 아직 자체 내적 반성을 통해, 자체에 내재하는 모순들의 이러한 전개를 통해, 전체에 대한 자신의 관계 속에서 스스로를 알 정도로 자체 내적 반성이 이루어지지 않은 것을 의미한다는 점을 이해할 것입니다. 개념 없는 고립된 개별자, 예컨대 실증과학들의 내용을 본질적으로 형성하는 분리된 개별자는 공허한 보편개념과 꼭 마찬가지로 단순한 추상이라는 판결을 받습니다. 또 이로써 그것을 알지 못하는 비전문가 독자들에게는 아주 빈번히 바로 우리가 구체라고 보는 것, 즉 우리 인식의 출발점이 되는 개별 자료, 개별 사실들이 추상으로 나타나고, 특별히 헤겔적인 의미에서 개념, 즉 이 철학의 의미에서 스스로를 파악하는 개별자는 실제로 구체화의 강세를 띤다는 놀라운 역설이 생겨납니다.[171]

　따라서 이런 의미에서는 존재에 대한 그와 같은 일반적 성격 규정은 ―설혹 그것이 형식적으로 타당할지라도, 예컨대 헤겔이 전체적으로 존재란 자체 내적으로, 더욱이 내재적 모순의 의미에서, 요동하는 총체성이라고 본다고 할 수 있을지라도― 그처럼 고립된 명제 혹은 그처럼 고립된 단언 모두가 엄밀히 말해 허위인 한에서, 허위라고 할 수 있을 것입니다. 그리고 헤겔이 원론적으로 존재론에 ―그러니까 존재의 개념 혹은 존재 속에 절대자를 갖고 있다고 믿는 존재철학에― 맞서 제기할 반론은 그것이 실제로 틀렸다는 것은 결코 아닐 것입니다. 오히려 그는 단지 그러한 존재 규정은 전개되지 않은 한에서, 명료하지 않은 한에서 일면적이라고만 말할 것입니다. 하지만 명료화, 개념들의 자기-자신-의식하기 Seiner-selbst-Bewußtwerden는 헤겔의 경우 그 나름으로 개념들 자체의 진리의 한 요소이기 때문에, 존재에 대한 그와 같은 추상적 규정은 일단 타당한 것처럼 보이고, 또 즉자적으로는 타당할지라도, 대자적으로는, 그러니까 그 자체 내 반성이라는 척도에 따르면 불충분하고 바로 허위인 것입니다. 우리가 지금까지 함께 다룬 바에 비춰보면 여러분은 이러한 사고를 간단히 이해할 수 있을 것입니다. 하지만 헤겔의 경우 이러한 사고는 일련의 정식들로 상승해 가며, 이것들은 아주 확연한 것이어서 다음 사실을 간과할 수 없습니다. 즉 이 철학의 파토스는 철학이 존재 일반의 개념처럼 추상적이고 분리되고 실체화된 보편개념에서 그 절대적 성격을 갖는 다haben[172]는 생각에 실제로 대립한다는 사실이 그것입니다.

나는 헤겔의 경우 이 비판적 모티프가 어떤 방식으로 상승해 가는지 보여주는 몇 가지 예를 여러분에게 차례로 제시하겠습니다. 그는 존재를 무와 같다고 보는 『논리학』의 한 대목에서 존재에 대해 이렇게 말합니다. "불확정적 직접성 속에서 그것은 단지 자체와 동일할 뿐이다…."[173] 달리 말하면 존재는 그 직접적인 상태에서 언급될 때에는 비동일성의 계기를 전혀 지니지 않습니다. "존재는 순수한 불확정성이자 공허함이다. ― 이 경우 직관에 대해 말할 수 있다면, 그 속에서는 아무것도 직관할 수 없다. 혹은 그것은 단지 이 순수한, 공허한, 직관 자체일 뿐이다. 그와 마찬가지로 그 속에서는 무엇인가를 사유할 수 없다. 혹은 그것은 바로 이 공허한 사유일 뿐이다. 불확정적이고 직접적인 존재는 사실상 무이며, 또 무 이상도 이하도 아니다."[174] 설명을 위해 무엇인가를 덧붙여야만 하겠습니다. 즉 우리는 헤겔을 매우 세분화해서 읽어야 하며, 특히 훗날 니체가 자신의 독자들에게서 아주 정당하게 원한 바와 같이 늘 한 개념 속에 담긴 그 개념의 모든 가능성들을 함께 사유할 태세를 갖추고 읽어야 할 것입니다.[175] 여러분이 예컨대 헤겔 변증법의 첫 단계에 대해 묘사할 경우 철학 교과서들에 서술되어 있는 것처럼 존재 개념이 다름 아닌 그 완전한 추상성과 무내용성, 그 직접성의 상태에서 무의 개념으로 넘어간다고 이야기되는 식으로 단순히 논리학 논문의 의미에서만 위의 구절을 읽게 된다면, 여러분은 이 구절을 올바르게 이해하지 못할 것입니다. 왜냐하면 이 경우에 주도적인 논조는 그와 동시에 존재의 개념 자체가, 우리가 그것을 넘어서지 않으면서, 그러니까 그 개념 자체 속에 담겨 있는 과정을 해방하지 않으면서, 그것을 다룰 경우, 개념으로서, 즉 인식의 매체로서 혹은 심지어 철학의 궁극적 기저로서는 아무것도 아니라는 것이기 때문입니다. 달리 말하면 '존재는 무다'라는 진술은 헤겔의 경우 양면성을 띱니다. 한편으로 그것은 내가 여러분에게 앞에서 암시한 바, 즉 존재 개념의 추상성이란 그것이 무의 개념과 구분될 수 없고 그 자체의 대립물로 이행한다는 성격을 띤다는 것을 의미합니다. 이것이 이 개념의 논리적-형이상학적 측면이라고 할 수 있습니다. 그리고 헤겔 철학이 논리학이면서 동시에 형이상학이라는 유명한 테제는 아마 어디서도 이보다 더 분명하게 파악될 수 없을 것입니다. 하지만 다른 한편으로 여러분은 '존재는 무다'라는 명제가 또한 비판적 명제이기도 하다는 점도 생각해야 합니다. 즉 그 속에는 우리가 존재에 대해 언급하면서 실제로 이 개념을 그 자체의 생명, 그 자체의 의미 속에서 전개하지 않는 한에서, 그런 한에서 존재에 대한 우리의 언급은 실제로 아무것도 아닌 것이며, 그 속에서 우리가 장악했다고 믿는 절대적인 것은 단순한 허상이라는 뜻이 포함되어 있습니다. 이 경우에도 나는 헤겔 속에 아무것도 투입하지 않았으며, 오히려 이제 여러분에게 낭독해줄 『엔치클로페디』에 나오는 구절을 통해 그 점을 아주 정확하게 입증할 수 있습니다. 이 경우 중요한 것은 이 학설이 존재의 존재론적 질을 서술하기보다, 오히려 철학적 사고가 단지 존재로 귀결되는 한에서 그러한 사고의 결함을 서술하고 있다는 사실입니다. "존재가 절대자의 술어로서 이야기될 경우, 이는 절대자에 대한 최초의 정의를 제공한다." —즉 시원철학, 혹은 제일철학의 의미에서 절대적 시초를 제공합니다— "절대자는" —혹은 단적으로 제일원리는— "존재이다. 그것은 사고 속에서 단적으로 시초의 가장 추상적인" —따라서 과정을 통한 그 충족이 결여된— "그리고 가장 빈곤한 정의이다."[176] 또한 헤겔은 이제 이 대목에서 빈곤이라는 개념을 끌어들임으로써 동시에 존재 개념이 변증법적 전개를 위해 아무리 필요하다고 해도, 그 개념의 사용을 비판하고 있다는 점을 보여줍니다. 즉 그는 "절대자는 존재다"라는 명제를 허위라고 간주한다고 말하는 것입니다. 그런데 이 명제는 실제로 모든 존재론적 의도에 필연적으로 기초가 되는 근원철학의 형식이기 때문에, 그와 같은 명제는 오늘날 그토록 빈번히 그와 관련지어지는 존재론의 가능성을 그가 거부한다는 것을 뜻합니다.

끝으로 나는 여러분에게 야코비를 비판하는 한 대목을 읽어주고자 합니다.[177] 그의 직관주의적 직접성 철학은 범주적 직관에서 파생되는 한에서 오늘날의 근원철학들이 의미하는 바와 그 당시에 대체로 상응했습니다. 그리고 여러분은 존재 개념에 대한 이러한 비판이 사실상 모든 부류의 존재론에 대한 비판으로 귀결된다는 점을 이제 알게 될 것입니다. "이 관념의 연속성이 지니는 이처럼 완전히 추상적인 순수성, 즉 불확정성과 공허함을 보면, 이러한 추상을 공간이라고 칭하든, 아니면 순수한 직관 혹은 순수한 사유라고 칭하든 아무래도 상관없다. ─ 이 모두는 인도인이 외견상 움직이지 않고 또한 마찬가지로 감각, 표상, 환상, 욕망 등등의 차원에서도 수년간 아무 동요 없이 단지 자기 코끝만을 보고 마음속으로 단지 옴, 옴, 옴이라는 말만 하거나 아예 아무것도 말하지 않을 때, 그가 브라마Brahma라고 칭하는 것과 동일하다. 이 둔탁하고 공허한 의식이, 의식으로서 파악된, 존재Seyn이다."[178] 여러분도 알다시피, 오늘날 헤겔 시대에 통용되던 철자법으로 돌아가 '존재Sein'의 'i'를 'y'로 쓰고,[179] 이로써 그것을 담론적 사유의 영역에서 대체로 떼어내서 직접 절대자를 지칭할 마술주문으로 만드는 것은 흔한 일입니다. 확신컨대 헤겔이 이러한 '존재Seyn'를 '옴, 옴, 옴'이라는 말 말고 다른 말로 표현하지는 않았으리라는 점은 의심의 여지가 없습니다. 즉 그는 실제로 '존재'에서 단순한 신화로의 퇴행 내지 서구문명이 그 의식의 진행과정에서 아무튼 쟁취한 모든 것에 대한 배반 내지 포기 이외의 아무것도 보지 못할 것입니다. 또한 헤겔 철학을 그러한 옴-철학들과 일치시키려는 모든 시도는, 한 사상가의 권위를 통해 자체의 수상적은 조작들을 은폐하려는 궤변적 시도처럼 보일 뿐입니다. 그런데 이 사상가의 실체는 본질적으로 이성적인 실체인데, 그들은 여기서 다름 아니라 이성 자체의 부정을 실체로 하는 철학적 목적들을 위해 이 철학자를 끌어들여도 된다고 믿는 것입니다. 헤겔과 존재론에 대해서는 이 정도 말하겠습니다.

하지만 이제 나는 여러분에게 또한 실증주의에 대한 헤겔의 관계와 관련해 ─이는 아마 지금 제기되는 좀 더 큰 어려움일 것입니다─ 무엇인가를 이야기하고 싶습니다. 왜냐하면 내 생각에 특히 오늘날 청소년들이 처해 있는 정신적 상황에 대한 내 경험이 완전히 잘못된 것이 아니라면, 청소년들 사이에서는 이 대목에서 일종의 양가적인 사유가 지배하거나 아니면 적어도 잠재적으로 현존하기 때문입니다. 즉 이렇게들 이야기하는 것입니다. "그래, 형이상학이라고, 그건 존재론과 마찬가지야. 여기에는 영원한 가치들 혹은 어떤 절대적인 것, 혹은 절대적 제일원리가 존재하는 것이 틀림없지. 그리고 그런 것이 존재하지 않는다면, 정말 단순한 사실들 말고 아무것도 없을 거야. 즉 그럴 경우 실제로 실증적 과학들이 정돈된 과정을 통해 확인하는 것 말고는 아무것도 없으며, 다른 것은 모두 환상으로서 피해야 할 거야." 내가 이 강의 전체를 통해 추구하는 것의 가장 본질적인 목적은 이러한 양자택일이, 즉 형이상학이나 ─그리고 형이상학은 존재 및 불변적이고 영원한 가치들에 대한 경직된 학설과 같은 것입니다─ 아니면 단순히 사실을 지향하는 과학이 있을 뿐 제삼의 길은 없다는 생각, 바로 이 경직된 양자택일이 나름으로 오늘날의 사물화된 의식의 표현이라는 점을 [보여주는 데에 있습니다]. 이 사물화된 의식은 모든 사고에 이렇게 말하길 요구합니다. "그러니까 너는 어디에 속하는가. 네가 형이상학자라면 존재와 관여해야 하고, 과학자라면 실증적 사실들과 관여해야 하며, 그것으로 끝이다ein that is that." 바로 이처럼 미리 주어지고 고정된 양자택일 속에서 사유하는 방식이 내게는 실제로 의식의 현재 상태 전반이 겪는 숙명인 것으로 보입니다. 나는 이 강의에서 여러분의 머릿속에 있는 이 관념을 흔들어놓는 데에 조금이라도 기여하고 싶습니다. 또 존재를 지향하지 않아도 과학적 사실들에 대한 완고한 숭배에 빠질 필요 없도록 하고, 역으로 과학에 대한 권태taedium scientae에 사로잡히고 사실들에 대한 단순한 확인에 만족하지 않을 경우에도 필연적으로 또 무조건, 이때 제공되는, 처방에 따른 존재 형이상학에 속아 넘어가지 않도록 하는 데에 기여하고 싶습니다. 물론 우리가 이 양자택일 사이를 통과해가려면, 여러분에게 그러한 양자택일이 마련되어 있으며 예컨대 사람들이 선거에서 아데나워Adenauer와 올렌하우어Ollenhauer 중에 선택해야 하는 것처럼[180] 여러분이 형이상학이나 실증주의 가운데 한쪽을 결정해야 한다고 믿지는 말아야 한다는 것, 오히려 일반적으로 사물화된 사유는, 우리 자신의 의식에 대한 관리되는 세계의 힘은, 바로 우리가 그와 같이 미리 주어진 양자택일에 얽히는 데에 있음을 알아야 한다는 것이 전제됩니다. 그래서 내 생각에 변증법이 실증주의와 마찬가지로 오늘날의 존재론들이 보여주는 저 빈곤한 형이상학 패러디와도 확연히 구분된다는 점은 매우 중요합니다. 이점을 마치 변증법은 개별 과학들이 제공하는 사실들의 형태로 우리에게 제공되는 불고기에 어떤 신앙이나 의미 혹은 어떤 고차원적 원칙의 소스를 첨가함으로써 실증주의와 본질적으로 구분된다는 식으로 이해하지는 말기 바랍니다. 내가 보기에는 단순한 사실을 넘어서는 사고가 당장 "그래, 모든 것은 어떤 의미를 지니지. 모든 것은 최상의 것을 향해 정리되어 있고, 우리는 본래 위안받고 만족해야 해"라는 식으로 말하게 된다고 상상한다면, 이 또한 단순한 사실들에 만족하지 않는 모든 의식의 엄청난 오해라고 여겨집니다. 오히려 변증법에서 단순한 사실성Faktizität을 넘어서고, 변증법에 그 형이상학적 생존권을 부여하는 것은 그 반대입니다. 즉 그것은 우리가 얽혀 있는, 무한히 무의미한 사실들의 세계가 우리 실존의 궁극적인 상태여야 한다는 데에 대한 저항입니다. 또한 변증법은 바로 우리를 지배하는 이 사실들의 세계에 대한 비판을 통해, 결코 이 사실들의 세계 자체를 우리가 조금도 미화하지 않으면서, 어떤 다른 상태의 가능성을 감지하려는 시도입니다.

오늘 나는 여러분에게 변증법과 실증주의의 관계를 더 이상 세부적으로 서술하지는 않겠습니다.[181] 오늘은 이에 대해 여러분이 변증법적 사유와 실증주의적 사유의 구분을 최소한 떠올릴 수 있을 만큼만 다음과 같은 이야기를 하겠습니다. 즉 변증법적 사유는 결코 자연적인 것이 아님으로써 실증주의적 사유와 구분됩니다. 다시 말해서 우리가 변증법적으로 사유할 경우 이는 단순히 형이상학의 감염으로 흔들리지 않고 일종의 건전한 상식을 따르고 일종의 상식-철학을 지향한다는 것을 의미하는 것이 아닙니다. 오히려 그 반대입니다. 이로써 나는 변증법의 또 한 가지 요구에 도달합니다. 이 대목에서 변증법의 요구는 본질적으로 바로 다음과 같은 것입니다. 즉 여러분은 여러분과 친숙한 전래적 사유관습들을 포기해야 하며, 사실상 개념의 노동과 노고를 떠맡아야 합니다. 더욱이 우리가 의심하지 않도록 자연스러운 것으로 일단 우리에게 주어진 모든 것이 자연적인 것이 아니라 이미 자체 내적으로 반성된 것 혹은 ─유물론적으로 말하면─ 자체 내에서 이미 사회적으로 매개된 것이라는 점, 우리에게 자연으로 맞서는 것이 실은 이차적 자연[182]이며 일차적 자연은 아니라는 점, 또 손상되고 억압된 자연을 존중하기 위해서는 관습들로 경직된 세계가 어디서나 우리에게 요구하는 자연적인 것이라는 가상에 우리가 현혹되어서는 안 된다는 점을 여러분이 간파한다는 아주 엄밀한 의미에서 그렇습니다. 이에 대해, 그리고 무비판적이고 단순히 받아들이는 실증주의에 대한 비판적 의도와 관련해 나는 여러분에게 다음 시간에 몇 가지 말하고자 합니다.

153) 탤컷 파슨스(1902~1979), 미국 사회학자. 1927년부터 하버드 대학(매사추세츠)에서 교육활동(1944년부터 교수로 재직). 아도르노는 제17강에서 다시 한 번 상세히 파슨스에 대해 논하게 된다. S. S. 253ff. ― 역할 개념에 대해 파슨스는 다음과 같이 쓴다. "하나의 역할은 이제 한 인물이 특정한 구체적 역할상대자와의 사회적 상호행위를 하는 하나의 구체적 과정에 구조화된 상태로, 즉 규범적으로 조절된 상태로 참여하는 과정이라고 정의할 수 있다. (…) 평균적 개인은 여러 단체에 참여하기 때문에 개별 역할이 단지 한계사례에서만 한 구체적 개인의 전체 상호반응을 모두 포괄한다는 것은 (비록 중요하지만) 단순히 진부한 문제이다. 역할은 일반적으로 그의 반응체계와 아울러 그의 인격의 한 영역이다."(Talcott Parsons, Grundzüge des Sozialsystems; in: Talcott Parsons, Zur Theorie sozialer Systeme, hrsg. und eingeleitet von Stefan Jensen, Opladen 1976, S. 180f.).

154) 장-폴 사르트르(Jean-Paul Sartre: 1905~1979), 철학자이자 작가. 1943년 『존재와 무』(Paris 1943; dt.: Das Sein und das Nichts, übers. von Justus Streller, Karl August Ott und Alexa Wagner, Hamburg 1952)로 프랑스 실존주의의 가장 중요한 책을 썼다. 그는 유명해진 한 카페 종업원에 대한 묘사로 '불성실(la mauvaise foi)' 현상을 설명한다. 이 경우 인간은 자신이 사회 속에서 수행해야 하는 예컨대 한 종업원의 역할을 마치 그가 이 종업원-존재(Keller-Sein) '그 자체'인 듯이, 즉 자신이 이 역할과 직접 동일한 듯이 수행함으로써 자신의 진정한 규정―원래 자유롭고 '대자적인' 존재라고 하는 규정―을 자신에게 속이려고 한다. 따라서 사르트르는 종업원 역할을 하는 종업원을 일종의 자아 포기라고 규정하는데, 이는 "나 자신이 아닌 것으로 존재하기(d'être ce que je ne suis pas)"를 본질로 한다.(Das Sein und das Nichts, S. 108; L'être et le néant, S. 96). 하지만 사실상 이러한 역할의 습득은 단지 유희 혹은 표상(représentation)으로서만 가능하다는 사정이 실존과 역할의 차이를 함의한다. "마치 내가 다름 아니라 생활 속에서 이러한 역할을 (ce rôle) 유지함으로써, 그것을 모든 방향에서 초월하지는 않고, 나를 '나 자신 너머의 존재'로 구성하지는 않는 것처럼 말이다."(Das Sein und das Nichts, S. 107f.; L'être et le néant, S. 96). 불성실 현상에 대한 분석은 ―키르케고르의 절망적인 자기-자신이-아니고자-함(Nicht-man-selbst-sein-Wollen)― 이 책의 구성에서 대자존재와 인간적 실존의 초월성의 기본 구조들로 이끌어가는 기능을 지닌다.

155) 이 생각은 다음과 같다. 아도르노는 앞의 강의에서 사르트르의 이론에서 전개

되는 것과 같은 방식으로, 전체로서의 사회에 의한 개인의 낯선 규정상태라는 의미에서의 역할 개념을 사용했다. 그와 반대로 현대 사회학에서는 탤컷 파슨스의 영향으로 '역할'이라는 말로 사회 내에서 인격 혹은 개인과 동일시된 반응방식을 나타낸다. 아도르노는 이 문제를 1964년에 열린 강의 '한 사회 이론의 철학적 요소들(Philosophische Elemente einer Theorie der Gesellschaft)'에서 좀 더 명확히 정식화했으며, 제12강에서도 언급하게 되는 성격가면 개념과 관련하여 전개했다. "우리가 특유한 의미에서 사회적인 것에 대해 언급할 수 있는 곳, 또 아무튼 유일하게 사회과학의 한 특수영역의 구성이 실제로 정당화되는 곳에서는 언제나 － 더욱이 다름 아니라 개인들의 이해관계들과 전체의 구성이 서로 어긋나게 되는 사회 전체의 상태 때문에－ 개인들은 심리적 인간으로 활동한다고 생각하는 곳, 자기 자신이며 자유롭게 행동하고 자신과 동일하다고 믿는 곳에서도 전반적으로 성격가면인 것처럼 보인다. 그러니까 그들은 그들에게 사회 내에서의 그들의 기능, 그들의 객관적 기능이 지시하는 것만을 행하는 것이다. 곁들여 지적하자면, 이것이 오늘날 '역할'의 이름 아래 그토록 유행하게 된 현상의 실제 근거이다. 다만 역할 개념은 여기서 자체로서 사회구조로부터 추론되어야 할 어떤 것이 [실체화되기] 때문에 문제적이다. 즉 사람들이 본래 전혀 자신이 아닌 어떤 것을 해야 하는 것이다. －그리고 어떤 역할을 한다는 것은, 사실 일단은 문자 그대로의 의미에서 즉자로는 전혀 아닌 것을 해야 하고 스스로를 가장해야 한다는 것이다. － 이 계기를 간과하면 역할 개념은 전혀 무의미하다. 따라서 이 역할 개념은 일반적으로 인간들이 사회적 총체에 의해 어떤 특정한 방식으로, 그들 자신에 근거해 그들이 규정되는 것과는 다르게 행위하게 된다는 데에 근거해 비로소 실제로 해명되는데, 전적으로 구체적 사회적 계기들에 의존하는 이 역할 개념은 마치 역할에서 일종의 사회적 존재 일반의 근원적 성질이 관건인 것 같은 방식으로 실체화된다. 이는 대체로 극장에서 현실의 존재론을 매개되지 않은 채 추론하려는 것과도 같다."(NaS IV-12, S. 150f.; vgl. auch GS 8, S. 31). 이 뒤에 나오는 단락에서 아도르노는 명시적으로 파슨스를 그렇게 비판받은 역할 개념의 옹호자라고 지적한다.('성격가면'에 대해서는 213쪽과 주석 194) 참조).

156) 한스 코르넬리우스(Hans Cornelius: 1863~1947), 1910년부터 프랑크푸르트에서 철학 정교수로 재직. 아도르노의 지도교수였다.

157) 제일철학(πρώτη φιοσφία) 개념에 대해서는 주석 28) 참조.

158) 'beschränkt(제한된)' 대신 추정함.

159) 『인식론 메타비판』에서 아도르노는 이러한 생각을 하면서 니체를 지적함(Vgl.

GS 5, S. 16).

160) 헤겔은 '객관성에 대한 사고의 세 가지 입장'을 다루는, 『엔치클로페디』제1부 '기본개념' 장에서 다른 철학적 입장들에 대한 자기 철학의 관계를 체계화하며 서 술한다(§§ 19~83).(Vgl. Hegel, Werke, a. a. O. [s. Anm. 8], Bd. 8: Enzyklopädie der philosophischen Wissenschaften I, S. 67~180).

161) 주석 125) 참조.

162) Vgl. Martin Heidegger, Die Kategorien- und Bedeutungslehre des Duns Scot-tus(1915); in: Martin Heidegger, Gesamtausgabe I. Abteilung: Veröffentlichte Schriften 1914~1970, Bd. I: Frühe Schriften, hrsg. von Friedrich-Wilhelm von Hermann, Frankfurt a. M. 1978, S. 189~412.

163) 편집자는 아도르노의 암시를 확인할 수 없었다.

164) Vgl. Martin Heidegger, Hegels Begriff der Erfahrung(1942/43); in: Martin Heideg-ger, Holzwege, Frankfurt a. M. 1950, S. 111~204; vgl. auch Anm. 117.

165) S. Anm. 125.

166) 『논리학』본문의 (불완전한) 첫 명제는 이렇다. "존재, 순수 존재, ―더 이상의 아무런 규정도 없는."(Hegel, Werke, a. a. O. [s. Anm. 8], Bd. 5: Wissenschaft der Logik I. S. 82).

167) 허버트 마르쿠제(Herbert Marcuse: 1898~1979), 철학자, 정치이론가, 사회학자. 1932/33년 사회연구소 요원. 1933년 망명. 1954년부터 월섬(매사추세츠) 대학에 서, 1964년부터 샌디에이고(캘리포니아) 대학에서 교수로 재직.

168) Vgl. Herbert Marcuse, Hegels Ontologie und die Grundlegung einer Theorie der Geschichtlichkeit, Frankfurt a. M. 1932. ― 마르쿠제는 1928년 이 논문으로 프라 이부르크 대학에서 그의 지도교수인 마르틴 하이데거에게서 교수자격을 얻고자 했으나 하이데거에게 거절당했다.

169) 아도르노는 이미 제4강 끝 부분에서 헤겔의 '추상' 개념에 대해 언급했다. 71쪽 참조.

170) '토데 티(τόδε τι)'라는 표현으로 아리스토텔레스는 『범주론(Kategorienschrift)』 에서 예컨대 탁자라는 개념에 귀속되지 않는 한에서의 '이 탁자'와 같은 하나 의 '그런-부류-의-이것(Dies-von-der-Art)'을 나타냈다. 그의 입장에서 어떤 것 이 하나의 '토데 티'인지 결정하는 데에는 무엇보다 우선 개별 대상들이 충족하 는 자립성과 분리가능성의 범주였다. 『형이상학』에서 아리스토텔레스는 또한 에 이도스(형상, 개념)도 '토데 티'라고 지칭한다. 이 경우 어떤 의미에서 에이도스

가 방금 언급한 기준들을 충족하는지는 논란이 있다. — 아도르노는 '토데 티' 개념을 단지 표현을 통해서 말하자면 보여주게 되는 개념 이전적 개별 대상(하나의 이것, 하나의 어떤 것)에만 적용한다. "이 토데 티 개념도 서양 사유 전체에 대해 기초적이다. 개념으로 해소되지 않지만 우리가 개념적 명칭을 찾는 어떤 것, 즉 사실성, 여기 이것(Diesda)에 대한 모든 지시가 이 '토데 티'라는 말에 담겨 있기 때문이다. 사실 '토데 티'는 본래 —이 점이 이 사유의 통합체에서 매우 흥미로운데— 전혀 개념이 아니라 일종의 제스처이다. '토데 티'는 '이것'과 같은 것을 뜻하며, 어떤 것을 가리킨다. 따라서 아리스토텔레스의 경우 이처럼 그 자체의 본질상 비개념적인 것은 개념과 같은 것처럼 구성할 수 없고 그것을 단지 일종의 제스처를 통해 표현할 수 있을 뿐이라는 생각이 아직 현존했다. 반면에 그 후에는 이 제스처가 하나의 전문용어가 되었고, 이것이 마침내 소여, 자료(Datum) 등과 같은 개념들로, 또 이미 스콜라 철학의 에체이타스(haecceitas: 개성원리)로도 —혹은 그 개념들이 어떤 이름으로 불리든 간에— 정착되었다."(Adorno, NaS IV-14, S. 57).

171) '추상'의 이런 의미는 헤겔의 짤막한 논문 「누가 추상적으로 사유하는가(Wer denkt abstrakt?)」의 중심에 자리 잡고 있다.(Vgl. Hegel, Werke, a. a. O. [s. Anm. 8], Bd. 2: Jenaer Schriften, S. 575~581).

172) '이용하다(benutzen)' 대신 추정함.

173) 아도르노가 『논리학』에서 인용한 구절들은 그가 아마도 이전에 읽었을 글로크너-판의 텍스트에 따랐을 것이다.(Vgl. Georg Wilhelm Friedrich Hegel, Sämtliche Werke. Jubiläumsausgabe in zwanzig Bänden. Auf Grund des von Ludwig Boumann u. a. besorgten Originaldrucks im Faksimileverfahren neu herausgegeben von Hermann Glockner, 1927~1930, Bd. 4: Die objektive Logik, S. 87f.; vgl. Hegel, Werke, a. a. O. [s. Anm. 8], Bd. 5: Wissenschaft der Logik I, S. 82). 여기서 논의되는 것은 존재논리학 본문 둘째 명제의 전반부이다.

174) Hegel, Sämtliche Werke, a. a. O. [s. Anm. 173], Bd. 4: Die objektive Logik, S. 88.(Vgl. Hegel, Werke, a. a. O. [s. Anm. 8], Bd. 5: Wissenschaft der Logik I, S. 82f.).

175) 이 대목은 확인할 수 없었다.

176) Hegel, Sämtliche Werke, a. a. O. [s. Anm. 173], Bd. 8: System der Philosophie. Erster Teil. Die Logik, S. 204(Vgl. Hegel, Werke, a. a. O. [s. Anm. 8], Bd. 8: Enzyklopädie der philosophischen Wissenschaften I, S. 183).

177) 야코비에 대해서는 주석 60) 참조.

178) Hegel, Sämtliche Werke, a. a. O. [s. Anm. 173], Bd. 4: Die objektive Logik, S. 107(Vgl. Hegel, Werke, a. a. O. [s. Anm. 8], Bd. 5: Wissenschaft der Logik I, S. 101).

179) 하이데거는 이미 1934/35년 겨울학기에 횔덜린에 관한 강의에서 'Sein' 대신 'Seyn'을 쓴다.(Martin Heidegger Gesamtausgabe, III. Abteilung: Vorlesungen 1923~44, Bd. 39, hrsg. von Susanne Ziegler, Frankfurt a. M. 1980, S. 7: 'Offenbarung des Seyns'). 1936년에 나온 저술 『전회(Die Kehre)』에서 그는 이러한 표기법으로 자신이 존재로 지칭하는 것에 대한 자신의 과거 견해와의 근본적 차이를 나타낸다. 이제는 더 이상 『존재와 시간』에서처럼 존재와 존재자가 인간의 현존재에 근거해 사유되지 않고, 인간과 존재자가 존재에 근거해 사유되는 한에서 그렇다.(Vgl. Martin Heidegger, Die Technik und die Kehre, Pfullingen 1962).

180) 이전 해인 1957년 9월 15일 제3회 독일 국회 선거가 있었다. CDU는 세 번째로 콘라트 아데나워(Konrad Adenauer)를 대표후보로 삼고, SPD는 두 번째로 에리히 올렌하우어(Erich Ollenhauer)를 대표후보로 삼아 선거를 치렀다. 이 연합정당이 절대다수를 얻었다.

181) 녹취록의 이 부분에서 아도르노는 명백히 1937년 『사회연구지(Zeitschrift für Sozialforschung)』에 발표된 호르크하이머의 논문 「형이상학에 대한 최신 공격(Der neueste Angriff auf die Metaphysik)」을 지적한다. Horkheimer, Gesammelte Schriften, a. a. O. [s. Anm. 62], Bd. 4: Schriften 1936~1941, hrsg. von Alfred Schmidt, Frankfurt a. M. 1988, S. 108~161.

182) '이차적 자연' 개념에는 길고도 복합적인 역사가 있다. 이는 ―키케로(Cicero)에게서 처음 확인되는 그 표현을 넘어서― 사실에 비춰볼 때 고대 그리스로까지 거슬러 추적할 수 있다.(Vgl. den Artikel 'Zweite Natur' von N. Rath im Historischen Wörterbuch der Philosophie, hrsg. von Joachim Ritter und Karlfried Gründer, Bd. 6: Mo-O, Basel 1984, S. 484~494). ― 아도르노의 이 개념 활용에는 이 의미사에 이미 현존했던 최소한 세 측면이 담겨 있다. 첫째 일차적 자연은 인간에게 즉자로 혹은 직접 주어지지 않고 언제나 이미 정신 내지 노동을 통해 매개되거나 변화된 자연으로 경험되며, 따라서 일차적 자연과 이차적 자연이 구분되지는 않는다는 것이다.(Hegel, Marx; vgl. hierzu S. 114). 둘째, '자연' 개념은 사회와 역사의 경직과 이질성을 나타내는 한, 즉 자연스러운 제일원리, 실증적인 것, 혹은 직접적인 것 등을 나타내는 한(Marx, Lukács; vgl. GS 6, S. 48), '이차적 자연'이라는 표현에

서 그것은 실제로 비판적으로 타파되어야 한다. 셋째로 아도르노는 "손상되고 억압받는 자연을 온당하게 대하고" 싶어 할 때, 루카치, 마르크스, 헤겔 배후의 일차적 자연과 이차적 자연의 관계에 대한 루소의 고찰로 거슬러 올라간다. 이미 초기 저술인 「자연사의 이념(Idee einer Naturgeschichte)」에서 아도르노는 이차적 자연의 자연스러운 직접성의 가상을 해체함과 동시에 일차적 자연의 역사성을 드러내고, 이로써 일차적 자연이 그것에 대한 인간의 단순한 도구적 착취관계에서 해방될 수 있도록, 이러한 의미의 측면들이 지니는 관계를 변증법적으로 사유하고자 시도한다.(Vgl. GS I, S. 345~365).

여러분 안녕하십니까.

지난 시간에 나는 여러분에게 실증주의에 대한 변증법의 관계에 관하여, 그것도 모든 제일원리의 철학에 맞선 변증법의 이중적 전선형성의 관점에서 무엇인가를 말하기 시작했습니다. 이 경우 우리는 다소 무리하게 ―나 자신이 그것이 무리라는 점은 아주 잘 의식하고 있습니다만― 실증주의 역시 이 제일원리의 철학 속에 포함시켜 볼 수 있을 것입니다. 어떤 형태의 실증주의든 경험에 의해 주어진 어떤 자료들을, 그것이 의식의 자료든, 이른바 기록 명제들이든, 단적으로 제일원리라고 보는 한에서 그렇습니다. 사실 실증주의에서도 제일원리라는 원칙이, 즉 바로 그와 같은 소여의 원칙이 상정되지만, 이 원칙 자체가 내용상으로 실현되어 있지 않은 한에서, 나는 여러분에게 여기서 최소한 실증주의를 어떤 근원철학과 동일시하는 것이 완전히 타당하지는 않다고, 혹은 ―좀 더 폭넓게 말하자면― 경험주의를 통상적 의미의 형이상학과 동일시하는 것은 완전히 타당하지는 않다고 말할 의무가 있다고 여겨집니다. 그러니까 존재론적이고 다소 좁은 의미의 관념론적이고 합리주의적인 철학들은 절대적 제일원리를 정신, 의식, 선험적 종합, 존재 혹은 또 이 원칙들을 무엇이라고 하든 아무튼 실증적으로 규정할 수 있다고 믿습니다. 그에 반해, 실증주의와 경험주의는 물론 주어진 것 혹은 사실들이 궁극적인 것이며, 모든 인식이 관련되는 것이라고 말하지만, 그 본질은 그러한 사실성의 개념 자체가, 그것이 개념이기 때문에, 이 사실성을 진술하거나 예단하지는 않고 실제로는 그때그때 상이하고 변화하는 내용을 통해 실현될 수 있다는 점입니다. 또한 실제로 실증주의 조류들을 근원철학과 간단히 동일시할 수 없다는 것, 또 그것들이 —예컨대 오늘날의 논쟁에서처럼— 자신은 이 시대의 존재론적 경향들과 각별히 대립한다고 여긴다는 것도 그러한 점과 관련되어 있습니다. 물론 여러분은 아무튼 내가 지금 여기서 다소 면밀하게 실증주의에 맞서는 변증법의 입장을 여전히 다루는 것이 다소 불합리하고 억지라고, 왜냐하면 변증법이 반실증주의적이라는 점은 궁극적으로 자명하며, 예컨대 헤겔 사망 이후 유럽 전역에 확산된 서구철학의 실증주의 운동 전체가 사변적 변증법적 사유방식을 아무튼 역사적으로 끝장냈기 때문이라고 말할 수 있을 것입니다. 나도 이 점을 논박하지는 않겠습니다. 하지만 그런 생각을 통해 표현되는 것처럼 변증법과 실증주의의 관계가 실제로 그렇게 간단하지는 않습니다. 여러분에게 잠시 변증법의 문제가 한편으로 보면 미리 생각해낸 총체성에서 출발하지 않고 총체의 힘을 말하자면 —좀 낡은 사변적 형이상학의 표현으로[183]— 창문 없이 각 개별 소여들 내부에서 찾는 것이라는 점을 환기하자면, 이처럼 미리 주어진 완결된 상위개념이 이처럼 결여되어 있다는 점에서 실제로 실증주의에 대한 변증법의 내적 친화성이 존재합니다. 그리고 나 자신의 연구 내부에서 이러한 생각으로부터 결론을 끌어낼 경우, 또 우리가 이미 명명한 것처럼 미시론적으로 개별 문제들에 접근하면서 처음부터 그것들을 그 상위개념 아래 집어넣지 않을 경우, 내게 "그래, 근본적으로 네가 여기서 하는 일과 실증주의 사이에는 전혀 아무런 구분도 없다"는 비난이 제기되는 일도 드물지 않았습니다. 이경우 실제로 사태 자체 속에 어떤 과도단계들이 있으며, 이 과도단계들은 역사 속에서 다름 아니라 ―나는 그렇게 말하고 싶지 않습니다만― 변증법의 실증주의적 조류들을 통해, 아무튼 실증주의와 매우 유사한 회의적 상대주의를 지향하는 어떤 경향을 통해 객관화되었습니다. 이러한 경향은 특히 영국 헤겔학파의 지극히 중요한 변증법 이론가 프랜시스 브래들리Francis Bradley[184]에게서 명확히 나타난 바 있습니다. 이 경우 나는 여러분에게 브래들리의 중요한 저술 두 편인 『외양과 실재Appearance and Reality』와 『논리학die Logik』[185]을 언급하고 싶은데, 이 저술들은 아마 헤겔 이후에 특별히 사변-철학적 의미에서 대체로 가장 독창적이고 가장 근본적으로 변증법 이론에 기여한다고 할 수 있을 것입니다. 그것들은 상당한 집중력과 인내를 요구하는 지극히 난해하고 섬세한 연구지만, 매우 풍부한 내용으로 이러한 인내에 보답한다고 할 수 있습니다.

실증주의에 대한 관계를 살펴보자면, 사실상 내용과 관련한 문제가 관건인 이 자리에서, 무엇보다 실제로 변증법은 어떤 의미에서 현상학이 어쩌면 부당하게 자처하는 것이라는 점, 즉 변증법은 비-자연적 태도라는 점, 변증법은 본래 우리가 주어진 것으로, 사실로 간주하는 것을 모종의 회의를 품고 대하고, 현상으로, 주어진 것으로 우리와 마주치는 것 뒤에서 그 속에 숨어 있는 전체의 힘들을 찾으려는 경향을 띠는 태도라는 점을 여러분에게 환기하고 싶습니다. 본질과 현상의 구분은 아마 일반적으로 변증법적 사유에 대해 단적으로 본질구성적일 것입니다. 이는 개념들이 반성 속에서 정립된다는 점, 즉 이 반성을 통해 개념들 자체에서 그 단순한 현상 혹은 그 표면적 의미로는 본래 말하지 않고 감추어져 있는 어떤 실체가 밝혀진다는 점에서 이미 드러납니다. 이번 시간에는 다름 아닌 변증법에 대한 저항들에 대해 논하고 여러분이 이 저항들을 의식하도록 함으로써 변증법에 접근하기 쉽도록 하고자 하는데, 이 경우 아주 자주 볼 수 있는 한 가지 저항이 바로 다음과 같은 점에 있다고 봅니다. 그것은 바로 너무 영리하다는 의심, 비밀에 싸인 척한다는 의심, 그러니까 자신에게 지금 사실상 주어진 것에 결코 만족하지 않는다는 의심, 또 무엇보다 사람들이 주관적으로 자신에 대해 생각하는 것, 자신의 일이라고 여기는 것을 바로 변증법의 객관적 계기에 근거해 실제로 그들에게서 빼앗으려 한다는 의심입니다. 실제로 이러한 계기는 변증법에 내재해 있으며, 그것을 무해한 것으로 만들려 한다면 이 경우에도 확실히 전적으로 잘못일 것입니다. 하지만 물론 완전히 다른 모티프로 인해, 즉 사회적 경험이라는 모티프로 인해, 우리가 살고 있는 세계가 어떤 거짓말이나 음모를 통해서가 아니라 그 자체의 내재적 법칙성을 통해 그 베일을 생산하고, 되풀이하여 그 본연의 상태에 모순되는 현상들을 촉발한다는 점을 일단 간파하게 될 경우, 실제로 우리는 그러한 불신을 일반적으로 품게 됩니다. 또 무엇보다 개별 과학들에 의해 바로 우리에게 확실성의 궁극적 권리 원천으로 제시되는 어떤 주어진 것, 실증적인 것을 우리는 더 이상 그것이 우리에게 제시되는 그대로 받아들일 수 없습니다. 오늘날 우리가 살아가고 있는 여건들의 압도적 압력 아래서, 사람들은 이처럼 우리에게 일단 주어진 것을 의심하는 힘을 점점 더 잃어버리는 듯합니다. 그리고 자아-박약이 사유 과정 속으로 전이되거나 혹은 연장되는 일 따위가 있다면, 그것은 바로 사람들이 인습적인 의식에 근거해 보면, 그러니까 세계를 나타나는 대로 단순히 받아들이는 데에 근거해서 보면 언제나 인위적이고 폭력적이고 지나치게 영리하다는 인상을 일으킬 수밖에 없는 부류의 불신 없이 이른바 소여들에 굴복하는 것이라고 하겠습니다. 내 생각에는 그러한 불신을 존중하는 것이 더 타당합니다. 즉 완전히 소외된 세계 속에서, 완전히 테세이θέσει이고 퓌세이φύσει[186]가 아닌 세계 속에서 이 이차적 자연의 표면을 깨뜨리기 위해서는 바로 그처럼 어느 정도 부자연스러운 의식의 노력이 일종의 건전한 상식으로서만 변증법을 끌어들이려 시도하려는 것보다 오히려 더 필요하다고 말하는 것, 그렇게 믿는 것이 더 타당합니다. 물론 변증법은 건전한 상식과 매우 관련이 깊고 변증법의 과정들은 개별적으로 사실상 언제나 이성적 심사숙고의 과정입니다. 여러분에게 이미 설명하려고 했듯이 이성의 어떤 둘째 원천, 즉 단순히 합리적이며 반성적인 원천과 어떤 심연으로 분리되어 있는 부류의 원천은 없습니다.[187] 하지만 다른 한편으로 나는 변증법적 사유 방식이 일반적인 오성과 다음과 같은 점을 통해 구분된다고 매우 단호하게 생각합니다. 즉 변증법은 그와 같이 주어진 상태에 만족하지 않으며, 다름 아니라 주어진 것이 우리에게 가장 가혹하게 맞설 때 비로소 자신의 작업을 제대로 시작한다는 점, 또 변증법은 불투명한 것, 침투할 수 없는 것 속에 파고들어 그것을 운동하게 하고자 시도한다는 점 등을 통해 일반적 오성과 구분됩니다. 또 여러분들 가운데 몇몇 자연과학자들은 변증법을 고수하는 철학자의 입에서 나온 자연과학적 비유들이 언제나 어떤 불길한 면을 지닌다고 말할 텐데, 내가 이들을 두려워하지 않는다면, 변증법적 사유에서는 실제로 언제나 지적 원자핵 분열과 같은 것이 관건이라고 말하겠습니다. 덧붙여 말하자면 아시는 바와 같이 변증법이 원자탄과 같이 두드러진 결과를 제시할 필요는 없겠고, 내가 현대 자연과학들의 명성에서 뭔가를 빼앗고 싶지는 않습니다.

　여러분에게 이미 말했듯이, 실증주의에 맞서는 변증법 특유의 입장은 우선 다음과 같은 점에서 찾을 수 있습니다. 즉 실증주의적인 견해로 보면 궁극적인 것이며 사실상 전통적인 실증주의 인식론에서는 직접 주어진 것이라고 지칭되곤 하는 소여들을 그 나름으로 매개된 것으로 인식한다는 점, 즉 인식이 확실한 소유물로서 자체의 근거로 삼는다고 여기는 궁극적인 것이 다른 한편으로는 결코 궁극적인 것이 아니며 일반적으로 그 나름으로 다시 인식이 자체에 근거해 생산할 수 있다고 믿는 것을 전제한다는 사실을 보여준다는 점입니다. 나는 이 생각을 『인식론 메타비판Metakritik der Erkenntnistheorie』[188] 제3장에서 매우 중요시하며 전개하고자 했습니다. 또 여러분에게 지금 그 대목을 지적하고 싶은데, 여러분이 거기서 다음 사실을 알게 될 터이기 때문입니다. 즉 전통적인 인식론적 구상의 관점에서는 이른바 인식론의 개별 범주들을 통해 비로소 대상세계가 구성되겠지만, 이 범주들도 연관관계를 통해 그 나름으로 다시 그 대상세계를, 그러니까 공간과 시간 속의 현존재를 전제한다는 점, 또 역으로 공간과 시간 속의 어떤 현존재도 그러한 범주들 없이는 사유할 수 없다는 점을 보여주려 시도했다는 사실이 그것입니다. 이렇게 전개된 변증법적 반성을 이 짧은 입문 시간에 여러분에게 보여줄 수는 없습니다. 하지만 그 대신에 여러분에게 변증법적 사유와 실증주의적 사유의 분석을 통해 적어도 내가 이때 생각한 바에 대한 몇 가지 특유한 증거들을 제시할 의무는 있다고 봅니다. 그리고 『정신현상학』에서나 그 후 마르크스의 경우에도 변증법의 내용은 본질적으로 사회적 내용이기 때문에, 또 내가 알기에 여러분 가운데 많은 사람이 바로 사회과학적 문제들에 특별히 관심을 갖고 있기 때문에, 사례들을 ―내가 여러분에게 사례들을 제시하더라도 양해해주기 바랍니다. 나도 본래 그런 일을 해서는 안 된다는 것을 압니다만, 변증법 이론가로서 그것은 실로 아주 어려운 일입니다[189]― 사회과학 영역에서, 특히 사회과학들 가운데 특유의 실증주의 영역에서, 즉 사람들, 특히 통계 집단들의 반응방식과 의견들을 조사하곤 하는 이른바 경험적 사회연구분야에서 일부 선정하는 것이 적절하다고 믿습니다.

나는 다름슈타트 지역연구 후반부에 책임을 맡았는데, 이 연구[190]에서는 주민들 상당 부분이 이 도시의 관료층에 대해 특정한 적대적 입장을 취한다는 점, 또 관료들에게 지극히 부정적인 판단을 내린다는 점이 드러났습니다. 이 경우 우리는 일단 그와 같은 도시에서 사람들이 그 도시 관료층과 겪은 경험들을 생각할 수밖에 없을 것입니다. 또 단조로운 연구, 즉 진상을 충분히 밝히지 못한 연구에서는 ―경험적 사회연구에 대조되는 변증법의 의미는 본질적으로, 다른 경우에 단조로운 설문으로 머무는 것에 특정한 성격의 빛을 비춰주는 것이라고 여겨집니다―, 그처럼 단조로운 연구에서는 사람들이 아마 이렇게 말했을 것입니다. "그래, 이 다름슈타트 시에서는 사정이 그렇지. 이 도시는 오래된 관료도시이자 행정의 중심지야. 사람들은 관료제와 싸우게 되었고 여기서 빈번히 부정적 경험을 얻었으며, 이는 관료에 대해 적대적인 판단들에서 드러나지." 변증법 이론가는 이런 대목에서 그처럼 뻔한 테제에 만족하지 않고, 적어도 어떤 도시에서 관료들에 대해 주민들이 취하는 이 부정적 입장이 그 특유한 경험과 이 도시의 특유한 여건들로부터 파생되는지를 일단 물을 것입니다. 그러니까 이 경우 변증법 이론가는 미국 사회학에서 '일반화된 태도'라고 지칭하게 되는 것이 관건은 아닌지, 즉 사람들이 그와 같은 부정적 태도를 이미 외부로부터 끌어들여 관료층에 적용하고, 그 다음에 ㅡ우리가 그 특별연구에서 다룬ㅡ 관료들에 대한 그들의 판단에서 이 일반화된 태도를 관료들에게 적용하는 것이 아니냐 하는 문제를 제기할 것입니다. 일단 여러분에게 내가 어떤 특이한 방식으로 이러한 의심을 하게 되었는지 말하는 것이 좋을 듯합니다. 아마 이로써 경험적인 사회적 설문과 변증법적 검토가 서로 결합하는 메커니즘에 대해 여러분에게 무엇인가를 좀 보여줄 것이기 때문입니다. 나에게 특히 친숙하지만 완전히 다른 대상 영역, 즉 비-독일어권 소설가와 관련된 어느 문학사회학 연구에서 이 연구의 저자는 해당 소설에서 소시민계급 내부의 특정한 대립이 결코 이론적으로 혹은 사회학적으로 전개되지는 않았지만 적어도 확연히 드러나기는 한다는 점, 즉 한편으로 중하위권 관료들과 다른 한편으로 고정급을 받지 못하는 자들, 자유직, 자영업자들 사이의 어떤 적대관계가 드러난다는 점을 보여주었습니다.[191] 자유로운 자영업자들 ㅡ소규모 여관업주, 수공업자 등ㅡ 에게 관료들은 흔히 일종의 기생충으로 나타납니다. 즉 관료들은 그들처럼 그렇게 바둥거릴 필요도 없으며 게다가 그 대가로 연금을 보장받으며, 연금은 그렇게 힘들지 않은 생활의 끝 부분에서 그들에게 손짓을 합니다. 한편 역으로 관료들의 관점에서 보면 이른바 자유업자들은 이들이 벌어들일 수도 있는 더 큰 수익 때문에 물질적으로 훨씬 더 부러워할 만하며 게다가 전혀 질서와 신뢰에 익숙하지는 않은 집단으로 보입니다. 나는 이를 기억하고 있었고 그래서 어쩌면 두 집단, 즉 중소 시민계층 내부의 관료들과 비-관료들 사이의 이 내재적 대립이, 다름 아니라 관료층이 상대적으로 매우 방대한 지역에서 사람들의 입장에 나타날 수 있다고 생각했습니다. 그리고 이로부터 내가 끌어낸 결론은 다음과 같은 것이었습니다. 즉 나는 해당 도시의 관료들에 대해 부정적인 판단을 내리는 당사자들이 실제로 그 관료들과 아무튼 접촉했는지, 또 둘째로 그들이 부정적인 경험을 했는지를 지적할 수 있도록 해주는 한 문제 혹은 복합문제를 끼워 넣도록 조사를 계획하게 했습니다. 아니 오히려 그렇게 하도록 방향전환을 꾀하고자 했습니다. 또 이제 경험적 사회연구 기술에서 추상적으로 "당신은 부정적인 경험을 했습니까?"라고 묻지 않고, 특정한 부정적 경험들에 관해 묻는데, 그러한 경험을 진술할 수 있을 경우에만 어떤 근거가 있는지를 일반적으로 검증할 수 있기 때문입니다. 내가 생각했던 것이, 즉 관료들에 대한 부정적 판단과 관료와의 경험 사이에 완전한 괴리가 존재한다는 것이 실제로 이 문제와 관련해 확인되었다는 점에서 나는 자부심을 느낍니다. 달리 말하면 이 경우 외부로부터 끌어들인 이데올로기가 문제였던 셈이며, 사실 전체 사회 속에서 어떤 식으로든 떠돌고 있는 일종의 의견, 전체 사회적 성격을 띤 의견이 관건이며, 수적으로 매우 많은 특정한 집단들 내부에서 사람들은 그러한 의견을 받아들이고 이를 통해 그들의 경험이라는 것을 만든다고 하겠습니다. 달리 말하면 여기서 우리가 부딪치게 되는 주어진 상태들, 즉 관료들에 대한 부정적 입장을 실증주의적 사회학은 단순히 기록하고 평가하고 해석하겠지만, 이 경우 그것은 다시 전체 사회적 과정의 한 가지 기능으로 나타나는 것입니다. 즉 이 경우 개별적인 것, 특정한 것, 구체적인 것은 총체성에 의존하며 […],[192] 또 물론 관료들에 대한 이 전체적 분위기는 관료들에 대한 그

무수한 적대적 개별 행위들로 구성되지 않는다면 존재하지 않을 것입니다. 이 경우 일종의 상호작용이 작동하고 있는 것입니다.

또 다른 사례는 여러분에게 경험적 사회학 내부에서 이른바 동기 분석이 사회 이론적 의미에서 얼마나 중요한지 보여줄 수 있습니다. 단지 동기 분석을 통해서만, 즉 그와 같은 부정적 판단의 동기가 되는 어떤 것을 확인함으로써만, 우리에게 단순히 주어진 것의 현혹관계를 타파하는 것이 일반적으로 가능하기 때문입니다. 다른 연구에서 우리는 ―그것은 산업사회학적 연구입니다[193]― 특정한 공장 내부의 노동자들이 그 상급자들에 대해 지니는 특정한 종류의 적대관계에 부딪쳤습니다. 우리는 단순한 주관적 여론조사, 즉 적대감이라는 단순히 주관적인 여건의 확인을 [고려하면서], 이에 국한하지 않고 동시에 해당 공장의 객관적 여건들을 조사하였는데, 이때 이 공장 내부의 상급자들이 사태의 기준에 비춰볼 때 대단히 인도적이고 이성적이며 박애적인 태도를 보인다는 점이 드러났습니다. 하지만 또한 특정한 이유 때문에 공장의 전체 조직은 다소 후진적이고 노동자들에게 부단히 압박을 가한다는 점도 드러났습니다. 그리고 이 경우 ―간략하게 이렇게 표현해도 좋다면― 상급자들 혹은 해당 노동자들이 적대적으로 반응한 사람들은 어떤 점에서 ―마르크스의 표현을 써먹자면― 단순한 '성격가면들Charaktermasken'[194]이라는 점, 결코 이 사람들 자신이 본래 문제는 아니며, 노동자들이 이 사람들에게 일종의 적대감을 키웠다면, 이때 노동자들은 단지 객관적 관계를, 즉 이 회사 내부의 구조적인 상하관계와 동시에 특유한 생산관계를 그 사람들에게 옮겨놓았을 뿐이고, 현실적으로 그 사람들 자신은 그들이 수행한 바로 그 기능의 가면일 뿐이라는 점이 밝혀졌습니다. 여기서 중요한 것은 지극히 광범한 영향을 끼치는 과정, 즉 ―지나는 김에 여러분에게 지적하고 싶습니다― 인격화 과정입니다. 아마 이 경우 구체적인 변증법적 작업에 대한 통찰은 여러분 자신이 이 인격화 메커니즘에 빠지지 않도록 다소 도움이 될 것입니다. 이 경우 '인격화'라는 말로 뜻하는 바는 다름 아니라 객관적 상황의 힘이 크면 클수록, 또 특히 권력 및 압박의 상황이 익명이면 익명일수록 이 이질성과 익명성은 우리에게 더욱 견딜 수 없게 되며, 그 결과 우리는 이 사태 자체를 돌아보지 않는 한 실제로는 그러한 객관적 사실들에 담겨 있는 것을 인격적 요인들에, 특정 인간이나 인간집단의 성격에 투사하는 경향을 점점 더 강하게 띠게 됩니다. 국가사회주의적 인종망상이 실제로 발휘한 바와 같은 엄청난 영향을 발휘할 수 있었던 것은 그러한 욕구에 부응했기 때문이라는, 즉 현실적으로는 익명의 고통이고 그런 상태로는 전혀 견딜 수 없는 고통의 책임을 손에 잡히는 특정한 사람들 및 집단들에게 돌렸기 때문이라는 추측을 이 자리에서 밝혀도 좋을 것입니다. 이는 심리역동학적으로 볼 때 일련의 다른 장점도 지닙니다. 즉 사람들은 실제 상황에서 그런 것보다 훨씬 더 쉽게 자신의 공격적 정서를 어떤 인물들에게 투사할 수 있는 것입니다. 하지만 사람들이 일반적으로 그렇게 생각하는 상태에 순진하게 머물 경우, 바로 내가 방금 암시한 바를 통해 최소한 산만하게라도 여러분에게 규정해 주려고 시도한 인격화의 현혹 메커니즘에 우리 자신이 희생될 것입니다.

셋째 본보기로 여러분에게 한 가지 더 다음과 같은 것을 이야기해도 좋을 것입니다. 나는 이미 미국에서 바로 이 문제와 관련해 변증법적으로 심사숙고하면서, 예컨대 사람들이 특정한 히트곡들을 그 히트곡 자체 때문에 좋아한다는 주장을 논박함으로써 이른바 과학의 수레바퀴에 제동을 걸었을 때 어려움도 겪었지만 약간의 승리도 거두었습니다. 또 선호와 거부, 미국 커뮤니케이션 리서치의 은어로 '호불호'와 관련해, 내가 그것을 객관적 사실들과 대질하고자 했을 때, 사람들은 가장 많이 연주되고 자신이 가장 잘 아는 히트곡들을 가장 좋아하며, 반면에 자신이 알지 못하는 곡, 그렇게 자주 듣지 못하는 곡은 일반적으로 거부한다는 사실이 드러났습니다.[195] 이어서 왜 이 히트곡들이 가장 많이 연주되는가 하고 다시 물을 수 있습니다. 그러면 이때 다시 어떤 주관적 자질들과 선호가 개입한 다는 사실에 부딪칠 것입니다. 하지만 여러분은 지극히 복잡한 상호작용의 체계에 도달할 텐데, 아무튼 이 체계는 이른바 여론조사가 일반적으로 추구하는 직접적인 사실들, 단순한 사실들과 정반대의 것입니다. 실제로 이 여론조사에서는 대개 행정적인 이유나 상업적인 이유에서 사람들이 무엇을 지지하고 무엇을 반대하는지 아는 것이 우선 문제의 핵심인데, 이처럼 지지와 반대에 머무는 것은 바로 내가 여러분에게 시작 부분에서 언급한 은폐망을 이른바 사실 속에 짜 넣는 데에도 기여합니다.

이 대목에서 여러분 가운데 실증주의 사회과학자들은 아마 내가 여기서 여러분에게 설명한 사고 전체가 사실상 그 나름으로 실증주의와 전적으로 결합 가능하며, 또 궁극적으로 내가 이러한 생각 자체를 아무튼 실행할 수 있으려면 실증주의적 게임의 규칙에 따라 진행된 연구들 속에 끌어들였어야 한다고 나에게 반론을 제기할 것입니다. 나는 이 점을 전혀 부인하지 않겠습니다. 이 경우 나는 변증법적 사유가 사실상 직관주의는 아니며, 따라서 과학 논리 내부에서 통용되는 것과 완전히 다른 유, 다른 규정성을 지닌 사유 종류가 아니라는 점, 오히려 그것은 다만 이 사유와 대조적으로 자체 내적으로 반성된 사유, 다름 아니라 ─앞에서 내가 표현한 바처럼─ 스스로에 대해 일종의 빛을 밝혀주는 사유이며, 단조롭고 맹목적으로 진행되지 않는 사유라는 점을 반복해서 말하고자 합니다. 달리 말해서 내가 확실히 믿는 바로는 실제로 자기 스스로를 의식하고 자체 내적으로 일관된 이른바 실증주의적 연구에는 변증법적 사유로의 이행과정이 불가피하게 내장되어 있습니다. 우리가 지난번 사회학 세미나 모임들에서 확인할 수 있었던 바에 의하면 막스 베버처럼 그 신념에 비춰볼 때 전적으로 실증주의적인 사회학자가 단지 그 스스로 다루어야 했던 사실들의 귀결을 통해 어떤 변증법적 정식들을 만들어낼 수밖에 없었는데, 이러한 정식들은 그의 과학이론적 입장, 이른바 그의 철학과 결코 결합할 수 없는 것이었습니다.[196] 하지만 나는 이처럼 너무 안이한 타개책에 만족하고 싶지 않으며, 이 경우 여러분에게 내가 끌어들인 연구들 어디서나 파악 가능한 특정 개별 사회분야와 대조되는 사회적 전체, 전체 사회와 같은 어떤 것에 호소했지만, 이때 단순한 가설과는 다른 어떤 것이 있다는 사실을 상기하고 의식했으면 합니다. 그 근거는 실로 간단합니다. 즉 가설에는 사실상 그 주요 내용이 결정적 실험experimentum crucis을 통해 검증될 수 있다는 점, 따라서 여러분은 이 가설 자체를 나름으로 다시 일종의 과학적 사실로 전환할 수 있다는 점이 포함됩니다. 내 생각에 이는 내가 여러분에게 보고한 사례 전체에서 의문의 여지 없이 사실이 아닙니다. 왜냐하면 전체 사회 혹은 그저 전체적인 주도적 이데올로기라는 것, 혹은 그처럼 허공에 떠돌고 있다가 사람들이 특정한 결정에, 즉 관료들, 상급자들, 히트곡들 등에 대한 입장에 끌어들이는 것, 그것을 여러분은, 확인할 수 있고 심지어 측정하고 수량화할 수 있는 이 현상들에 대한 특유의 개별적 입장선택방식과 같이 장악할 수는 없기 때문입니다. 달리 말하면 그러한 조사에 선행하는 전체 사회에 대한 지 혹은 이론이 그런 조사에 끌어들이는 것은 물론 그런 조사의 결과들을 자체 내에서 작동시키는 힘이지만, 그것 자체는 이때 여기서 발견되는 소여들과 같은 어떤 소여가 아니라, 오히려 나름으로 참 또는 허위 확인의 명백한 메커니즘을 상당히 벗어나는 일종의 힘의 중심입니다. 나아가 그처럼 사회구조들 혹은 전체 사회적 이데올로기들 혹은 또 무엇이라고 하든 그런 것에 호소한다는 말의 의미는 예컨대 이때 비판되는 개별 인식들과 같은 어떤 개별 인식을 이 개별 인식들에 대립시키는 것이 아니라, 단지 이 개별 인식들을 그 나름으로 파악할 수 있게 해주는 경향을 이해하고 기술하는 것일 뿐이라고 할 수 있습니다. 따라서 그 나름으로 지금 이 자리에서 충족되지 않고 그 본래의 의도도 어떤 확인들이나 어떤 확고부동한 "그렇다, 그것이 전체 사회다"라는 말로 충족될 수 있는 것이 아니라, 다만 이 사실들 자체를 그

운동 속에서 파악한다는 의미를 지니는 그러한 방법은 실증주의적인 가설구성의 개념과 전적으로 모순될 것입니다.

이에 대해 여러분은 이렇게 말할 수 있습니다. "하지만 그렇다면 당신은 도대체 어떻게 그런 성격의 개념들을 가지고 작업하게 되었고, 또 단순한 자의나 일종의 구름 잡는 사변에 빠지지 않고자 할 경우 그런 개념들을 다루는 것을 정당화해주는 방법은 무엇인가?" 나는 이 자리가 일단 여러분에게 아주 일반적인 철학 개념들 가운데 부정성 혹은 모순의 개념으로 지칭한 바를 아주 단호하고 아주 확실하게 보여줄 기회라고 생각합니다. 즉 우리를 그와 같은 방향으로 이끌어간 길은 이중적입니다. 첫째로 나는 바깥으로부터 어느 정도는 어떤 것을 끌어들일 수밖에 없습니다. 내 생각에 변증법적 사유의 한 가지 본질적 구성요인은 그것이 언제나 그 대상 내부에만 아니라 그 대상 바깥에도 위치하는 사유라는 점입니다. 왜냐하면 우리가 대상 속에서 지각하는 운동은 언제나 이미 대상 밖에서 일어나는 것에 대한 지, 그러니까 그 대상 자체가 위치해 있는 연관관계에 대한 지를 전제하기 때문입니다. 따라서 우리가 어떤 사회 속에서 살고 그 속에서는 예컨대 상하관계가 어떤 특정한 객관적 구조를 지니며 모든 인격적 관계를 미리, 아프리오리하게 형성하는 영속화된 압력의 특정한 계기를 내포한다는 관념을 갖지 못할 경우, 확실히 나는 상관이 자신이 맡은 기능의 성격가면이라는 식으로 전혀 생각하지 못할 것입니다. 하지만 다른 한편 실제로 나로 하여금 지금 그처럼 단순한 확인을 변증법적으로 운동시키도록 만들어주는 길은 내가 갖고 있는 개별 소여들이 자체 내적으로 모순된 것으로, 혹은 자체 내적으로 문제적인 것으로 입증되는 길일 뿐입니다. 그러므로 이를 아주 노골적이고 따라서 또 초보적이고 불충분한 공식으로 표현하자면, 일단 다름슈타트의 설문대상자들의 "나는 관료들 전체를 게으름뱅이라고 보며 또 우리의 인간적인 어려움들을 진지하게 받아들이지 않는 관료라고 간주한다"는 진술과, 이렇게 말하는 사람들은 관료들과 나쁜 경험을 한 적이 없거나 어쩌면 그들과 아무런 경험도 한 적이 없다는 사실 사이에는 일단 하나의 모순이 존재합니다. 따라서 이 경우 이른바 주어진 사실 자체 속에서 부딪치는 모순 때문에, 나는 소여를 넘어서 그 대신에 좀 더 포괄적이고 좀 더 보편적인 것을 시도할 수밖에 없습니다. 이때 여러분은 내가 바로 이 사례에서, 또 몇몇 다른 사례에서 전체 사회에 대해 언급했다는 점을 알아차렸을 것입니다. 하지만 또한 여러분은 내가 그것을 위해 제시한 근거들이 결코 전체 사회 개념이 그렇듯 그렇게 추상적으로 포괄적이지는 않다는 점도 알아차렸을 것입니다. 그러니까 나는 여기서 우선 특정한 사회계층 내부에 한편으로는 관료들과 다른 한편으로는 자유업자들 사이의 내재적 모순이 있다는 견해를 갖게 되었는데, 이러한 모순은 다시 경험과 의견 사이의 모순으로 표현됩니다. 그리고 그로부터, 이 모순으로부터 전체 사회 구조 전반의 문제와 마주치게 된다면, 이는 그것을 넘어서는 훨씬 더 복잡한 진일보, 내가 앞에서 꾀한 초보적인 숙고들을 훨씬 넘어서는 진일보일 것입니다. 좀 더 설명하자면, 우리로 하여금 특정 공장 내에서의 긴장을 인격적 조건에 의한 것으로 보지 않고 한편으로는 객관적인 상하관계에 의해, 다른 한편으로는 이 상하관계를 해당 공장에서 결정하는 특정 생산조건에 의해 야기된 것으로 보게 만든 과정, 이 과정은 사실상 또한 상급자들의 불친절 혹은 악취미에 대한 설문대상자들의 판단과 이 사람들과 생산과정 자체의 실제 특성에 대한 객관적 통찰 사이의 모순 때문에 우리가 단순한 설문에서 부딪치게 된 바로 그 외견상의 궁극적 소여를 상대화하게 된 과정 이외에 결코 아무것도 아닙니다. 물론 이 모든 것은 좀 더 깊은 의미에서 철학 이전적이며 근본적인 의미에서 변증법적이지 않습니다. 왜냐하면 변증법은 그 진행과정에서, 그 진전 속에서, 내가 여기서 사용한 사실성, 직접적 소여, 개별 확인들의 어떤 개념이든 지양하기 때문입니다. 하지만 우리는 변증법을 과학에 대해 타율적인 구조물이 아니라 자체의 의식으로까지 고양된 과학으로서 고찰하였기에, 여러분에게 개별 과학의 작업이 어떻게 그 자체의 역동을 통해 변증법에 도달하도록 작동하는지 보여주고, 이로써 여러분에게 실증주의와 변증법의 차이를 설명하는 것은 아마 유익했을 것입니다.

183) 아도르노는 여기서 고트프리트 빌헬름 라이프니츠(1646~1716)의 단자론을 끌
어들인다. 라이프니츠의 형이상학에서 세계는 단자들, 즉 자체 내에서 완결되
고 무의식적(광물들, 식물들의 경우) 혹은 의식적 표상들(생명체들의 경우)을 갖
춘, 단순하고 연장되지 않은 실체들로 구성된다. 『단자론(Monadologie)』 §7에는
다음과 같은 구절이 나온다. "단자들에는 그 안을 들여다보거나 밖을 내다볼 수
있는 창문이 없다. 우연적 요인들은 지난날 스콜라철학자들의 지각 가능한 형
식들이 그랬던 것처럼 교체되거나 실체 바깥에서 배회할 수 없다. 실체도 우연
적 요인도 외부로부터 단자 안으로 들어가지 않는다."(Gottfried Wilhelm Leibniz,
La Monadologie, hrsg. von Eduard Erdmann, 1840, §7, S. 705; vgl. jetzt: Gottfried
Wilhelm Leibniz, Monadologie/ Lehrsätze der Philosophie. Letzte Wahrheiten über
Gott, die Welt, die Natur der Seele, den Menschen und die Dinge. Französisch-deut-
sche Textausgabe, übersetzt, herausgegeben und kommentiert von Joachim Christian
Horn, Darmstadt 2009, S. 45).

184) 프랜시스 허버트 브래들리(Francis Herbert Bradley: 1946~1924), 영국 철학자.
1876년부터 옥스퍼드 교수로 재직.

185) Francis Bradley, Appearence and Reality(1893); dt.: Erscheinung und Wirklichkeit,
Leibzig 1929. Principles of Logic(1883/1922). 'Principles of Logic'의 독일어 번역은
찾을 수 없었다.

186) 테세이(τέσει)/ 피세이(φύσει)의 대립을 통해 고대 그리스 이래로 단순히 '인간
의 규정에 의한 것'(테세이)에 대한 '자연에 근거한 것'(피세이)의 관계가 논의된다.

187) 174쪽 참조.

188) 『인식론 메타비판』의 제3장은 '인식론적 개념들의 변증법에 대해(Zur Dialektik
der erkenntnistheoretischen Begriffe'이다.(Vgl. GS 5, S. 130~189).

189) 124쪽 이하 참조.

190) 다름슈타트 지역연구는 사회과학연구소가 프랑크푸르트 사회연구소와 함께
1952~1954년 만들어낸 9편의 연구논문들로 이루어진다. 이를 위해 아도르노는
일부 막스 롤페스(Max Rolfes)와 함께 서문들을 썼다. 아도르노가 이하에서 끌어
들이는 연구는 '관청과 시민'이라는 제목의 8번째 연구물로 1952년 2월에 나왔
다. 아도르노의 서문은 GS 20-2, S. 634~639.

191) 이 연구는 확인할 수 없었다.

192) 녹취록 이 부분에 누락된 표시가 있다.

193) 아도르노는 연구물인 'Betriebsklima. Eine industriesoziologische Untersuchung aus dem Ruhrgebiet; Frankfurt a. M. 1955'를 끌어들이고 있다. 그는 이 연구서에 후기를 썼으나 연구서와 함께 발표되지는 않았다. 지금은 '기업풍토와 소외'라는 제목으로 GS 20-2, S. 674~84에 실려 있다.

194) 『자본』에서 마르크스는 '성격가면' 개념을 상품분석에서 교환과정 서술로 넘어가는 곳에서 처음 사용한다. 상품은 "스스로 시장에 가지 않고 스스로 교환될(수 없기) 때문에"(Karl Marx, Das Kapital, a. a. O. [s. Anm. 12], S. 99) 그러한 서술에는 인간이라는 행위자 —상품소유자— 의 도입이 필요하게 된다. 마르크스가 이런 맥락에서 상품소유자들로부터 우선 인격 개념을 추론할 때 이는 이미 비판적 의도로 이루어진다. 즉 소유권을 정의하는 부르주아 실정법의 인격 개념에 대한 비판이자, 동시에 역사적으로 주어진 경제적 관계만을 반영하는 법 개념에 대한 비판으로서 이루어지는 것이다. 하지만 이로써 상품과 더불어 이미 주어진 교류를 통해 사람들에게는 그들의 특수한 역사적 사회적 조건들이 사물들의 자연스럽고 예로부터 존재해온 속성들처럼 나타나는데, 그러한 교류가 사람들의 상호 관계 속으로 연장된다. 마르크스가 도입한 인격 개념은 이로써 소외된 실존방식을 나타낸다. 이러한 실존방식에서 사람들은 그들에 앞서는 경제적 기능들의 인격화로서만 '인격들'일 수 있으며, 또 이로써 그들에게는 자립화한 사물적 관계들에 의해 연극에서처럼 (고대 연극에서 가면을 통해 표시가 되었던) 하나의 역할이 부여된다. 그래서 마르크스는 다음과 같이 설명한다. "여기서 인격들은 단지 상품의 대리자로서만, 따라서 상품 소유자로서만 서로에게 실존한다. 우리는 이러한 발전과정이 진행되는 가운데 일반적으로 인격들의 경제적 성격가면들이란 단지 경제적 관계들—그들은 이 관계들의 담지자들로서 서로 맞선다— 의 인격화일 뿐임을 보게 될 것이다."(Karl Marx, Das Kapital, a. a. O. [s. Anm. 12], S. 99f.). — '개인', '역할', '성격가면'의 관계에 대해서는 주석 153)~155) 참조.

195) 아도르노가 아래에서 언급하는 결과들과 테제들은 「대중음악에 대해(On papular Music)」라는 에세이 구상에서 전개했다.(Vgl. NaS-I, S. 402~410). 아도르노가 말하는 '어려움'은 파울 라자스펠트(Paul Lazarsfeld)와의 갈등을 뜻했을 수 있다. 아도르노가 그의 프린스턴 라디오 리서치 프로젝트를 위해 일했을 때 두 사람은 경험적 사회연구의 방법들 및 목표설정과 관련해 갈등을 겪었다. 아도르노가 참여한 조사 프로젝트에서는 원래 청취자들의 선호와 거부를 파악함으로써, 가능한 한 많은 청취자가 오래 라디오를 틀어놓고 있고 그리하여 이익을 가

져오는 광고방송들을 소비하게 되는 음악프로그램을 편성할 수 있는 것만이 관건이었다.

196) 167쪽 및 주석 145) 참조.

여러분 안녕하십니까.

내가 변증법적 사유의 특유한 난관들 및 변증법적 사유의 과도한 요구라고 칭한 바는, 여러분에게 이 요구를 일단 제일원리에 대한 물음의 몇 가지 모델을 통해 설명했으므로, 이제 매우 광범하게 오늘날까지 논란의 여지 없이 과학적 사유의 기초로 되어 있다고 할 수 있는 고전적인 게임의 규칙들과 실제로 변증법적인 사유를 대질할 때보다 더 훌륭하게 여러분에게 보여줄 수는 없어 보입니다. 그것은 의문의 여지 없이 데카르트의 『방법서설Discours de la Méthode』[197] 첫 부분에서 보게 되는 네 가지 규칙입니다. 물론 이 경우 여러분은 합리주의 철학이 문제라고 말할 수 있습니다. 하지만 나는 물론 데카르트의 규칙들에서도 암시적으로 제기되는 합리주의 혹은 경험주의 문제에 지금은 별로 관여하고 싶지 않습니다. 오히려 나는 과학적 방법론 일반의 정신에 입각해 데카르트의 규칙들에 대해 여러분과 논의하고 싶습니다. 이러한 과학적 방법론에 대해 데카르트의 규칙들은 학파들의 차이를 훨씬 넘어서 구속력을 지닌다는 점을 일단 여러분이 믿어 주었으면 합니다. 아마 이 경우 합리주의와 경험주의의 차이는 예컨대 국가고시 문제에 등장하곤 하듯이 경직된 형태를 띠는 것이 결코 아니라고 할 수 있습니다. 오히려 여러분이 예컨대 베이컨[198]을 읽고 데카르트를 읽으면 전자의 것인지 후자의 것인지 제대로 알 수 없는 부분들이 상당히 많이 있습니다. 이 경우 바로 과학 일반의 정신이 특수한 철학 학파의 정신보다 훨씬 더 중요하다는 점이 입증되기 때문입니다. 그런데 과학의 정신은 우선적으로 방법의 정신입니다.

데카르트의 규칙 가운데 첫째 규칙을 진술하는 그의 유명한 요구는 클라라 에트 디스팅크타 페르켑티오clara et distincta perceptio, 즉 명석하고 판명한 혹은 좀 더 적절히 말하면 분명한distinkt 인식에 대한 요구입니다. 이때 데카르트는 그러한 인식이 가능한 모든 인식 대상들과 관련되어야 한다는 식으로 정식화합니다. 그러니까 여기서 데카르트는 예컨대 감각적 사물들과 이념적 관념들 혹은 정신적인 것을 전혀 구분하지 않으며, 오히려 그러한 사고는 지극히 광범하게 객관적 지 일체와 관련됩니다. 여러분에게 간단히 그의 정식을 읽어주기로 하겠습니다. 그는 이 규칙들을 자신이 언젠가 결심했다고 주장하는 바에 환원합니다. "그런데 법률들이 다수일 경우 그 위반을 종종 용납하게 되기 때문에 한 국가는 법률의 수가 적고 엄격히 지켜질 때 훨씬 더 잘 통치된다. 그래서 나는 논리학을 구성하는 많은 수의 규정들 대신 다음의 네 가지만 있으면 충분하다고 믿는다. 내가 그것들의 엄수를 단 한 번도 그르치지 않겠다고 확고부동하게 결심했다는 전제하에서 그렇다."[199] 우선 이 경우 결심 내지 의지행위가 —훗날의 철학 언어로 말하자면 주관적 정립이— 여기서 수행하는 역할에 여러분이 주목했으면 좋겠습니다. 이 규칙들에서는 전체적으로 사유가 나름 그것의 사태 내지 대상에 적응하는 것보다 자연지배의 정신에 입각해 일관된 방법을 취하고, 정신의 수단을 일관되게 혹은 자체 내적으로 앞뒤가 맞게 사용하는 것이 훨씬 더 중요합니다. 그리고 내가 보기에 실제로 합리주의의 특징은 합리적 인식과 감성적 인식이라는 통상적이고 진부한 구분보다 훨씬 더 그러한 점에 있습니다. 여러분은 여기서 이미 그러한 사고가 하나의 방법을 본질적으로 정신에 근거해 질서를 일관되게 수행하는 의지를 통해 규정된다고 보는 사고이며, 또 그에 비할 때 수동성, 적응, 사태-자체-에-따르기 등의 사고는 기이하게 후퇴한다는 점을 알 수 있습니다. 또 내가 이 자리에서 앞질러 말하자면, 변증법은 실제로 합리주의 혹은 합리주의적 전통에 전적으로 부합되는 방식으로 일관성 있는 사유의 힘을 해방하려는 시도이지만, 동시에 실제로 인식이 관련되는 대상들의 본질에 비춰 스스로를 평가함으로써 그 힘은 제어되어야 한다고 할 수 있습니다. 이것이 근본적인 차이라고 할 수 있을 것입니다.

"첫째 규칙은" ―그가 설정한 규칙― "내가 명석하게évidement 참이라고 인식하지 않은 어떤 것도 결코 참이라고 받아들이지 않는다는 것이다. 즉 모든 성급함과 모든 선입관을 극히 세심하게 피하고 명석하고 판명하게 내 정신에 나타나 내가 의심하게 될 어떤 동기도 없게 될 것만을 내 판단 속에 받아들이는 것이다."[200] 여러분이 생각하는 과학에서 사람들이 요구하는 바에 대해 일반적으로 여러분에게 설문할 경우 그다지 상이한 것이 나오지는 않으리라고 봅니다. 또 이 데카르트적 원리 속에 포함되어 있는 중대한 모티프, 즉 나 자신이 자율적으로 사유하는 인간으로서 인식하지 않은 어떤 것을 단순히 독단적으로 받아들이고자 하는 데에 반대하는 모티프를 여러분에게 폄하할 생각은 추호도 없습니다. 따라서 내가 어떤 선입관을 떨쳐버려야 한다고 말할 경우, 이는 물론 아주 분명하게 어떤 독단적으로 고정된 명제들을 그 나름으로 이성으로 반성하지 않은 채 그것에 근거를 두는 인식의 신학적 후견관계에 반대한다는 것을 의미합니다. 지나는 김에 지적하자면, '성급함'이라는 표현 또한 이 사유에서 매우 특징적입니다. 나는 성급하지 않게 사유해야 하고 말하자면 시간 여유를 가져야 한다는 것입니다. 이는 켈러Keller의 "진리는 우리에게서 달아나지는 않으리"[201]라는 명제에서도 표현된 바와 같이 대단히 부르주아적인 견해입니다. 또한 ―이 점도 나는 미리 지적하고 싶은데, 그 속에는 외견상 아무 탈 없어 보이는 이 말에서 간파할 수 있는 것보다 훨씬 더 많은 것이 감춰져 있습니다ㅡ 그 속에는 근본적으로 이미 진리와 시간이 서로 아무 관계 없어야 한다는 생각이 감춰져 있습니다. 내가 성급하지 않게 생각해야 한다는 것, 이 말은 내가 진리의 초시간적 핵심이 드러날 때까지 평온하게 사유해야 한다는 것을 뜻합니다. 그리고 그 속에는 진리 자체가 시간이나 속도Tempo와 같은 것을 가질 수 있고 또 내가 그것을 요구하게 된다는 생각은 담겨 있지 않습니다. ㅡ사유하는 자는 사고가 실제로 어떤 속도를 지닌다는 점, 또 어떤 특정한 성격을 띠는 사고의 확산 Sich-Ausbreiten은 사유의 집중도Intensität와 결합되기 어렵다는 점을 사실상 알고 있습니다ㅡ 뿐만 아니라 이 경우 사유는 지금 이루어져야 하고 그렇지 않으면, 언젠가 누군가 표현했듯이, 100년 후에나 비로소 이루어질 수밖에 없기 때문에,[202] 사유는 시간적 여유를 누릴 수 없다는 점, 사유는 성급할 수밖에 없다는 점이 사유 자체에 본질적으로, 본질구성적으로 포함된다는 사실을 감히 생각하지도 못합니다.

내가 여러분에게 이런 것들을 말하는 것은 단지 여러분에게 다음 사실을 암시하기 위해서입니다. 즉 데카르트처럼 위대한 철학자들의 경우ㅡ물론 이는 우선적으로 헤겔에게도 해당됩니다만ㅡ 종종 사람들은 어떤 정식들을 자명한 것으로 읽고 그래서 간과하고 넘어가게 되지만, 우리가 그 정식들을 그 특유의 차이 속에서 파악하게 되면, 즉 그것들이 바로 이 사유 내부에서 차지하면서 단지 그렇게 단순히 읽을 때와는 완전히 다른 힘, 다른 의도를 그 표현들에 부여하는 위상을 거기서 지각할 수 있을 경우, 그것들이 관련되는 사유의 중심과 그것들을 아직 관련짓지 않더라도, 그것들은 실제로 무한히 더 많은 것을 내포한다는 사실이 그것입니다. 철학 연구 자체의 경우도 사실상 내가 변증법과 관련해 일반적으로 여러분에게 묘사하려고 한 바와 같이, 여러분은 실제로 전체를 알 때에만 개별 계기들을 일반적으로 이해할 수 있습니다. 따라서 여러분은 데카르트 철학의 파토스, 특히 또 그것의 논쟁적 입장 전반을 이미 알아야 이 데카르트의 규칙과 같은 것을 좀 더 깊은 의미에서 이해할 수 있습니다. 하지만 아무런 전제 없이 어떤 것을 읽을 때처럼 그런 명제들을 그저 단순하게 읽을 경우, 우리는 그것을 이해할 수 없습니다. 본래 철학에는 ―나는 거의 '일반적으로' 그렇다고 말하고 싶습니다― 전제 없는 인식 같은 것은 없습니다. 또 나는 이러한 생각에 물론 어떤 선입관이 이미 담겨 있으며 이미 내가 여러분에게 방금 낭독한 명제를 우리가 조금 그르쳤다는 사실에 대해 여러분이 조심스럽게 마음의 준비를 하도록 해야겠습니다. 선량한 데카르트는 내가 지금 그를 해석하기 위해 여러분에게 요구하는 바를 듣게 된다면 깜짝 놀랄 것입니다. 그리고 자기는 순수하게 자기 사고의 질서 내부에서 자기가 그 사고를 제시한 형태 그대로 이해되기를 원하며, 그와 같은 것을 집어넣어서 읽는 것은 이미 사실상 하나의 선입관이라고 말할 것입니다. 하지만 그럼에도 불구하고 '성급함 없이'와 '선입관 없이'와 같은 정식들은 아무튼, 여러분이 어떤 의미에서 온전한 데카르트를 기억한다면, 단지 철학적으로만 이해해야 할 것입니다. 그리고 나는 여러분이 단순히 책에 쓰여 있는 그대로만 읽지 말고 ―물론 그것도 읽어야 합니다― 그것을 바로 그 특유의 비중 속에서 읽을 수 있는 것이 일반적으로 철학적 이해와 철학적 독서의 기술이라고 말할 것입니다. 여러분이 예컨대 여러 정의가 나오는 스피노자의 『윤리학Ethik』[203] 첫 부분을 읽으면서 다른 합리주의자들과 마찬가지로 그가 여러분의 마음속에서 일깨우는 바와 같이 이제 이 정의들을 파악하기만 하면 그로부터 어떤 연역적인 과정을 통해 『윤리학』 전체가 전개될 수 있으리라는 믿음을 가질 경우, 아마 여러분이 솔직하다면 실체, 양태, 속성 등에 대한 이 정의들이 상당히 자의적인 것으로 나타난다는 점, 또 무엇이 문제인지 여러분이 실은 제대로 알지 못한다는 사실에 부딪치게 될 것입니다. 그에 반해 여러분이 처음에 나오는 이 실체에 대한 정의를 처음부터 다음 사실과 관련지을 경우, 즉 데카르트의 두-실체-학설이 무한한 난점들을 만들어내게 된 상황, 이미 더 이상 그 두 실체들이 서로 소통할 수 있다고 상정할 수 없게 된 상황 속에 스피노자가 처해 있었다는 사실—달리 말하면 이 경우 반성을 통해 내부와 외부로 분열된 세계를 다시 이성의 힘에 근거해 하나로 결합하려는 시도가 관건이라는 사실—과 관련지을 경우, 그러한 지식을 통해 여러분이 첫 부분에서 보게 되는 이 규정들은 곧 완전히 다른 의미를 지니게 될 것입니다.

하지만 이제 나는 그 유명한 데카르트의 정의에 단지 다음과 같은 점을 덧붙이고 싶습니다. 즉 명석한klar 인식이라는 말로 이해되는 바는 대상 자체가 여러분에게 완전히 분명하다는 것입니다. 사실 '분명히évidemment'라는 말도 쓰이고 있습니다. 그러니까 달리 말하면 여러분이 참이라고 판단을 내리는 사태가 직접 여러분의 눈앞에 있으며 이때 여러분은 이 순수한 명증성 속에서 여러분에게 나타나는 것 말고 다른 어떤 것에도 의존하는 일이 없습니다. 반면에 흔히 '판명한deutlich'이라는 말로 번역하는 것, 인식의 판명성Distinktheit은 여러분이 목격하는 대상이 다른 모든 대상과 구분된다는 점과 관련됩니다. 나는 여러분에게 변증법적 사유는 어떤 절대적 제일원리에 대한 사고와 모순된다는 점을 강조해서 설명했는데, 이는 인식론적으로 이처럼 외견상 자명한 요구, 우리가 철학으로 인해 질병에 걸리지 않은 한 우리 자신의 인식처리과정에서도 언제나 순진하게 따르고 있는 그 요구에서 구체화될 수 있습니다. 왜냐하면 나에게 절대적으로 명석하게, 즉 자체로 주어진 상태로in Selbstgegebenheit, 또 절대적으로 판명하게, 즉 다른 모든 것과 절대적으로 구분되는 상태로, 지적으로나 감성적으로 주어져야 할 것, 그것은 사실상 절대적 궁극요인과 같은 것, 그 배후로 거슬러 올라갈 수 없는 것일 터이기 때문입니다. 그것의 명증성은 —이것이 명증성 개념 일반의 의미입니다— 바로 그러한 소급을 요구하지 않는다는 데에 있기 때문입니다. 왜냐하면 그러한 소급은 모두 나름으로 다시 명증성을 지향해야 할 뿐이고, 진리의 다른 척도는 없으며, 그래서 여러분은 이 경우, 전통적 논리학에 의하면, 말하자면 절대적 근거에 도달한 것이며 그 너머로는 이제 단적으로 넘어갈 수 없기 때문입니다.[204]

변증법은 이 명제를 의문시합니다. 하지만 변증법은 그것을 ─그런데 이 또한 변증법적 사유에 매우 특징적입니다─ 여러분이 악의적으로 생각할 수도 있는 것처럼 명석판명하게 사유하는 대신 명석하지 않고 혼란스럽게 사유해야 한다고 요구함으로써 의문시하지는 않습니다. 어떤 변증법 사상가들의 사유가 때때로 그런 쪽으로 귀결되는 경우도 있음을 부인하지는 않겠습니다. 하지만 변증법적 논리학의 과제는 아무튼 그러한 사유를 초래하고 촉진하는 데에 있는 것이 아니라는 제 말을 믿어도 좋습니다. 오히려 우리는 일단 이 데카르트적 요구를 지극히 진지하게 받아들이고 지극히 엄격하게 따름으로써 이때 그것 자체가 스스로 자처하는 절대적으로 구속력 있는 성격을 가지지 못한다는 점을 깨닫게 된다고 표현할 수 있을 것입니다. 이는 사실상 변증법적 과정일 것입니다. 한 대상에 대한 변증법적 인식은 초보적인 인식과 다음과 같은 사실을 통해 구분됩니다. 즉 ─나도 기꺼이 그러겠지만 사람들이 흔히 말하듯이─ 사태를 가까이서 관찰하고, 대상을 ─거의 이렇게 말하고 싶습니다─ 노려볼 경우 마침내 데카르트가 그 대상에 담겨 있다고 믿는 절대적 명확성이 실제로는 전혀 존재하지 않는다는 점이 드러나게 되는 것입니다. 그러니까 예컨대 여러분이 의식의 순수한 감성적 확실성 ─이제 여기에 다른 모든 인식이 의존하고 그다음 여러분은 그로부터 사물의 세계를 구성하려고 하는 그 확실성─ 에 근거할 경우, 이렇게 주어진 상태 자체가 그 자체의 의미, 그 자체의 성격에 비춰볼 때 감각기관과 같은 어떤 것을 요구한다는 점을 알게 됩니다. 예를 들어 전통적 인식론에서 직접 주어진 것으로, 직접 주어진 것의 한 형태로 전제되는 시각적 지각의 개념을 눈이라는 기관의 연관 및 그와 관련된 모든 것과 분리하면 전혀 상상할 수 없습니다. 일종의 직접적 지로서의 이 시각적인 것의 성격에 눈과의 관계 및 이로써 또한 몸 내지 기관과의 관계가 속하지 않는다면 여러분은 시각적인 것을 아무것도 상상할 수 없습니다. 하지만 다른 한편으로 인식론이 말하는 바에 의하면 여러분은 육체를 우선 가능한 감성적 지각의 어떤 기능연관, 법칙적 연관 일반으로 규정해야 합니다. 따라서 여러분은 이 대목에서 실제로 순수하게 감성적 소여를 궁극적인 권리원천으로 고수할 경우, 그것을 그 나름으로 우선 산출해야 할 어떤 것에 의해 이미 그것이 매개되어 있다는 점을 알게 됩니다. 또 역으로 물론 이 일차적인 감성적 소여라는 계기가 없으면 여러분은 또한 감성 기관에 대해서도 논할 수 없습니다. 그러니까 여기서 중요한 계기들은 이미 이 기본적인 예에서도 어떤 제일 원리와 그것에 이어지는 것의 관계가 아니라 서로를 조건 짓는 것의 관계 속에 있습니다. 또 감성적 인식에 관한 진리에 대해 말하자면, 그것은 '감성적 인식은 눈을 통한 인식이다'가 아니고, '감성적 인식은 일차적으로 색채감각이다'도 아니며, 오히려 그러한 관계들 일반의 연루상태, 상호침투를 표명한다는 데에 진리가 있고 또 이것이 진리에 부합된다 하겠습니다. 하지만 여러분이 일단 이 수준에까지 올라온 순간, 명석하고 판명한 지각에 대한 요구를 엄밀히 추종할 경우, 바로 이러한 추종을 통해 그것이 스스로 해체된다는 결론에 도달할 것입니다.

지난번에 나는 실증주의와의 경계설정을 계기로 여러분에게 변증법은 자체 내에 실증주의적 요소, 즉 미시론적 요소도, 그러니까 가장 미세한 것 속에 침잠하는 계기도 포함한다고 말했습니다. 그로써 내가 실제로 무엇을 뜻하는지 아마 여러분은 여기서 방금 내가 여러분에게 제시한 모델을 통해 좀 더 정확하게 알 수 있을 것입니다. 즉 우리는 개별적으로 주어진 것에 빠져듦으로써, 그것 자체가 시선 앞에 완전히 드러날 때까지 그 앞에 머묾으로써, 그것이 바로 그처럼 정태적인 것, 주어진 궁극적인 것이기를 그만두고, 또 이로써 그 자체가 방금 여러분에게 감성 기관과 감성적 소여라는 계기들의 상호 산출상태라는 예를 통해 설명하려고 시도한, 어떤 역동적인 것, 하나의 과정, 하나의 형성과정으로서 드러난다는 점입니다. 데카르트에게 내재하고 또 여러분이 이러한 심사숙고를 통해 부딪치게 되는 독단적 요소는 ―또 내 생각에 이는 실제로 그의 규칙에 대한 비판이지만 단지 이 규칙을 따름으로써만 아무튼 얻게 되는 비판이기도 합니다― 다음과 같은 것입니다. 즉 우리에게 그처럼 자명한 것처럼 여겨지는 데카르트의 관념은 어떤 독단적인 것을 기초로 삼는데, 그것은 우리 인식의 모든 대상들 혹은 심지어 진리 자체가 즉자적으로 우리가 방법을 통해, 즉 모든 것을 명석 판명하게 인식해야 한다는 요구를 통해, 그것에 결부시키는 형태를 취해야 한다는 것입니다. 우리가 명석하고 판명하게 인식하는 것만이 우리에게 참이라는 규칙은 우리의 인식을 오류와 혼동으로부터 보호하려면 물론 필수적입니다. 하지만 그것은 결코 이 철학자들이 언제나 전제하는 것처럼 그 자체가 존재론적 의미를 지니는 것은 아닙니다. 즉 우리가 인식하는 사태 자체가 명석하고 판명한지, 그것이 자체 내적으로 일의적이며 자체 내적으로 다른 모든 것으로부터 절대적으로 명확하게 구분되는 것인지에 대해서는 아무것도 말하는 바가 없습니다. 내가 대상을 제대로 고찰하기만 하면 그것이 자체 내에서 내적으로 요동하며, 경직된 것도 내가 그것을 충분히 오래 바라볼 경우 현미경으로 볼 때처럼 우글거리기 시작한다는 이 계기를 일단 여러분이 강조할 경우, 그로부터 또한 판명성의 요청 속에 주어진 그와 연결되는 대상들과의 구분도 결코 전래적인 사유 속에서 나타나는 것처럼 그렇게 단순하지 않다는 결론이 나옵니다. 오히려 대상 자체가 인식의 시선 아래서 역동하는 대상, 기능적인 대상으로 입증됨으로써, 바로 그 속에는 그 대상이 자체와 동일하지 않다는 점, 그 대상이 언제나 동시에 어떤 다른 대상이기도 하다는 점, 이미 다른 것에 대한 관계라는 점도 함의되어 있습니다. 또 이로써 그 대상은 물론 다른 것들과 구분되지만 절대적으로 구분되는 것이 아닙니다. 데카르트의 규칙 속에 감추어져 있는 오류는, 그 규칙이 전통적인 외연논리학 개념들의 질서 혹은 분류법적 개념들을 —이것은 이것이고 그것은 그것이며, 나는 이것을 짚어야 하고, 저것을 짚어야 한다는 식입니다— 암암리에 마치 실제로 인식 자체가 지향해야 하는 질서인 것처럼 다룬다는 점입니다. 따라서 이러한 방법이 없으면 우리는 사실상 혼란과 혼동에 빠지게 될 테지만, 다시 사유가 단지 자족적일 뿐인 질서가 아니라 사태에 적합해지도록, 대상 자체에 접근하는 한에서 이 방법을 밀고 가야 합니다. 실제로 이렇게 말할 수 있습니다. 즉 변증법은 일반적으로 우리가 우리 자신의 정신적 평화를 위해 대상에 뒤집어씌우는 질서를 사태 자체의 특성과 혼동하는 일에 대해 불신하도록 만들거나 이에 맞서도록 무장시키는 방법이며, 우리 인식의 주관적 형식들이 사태 자체의 본질과 실제로 일치하게 되는 인식형식에 도달할 때까지 집요하게 이 질서를 대상과 대질하도록 이끌어가는 방법인 것입니다.

여러분은 이 자리에서 내게 '그러면 어떻게 생각해야 하는가?'하고 물을 것입니다. 내 생각에 여러분은 내가 여러분을 위해 일종의 반데카르트적 방법서설을 전개하고 이제 올바른 사유는 어떤 모습이어야 할지 말해주리라고 기대하지는 않을 것입니다. 그러한 시도는 사실상 —이는 간단히 밝혀지리라고 생각합니다— 그 자체로 우리가 지금 수행하는 반성들을 통해 실제로 떨쳐버리고자 하는, 유일하게 구원을 가져다 줄 방법에 대한 미신의 영향권에 들어 있을 것입니다. 하지만 우리는 물론 엄격한 질서도식의 독재에 무조건 순응하지 않는 사유에 맞서 제기되는 반론들과 관련해 완전히 무방비상태는 아닙니다. 왜냐하면 우리에게도 이론적 경험의 통일에 대한 요구는 있기 때문입니다. 또한 인식에 이르는 길은 착상의 자의성이 아니고 개별 계기들의 질서 속의 추상적 일관성도 아니며, 바로 이론형성의 통일이기 때문입니다. 아마 우리는 이를 사유 자체도 실제로 백지상태tabula rasa가 아니며 따라서 우리가 완전히 공허하고 불확정적인 것으로서 사태에 접근시키는 어떤 것은 아니라고, 사유에 대해 흔히 사람들이 말하듯이 사유가 '순수한' 것은 아니라는 식으로 가장 잘 설명할 수 있을 것입니다. 이처럼 순수한 상태에서 사유는 그 사태와 완전히 독립해 있어야 하고 사태적 계기들을 도구로부터 우선 일정하게 잘라내려고 하는 방법의 요구를 통해 일단 왜곡됩니다. 오히려 우리가 구체적으로 또 실제로 살아 있는 인간으로서 사유하는 것처럼, 사유 자체는 엄밀히 말해서 어떤 고립된 것이 아니라 우리 경험의 전체 과정 속에 실제로 얽혀 있는 어떤 것입니다. 또 나는 이렇게 말하고자 합니다. ─여러분에게 이제 어떻게 생각해야 할 것인지에 대해 이 자리에서 어떤 긍정적인 지침을 주는 위험을 무릅써도 된다면─ 즉 단순히 질서를 부여하고 분류하는 사유와 달리 실제로 파악하는 사유는 우리 자신이 겪는 대상들에 대한 살아 있는 경험에 비추어 스스로를 평가하는 사유일 것입니다. 따라서 그것은 그것이 자명하게 고수해야 하는 개념적 질서의 계기를, ─왜냐하면 개념들 없이 나는 사실상 사유할 수 없기 때문입니다─ 이 개념적 질서 확립의 계기를 아무튼 내가 만드는 살아 있는 경험과 부단히 대질하고, 이 두 계기 사이의 ─그러니까 개념적 질서와 아직 개념 이전적이지만 그로부터 개념들 자체가 언제나 나오게 된 경험 사이의─ 긴장으로부터 사태와 사유 자체에 대한 부단한 반성의 과정 속에서 마침내 이처럼 단순히-외적으로-사물들을-자체-아래에-포괄하는 일을 넘어서는 사유라고 하겠습니다.

이러한 사유를 실제로 이 데카르트의 요청에 맞세워야 할 것입니다. 그의 둘째 요청에서 아마 이러한 것들 가운데 몇 가지는 더욱 분명해질 것입니다. 둘째 규칙은 "내가 탐구하게 될 모든 난관들을 가장 훌륭히 풀기 위해 가능하고 필요한 만큼 여러 부분들로 분해하라"[205]는 것이었습니다. 우선 나는 여기서 난관들을 해결하는 길은 실제로 언제나 어려운 것을 간단한 것과 관련짓는 데에 있는 것이 아니라는 아주 일상적인 경험을 여러분에게 말하고 싶습니다. 여기에는 근본적으로 이미 서양 주관주의와 합리주의에 일종의 그림자처럼 따라다니는, 세분된 것, 너무 복잡한 것에 대한 증오의 어떤 면이 담겨 있습니다. 이 경우 어느 정도 세계가 합리적으로 될수록 나는 덜 생각해도 될 것입니다. 즉 궁극적으로 모든 것이 아주 간단하고 전혀 생각도 없고 전혀 개념도 없는 요소들로 끌어내려집니다. 하지만 이때 실제로 아주 단순하고 초보적인 것만 남는다면, 그러한 요구는 본래 내가 대상의 복잡성을 이해하려고 하는데 대상은 이미 내 손에서 미끄러져 나간다는 점, 그래서 나는 대상을 실제로 그르쳤다는 점, 또 그럴 경우 나에게는 사태를 쪼개서 얻은 사소한 것들만 남는다는 점을 망각하는 것입니다. 또 본래 인식의 대상으로서 아무튼 나를 자극하는 것, 나의 인식이 본래 겨냥하는 것, 대상의 핵심을 이루는 것은 그런 방식으로 이미 제거되어 실제로 더 이상 전혀 남지 않는다는 점을 망각하는 것입니다. 물론 나는 요소분석이 없을 경우에도 문제를 헤쳐나가지 못합니다. 이미 나는 여러분에게 전체와 부분의 변증법에 대해 상세히 말했습니다. 또 나는 어떤 단순한 전체를 직접성으로서 마주치게 되고 그것이 명료하게 표현되지 않은 경우 이 전체에 만족할 수 없습니다. 내가 미시론적 사유라는 개념으로 파악하고자 시도한 바, 그러니까 어떤 주어진 객체 앞에서의 집요한 응시는 사실 어떤 점에서 다음과 같은 것을 의미합니다. 즉 그것은 인식 대상이 나에게 나타날 때의 전체성이 요소들로 해체된다는aufgelöst[206] 점, 이른바 명석하고 판명하게 주어진 것이 나에게 해소되어 나타나는 운동이란 실제로 이 전체가 부분들로 이루어진 것임이 입증되는 것일 뿐이라는 점, 하지만 전체는 부분들로 환원될 수 있다지만 부분들의 단순한 총합이 되는 것은 아니라는 점, 오히려 —그런데 이 점이 결정적입니다— 이 부분들 자체가 서로 어떤 관계를 형성하며, 서로 어떤 역동적인 관계 속에서 존재한다는 점, 그리고 여러분이 단순한 전체에 머물면서 세분화하지 않은 채 그것을 개별자로 분해하는 방향으로 나아가지 않을 경우와도 마찬가지로, 이 부분들에 대한 단순한 설명으로는 전체가 실제로 파악되지 않는다는 점을 의미합니다.

여기서 여러분이 명확히 인식할 수 있는 것처럼, 자연과학적 이상들을 철학에 전용하는 것은 이때 아마도 철학이 ―이 점은 다소 조심스럽게 말하고 싶습니다― 자연과학들에 훨씬 뒤처져 있을 터이기 때문에 문제적입니다. 아무튼 이 자리에서 나는 다음과 같은 생각을 거론하고 싶습니다. 즉 자연과학적 사유와 철학 사이의 소통에 따르는 난관들은 바로 헤겔 이후 실제로 해소할 수 없게 된 것처럼 보이는데, 그것은 자연과학들의 자체에 대한 철학적 반성이 실제로 자연과학들이 행하는 것에 전혀 합당하지 않다는 사실과 어떤 관련이 있다는 것입니다. 즉 실제로 헤겔 이래로 자연과학은 어떤 반성을 전혀 찾지 못했고, 오히려 자연철학은 ―사람들이 그처럼 자연철학이라고 칭하는 것은― 일반적으로 자연과학적으로 사유할 때 따르는 규칙들과 처리방식들의 추상적 진술일 뿐인데, 사실상 이 처리방식 자체를 추적하고 그 의미를 파악하는 일이 중요할 것입니다. 물론 데카르트의 요소분석 규칙과 같은 규칙은 수학적 자연과학 영역에서 유래합니다. 즉 그것은 본질적으로 원뿔곡선을 바로 방정식으로 끌고 가려고 하고 따라서 궁극적으로는 그 부분요소들로 환원하려고 하는 이른바 원뿔곡선의 분석적 처리와 관련되는 규칙입니다. 하지만 내가 자연과학들을 어느 정도 제대로 개관한다면, 자연과학들은 모든 복잡한 것과 복합적인 것이 단순한 요소들 자체로 환원되어야 한다는 것을 존재론적으로 전혀 확신하지 않고 있으며, 오히려 자연과학은 그때그때 의존하고 있는 요소분석의 과정을 다시 단지 하나의 모델로, 그러니까 단지 의식의 질서범주들을 통해 사태 자체를 확인하려는 하나의 시도로만 고찰합니다. 이 경우 이제 이 단순하고 초보적인 것이 사태 자체의 본질과 실제로 동일하다는 오만한 요구가 제기되는 일은 없을 것입니다. 그에 반해 주지하듯이 언제나 사물들의 본질과 관계하는 철학자들은 마치 자연과학들이 필수적으로 사용하는 질서개념들 자체가 이미 사태 자체의 질서인 것처럼 서술합니다. 즉 실제로는 다름 아니라 내가 여러분에게 상세히 서술한 방식으로 전체와 부분이 서로를 산출하는 데에 반해, 전체가 마치 단순히 부분들로 구성되는 것처럼 서술하는 것입니다.

사실 나는 방금 여러분에게 분석해 준 것에서 다음과 같은 점을 보여주었을 뿐입니다. 즉 우리가 변증법적 논리학의 맥락 속에서 전체와 부분의 관계에 관해 수행한 비교적 광범한 고찰들이 이제 실제로 하나의 결과를 지닌다는 점, 즉 그것들이 단순히 철학적 사변이 아니라 나름의 결과, 사실적 인식의 방법을 위해 어떤 결과를 지닌다는 점 말입니다. 그 결과란 부분들로의 환원이 자명하다는 따위의 요구는 예컨대 데카르트 철학이 부여하는 것 같은 보편적 구속성 혹은 절대적인 규범적 성격을 지니지 못하고 오히려 이 부분들을 이해하기 위해서는 그것들의 역동적 관계, 그것들 서로-간의-관계가 또한 꼭 필요하다는 것입니다. 이 기회에 나는 여러분에게 변증법의 또 한 가지 계기를 환기하고자 합니다. 어쩌면 우리는 그것을 이제까지 소홀히 했을 테지만, 그것은 여러분에게 변증법적 사유가 이제 일종의 추상적 체계로서가 아니라 살아 있는 인식 내부에서 의미하게 되는 전환에 대하여 좀 더 나은 관념을 제공할 것입니다. 즉 변증법은 본래 개별 과학과 철학의 구분을 인정하지 않는 특성을 지닌다고 하겠습니다. 지난 수 세기 동안 철학이 과학 발전을 통해 빠져들게 된 방어적인 상황 속에는 철학이 과학들로부터 독립해 있고 과학들 너머에 있는 하나의 영역이라고 주장할 수밖에 없다고 실제로 믿는 점이 포함됩니다. 이로써 철학은 오늘날 결국 자체 내적으로 단순한 동어반복으로 몰락하는 존재형이상학에서 그토록 확연히 입증되는 특이한 방식으로 빈곤해졌습니다. 하지만 또한 이 자리에서 철학이 단순한 일요일의 형이상학 혹은 단순한 질서체계에 대한 요구와 다른 것을 실제로 진지하게 요구하며 등장하려면 극복할 필요가 있는, 인식에 대한 철학의 어떤 무기력상태가 사실상 드러나기도 합니다. 철학이 실제로 철학이라면, 그것은 사태들에 대한 실질적 인식이 개별 과학들에 ―설혹 그것들이 형식적인 과학들일지라도― 내맡겨지는 것이 아니라, 철학적 모티프 자체가 사태들에 대한 실질적 인식 속으로 파고든다는 것을 의미할 수밖에 없습니다. 예컨대 내가 철학에서 정의Definition를 비판한다면 이는 내가 철학자로서 제4강과 제5강에서 정의는 문제적인 것이라고 확인했지만 그다음에 내가 법학 세미나에 들어가면 거기에 등장하는 사태의 개념들 혹은 거기서 개념들을 위해 사용되는 것을 간단히 정의한다는 것을 의미할 수는 없습니다. 오히려 이 경우 물론 사유와 사태의 관계 혹은 정의의 문제적 성격에 대한 인식들, 이 모든 것을 개별 과학들의 인식방식 속에 실제로도 포함하라는 요구가 존재합니다. 그러니까 철학은, 변증법은, 아무튼 그것이 어떤 의미를 지니려면, 어떤 무해한 것이 아닙니다. 변증법은 자체를 다루는 것을 본질로 하는 단순한 철학이 아닙니다. 오히려 그것이 수행하는 이른바 자연적 의식 즉 부자연스럽고 인습적인 의식에 대한 반성은 자체 내적으로도 우리가 개별적인 과학적 인식에 대한 반응 속에서 매우 원론적인 의미에서 사고를 전환하도록, 그러니까 철학적 반성을 통해서 얻는 인식들을, 이제 자체의 작업에 대해 반성하는 존재로서, 개별 인식에도 함께 끌어들이도록 요구합니다. 그리고 이러한 운동, 이 비판적 운동이야말로 개별 과학자들이 일단 변증법에서 사실상 배워야 할 것, 실제로 관건이 되는 것을 특징짓는다고 하겠습니다.

197) 르네 데카르트(René Descartes: 1596~1650), 철학자, 수학자, 자연과학자. 근대 합리주의의 창시자로 간주된다. 그의 글 『방법서설(Discours de la Méthode)』은 1637년에 나왔다.

198) 프랜시스 베이컨(Francis Bacon: 1561~1626), 정치가이자 철학자. 근대 영국 경험주의의 창시자로 간주된다. 그의 글과 관련해서는 주석 221)과 222) 참조.

199) 아도르노는 여기서 명백히 자신이 갖고 있던 책을 낭독하고 있다.(Nachlaßbibliothek Adorno 98): René Descartes, Philosophische Werke(2 Bde.), I. Bd.: Abhandlungen über Methode u. a. Schriften, übersetzt und mit Anmerkungen hrsg. von Artur Buchenau, Leibzig 1922, S. 14f. — 녹취록에서는 인용문 마지막 단어가 'verfehlen(그르치다)' 대신 'verletzen(침해하다)'이다. 이는 원본에 따라 교정했다.

200) Descartes, Abhandlung über die Methode, A. a. O. [s. Anm. 199], S. 15. — 'evidemment'이라는 프랑스어 표현은 독일어판에서 번역자가 첨가한 것이다.

201) 여기서 아도르노가 직접 고트프리트 켈러를 인용하지는 않고 발터 벤야민이 자신의 역사철학 5번 테제에 삽입한 인용문을 생각하고 있다고 상정할 수 있다. "과거의 진정한 이미지는 휙 스쳐 지나간다. 과거는 단지 인식할 수 있는 순간 영원히 번쩍이는 이미지로서만 붙잡을 수 있다. '진리는 우리에게서 달아나지 않는다'—고트프리트 켈러에게서 유래하는 이 말은 역사주의의 역사이미지 가운데 정확히 역사 유물론에 의해 그것이 관통되는 지점을 나타낸다."(Benjamin, Gesammelte Schriften, a. a. O. [s. Anm. 26], Bd. I-2, hrsg. von Rolf Tiedemann und Hermann Schweppenhäuser, S. 695). 이 켈러 인용문은 이제 벤야민 연구의 확고한 재고품 혹은 그 이상이 되었지만, 고트프리트 켈러에게서는 확인되지 않았다. 발터 벤야민이 이 경우 기억에 근거해 인용하고 이때 혼동을 했을 가능성도 충분히 있다. 우리가 찾는 이 문장은 —편집자는 이를 우연이라고 볼 수 없다— 말 그대로 도스토옙스키의 1913년 소설 『죄와 벌』 뢸(Röhl)의 번역본에서 볼 수 있다. 벤야민은 이를 1934년 드라괴르/스코우스보스드란드에서 —고트프리트 켈러의 격언시와 같은 시기에— 읽었다.(Vgl. Walter Bejamin, Verzeichnis der gelesenen Schriften; in: Benjamin, Gesammelte Schriften, a. a. O. [s. Anm. 26], Bd. 7-1, hrsg. von Rolf Tiedemann und Hermann Schweppenhäuser unter Mitarbeit von Christoph Gödde, Henri Lonitz und Gary Smith[1989], S. 468). 3부 1장에서 심히 취하고 흥분한 라주미친은 다음과 같은 말로 헛소리를 말할 수 있는 인간적 특권과 결합

하여 인격적 개성을 옹호한다. "헛소리하는 자가 진리에 도달하지! 나는 헛소리를 말해서 비로소 제대로 인간이 되었단 말이야. 예전에 한 14번쯤, 어쩌면 114번쯤 헛소리를 하지 않고는 단 하나의 진리에도 도달하지 못해. 개성 있는 방식으로 그런다면 아주 존중할 만한 거지. (…) 헛소리를 해라. 하나 너 자신의 방식으로 그러렴. 그러면 그 대가로 너에게 입이라도 맞춰주지. 자기 자신의 방식으로 헛소리하는 것, 그건 일반적인 도식이나 남의 본보기에 따라 진리를 말하는 것보다 더 낫다고 할 수 있지. 앞의 경우에는 인간이고, 뒤의 경우는 그저 앵무새야. 진리가 우리에게서 달아나지는 않으리라. 하지만 아마 어리석게도 개성을 포기하여 스스로 삶을 망칠 수는 있을 거야. 그런 예가 없지 않아."(F. M. Dostojewski, Schuld und Sühne, übers. von H. Röhl, Leipzig o. J. [1913], S. 307).

202) 인용문을 확인할 수 없었다.

203) 주석 146) 참조.

204) 녹취록이 이 자리에서 보여주는 녹음테이프 교체로 공백이 생겨났는지는 명확히 알아볼 수 없다.

205) Descartes, Abhandlung über die Methode, a. a. O. [s. Anm. 199], S. 15.

206) 'ausgelöst(야기되고)' 대신 추정함.

여러분 안녕하십니까.

우리는 지난 시간에 요소분석 원칙에 대한 변증법적 비판 문제를 다루었습니다. 이때 내가 어떤 대상의 분해[와 같은] 일을 시도해서는 안 된다고 생각하지는 [않았다는] 점은 자명합니다. [오히려 우리는] 그러한 일을 해야 합니다. 왜냐하면 어떤 주어진 것에 대한 모든 종류의 규정은 동시에 일종의 제한이며, 그런 한에서 그것은 사실상 이미 필연적으로 어떤 계기들을 강조하는 것을 의미하며, 반면에 추상적 총체성에 대한 단순한 진술은 불충분할 뿐만 아니라 근본적으로 결코 가능하지도 않기 때문입니다. 여기서 사유의 변증법적 방식을 적용하자면, 어떤 전체라는 것을 일반적으로 제어하려는 시도는, 그것이 이 총체성에 머물지 않고 그것을 개념적으로 규정하는 한, 이미 어떤 분석적 성격을 내포한다고 할 수 있을 것입니다. 이러한 개념적 규정들은 필연적으로 아무튼 전체와 직접 같을 수 없으며 그 가운데 어떤 계기들을 강조하게 됩니다. 이 점을 말함으로써 또한 나는 요소분석에 대한 비판으로 본래 뜻한 바를 여러분에게 더 잘 이해시킬 수 있으리라고 봅니다. 그것은 실제로 요소 물신주의에 대한 비판인 셈입니다. 아무튼 어떤 특정한 관점에서 변증법적 작업들은 우리가 어떤 것을 인식할 때 실제로 수행하는 사유과정의 변화들보다는 오히려 이때 우리가 수행하는 해석의 변화들을 뜻합니다. 어떤 특정한 의미에서 변증법은 우리가 실제로 매우 철저하게, 매우 근본적으로 사유하지 않는 한 우리 자신의 인식과정을 합리화하고 상당 정도 곡해하곤 하는 데에 써먹는 철학소들Philosopheme을 비판적으로 해체하려는 시도일 뿐입니다. 이로써 나는 전체를 이해하기 위해 어떤 식으로든 그 전체를 분해해야 할 필요성에 따름으로써 이제 무조건 사태 자체에 부응했다고는 결코 믿지 않는 것이 본질적이라고 말하고자 합니다. 우리의 인식은 우리에게 어떤 전체를 직접 제시하지 않고 단지 개념적 조작을 통해 매개된 상태로 제시하며, 또 이로써 그때그때 개념에 의해 특징단위들로서 부각되는 계기들로 필연적으로 분해된 상태로만 제시하는데, 우리는 이러한 난관이 이미 사태 자체를 실제로 규정한 것이라고 믿어서는 안 됩니다. 나는 이 점이 우리의 현실적 인식과정을 위해 특히 중요하다고 생각하는데, 다름 아니라 오늘날 행정적 사유 혹은 관리되는 사유의 요구들 ―정신의 가장 섬세한 움직임들 속에 이르기까지 관철되는 요구들― 로 인해, 우리가 꾀하는 인식의 분해과정을 실제로 인식 자체와 동일시하려는 유혹이 매우 크기 때문입니다. 말하자면 분업 과정을, ―고故 프란츠 보르켄아우Franz Borkenau가 증명했듯이 인식과정을 그 요소들로 분해하는 작업은 이 분업 과정에서 직접 끌어들인 것입니다[207]― 즉 인식과정의 한 가지 조직형식인 이 분업의 양상을 사태 자체에 대한 규정과 혼동하는 것입니다. 우리 인식의 이 분업적 계기들은 인식되어야 할 사태 자체의 규정들과 같은 것을 의미한다는 식으로 말입니다.

나는 특히 경험과학이라고 힘주어 자칭하는 과학들 내부의 과학적 실천에서 유래한다고 알려진 한 개념을 통해, 그것을 여러분이 주목하도록 함으로써, 그 점을 여러분에게 명확히 밝힐 수 있다고 생각합니다. 그것은 요소들로의, 특히 법칙들로의 분해라는 개념입니다. 여러분이 반복해서 접하게 되는 것처럼 예컨대 인식론적으로 아무튼 훈련을 못 받지도 않은 만하임[208] 같은 인물의 경우는 물론이고, 심지어 마르크스의 경우에도 이미 보편적인 요인들과 특수한 요인들은 서로 구분되어 있으며, 그래서 마치 보편적인 것이 작동하게 되고 그 밖에 또 어떤 특수한 작용력들 혹은 특수한 작용법칙들이라는 것이 여기에 부가될 것 같습니다. 이러한 처리방식과, 그처럼 한편으로는 보편적 요소들과 또 한편으로는 부가적 특수 요소들로 분해하는 작업은 아무튼 동기화 혹은 인과관계들 따위를 포괄적인 의미의 사회과학 영역 내부에서 접하려 할 경우에 아주 일반적인 것입니다. 하지만 이 경우 의문의 여지없이 아주 손쉽게 우리의 추상 메커니즘 및 개념질서의 산물들을 실체화하려는, 즉 마치 그것이 본래 사태 자체인 것처럼 다루려는 유혹에 빠지게 됩니다. 예컨대 ―여기서 나는 마르크스 이론에서 한 예를 선택합니다― 사회적 과정들에 대한 설명을 위해 일단 계급관계 일반과 같은 무엇인가가 있고, 그다음 이에 부가하여 자본주의 사회 속에서 자유로운 임금노동과 노동력 상품의 교환으로부터 생겨나는 특유한 조건들이 존재한다고 주장할 경우, 개념적 도식에 근거해 ―첫째 오늘까지의 세계가 계급투쟁의 세계였고, 둘째 우리는 특정한 시기에, 즉 자본주의 사회에서 살고 있다는 도식에 근거해― 말하자면 보편적 요소들과 특별한 요인들이라는 두 계열의 요소들을 추론할 수 있고, 그 다음 현상을 설명하기 위해서는 그것들을 그저 결합하기[만] 하면 되는 듯해 보입니다. 또 내가 여러분에게 이 문제를 이렇게 말하면, 아마 여러분은 이를 아주 순진하고 우습게 여겨 내가 이런 사유방식을 그토록 장황하게 비판하는 까닭을 충분히 이해하지 못할 것처럼 보입니다. 하지만 여러분이 다루어야 할 현상 속에 개념적 질서를 투입하라고 요구받을 경우 어디서나 그런 식으로 여러분에게 주입되는 질서원칙들에서 나오는 유혹을 부디 과소평가하지는 마십시오. 다름 아니라 분류를 꾀하는 과학자에게는, 즉 우리가 과학적 실천에서 일단 배우는 것처럼 자신의 조사결과들을 비교하고 같은 것을 개념들로 결합하고 다른 것을 상이한 개넘들로 나누도록 독려받는 과학자에게는 그런 식으로 처리하는 것이 대단히 유혹적입니다. 하지만 물론 그것은 실제로 타당하지 않습니다. 예컨대 현대 자본주의 사회를 지배하는 운동법칙들은 a) 보편적인 계급 법칙들과 b) 오늘날 지배적인 계급관계의 특수한 형식의 부가적 법칙들이 아닙니다. 오히려 오늘날까지 사회가 분열되어 있고, 자체와 동일하지 않다는 기본사실은 자체 내적으로 어떤 역동성을, 전적으로 특정한 성격의 역동성을 지니며, 다름 아니라 이는 역사적으로 표현됩니다. 달리 말하면 그것은 자본주의 사회, 즉 자유로운 임노동과 보편적으로 확산된 교환원칙을 수반하는 사회에서 지배적인 계급관계를 통해 역사적으로 구체화됩니다. 이러한 규정 이외에, 현상들을 지배하는 또 다른 보편적 법칙성을 찾으려 하면 이는 완전히 잘못일 것입니다. 오히려 이 보편적인 것 자체가 우리가 살고 있는 특수한 상황에 의해 매개되어 있으며 그러한 형식 속에서만 드러납니다. 우리는 여기서도 세분화해서 생각해야 합니다. 우리는 예컨대 착취나 타인 노동의 전유와 같은 것, 혹은 교환과 아울러 교환에서 약자가 손해를 보는 계기 등이 늘 존재했다고 전적으로 의미 있게 말할 수 있습니다. 하지만 늘 존재했고 여전히 존재하고 있는 이 불변요인이 단순한 논리적 특수화에 어떤 부가적인 것으로서 첨가되는 것이 아니라 그 자체가 이렇게 특수화되며 전개된 것입니다. 즉 우리가 들어온 바에 따르면 모든 변증법적 사유에 대해 하나의 필수적 계율인 사태 자체의 운동법칙이라는 개념을 아무튼 진지하게 받아들일 경우, 그러한 불변요인이 전개되어 나타나는 구체적 과정들로부터 독립해 있는 불변요인을 상정하는 것은 그 의미를 잃게 됩니다. 따라서 우리는 이 모두가 계급과 착취가 있는 세계에 해당된다고 말할 수 있지만, 이때 그것을 위한 일반적 법칙들이 있고, 그 다음에 또한 현재 상황을 위한 특수한 법칙들이 있는 것이 결코 아니며, 이 법칙들 자체의 본질은 그것들이 현재 상황에서 타당성을 지니는 법칙들로 전개된다는 점입니다. 물론 특정한 역사적 상황 속에서 과거의 요소들이 여전히 살아남아 있는 것, 그러니까 예컨대 유럽에서, 또 사실상 독일이나 혁명 이전 러시아처럼 이른바 후발 국가들에서도 상당 규모로 그러했듯이, 온갖 가능한 봉건 잔재들이 부르주아 원칙 속에 끼어들고 또 그러한 것들을 통해 다름 아니라 계급관계의 특수한 형식들이 표현되는 것은 여전히 가능하며, 또 이는 실제 변증법에 대해, 변증법적 사유의 내용에 대해 매우 중요한 한 가지 문제이기도 합니다. 하지만 그렇더라도 그러한 형식들은 오늘날 지배적인 특수한 계급관계에 대립하는 좀 더 보편적인 어떤 계급관계를 대변하는 것들이 아니라, 단순히 잔존해 있는 지나간 역사적 과정들의 한 단계일 뿐입니다.

아마 이러한 사실을 여러분에게 발전 개념 일반에 대한 변증법의 입장과 관련해 몇 마디 하는 데에 이용해도 좋을 것입니다. 이로써 나는 다름 아니라 발전의 구성 자체를 위해 나름으로 중요할 수 있는 한 가지 문제에 도달했습니다. 모순과 전도 속의 사유인 변증법적 사유는 그런 사유인 한 직선적 발전의 관념, 직접 연속적으로 진행되는 발전의 관념과 필연적으로 대립합니다. 과정들이 —이 경우 무엇보다 역사적 과정들이 관건입니다— 자체 내적으로 모순에 찬 과정들이라는 점, 그것들이 다름 아니라 모순들의 전개로 이루어진다는 점, 이는 처음부터 직선적이고 단절 없는 진보의 이념을 배제하며, 역으로 사회적 정태성과 불변성의 관념 또한 배제합니다. 변증법적 사유가 비-동시적인 것, 뒤에 처져 있는 것 자체를 역사 진보의 매끄러운 과정상의 일종의 방해요소로 느끼지 않고 오히려 이처럼 이른바 진보에 맞서는 것, 혹은 진보에 적합하지 않은 것을 나름으로 발전의 원칙 자체에 근거해 파악한다는 점이야말로 역사적 현실에 비춰볼 때 아마 변증법적 사유가 갖게 되는 가장 심오한 가능성들 가운데 하나일 것입니다. 우리가 이 자리에서 설명한 것처럼 변증법의 관념이 실제로 시간적 핵심을 지닌다면, 이는 그것이 본질적으로 비동시적인 계기들의 변증법이기도 하다는 것, 즉 변증법이 시간적 발전에 근거해 다름 아니라 역사적으로 함께 가지 못한 것이라 할 수 있는 것도 이해해야 한다는 것을 의미합니다. 그러니까 예컨대 독일의 경우 소시민계급 속에서 다름 아닌 파시즘의 등장에서 중요한 역할을 하였던 특정한 반동적 조류들을 관찰할 수 있을 경우, 이것들을 변증법적으로 본다면 그 후진적 요소들을 단순히 후진적인 것으로만, 말하자면 역사적 과정에 끼어든 것, 혹은 잔존물 따위로만 보아서도 안 되고 볼 수도 없습니다. 오히려 우리는 그처럼 후진적 요인을 ―아주 극단적으로 표현하자면― 진보 과정 자체로부터 추론해야 한다는 이른바 역설적 과제 혹은 확연한 의미에서 변증법적 과제에 직면하게 됩니다. 그러니까 진보의 노정에는 다음과 같은 현상이 수반됩니다. 즉 어떤 집단들은 권력과 재산을 박탈당하는데, 그들은 다른 한편으로 그 기원과 이데올로기에 비춰볼 때 전적으로 시민사회 영역[에] 속하지만, 이제 갑자기 그들이 자신의 역사와 이데올로기의 근거로 여기는 바로 이 시민적 삶의 물적 토대를 잃어버리는 것입니다. 그 결과 자신에게 물적으로나 이데올로기적으로 더 나았던 삶을 알고 있거나 혹은 그러한 삶을 가능성으로서 경험하고 사회변혁으로부터, 그것을 지난날에 비추어 평가하는 한, 정당하든 부당하든 아무튼 자신에게 좋은 것을 아무것도 기대하지 못하는 이 집단들은 역사 발전 과정 자체를 통해 지난 시대에 대한 예찬자laudatores temporis acti, 그러니까 행복을 과거에서 찾고 의식상태에 비춰볼 때 과거 단계에 정체된 사람들이 됩니다. 그리고 그들의 의식 속에 있는 이 퇴행적 경향은 다음의 이유에서 진보의 통상적 개념을 부정하는 가장 강력한 사회 세력들과 아주 쉽사리 융합됩니다. 즉 진보 개념은 본래 의미에서 시민적인 개념, 즉 자유주의적 성향Liberalität 및 시민적 자유와 결합되어 있는 데에 반해 그러한 세력들은 우리가 이 자리에서 분석할 수 없는 이유들로 인해 다름 아닌 권위주의적 지배형식들을 끌어들이려 하며, 이때 그들에게 의존하는 매우 방대한 집단들의 이 퇴행적 특징을 이용하기 때문입니다. 그런 한에서 우리는 다음과 같이 말할 수 있습니다. 즉 다름 아니라 [저] 피-와-땅-이론Blut-und-Boden-Theorie이나 인종이론처럼 국가사회주의의 가장 반동적인 것들, 그리고 그릇된 기원숭배와 연관된 이 모든 것들은 어떤 의미에서 그 자체가 사회적 역동성, 혹은 사회적 진보의 기능들이었다고, 즉 실제로 거대 생산 산업 권력 증대의 기능들이었다고 할 수 있습니다. 그리고 변증법적 역사 이론의 과제는 실제로 언제나 함께 진행되지 않는 것, 뒤처져 있는 것을 이제 그저 정태적으로 단순히 뒤처져 있는 것, 이제 운동과 맞서는 어떤 것으로만 보지 않는 것이어야 합니다. 오히려 내가 여러분을 이해시키려 시도한 바와 같이 양극단이 현실적으로 서로 매개되어 있다면, 이 경우 정태성과 역동성[209]은 서로 자체로서 매개되어 있습니다. 즉 이른바 사회의 정태적 영역들은 본래 운동경향으로부터 추론되어야 하는 것입니다. 이 점을 분명히 하는 것은 여러분에게 쓸모없지 않으리라고 봅니다. 그리고 여기서 여러분은 변증법적 사유와 비-변증법적 사유의 차이를 정확히 파악할 수 있을 것입니다. 비-변증법적 사회학자는 예컨대 다음과 같이 말할 것입니다. ─실제로 만하임 등이 그렇게 말했습니다.[210]─ "한편으로는 역동적 유동적 진보적 집단들이 있다. 그러니까 금융자본이 그런 것이며, 어느 정도는 공업, 특히 가공업이 그런 것이다. 그리고 이와 대조적으로 농민계급과 같은 정태적 퇴행적 보수적 집단들이 있다. 그리고 사회는 간단히 말해서 정태성과 역동성으로부터 일종의 [혼합][211]이 산출됨으로써 구성된다. 그리고 정태성과 역동성의 결과물들은 우리가 겪어갈 수밖에 없는 역사이다." 이러한 견해는 원론적으로 비변증법적이고 피상적인 것입니다. 왜냐하면 그것은 얼마나 확연하게 역사적으로 역동적인 것이 나름으로 과거의 요소들도 내포하는지를 오해할 뿐만 아니라 ─이 점은 여러분에게 누구라도 쉽게 시인할 것입니다─ 무엇보다도 바로 그 반대, 즉 바로 지속적이고 정태적인 것이 본래 역동적 원칙들의 기능들이라는 점도 오해하기 때문입니다.

이 경우 여러분에게 또 한 가지 다른 현상, 즉 가족이라는 현상을 환기해도 좋을 것입니다. 가족은 사실상 보편적 교환원칙에 모순되는 자연발생적 결속체입니다. 즉 가족 내부에서 개별 가족구성원들이 상호간에 수행하는 업적들은 간단히 교환관계로 표현될 수 없습니다. 예컨대 여러분은 무엇보다 실제로 가족이 아직 어떤 의미에서 물적 생산과정과 연관되어 있는 곳, 즉 농민 가족이 아직 노동력으로서 기능하고 상당 정도 사실상 이 작은 경제 단위들이 ―객관적-경제적으로 고찰할 때― 가족노동에 대해 저임금을 지불함으로써만 아무튼 생존할 수 있는 농촌에서 그 점을 확인할 수 있습니다. 철저히 합리화된 세계 속에서 가족은 어떤 점에서 비합리성, 단순한 자연 발생성, 단순한 전통주의 등의 섬이라고, 즉 마치 가족의 형태로 봉건적 과거가 아직 우리 세계에까지 파고든다고 말하기는 매우 쉽습니다. 사실 아주 확실한 의미에서 가족의 개념은 실제로 어떤 봉건적인 성격을 지니기도 합니다. 그 상황이 어떠하든 간에, 이 경우 가족이 그처럼 단순하게 완전히 발전한 교환사회 속에 일종의 잔여물로서 남아 있다고 믿는다면 이는 피상적인 고찰방식일 것입니다. 오히려 우리는 이처럼 부단히 증대하는 합리성에도 불구하고 아무튼 가족이 살아남는다는 것이 도대체 어떻게 가능한지 자문해야 할 것입니다. 나는 여러 사회학자들이 ―셸스키Schelsky[212]나, 다른 강세를 띠면서 바우머르트 Baumert[213] 등이― 확인한 바와 같이, 가족 자체가 구조적으로 재편되고 있으며 그 자연발생적 특징들, 혹은 자본주의 이전적이라고 할 수 있는 특징들을 점점 더 잃고 있다는 점은 일단 논외로 하고 싶습니다. 아무튼 자체로서 가족은 이처럼 수정되는 가운데에도 여전히 자본주의 이전적인 것으로 남아 있습니다. 이에 대한 해답은 가족과 같은 것이 일종의 좀 더 강력한 저항력을 지닌다는 데에 있는 것 같지 않습니다. 사실 우리는 실제로 개별 가족 내부에서 이런 저항력이 그렇게 큰지 물을 수 있을 것입니다. 또 가족이라는 통일체가 얼마나 문제적인지, 또 가족이 그 구성원

각자에 대해 어떤 갈등의 소재를 필연적으로 예외 없이 수반하는지 심리학에 대해 좀 아는 사람은 누구나 알고 있습니다. 오히려 우리 사회 속에 잔존해 있는 가족의 이 태고적인 성격 혹은 시대착오적인 성격을 이해할 수 있으려면, 우리 사회가 비록 합리적이기는 하지만 그 자체로 비합리적인 상태에 머물고 있다는 점, 즉 우리 사회가 예나 지금이나 이익의 법칙에 지배받고 있으며 인간 욕구 충족의 법칙에 따르고 있지 않다는 점, 어느 정도는 이 비합리성으로 인해 사회가 불가피하게 자체 내에도 비합리적인 부분들을 보존할 수밖에 없다는 점에 근거를 두어야 할 것입니다. 왜냐하면 시민사회의 시민적 원칙이 실제로 완전히 순수하게 충족되는 순간, 그것이 완전히 순수하게 철저히 합리화되는 순간, 시민사회는 —거의 이렇게 말할 수 있을 것입니다— 아예 시민사회이기를 그칠 것이기 때문입니다. 그럴 경우 바로 지금 이 사회의 경제적 행위의 동기를 유발하는 계기들이 더 이상 존재할 자리가 없을 터이기 때문입니다. 그러므로 진보해 가는 합리적 사회가 아직도 여전히 타인의 노동을 자의적으로 처분하는 일에 묶여 있는 한에서 이 사회는 그로써 필연적으로 또한 다양한 방식의 비합리적 제도들의 잔존에 어쩔 수 없이 의존하며, 따라서 이 제도들은 시민사회 속에서 한편으로 어떤 시대착오지만, 다른 한편으로 또한 시민사회 자체에 의해 요구되는 것입니다. 또 우리는 시민사회가 그 자체의 원칙을 순수하게 수행할수록, 이를 위해 시민사회에는 더욱더 그러한 비합리적 제도들이 —이 가운데 나는 지금 단지 가족을 강조했을 뿐입니다만— 필요하다는 의심을 품을 수 있을 것입니다. 또 이때 우리는 아마 이 가족 제도보다 우리 시대에 훨씬 더 강력하고 위력적인 다른 제도들을 끌어들일 수도 있을 것입니다.

여기서 아마 여러분은 요소분석의 개념이 개념적인 측면에서도 지극히 위험하다는 점이 입증되었음을 확인했을 것입니다. 따라서 여러분이 예컨대 우리 사회를 요소들로, 대규모 경제 단위들, 그다음 이에 부가

되는 작은 경제 단위들, 최소의 단위들, 또 가족처럼 순수하게 합리적이지 못한 결합체들 등으로 분해하고, 전체 사회는 이 모든 계기들이 짜맞춰짐으로써 나타나게 되는 일종의 지도라고 믿게 될 경우, 사회 현실에 대한 이러한 관념은 문자 그대로 틀린 관념일 것입니다. 즉 사회는 이러한 요소들로 결합되는 것이 아니라 그 나름으로 하나의 기능적이고 매우 복잡한 방식으로 서로를 조건짓는 연관관계 속에 존재합니다. 이러한 연관관계에 대해 나는 여러분에게 간략한 도식을 펼쳐 보이고자 시도했습니다. 아마 여러분은 동시에 이 도식에서 그러한 연관관계가 실제로 —흔히들 멋있게 지칭하듯이— 전체성을 띠는 연관관계 혹은 이른바 유기적 연관관계라기보다, 오히려 사회적 적대관계에 의해 매개되는 연관관계임을 살펴보았을 것입니다. 그와 같은 관념과는 반대로 사회는 어떤 유기체라기보다 오히려 일종의 체계라고 하겠지만, 물론 그것은 통분되지 않는 것, 본질적으로 모순을 이루는 것의 체계입니다.

이제 우리가 살펴보고자 하는 데카르트의 다음 규칙은 연속성과 관련된 규칙입니다. 그러니까 셋째 규칙은 "질서에 따라 내 사고를 이끌어가는 것, 즉 가장 단순하고 가장 인식하기 쉬운 대상들에서 시작하여 점차로, 즉 단계적으로 가장 복합적인 대상의 인식으로까지 상승하는 것이다. 이때 나 자신은 그러한 대상들 가운데에 자연적인 방식으로는 연속되지 않는 어떤 질서가 있다고 전제한다."[214] 마지막 문장은 중요한 의미에서 합리주의적인 모티프를, 즉 —일종의 작업가설로서— '나는 전제한다'는 표현을 드러내고 있습니다. 즉 과학적 질서와 같은 어떤 것을 가능하게 하려면, 인식 대상 자체 속에 비약 없고 연속적인 질서가 존재한다고 전제하는 것입니다. 왜냐하면 내가 이러한 가정을 하지 않을 경우 나는 결코 양심의 거리낌 없이 어떤 과학적 질서를 구축할 수 없는 셈이기 때문입니다. 이 경우 데카르트는 아직 발전의 아주 초기 단계와 마지막 단계에 고유한 특성, 즉 특별히 정직한 면모를 지닙니다. 즉 그는 이 경우 이 '가상적 성격', 그러니까 이 전제 자체를 발설하고 있는 것입니다. 반면에 그 이후의 철학자들은 —이미 스피노자에서 시작해서 우리 헤겔도 예외라고 할 수 없는데— 데카르트가 아직 완전히 개방적인 상태로 합리적인 질서원칙이라고 지칭한[215] 질서를 오히려 간단히 독단적으로 사실상 사태 자체에 기인한다고 믿었습니다. 우리가 들은 바에 비춰볼 때, 변증법적 모순에 대한 우리의 고찰들이 타당하다면 우선 한발씩 비약 없이 진행되는 인식 과정이라는 것이 무조건 아무 굴절 없이 타당할 수는 없음을 확인할 수 있으리라고 봅니다. 이처럼 한발씩 나아가는 처리방식은 우리가 자연과학과 전통적인 과학 혹은 실천적으로 다루어지는 과학에서 접하는, 특히 과학이 사실상 상당히 성질을 상실하여 성질이 없고 서로 구분되지 않는 계기들로 환원되어, 우리가 대상에 우리의 질서원칙들을 통해 부여하는 규정들에 비할 때 대상 자체의 규정은 따져볼 필요도 없는 대상과 관계할 경우 접하는 처리방식입니다. 그러나 그 밖에도 그러한 연속성은 우리가 확인하려고 시도한 인식 대상 자체의 모순적 성격을 전제하는 경우에 지배적이지 않다는 점에 대해서는 더 상세한 논증이 별로 필요 없을 것입니다. 그리고 이러한 관점에서, 즉 연속성과 불연속성이라는 문제설정 아래서 변증법의 원칙은, —그런데 그것은 위대한 합리주의 철학 중의 하나인 라이프니츠 철학[216]의 근본문제들 가운데 한 가지를 형성합니다— 혹은 변증법의 문제는 단순히 불연속성의 계기에 머물지 않고 연속성과 불연속성의 계기들을 서로 결합하는 일, 따라서 연속성과 불연속성 자체를 서로 매개된 것으로 파악하는 일이 될 것입니다.

앞에서 나는 여러분에게 우리 사회가 하나의 유기체라기보다는 하나의 체계라고 말했습니다. 그렇기는 하지만 우리 사회는 사실 적대적인 사회입니다. 아마 이로 인해 이미 여러분은 내가 이제 이러한 맥락에서 여러분에게 환기하려는 변증법적 문제를 살펴보게 될 것입니다. 한편으로 전체 또는 총체성을 확인하는 것이 변증법의 이론적 과제이며, 총체성의 이념 없이는 인식이 가능하지 않습니다. 하지만 다른 한편으로 이 총체성 자체는 어떤 연속적 총체성, 단절 없는 연역적 연관의 총체성, 논리적 총체성이 아닙니다. 오히려 그것은 —일단 아주 단순하게 말하자면 — 자체 내적으로 불연속적입니다. 이에 대한, 그 속에서 나타나는 문제에 대한 변증법적 응답은 우리가 살고 있는 사회의 통일이란 본래 사회의 불연속성 자체를 통해 형성된다는 것입니다. 즉 인식 대상의 불연속적이고 분리되어 있는 계기들은 단순히 이질적인 것일 뿐만 아니라 모순들로서 서로 관련되는 한에서 그것들이 포괄적으로 서로 형성하는 바로 이 관계를 통해 실제로 인식 일반의 대상을 형성해야 할 그 전체로 결정체를 이루게 됩니다. 또 이 불연속성의 계기로부터 인식이 선택해야 하는 출발지점, 그러니까 우리가 시작하는 지점은 변증법적 사유에 대해 어떤 의미에서는 아무래도 상관없습니다. 왜냐하면 우리는 어떤 절대적 제일원리로부터 이제 존재하는 모든 것이 무조건적 연속성 속에서 발전할 수 있다고는 믿지 않기 때문입니다. 오히려 우리가 다룬 전체의 힘은, 마치 모든 개별 계기 속에서 동일한 방식으로 지배하는 것 같습니다. 그것은 모두가 중심점에서 똑같은 거리에 있다고 할 수 있으며, 일관된 변증법적 사유는 이 경우 외견상 극히 덧없는 현상, 외견상 극히 비공식적인 현상에서 시작할 수 있고, 심지어 그렇게 하는 것이 권장할 만한 일이기도 합니다. 왜냐하면 사유하는 존재인 우리는 범주들 가운데 우리에게 미리 주어진 것에 우리의 주제를 맞추는 경우보다, 바로 그처럼 공식적인 사유의 범주들에 의해 아직 점령되지 않은 것들이 전체의 감추어진 본질로 훨씬 더 잘 우리를 안내해줄 수 있기 때문입니다.

또한 이를 다음과 같이 표현할 수도 있습니다. 즉 —이로써 나는 전통적 사유를 '실질적으로' 비판하게 됩니다— 객관[217]에 대한 사고의 입장 문제는 연속성 혹은 불연속성에 대한 물음 앞에서 일종의 도덕적인 문제가 되는 것입니다. 즉 인식 대상이 자체 내적으로 단절 없이 일관되고 연관되어 있으며 남김없이 논리적이고 설명될 수 있는 것이라는 관념 속에는 이미 그처럼 의미 있고 조화를 이루며 조직되는 것이 본래 어떤 긍정적인 것이라는 생각이 감추어져 있습니다. 하지만 우리가 기존상황에 대한 비판을 진지하게 생각한다면, 즉 현실 자체의 적대적 성격에 대한 사고를 실제로 심각하게 받아들인다면, 우리는 다름 아니라 존재자의 규정 속에 담긴 불연속성을 보여주고 이로써 필연적으로 우리 사유에 중단된 상태, 불연속성의 형식을 부여할 의무가 있습니다. 하지만 동시에 이러한 불연속성을 통해, 그러니까 자체 내적으로 매개된 모순을 통해, 우리가 실제로 관여하는 것의 바로 그 연관관계 및 통일이 이루어지는 식으로 그럴 필요가 있습니다. 오늘날 생산적인 사유는 아주 확실하게, 전혀 의문의 여지없이, 단절들 속의 사유입니다. 반면에 처음부터 단지 통일성·종합·조화만을 지향하는 사유는 바로 그로써, 사유가 본래 파고 들어가야 하는 어떤 것을 애초부터 은폐하며, 지금 일단 존재하는 것의 표면을 사고 속에서 반복하고 어쩌면 또 다시 강화하는 데에 필연적으로 만족합니다. 내 생각에 여러분이 과학적 메커니즘에 의해 미리 결정되지 않은 한, 여러분의 사유는 일반적인 표현으로 '옹졸함das Pedantische'이라고 칭할 수 있는 것에 일정하게 저항할 것입니다. 하지만 그것은 이제 규율을 배워야 할 철없는 어린애의 태도가 결코 아닙니다. 물론 정신적 규율과 같은 무엇인가가 있기는 있습니다. 그러나 사람들이 우리에게 주입하려 하는 정신적 규율은 일반적으로 정신에 대한 적대상태로 귀결됩니다. 즉 그것은 사고가 특정한 규칙적 진행에 예속되게 하기 위해, 사고의 생산성이, 그러니까 대상에 대한 사고의 관계가 차단되고 거세되도록 하는 일로 귀결됩니다. 반면에 실제로 사고에는 헤겔이 칭한 바와 같이[218] 대상에 다가갈 자유를 지닌다는 규칙 말고 어떤 다른 규칙도 결코 없습니다. 사고의 규율은 사고가 사태에 적응한다는 것, 가능한 한 사태에 매우 합당해진다는 것일 뿐입니다. 결코 사고가 일종의 방법으로서 규칙을 스스로에게 부과하고 그에 따라 처리하며, 또 이른바 방법에 대한 이 요구에 근거해 결국 사유를 금지하는 일만을 해내는 것은 아닙니다. 우리가 중요한 의미에서 사유할 경우 실제로 언제나 이미 방법론적이지 않게 사유하기 때문입니다.

이로써 내가 단순한 착상의 자의나 우연성을 선전하려는 것은 결코 아닙니다. 오히려 나는 이로써 단지 자체의 자유를 감당할 능력이 없는 사고, 대상에 다가갈 자유를 지니지 못하는 것과 마찬가지로 자기 자신에 대한 자유를 지니지 못하는 사고, 그러니까 자신을 자유로이 대상에 내맡기지 않고 부단히 어떤 속박들을 찾고 그러한 속박들 속에서만 실제로 편안함을 느끼는 사고, 그런 사고는 자신의 문제를 떠맡을 수 없다고 말하고자 할 뿐입니다. 사고의 옹졸함이란 실제로 다름 아니라 사람들이 일단 가지고 있는 것의 안전을 위해, 사적 개인의 사소한 안전을 위해, 사소한 개별자를 위해, 사고가 사태 자체에 대한 관계를 무시하는 것일 뿐입니다. 작은 재산의 안전과 관련해 흔히 그러하듯이, 바로 이런 종류의 옹졸함은 특히 상당한 정도로 인플레이션에 노출되어 있습니다. 즉 무조건 고정가치를 지녀야 한다고 믿는 곳에서 언제나 초라한 것으로 드러나고 바로 그 재산을 잃게 되는 것입니다. 따라서 여러분이 과학적으로 작업하고 규율을 익혀 과학적으로 작업하는 법을 배울 때 언제나 그 옹졸함이라는 계기, 오직 한발씩만 진행하는 계기에 대한 비판적 반성을 고수하는 것도 여러분 자신의 정신적 섭생법에 포함된다고 하겠습니다. 왜냐하면 이처럼 한발씩 이루어지는 진행 속에는 당연히 생산력의 마비도 직접 포함되어 있기 때문입니다. 사고가 실제로 이루어지는 곳에서 사실 ―나를 너무 감상적이라고 생각하지 말기 바랍니다― 사고는 날아가지 한발씩 진행되지 않습니다. 더 이상 날아가지 못하는 사고는 물론 단지 날아갈 줄만 아는 사고와 마찬가지로 사고가 아닙니다. 그리고 그런 한에서 열성이 인식과 진리 자체의 필수 계기[219]라는 플라톤의 규정은 단순한 철학적 정서의 표현이나 단순한 사고스타일의 표현이 아닙니다. 그것은 사태 자체의 한 가지 필연적 계기를 나타냅니다. 사유가 한발씩 아주 작은 단위들 속에서 수행될 경우 사유는 오직 실제로 그것이 이미 알고 있는 것을 다시 반복하는 것만을 할 수 있습니다. 그리고 다름 아니라 사유는 그것에 단순히 주어지고 그렇지 않아도 이미 알고 있는 것을 앞지름으로써, 이 우월성을 확보함으로써, 아무튼 단순히 존재하는 것을 넘어설 수 있고 또 단순히 존재하는 것에 대해 실제로 발언할 수 있습니다.

　나는 바로 이 대목에서 내가 여러분의 어떤 반론에 부딪칠 수도 있다는 점을 의식하고 있습니다. 다른 한편으로 나는 그 반론들을 방어하기에 충분할 만큼 여러분에게 연속적 사유의 긍정적 계기들에 대해 이야기했기를 바라기는 합니다. 하지만 이제 실제로 변증법적 사유가 저항에 부딪치고 있는 취약점에서 이 특유한 성격의 저항에 대해 다음 시간에 다시 한 번 철저히 논하는 것이 바람직하다고 봅니다.

207) Vgl. Franz Borkenau, Der Übergang vom feudalen zum bürgerlichen Weltbild. Studien zur Geschichte der Philosophie der Manufakturperiode, Paris 1934.(Schriften des Instituts für Sozialforschung, hrsg. von Max Horkheimer, Bd. 4).

208) 여기서 아도르노는 만하임의 글 「변혁기 인간과 사회(Mensch und Gesellschaft im Zeitalter des Umbruchs)」(Leiden 1935)를 끌어들이고 있다. 그는 이 글을 「지식사회학의 의식(Das Bewußtsein der Wissenssozilologie)」(vgl. GS 10-1, S. 31~46)에서 상세히 논한다. 강의에서 언급된 주제를 그는 이 논문 40~42쪽에서 다룬다.

209) Vgl. den Aufsatz 'Über Statik und Dynamik als soziologische Kategorien', GS 8, S. 217~237.

210) Vgl. Karl Mannheim, Ideologie und Utopie, Bonn 1929, S. 134.

211) 녹취록 이 대목에 의문부호와 함께 공백이 있다.

212) Vgl. Helmut Schelsky, Wandlungen in der deutschen Familie der Gegenwart. Darstellungen nach dem Kriege, Gemeindestudie des Instituts für sozialwissenschaftliche Forschung, Darmstadt 1954, Monographie 5.

213) Vgl. Gerhard Baumert(u. Mitwirkung von Edith Hünninger), Deutsche Familien nach dem Kriege, Gemeindestudie des Instituts für sozialwissenschaftliche Forschung, Darmstadt 1954, Monographie 5.

214) Descartes, Abhandlung über die Methode, a. a. O. [s. Anm. 199], S. 15.

215) 'die er noch als ganz offen, als ein rationales Ordnungsprinzip bezeichnet(그가 아직 완전히 개방적인 상태라고, 합리적인 질서원칙이라고 지칭한)' 대신 추정함.

216) 미적분은 라이프니츠(와 뉴턴)에 의해 엄격히 과학적으로 정초되었다.

217) '객관에 대한 사고의 입장'이라는 표현에 대해서는 주석 160) 참조.

218) '대상에 다가갈 자유'라는 표현은 헤겔의 경우 확인할 수 없었다. 주석 123)도 참조.

219) 『파이드로스(Phaidros)』에서 사랑의 본질에 대한 두 번째 이야기에서 소크라테스는 사랑을 일종의 신적 광기라고 규정한다.(Vgl. Phaidros 243 e10ff.). 이 신적 광기는 감성적으로 지각할 수 있는 세계 속의 아름다운 형태들을 볼 때 철학적인 인간들에게 "모든 열광 가운데 가장 고결한 것[αὕτη πασων των ἐνϑουσιάσεων ἀϱιστη]"을 유발한다고 한다.(Phaidros 249 e1). 왜냐하면 이때 그들의 불멸하는 이성적 정신이 그 육체를 얻기 전에 언젠가 직접 직관한 미의 이데아를 상기하게

되기 때문이다. 아도르노는 다음 학기의 미학 강의에서 이 파이드로스의 구절을 그 연관관계 속에서 상세히 해석한다.(Vgl. NaS IV-3, S. 139~169).

여러분, 안녕하십니까.

지난 시간에 우리는 사유과정이 어떤 단계도 생략해서는 안 된다는 데카르트의 요구를 다루었습니다. 그리고 나는 여러분에게 바로 이 데카르트의 공리가 어떤 의미에서 변증법적 사유 방식과 결합될 수 없는지 보여주고자 했습니다. 한편 그에 대한 저항을 처음 정식화한 것은 결코 헤겔이 아닙니다. 아주 중요한 프랑스 복고주의 철학자 드 메스트르de Mais-tre[220]는 언젠가 옛 베이컨의 우상론과 그 후 18세기에 반복되는 우상론[221]을 패러디하면서 '계단의 우상Idole d'échelle'[222]이라는 말을 했습니다. 그것은 우리가 단지 한 걸음씩만 움직여야 하고, 사고가 날아가서는 안 된다고 보는 우상입니다. 그러한 사고 속에는 근본적으로 사고가 자신을 앞질러가서는 안 되며, 따라서 실제로 사고가 어쨌든 이미 가지고 있지 않은 것은 아무것도 가져와서는 안 된다는 것입니다. 날아가는 화살의 역설과 같은 의미에서, 자체 내적으로 완전히 연속적이고 빈틈없는 사유라는 일관된 데카르트적 계율은 순수한 동어반복으로 귀결될 수밖에 없다고까지 말할 수 있을 것입니다.[223] 하지만 이는 단순한 단계적 사유에 대한 비판을 객관적인 측면에서 실로 철저하게 논증하는 듯해 보이지만, 결코 그렇게 본질적인 것 같지 않습니다. 오히려 변증법이, 아무튼 내가 이해하는 바와 같은 변증법, 또 좀 상세히 보면 헤겔 자신이 바로 『정신현상학』에서 다룬 바와 같은 변증법이 반대하는 계기는 사유의 강압적 성격에 대한 거부입니다. 논리적 강압의 개념과 ―그러니까 하나도 빼먹지 않고 어떤 회피 가능성도 남기지 않는 조작의 개념과― 심리학에서 강박적 성격 ―그러니까 강박적으로 어떤 의례Ritual에 따르며 질서에 묶여 어떠한 자유도 감당할 수 없는 인간― 개념으로 지칭하는 바 사이에는, 이 두 가지 강압 개념, 즉 단순한 논리적 강압과 의례화하는 강압적 성격의 강압 사이에는 아주 강력한 친화성이 있습니다. 이러한 친화성은 예컨대 루트비히 토마Ludwig Thoma의 연극 『소시민 친척들Die kleinen Verwandten』224에서 묘사된 바와도 같습니다. 나는 이 작품을 젊은 시절에 한 번 보고 잊을 수 없는 인상을 받았습니다. 여기서 그로스호이바흐Großheubach 출신의 한 역장은 예기치 못하게 학자인 자신의 친척들을 방문합니다. 이들은 어린 딸에게 막 남편을 찾아주려는 참이었으며, 이제 이 소시민 친척이 훌륭한 결혼계획을 어떻게든 위태롭게 하지 않도록 그를 떼어놓으려고 온갖 수를 써서 노력하지만 실패합니다. 그들은 그가 모든 것은 올바른 '범주' 속에 자리 잡아야 한다고 되풀이해서 강조하는 것을 단념시키지 못합니다. 나는 모든 것을 확고한 범주 아래 집어넣는 이 인물을 잊을 수 없었습니다. 그리고 그 후 내가 칸트를 읽고 그의 범주 연역225을 읽었을 때, 그 그로스호이바흐 출신 역장의 모습을 결코 완전히 지울 수 없었습니다. 이것이 칸트의 탓인지 나 자신의 탓인지는 따지지 않겠습니다.

아무튼 여기에는 우리가 지금 철저히 다루려는 저항들에 아마 상당히 크게 기여한다고 할 수 있는, 변증법적 사유의 특정한 의무가 담겨 있습니다. 즉 거기에는 특정한 부류의 유동성에 대한 사유의 의무, 그러니까 바로 그때그때 선정된 대상 혹은 논증이 처해 있는 자리에 사고가 고정되도록 하지 않을 의무, 그 자리에 머물도록 강요당하지 않을 의무가 내포되어 있는 것입니다. 내가 아직 변증법 혹은 변증법적 철학에 대한 고찰을 나 자신의 실제 사유 실천과 근본적으로 결합하는 것과는 전혀 거리가 멀던 시기에, ─점차 그런 결합이 가능해진 셈이라고 생각합니다만─ 즉 내가 수많은 음악이론적인 글들을 발표하던 시기에,[226] 다음 사실이 분명해졌습니다. 즉 당시에 내재성의 법칙, 내재적이고 따라서 특히 테크놀로지적인 비판에 따랐던 음악이론적 고찰들은 바로 그로 인해 동시에 전문가 ─혹은 거의 전문학파라고도 할 수 있습니다만─ 가 안고 있는 어떤 고루함에 빠질 위험에 처해 있다는 점이 갑자기 내 의식에 떠올랐던 것입니다. 이는 그 후 언젠가 빈의 한 친구가[227] 나에게 특정한 부류의 엄격한 테크놀로지적 내재분석에 대해 말해준 것과도 같습니다. 즉 그에게는 그것이 지극히 엄격하고 현학적인 악파, 호락 악파Horaks Musilschule를 염두에 두고 음악을 고찰하는 것처럼 보인다는 것입니다. 그런데 이 호락 악파는 빈의 곳곳에서 체인점을 운영하는 것으로 이미 특색을 띠고 있었습니다.[228] 따라서 나는 호락 악파 스타일의 사유가 지닌 위험을 피하고 싶었고 그래서 음악에 대하여 내가 '밖에서 듣는 음악'이라 칭한[229] 반성 혹은 고찰을 하는 실험을 했습니다. 말 그대로의 의미에서만 아니라 비유적인 의미에서도 그랬습니다. 우선 말 그대로의 의미에서 음악을 오페라하우스나 콘서트홀에서 들리는 대로가 아니라 예컨대 휴지부가 끝났지만 자기 좌석으로 제때 돌아가지 못해 바깥에서 오페라가 울리는 소리를 들을 때처럼 음악을 듣고 이처럼 바깥에서 듣는 소리가 말하는 바에 귀를 기울이는 것입니다. 이 경우 나는 다른 경우에 보지 못하는 음악의 한 성격 혹은 한 측면이 나타나는 느낌을 얻었습니다. 또 좀 더 일반적으로 말해서 어떤 현상에 대해서는 그것을 내부로부터만, 즉 그것이 위치해 있는 사회적 연관관계 내부에서만 아니라 그와 마찬가지로 동시에 어느 정도 외부로부터도 볼 때에만 어떤 것을 말할 수 있다는 생각이 떠올랐습니다.[230] 이때 나는 저 유명한 어두운 충동[231]에 따르면서 이미 외부로부터의 고찰과 내부로부터의 고찰을 서로 결합하고 이른바 양자의 종합을 산출하고자 했을 뿐만 아니라, 모호하게나마 이 두 가지 고찰방식이 실은 서로에게 속하며 특정한 상호긴장 속에 처해 있다는 점, 하지만 다른 한편으로 그것들은 서로 동화되지 않는다는 점을 의식하게 되었습니다. 그리고 내가 현상에 대한 사고의 유동성에 대해 언급할 경우, 이로써 나는 실제로 현상을 내부로부터, 그 자체의 요구들, 그 자체의 근원, 그 자체의 합법칙성에 따라 고찰해야 할 뿐만 아니라, 또한 다시 외부로부터, 즉 그것이 처해 있는 기능적 연관관계, 그것이 인간에게 보여주는 측면, 그것이 인간의 삶 속에서 지니는 의의 등의 의미에서도 고찰해야 한다는 것을 뜻합니다. 여기서 나는 여러분에게 예컨대 최고의 품위를 지니는 예술작품들, 즉 자체로 결코 이데올로기가 아니라 ―헤겔의 표현을 빌리자면― 실제로 진리의 현상형식[232]인 예술작품들도 지배적인 문화활동 내부에서 그것이 떠맡는 역할을 통해 이데올로기가 될 수 있다는 것은 얼마든지 생각할 수 있으며 지극히 개연적이라는 점을 상기시키고자 합니다. 이때 여러분은 아마 사고가 충분히 깊이 있게 양 측면 속으로 침투하면 아무튼 그것들의 관계가 입증되리라고 믿으면서, ―고백하건대 이 믿음을 나는 오늘날까지 버리지 않고 있습니다― 이 두 가지 고찰방식 즉 내재적 방식과 초월적 방식을 서로 독립적으로 추구하는 데에는 어떤 선의가 담겨 있다는 점을 파악하게 될 것입니다. 사고의 이 이중성, 즉 사태 속에 있어야 하면서 또한 사태 외부에 있어야 한다는 것, ―그런데 이는 헤겔이 『정신 현상학』의 방법 속에서 구상하고 있는 것이기도 합니다― 이 이중성은 그 자체로 변증법적 사고의 어떤 본질적인 면을 나타내는 것입니다. 나는 단지 그 때문에 사유의 유동성이라는 사고를 끌어들이는 것이지 재치를 부리기 위해서 그런 것은 아닙니다. 왜냐하면 변증법적 사유는 사실 보편과 특수, 지금 여기hic et nunc와 그 개념을 결합하면서도 이 두 계기 사이에 어떤 직접적이고 매개되지 않은 동일성이 있는 것은 아니며 오히려 그것들이 서로 어긋난다는 점을 의식하려고 부단히 노력하기 때문입니다.

이제 단순한 귀납적 혹은 단순한 연역적 사유방식과 대조하여 사고의 유동성이라고 지칭한 것의 정확한 인식론적-변증법적 위치는 바로 사고가 때로는 안에 머물고 때로는 밖으로 나감으로써 밖에서 접근하는 인식주체와 사태 자체의 운동을 마침내 결합하려는 시도라고 하겠습니다. 이는 변증법적 방법 자체에 필연적으로 포함되어 있는 어떤 것입니다. 그리고 이것들을 구분할 경우, 즉 양자의 온전한 동일성을 추구하지 않고 이 두 종류가 서로를 변화시킬 경우, 그러한 변화가 일반적으로 변증법적 사유의 색깔일 경우, 이는 일단 그렇게 말고 달리 생각할 수 없는 곡예사의 책임이라기보다, 오히려 실제로 이 변화의 색깔은 바로 동일성과 비동일성을 통일시키는 사유의 색깔인 변증법 자체의 색깔이라 할 수 있습니다. 하지만 방금 내가 여러분에게 —이렇게 표현하고 싶습니다— 그처럼 의심스럽게 묘사한, 그처럼 매혹적이고 그래서 그처럼 의심스럽게 묘사한 바로 이 측면에 맞서, 바로 그에 맞서 가장 강력한 저항이 일어나는 것은 명백합니다. 이 경우 그것은 일종의 특권적 사유이고, 단지 특별하게 그럴 능력을 갖춘 사람에게만 국한된 것이며, 그것을 보편적으로 구속력 있는 방법으로 무조건 전환할 수는 없다고 말한다면, 그래도 이는 내가 지적한 저항 가운데 가장 온건한 형태입니다. 사고의 유동성에 대한 훨씬 더 널리 퍼져 있는 의심은 그런 사유가 실제로 책임을 회피하는 사유이며, 말하자면 우리 손에 잡히지 않는 요물 혹은 요괴 같은 사유이며, 고정할 수도 없고 따라서 참과 거짓에 대한 구속력 있는 결정을 빠져나가는 사유라는 것입니다. 우리가 수행한 참과 거짓에 대한 원칙적 고찰의 의미에서, 이와 관련해서는, 내가 방금 그랬던 것처럼 노골적으로 표현하자면, 그러한 의심도 실제로 변증법 개념과 그렇게 결합 불가능한 것은 아닐 것이라고 일단 말할 수 있습니다. 왜냐하면 사실상 개별 판단은 고립상태에서 절대적으로 참도 절대적으로 거짓도 아니며, 진리는 본래 개별 판단들의 허위를 통과하여 진행되는 노정일 뿐이기 때문입니다. 하지만 그럼에도 불구하고 물론 무엇보다 철학과 과학이 언제나 동시에 개인들 사이의, 집단들 사이의, 국가와 계급과 민족 등 사이의 권력투쟁 내부의 한 계기이기도 하기 때문에, 이 지점에서 어떤 의심이 존재하는 것은 정당합니다. 즉 그러한 유동성을 충분히 갖추기만 하면, 그러니까 여기서 논의되는 논증에 고집스럽게 매달리지 않고 그것을 포기할 경우, 사람들이 고대의 변증가인 소크라테스를 비난했듯이, 톤 헤토 로곤 크레이토 포이에인τόν ἥττω λόγον χρείττω ποιείν, 즉 "더 빈약한 말을 더 강력한 말로 만드는"[233] 성향을 띠며, 또한 기민한 싸움꾼이 우직하고 힘센 싸움꾼보다 우월한 것처럼 유연성과 기민성을 통해 마치 생각을 겨루는 가운데 농부를 속여 그의 소를 빼앗은 것 같은 성향을 띱니다. 나는 변증법에 담겨 있는 궤변적 요소에 대한 이 해묵은 반론을 이미 앞에서 한번 지적한 바 있는데,[234] 그것은 가볍게 받아들여서는 안 되는 것입니다. 그리고 변증법이, 특히 변증법적인 개별 논증들이 그처럼 단순한 회피로 타락하는 현상은 물론 결코 부인할 수 없습니다. 사상적 논쟁들은 세분화될수록, 덜 경직되게 진행될수록, 그러니까 더 많은 변수들을 받아들일수록, 필연적으로 또한 전래적인 엄격성을 잃게 되고 이로써 내가 여러분에게 방금 묘사한 위험에 점점 더 빠지게 되는 현상을 우리는 되풀이하여 접하게 됩니다. 그리고 매우 높은 수준의 철학 논의들은 일반적으로 특별히 이러한 위험에 노출되어 있습니다. 일단 나는 이를 치유하려면 헤겔이 요구한 객체에 다가갈 자유[235]가 실제로 필수적이라는 점, 그러니까 일반적으로 철학 행위는, 특히 비판적 철학행위는 타당성을 고집하려 하지 않는다는 의미에서도 스스로에 대해 반성하는 한에서만 정당합니다. 흔한 과장법을 써먹자면, 사고의 진리 일반에 대한 한 가지 척도는 그것이 이처럼 타당성을 고집하기를 포기한다고, 또 말하자면 스스로를 타당하지 않은 것으로 본다고, 하지만 물론 타당성을 지닌다는 생각 자체가 편협하고 제한적이라는 점을 설복하는 방식으로 그런다고 말할 수도 있을 것입니다.

하지만 그것만으로는 충분하지 않으며, 이 자리에서는 내가 몇 시간 전 여러분 가운데 상당수에게 역설적이고 놀랍겠지만 변증법 속의 실증주의적 요소라고 지칭한[236] 것이 사실상 이제 존중받게 된다고 봅니다. 그런데 이 요소는 벤야민이 『독일 비애극의 기원Ursprung des deutschen Trauerspiels』서문에서 귀납법을 구제하는 가운데 나름으로 강조한 것이기도 합니다.[237] 사고의 유동성 속에 담겨 있는 [주제전이μετάβασις εἰς ἄλλο γένος][238]라는 해묵은 위험의 해독제는 특정한 대상을 대면할 때의 비범한 책무라고 여겨집니다. 그러니까 우리가 예컨대 특정한 인식론적 문제들에 대해 토론할 경우, 이때 비판받은 특정한 모티프들이 해당 사유의 총체성 내부에서 나름으로 훌륭하고 유용한 혹은 건실거나 긍정적인 기능을 지닌다는 점을 지적함으로써 토론을 조종하려고 한다면 이는 그릇된 논증 혹은 그릇된 부류의 변증법이라고 하겠습니다. 오히려 우리는 이 경우 우선 실제로 이 인식론적 문제점 자체에 머물러야 할 것입니다. 이 경우 논리학이나 인식론 전공자의 편협성을 넘어서는 변증법의 노정은 예컨대 비판받는 이론요소에 대해 이제 간단히 "하하, 그것은 여기서 사유의 오류를 범했고, 저것은 자체 모순에 빠졌으며, 따라서 그것은 전체가 아무짝에도 쓸모없다"고 지적하는 데에 만족하지 않는 것이라 하겠습니다. 그 다음 단계는, 왜 그러한 사유의 짜임관계 내부에서 해당되는 모순들 혹은 오류들이 나름으로 불가피하며, 어떤 방식으로 그것들 자체가 해당되는 사유의 과정에 의해 작동되었으며, 따라서 그것은 그 나름의 오류와 모순을 지니는 사유의 총체성 내부에서 어디까지 의미 있는 것으로 입증되는지 보여주는 것입니다.

이것이 실제로 변증법적 사유 일반의 훈련을 위해 배울 수 있는 가장 중요한 것입니다. 다름 아니라 어떤 경직된 개념들, 경직된 체계, 경직된 소여들로부터 출발하지 않고 상당 정도 스스로를 사태에 내맡기게 되는 변증법적 사유는 사실상 개별 대상에 대한 의무를 여타의 과학들이나 일반적인 사유습관들보다 결코 더 느슨하게 받아들이지 않고 오히려 더 진지하게 받아들일 경우에만, 그러니까 인습적인 사유 일반이 허용하는 것보다 비교할 수 없을 만큼 더 진지하게 개별 문제들에 몰입할 경우에만 실제로 그러한 상대주의 및 비구속성과 조야한 유연성의 위험을 피하게 됩니다.

이제 여러분이 이 자리에서 이때 어떤 방식을 써먹고 어떻게 그러한 것을 달성할 수 있는지, 그 규칙에 대해 묻는다면, 나는 물론 부끄러울 것입니다. 이를 위해 그러한 일반적 규칙을 나는 여러분에게 제시할 수 없기 때문입니다. 그러한 것은 사실상 일종의 변증법적-사유에-과도하게--요구하기ein Das-dialektische-Denken-Überfordern일 것입니다. 내가 여러분에게 말할 수 있는 유일한 것은, 변증법적 사유가 침투해 들어가야 하는 모든 특정한 것에 대해, 우리가 여기에 충분히 오래 머물고, 그것 자체가 살아나기 시작할 때까지 오래 그것을 고찰하느냐, 아니면 어떤 식으로든 개별 상태에 대해 단순히 인습적인 주조물, 이미 주어진 개념들로 만족하느냐 등에 대해 일종의 자성이 이루어진다는 것입니다. 그리고 이런 방식으로 자신이 책임지는 영역에서 개별 대상을 온전히 대할 때에야 비로소 이 영역을 넘어서는 초월을 ―그러니까 전체에 대한 정치적 사회적 도덕적 구상과 인식론적 구상의 연관관계를― 합당하게 파악할 수 있습니다. 그런 일을 하지 않을 경우 변증법은 세계관적 잡담이나 아마추어적인 의미에서 제멋대로 사유하는 수준에 빠지고 맙니다.

이 기회에 내가 이 자리에서 결코 변증법을 이른바 사유의 가장 훌륭한 방법이라고 감언이설을 늘어놓을 생각은 전혀 없다는 점을 여러분이 주목했으면 합니다. "변증법적 사유는 그래도 최선의 사유다"라는 말은 하나의 슬로건이지만 진리는 아닙니다. 변증법적 사유 자체는 물론 다른 어떤 사유와도 꼭 마찬가지로 이 세상에서 생각해낼 수 있는 어떤 못된 짓을 위해서도 악용될 수 있습니다. 그리고 이 차원에서 변증법적 사유가 어떤 장점을 지닌다면, 바로 그러한 유동성과 부단한 자성의 방법으로서 어쩌면 그러한 악용 혹은 전통적 사유의 어리석음에 맞서 일반적인 경우보다 좀 더 깨어 있고 좀 더 회의적인 상태로 만들어주는 하나의 계기를 내포하고 있다는 것이 그 장점이라고 봅니다. 이 대목에서 변증법이 부닥치는 회의, 혹은 사유의 유동성에 대한 일반적 회의는 그 나름으로 사회적 근거를 지닙니다. 우선 일반적으로 그처럼 유동적인 사유는 상대주의와, 즉 고정되고-확정된 것은-아무것도-존속시키지-않기와 혼동되며, 이러한 사유의 노정이 바로 확고한 것, 확정된 것을 더욱 높은 차원에서 진지하게 받아들이는 과정을 통해 실제로 진행된다는 점은 간과됩니다. 바로 이 점에서 변증법적인 것에는 발판이 없으며 여기서는 의지할 수 있는 확고한 것을 아무것도 얻을 수 없다거나, 그것은 우리에게서 본래 언제나 앗아갈 뿐 주지는 않는 사유라는 의미에서, 변증법적인 것은 논박을 받습니다. 이 경우 대체로 사고는 본래 그것이 다루는 사태에 자신을 내맡길 필요 없고 특정한 심적 기능을 수행해야 한다는, 즉 우리를 하나의 확고한 발판 위에 세워놓거나 혹은 예컨대 온정을 야기하는 자들의 문학처럼 우리의 마음을 따뜻하게 해주어야 한다는 긍정적인 생각이 이미 암암리에 상정됩니다. 사실상 사람들이 일반적으로 '세계관'이라고 칭하는 것은 —그런데 실제로 철학적 사고는 이러한 것과 아무리 강조해서 분리해도 충분하지 못할 지경입니다— 그 온정주의자들이 내용상 불교적 염세주의의 성격을 지닐 때조차도, 이 온정주의자들의 영역과 극히 밀접한 관련을 지닙니다. 이 경우 그 점은 별로 중요하지 않습니다. 그리고 철학이 이런 의미에서 우리에게 무엇인가를 준다는 것은 철학에 대한 처음부터 잘못된 요구입니다. 오히려 우리가 철학에 무엇인가를, 모든 것을, 우리의 의식 전체를 주어야 합니다. 그리고 이때 우리는 제시하는 것에 대한 대가로 경우에 따라서는 철학으로부터 본래 기대하는 바를 전혀 돌려받지 못하게 되기도 하는 좀 수상쩍은 투기사업에 관여해야 합니다.

물론 그런 판단은 일반적으로 —사회학적으로 부연설명하자면— 인간과 마찬가지로 사고가 단순히 자연에 묶여 있던 상태를 점점 더 흔들어놓는 보편적 합리성의 진보과정에서 정착민 내지 토착주민들이, 그러니까 대체로 농업에 종사하는 인간과 이들의 사유가 진보에 대한 대가를 치러야 한다는 점, 그래서 이들은 진보의 사고 자체를 극단화하여 그것 자체를 온당하게 대하지는 않고 이제 유동성의 원칙에다 그 책임을 전가한다는 데에 근거를 둡니다. 예컨대 농민들이 가난해지는 현상의 책임을 그들의 보잘것없는 돈을 받고 어떤 보잘것없는 상품을 그들에게 파는 행상인들에게 전가해버리는 것과 같습니다. 나는 철학자들이 오늘날에도 일반적으로 또 여전히 그러한 행상인들인지는 모르겠습니다. 하지만 나는 우리 철학자들이 케케묵은 의상을 입고 산으로 올라가 은둔자 —드가 Degas의 멋진 말로 다음 기차가 언제 떠나는지 아는[239] 은둔자— 의 제스처를 취하는 것보다, 우리 몸속에 어떤 행상인의 피가 있다는 점을 자백하는 편이 더 나으리라고 믿습니다.

발판부재의 개념에 대해서는 이 정도로 하겠습니다. 사유가 어떤 상황에서도 빼앗아서는 안 되는 이른바 확고한 발판을 가져야 한다는 가정에는 우리가 비판하려고 시도한 어떤 절대적 제일원리가 주어져 있고 이 제일원리가 우선적이라는 전제 자체가 담겨 있습니다. 변증법적 사고는 이러한 모티프에 대해 입장을 취해야 합니다. 철학에는, 아무튼 오늘날의 철학에는 어떤 발판도 없습니다. 이는 현대 사회가 이른바 그 자연적 기반에 근거해 더 이상 파악될 수 없는 것과도 같으며, 또 현대 사회를 더 이상 농업이 결정하지 않는 것과도 마찬가지입니다. 오히려 진리 자체는 스스로 움직이는 진리이며, 그 속에는 근원적 계기들, 사람들이 그렇게 부르는 것도 물론 계기들로서 등장합니다. 즉 태고적인 것, 기억 등 여러분이 무엇이라고 부르든, 그런 계기들이 등장합니다. 하지만 아무튼 형이상학적으로나 도덕적으로 혹은 논리적으로 어떤 더 높은 수준의 실체성을 부여해야 할 계기는 등장하지 않습니다. 한 사유의 핵심, 즉 한 사유에서 실제로 실체적인 것, 따라서 한 사유가 단순한 잡담이 아니라 참임을 입증하게 해 주는 것, 이 핵심은 그 사유가 흔들리지 않고 서 있는 발판이 결코 아닙니다. 또 그것은 사물처럼 그로부터 끄집어내서 우리가 지적할 수 있는 테제도 아니며, 이 테제에 대해 "그러니까 제발, 그는 여기 있고, 그것을 옹호하며, 그것이 그의 의견입니다. 그가 여기 있고 달리 어쩔 수 없으니, 그에게 신의 가호를 빕니다"[240]라고 말할 수 있는 것이 아닙니다. 이 모두는 나름으로 이미 양심에 대한 압박에서, 본색을 드러내라는 강압에서 얻어낸, 철학 내용에 관한 관념들입니다. 그러한 강압 속에는 이미, 어떤 사고든 기회 있을 때면 어떤 협의회나 위원회가 그것을 말하는 사람들에게 그 사고에 대해 해명을 요구할 수 있는 경우에만 실제로 책임 있고 참인 사고라는 생각이 숨어 있습니다. 달리 말하면 실제로 그 속에는 이제 철학적 개념 운동의 풍토를 형성하게 될 사고의 자유라는 계기에 대한 부정이 감추어져 있는 것입니다. 오히려 한 사유의 핵심 혹은 실체적 요인은 사고가 만들어져 나오는 잠재적 힘의 원천, 사고를 통해 대상들에 가해지는 빛입니다. 하지만 그 자체는 사람들이 이제 실제로 준수하도록 선서해야 할 대상적인 것, 사물처럼 견고한 것으로 만들 수 있는 것이 아닙니다. 그리고 '계단의 우상'에 대해 말하자면, 궁극적으로 그것의 진리는 물론 이 경우 사고가 각각의 순간에 어떤 발판 위에 있는지, 그 속에서 지금 일단 이 사물적 핵심이 무엇인지 해명할 수 있어야 한다고 요구하는 데에 근거를 두고 있을 것입니다. 이때 그 실체적 계기는 그 배후에 존재하는 어떤 것, 어떤 힘의 원천이지, 하나의 테제나 단순한 검증Kontrolle을 통해 다룰 수 있게 되는 것, 따라 수행할 수 있는 것은 결코 아니라는 점이 간과됩니다. 이 경우 나는 검증 개념을 부당하게 대하고 싶지 않습니다. 그런데 내가 이 자리에서 여러분에게 설명하려고 시도하는 변증법의 관념들은 비판 철학이 검증으로서 파악해낸 것을 모두 망각하고 제멋대로 무작정 사고하는 것과 실제로 같지 않다는 점을 여러분이 이해했으리라고 믿습니다. 변증법은 그 자체가 본래 비판적 사고의 귀결인 점에서, 그 극단적 자의식으로 고양된 철학적 비판인 점에서 더욱이 그럴 수 없습니다. 하지만 나는 여러분이 변증법을 상대로 그처럼 아주 큰 역할을 하는 이 검증, 정신적 검증 개념 자체가 매우 두드러진 변천을 겪었다는 점을 주목했으면 합니다. ―더욱이 우리가 여기서 추구하는 철학 개념이 어떤 고립된 것, 어떤 전문가만의 것이어서는 안 된다는 점, 오히려 그것은 여러분 자신의 살아 있는 노동lebendige Arbeit을 위해 무엇인가를 의미해야 한다는 점을 상기하면서 그랬으면 합니다― 원래 검증은, 더욱이 이성에 관여하는 만인의 모든 사물들에 대한 가능한 검증은, 사고를 독단적 후견 관계로부터 해방하려고 했습니다. 즉 검증은 사람들이 어떤 단순한 주장들에 속는 것을 막으려고 했거나 혹은 막아야 했을 뿐입니다. 무엇보다 검증은 기적과 관계하는 신학적 증명의 핵심들에 반대했습니다. 이에 맞서 경험적 혹은 합리적 검증의 가능성이 강력히 제기된 것입니다. 하지만 오늘날에는 광범하게 ―절대적이라고 말하지는 않겠지만 아무튼 광범하게― 지적 검증 개념의 기능이 그 반대가 되었습니다. 오늘날 그것은 비-타협적 사고, 그러니까 인식의 단계적 진행을 통해 어떤 점에서 그때그때 이미 주어진 것으로 무조건 번역되지 않는 사고, 또 만인에 의해 아주 자의적으로 언제라도 따라 수행할 수 없는 사고는 어떤 점에서 사유되어서는 안 된다는 쪽으로 귀결되고 있습니다. 근본적으로 인식의 지속성 원칙은 일반적으로 사실상 이미 알려진 것이 그저 되풀이하여 변형들 속에서 어떤 새로운 것으로 미세하게 이행하는 가운데 사유되어야 한다는 결론으로 귀결되며, 바로 이로써 세계의 단면들에 뿌리를 두고 또 진정한 인식 일반의 대상을 이루는 진리와 인식의 단면들은 부정됩니다. 하지만 여기서 어쩌면 인식의 어떤 '민주적' 게임규칙과 모종의 모순을 이루게 될 위험을 무릅쓰고, 다음과 같은 점을 말해도 좋을 것입니다. 즉 문인들의 세계universitas litterarum 혹은 학자들의 공화국Gelehrtenrepublik에서는 아무튼 자신의 전공 내부에서 각자가 각각 사고를 검증해야 하고 또 이른바 어떤 정신적 성과의 진리 혹은 품위는 해당 성과에 대해 전공 동료들이 긍정적인 입장을 표명하는 소견서의 숫자에 따라 판단해야 한다는 생각 또한 내게는 지극히 문제적이라고 여겨지는 것입니다. 왜냐하면 이때 진리의 한 척도로서 실제로 활용되는 의식이 그 나름으로 이미 사회적 적응의 메커니즘을 통해 미리 형성된 의식이며 여러 경우에 사고 가운데 실제로 본질적인 것을 잘라내는 경향을 띠기 때문입니다. 하지만 이 경우 비-타협적인 사고가 필연적으로 진리라는 보장은 없습니다. 왜냐하면 바로 이처럼 보편화된 사고검증을 통해, 그것에 순응하지 않는 것은 모두 나름으로 다시 위작, 해로운 것, 또 극단적인 경우에는 원래 뛰어난 재능을 지녔고 최근에 타계한 정신분석가 빌헬름 라이히Wilhelm Reich[241]의 경우처럼, 결국은 편집증 혹은 심지어 사기로 되는 경향을 띠기도 하기 때문입니다. 여기서 우리는 사실상 현재 상황 속에서 매우 진지하게 받아들여야 할 이율배반에 처합니다. 즉 한편으로 사고는 그렇지 않아도 존재하고 그렇지 않아도 알려진 것을 맹목적으로 반복하는 일로, 따라서 일치로 끝나며, 다른 한편으로 사고는 검증을 벗어남으로써 이제 실제로 검증불가능하게 되어 망상체계로 넘어가게 될 위험에 빠집니다. 그리고 우리가 오늘날 우리 삶의 수많은 영역에서 관찰할 수 있는 정신적 분열, 집단적 정신분열의 징후들 가운데 이러한 경향은 확실히 그다지 무해한 것은 아니며, 지극히 진지하게 받아들여야 한다고 믿고 싶습니다.

따라서 그와 대조적으로 새로운 것은 헤겔의 말을 빌려 지칭하자면 언제나 실제로 질적인 도약입니다.[242] 하지만 비약적 사유라는 의미에서의 질적 도약이 아니라 실제로 대상 자체 앞에서의 집요함을 통해 야기되는 질적 도약입니다. 또한 그것은 그렇게 지칭됨으로써 물론 필연적으로 어떤 새로운 혹은 어떤 다른 관점을 취하는 것과 반대, 극단적 반대이기도 합니다. 나는 사고의 유동성에 대해 언급하고 이 유동성을 옹호했다고 할 수 있는데, 아마 이처럼 아주 노골적인 사고가 오해받지 않도록 하자면 다음과 같은 점을 첨언해야 할 것입니다. 즉 내가 '사고의 유동성'이라는 말로 뜻하는 것은 결코 일반적으로 입장이라고 칭하는 바를 바꾸는 것이 아니라는 점, 그것은 오히려 이 사고들이 개별자가 처해 있는 연관관계와 관계해야 하거나 혹은 개별자 자체와 관계해야 하는 바에 따라, 자체적으로 반성된 사고 개입지점의 변경을 나타낸다는 점입니다. 하지만 철학의 본질은 ―그리고 내 생각에 헤겔 이래로 주요 철학자들은 바로 이 점에 실제로 동의했습니다― 내가 보기에 다음과 같은 데에 있는 듯합니다. 즉 철학은 대중적인 세계관적 철학 관념에서 지배적인 관점의 개념 따위를 내버렸다는 것, 그처럼 밖으로부터 끌어들인 관점 대신에, 한 지점에서 다른 지점으로의 단계적 진행이라는 데카르트의 학설도 생각한 바로 그런 사태의 운동에 실제로 강제성이 담겨 있다는 것입니다. 사고의 운동 혹은 사고의 역동적 계기는 내가 비판한 데카르트의 공리 속에도 담겨 있습니다. 나는 여기서 이 긍정적 측면에 대해 언급하지 않았는데, 이는 내가 그것을 거의 자명하다고 여기기 때문입니다. 데카르트도 자명하게 인식이 본래 과정이며 단순한 직접적 깨달음이 아니라는 점을 알았습니다. 다만 그 자신은 ―그리고 이 점이 그 속에 담긴 실제로 시민적인 요소이며 내게는 그 속의 실제 허위라고 여겨집니다― 자기가 보고 개념화한 사고의 운동을 어떤 경직된 것, 어떤 정태적인 것의 이미지로만 파악할 수 있었을 뿐이며, 따라서 여기서 사용되고 또 드 메스트르가 조롱한 계단의 상징 자체는, 역동성조차 경직된 형식으로 나타나는 듯하며 마치 그 자체가 사물적인 것, 정지해 있는 것처럼 나타난다는 신호입니다. 그런데 역동성이 자체로 정태적인 것으로 동결되는 현상, 이 현상이야말로 헤라클리트Heraklit에서 헤겔까지 철학의 가장 역동적인 대표자들의 철학에도 실제로 늘 아주 특이하게 새겨져 있는 것입니다. 또한 변증법이 한 가지 결정적인 대목에서 다름 아닌 헤겔을 넘어서야 한다면, 그것은 내가 지적하는 이 지점일 것입니다.

220) Joseph Marie Comte de Maistre(1753~1821).

221) 프랜시스 베이컨(s. Anm. 198)은 『대혁신(Instauratio magna)』을 통해 근대 자연
과학들의 기초설정 계획을 제시한다. 여기서는 단순한 자연 관찰을 실험과 발견
을 통한 경험이 대신한다. 그 일부인 『신기관(Novum Organum)』을 베이컨은 전
통에 대한 근본적 비판(pars destruens)으로 시작한다. 즉 인간의 정신은 이제까지
베이컨이 '우상들'이라고 칭하는 선입관들을 통해 자연에 대한 과학적 인식을 방
해받았다는 것이다. 그는 네 종류의 선입관을 구분한다. 자신을 자연의 척도로
만드는 인간의 성향에 책임 있는 종족의 우상(idola tribus), 교육이나 환경에서 유
래하는 동굴의 우상(idola specus), 인간이 자신의 언어를 통해 물려받는 시장의
우상(idola fori), 그리고 전통적 관념들에 독단적으로 집착하는 것을 지칭하는 극
장의 우상(idola theatri)이 그것이다. ─원래 교부들은 '우상숭배'라는 말로 이교
도 신들의 숭배를 나타냈다.

222) 베이컨이 『대혁신』에서 정립하려고 한 새로운 귀납적 인식 개념은(s. Anm.
221), 무엇보다 몇 단계를 거쳐 경험에서 과학들의 최상위 명제들에 도달하는 지
침에 근거했다. '계단의 우상'이라는 표현으로 드 메스트르는 베이컨이 비판적
으로 뜻한 우상의 개념을 베이컨 자신의 단계적 귀납 이론에 맞세운다. 아도르
노는 이미 『계몽의 변증법』에서 드 메스트르의 이 표현을 끌어들였고(vgl. GS 3,
S. 23) 또한 여기서 출처를 밝히기도 했다.(Vgl. Jeseph de Maistre, Les soirées de
Saint-Pétersbourg. 5ième entretien. Œuvres Complètes, Lyon 1891, Bd. 4, S. 256).

223) 제논은 다음과 같이 논증한다. 즉 하나의 날아가는 화살은 각 순간에 하나의
확정된 공간치를 차지할 수밖에 없는데, 그것은 정확히 화살 자체와 같은 크기이
다. 하지만 이로써 그 화살은 이 순간 정지 상태에 있다. 왜냐하면 그 화살에 전
혀 아무런 활동공간도 허용하지 않는 한 장소에서 그것은 움직일 수 없기 때문이
다. 하지만 그것이 날아가는 한 순간에 움직일 수 없다면 또한 다른 순간에도 그
럴 수 없다. 따라서 화살은 날아갈 수 없으며 운동은 불가능하다. ─ 따라서 사고
가 언제나 날아가지 않고 단지 한 단계 한 단계 움직여야 한다면, 본래 사고는 전
혀 움직이지 않고 언제나 그것이 이미 가지고 있는 동일한 사고만을 재생산하고
(제자리걸음을 하고) 그리하여 동어반복을 생산한다.

224) Vgl. Ludwig Thoma, Die kleinen Verwandten. Lustspiel in einem Aufzug; in:
Ludwig Thoma, Brautschau, Dichters Ehrentag, Die kleinen Verwandten. 3 Einakter,

München 1916.

225) 여기서 아도르노는 아마 칸트의 『순수이성 비판』 제1부의 핵심대목인 '순수오성개념의 연역'을 생각할 것이다.(Vgl. Von der Deduktion der reinen Verstandesbegriffe; in: Kant, Kritik der reinen Vernunft, a. a. O. [s. Anm. 49], S. 126~191).

226) 아도르노는 1928~1933년 특히 『안브루흐(Anbruch)』지의 편집장으로서 수많은 콘서트 및 오페라 평론을 썼다. 주석 229) 참조.

227) 빈의 친구는 확인할 수 없었다.

228) 에두아르트 호락(Eduard Horak: 1838~1893)은 1867년 빈에 자신의 이름을 딴 사설 음악학교들을 설립했다. 이 학교들은 1940년 음악전문학교(Konservatorium) 수준으로 격상되었다.

229) Theodor W. Adorno, Motive IV: Musik von außen; in: Anbruch 11(1929), Heft 9/10, S. 335~338.(Vgl. GS 18, S. 18f.).

230) 여기서 아도르노는 이미 제4강에서 언급했던 내재비판의 사고를 다시 다룬다. 63쪽 이하 참조.

231) "주님[메피스토펠레스에게]: 그래 좋다. 그건 너에게 맡기마! / 이 정신을 그 원천에서 빼내 / 그것을 붙잡을 수 있으면 끌고 / 네 길로 내려가거라. / 그리고 네가 이 점을 인정해야 한다면 부끄러운 줄 알거라 / 한 선한 인간은 자신의 어두운 충동 속에서도 / 올바른 길을 잘 의식한다는 걸 말이다."(Johann Wolfgang Goethe, Faust. Eine Tragödie, v. 323~329; in: Goethe, Sämtliche Werke, a. a. O. [s. Anm. 7], Bd. 6. I: Johann Wolfgang Goethe, Weimarer Klassik 1798~1806 I, hrsg. von Victor Lange, München 1986, S. 544).

232) '진리의 현상형식'이라는 표현은 헤겔의 어법과 정확히 일치하지 않는다. 예술작품과 관련해 헤겔이 묻는 것은 그것이 얼마나 이념, 절대자 혹은 정신의 적합한 현상형식이 되는 데에 적합한가이다. 이런 의미에서 (예술-)미는 "이념의 감성적 가상"(Hegel, Werke, a. a. O. [s. Anm. 8], Bd. 13: Vorlesungen über die Ästhetik I, S. 151)으로서, 헤겔에게는 ―엄밀한 의미로― 단지 그리스 고전기의 예술작품들에서만 참이다. 왜냐하면 여기서는 이념 내지 개념과 감성적 형태가 직접 동일하기 때문이다. 하지만 동시에 헤겔이 보기에 이 직접적 동일성 속에서는 그것이 단지 감성적-직접적이기만 하다. 즉 아직 의식적으로 실현되지 않았다. 그러나 스스로를 의식하는 이념의 실현만이 현실적으로 참일 수 있기 때문에, 헤겔에게는 일반적으로 "감성적 형식으로 진리가 나타나는 것은 정신에 대해 진정으로 적합하지 않다"(Ebd., S. 144)는 것이 타당하다. 그리고 정신의 현재를

염두에 두며 헤겔은 이렇게 말한다. "우리에게 예술은 더 이상 진리가 실존하게 되는 최고의 방식으로 여겨지지 않는다."(Ebd., S. 141).

233) '더 나쁜 명제(혹은 더 나쁜 주장)'조차 '더 나은 것으로 만든다.' 그다음에는 '불의를 정의로 만든다'는 공식으로 쓰임. 이로써 플라톤은 비판적으로 궤변적 수사법의 힘을 묘사한다. 하지만 그것은 소크라테스에게 제기된 고발 가운데 한 가지이기도 했다. "그러나 이를 통해 젊은이들, 그러니까 가장 여유 있고, 가장 부유한 시민의 자제들이 자발적으로 나를 따르고, 사람들을 연구하는 방법을 즐겨 듣지. 그리고 종종 그들은 나를 따라서 스스로 다른 사람들을 연구하려고도 하는데, 이때 내 생각에 그들은 무엇인가를 안다고 믿지만 별로 혹은 아무것도 알지 못하는 사람들을 매우 많이 만난다네. 그래서 이제 그들의 연구대상이 된 사람들은 나에게 화를 내며, 소크라테스가 아주 야비한 인간이고 젊은이들을 망친다고 말한다네. 또 누군가가 그들에게 소크라테스가 하는 일이 무엇이고 젊은이들에게 무엇을 가르치느냐고 물으면, 그들은 물론 할 말이 없다네. 아무것도 알지 못하기 때문일세. 하지만 전혀 당황한 것처럼 보이지 않으려고 그들은 모든 과학 애호자들을 상대로 마련된 것, 즉 신들이 아니라 천상과 지하의 사물들을 믿으며, 불의를 정의로 만든다[τόν ἥττω λόγον χρείττω ποιείν]고 말하는 걸세."(Apologie 23 c2~d7).

234) 17쪽 참조.

235) 주석 123) 참조.

236) 206쪽 이하 참조.

237) 벤야민은 자신의 『독일 비애극의 기원』 '서문'에서 예술사의 현상을 서술하기 위해 연역법만 아니라 전통적인 형태의 귀납적 방식도 비판한다. 환원되지 않은 개별자는 ─이로써 또한 귀납적인 계기는─ 개념과 구분되는 이념에 호소함으로써만 구제된다. "예술형식들의 연역적 발전의 불가능성 속에는, 이와 함께 설정된 비판적 장치인 규칙의 무력화 속에는 ─규칙은 예술적 가르침의 한 장치로 늘 남을 것이다─ 끔찍한 회의의 근거가 들어 있다. 이 회의는 사고의 심호흡에 비유할 수 있다. 이러한 심호흡 후에 사고는 답답증의 흔적 없이 여유 있게 아주 사소한 것에도 몰입할 수 있다. 예술작품과 예술형식에 몰입해 고찰하며 그 내용을 평가하는 경우에는 어디서나 극히 사소한 것에 대해 논의될 것이다. 남의 재산을 탕진하는 방식으로 성급히 예술작품들을 다루는 것은 틀에 박힌 사람들의 특징이며 이는 속물의 선의보다 나을 것이 하나도 없다. 그에 반해 진정한 명상에서는 연역적 방식의 거부가 음울한 놀라움의 대상으로 남을 위험에 결코 빠지

지 않는 현상으로 더욱 더 포괄적으로, 더욱 더 열성적으로 소급하는 일과 결합된다. 그것에 대한 서술과 동시에 이념들에 대한 서술이, 그리고 그 속에서 비로소 그 개별자가 구제되는 한에서 그렇다."(Benjamin, Gesammelte Schriften, a. a. O., [s. Anm. 26], Bd. I-I, S. 225).

238) '주제전이'라는 말로는 아리스토텔레스와 관련하여 논증에서 한 문제영역의 개념들을 다른 문제영역의 개념들로 갑자기 전환하는 오류를 나타낸다. 그래서 예컨대 칸트는 '선험적 변증론'에서 제4이율배반과 관련하여 감성적 현상들을 계열의 초월적 제일원인을 진술하면서 이때 우연의 경험적 개념이 타당한 영역으로부터(그것은 인과사슬의 무한성을 함의한다) 우연의 예지적 개념의 질서로의(이에는 유한한 인과사슬이 귀속된다) 허용되지 않은 '이행' 혹은 '비약'을 수행하는 논증에서의 잘못된 '일탈'로서 '주제전이'에 대해 언급한다.(Vgl. Kant, Kritik der reinen Vernunft, a. a. O. [s. Anm. 49], S. 468).

239) 『문학 노트(Noten zur Literatur)』(vgl. GS 11, S. 120)에서 아도르노는 발레리의 이러한 표현과 관련해 다음 근거를 제시한다. Paul Valéry, Tanz, Zeichnung und Degas. Übertragen von Werner Zemp, Berlin, Frankfurt a. M., o. J.[1951], S. 129. 다른 번역본은 이하의 맥락에서 다음의 인용문을 제시한다. "어떤 모임에서 사람들은 모로에 대해, 그의 은둔생활에 대해 매우 찬양하는 말을 했다. 그의 삶은 누군가 생각했듯이 진정한 은둔자의 생활이라는 것이다. '물론입니다.' 드가는 동의했다. '하지만 기차의 출발시각을 아는 은둔자의 생활입니다.'"(Hans Graber, Edgar Degas nach eigenen und fremden Zeugnissen, Basel 1942, S. 102f.).

240) "나는 여기 있으며, 달리 어쩔 수 없습니다. 신의 가호를 빕니다. 아멘." 이 말을 하며 루터는 1521년 4월 18일 보름스 의회에서의 변론을 마무리했다고 한다. 여기서 그는 자신의 교리를 철회하기를 거부했다. 인용문이 진짜인지에 대해서는 논란이 있다. 기록문을 통해서는 단지 끝 부분의 "신의 가호를 빕니다. 아멘"이라는 구절만 확인된다.(Vgl. Deutsche Reichsakten unter Karl V., hrsg. von A. Wrede, Bd. 2, Nr. 80, Gotha 1896).

241) 빌헬름 라이히(Wilhelm Reich: 1897~1957), 정신과 의사, 정신분석가, 성 연구가, 사회학자. 23세에 이미 정신분석가로 빈에서 활동한 라이히는 마르크스주의와 정신분석학을 종합하려는 그의 노력 때문에 프로이트-마르크스주의의 창시자로 간주된다. 1933년의 『파시즘의 대중심리학(Massenpsychologie des Faschismus)』에서 그는 파시즘을 대중노이로제로서 설명하려고 시도한다. 그것은 가부장적 가족 내에서 권위주의적으로 익히게 된 충동억압으로부터 야기된

다는 것이다. 파시즘적 성격에 대한 이 테제들로 인해 바로 같은 해에 그는 독일 공산당에서 축출되며, 다음 해(1934)에는 국제 정신분석 연맹에서도 축출된다. 1930년대에 라이히는 파시즘을 피해 덴마크, 노르웨이를 거쳐 마침내 미국의 '사회 리서치를 위한 새 학교(New School for Social Research)(뉴욕)에까지 가게 된다. 이제 그는 성격분석 대신 생물학적 성격을 띠는 이론을 내놓는데, 그 중심은 어떤 특유의 에너지, 즉 인간 내부의 본래적인 생명 요소인 오르곤(Orgon)을 상정하는 것이다(오르곤 학). 이 이론은 사방에서 거부당했다. 1955년 미국에서 공포된 오르곤학 연구 및 치료형태들에 대한 법적 금지로 결국 라이히는 2년 금고형을 선고받았고, 그 과정에서 1957년 사망했다.

242) 질적 비약, 혹은 양에서 질로의 비약은 헤겔 변증법 이론의 중심 이미지 가운데 하나다. 그가 『정신현상학』서문에서 지속적 발전과 비약의 관계를 묘사하기 위해 선택한 표현들은 유명해졌다. "그런데 우리 시대가 어떤 새로운 시기의 탄생 및 이행의 시기라는 것을 파악하는 것은 어렵지 않다. 정신은 이제까지의 그 현존 및 표상의 세계와 단절했고 그것을 과거 속에 묻어둘 태세이며 자신을 변형하는 작업을 하고 있다. 물론 정신은 결코 조용히 머문 적이 없고 언제나 점진적인 운동을 해왔다. 그러나 아이가 오랫동안 조용히 자양분을 섭취한 후 첫 호흡을 통해 그처럼 그저 늘어날 뿐인 점차적 진행을 깨뜨리고 ―질적 비약― 이제 태어나듯이, 형성되어가는 정신은 서서히 그리고 조용히 새로운 형태를 향해 무르익어 가고 그 앞 세계의 구조 가운데 작은 부분을 차례로 해체하며, 또 이 세계의 동요는 그저 개별적인 징후들을 통해서만 암시된다. 기존상태 속에 뿌리내리고 있는 경솔함과 지루함, 미지의 것에 대한 불확정적 예감은, 어떤 다른 것이 다가오고 있다는 전조들이다. 전체의 양상을 바꾸지 않은 이 점차적 붕괴는 일종의 번개처럼 단번에 새로운 세계의 모습을 내세우는 출현을 통해 중단된다."(Hegel Werke, a. a. O. [s. Anm. 8], Bd. 3: Phänomenologie des Geistes, S. 18f.).

여러분 안녕하십니까.

나는 오늘 데카르트의 요청들 가운데 마지막 요청 및 변증법에 대한 그것
의 관계를 살펴보고 싶습니다. 즉 완전성에 대한 요청과 아울러 체계의
문제를 다루고 싶습니다. 이 체계의 문제는 지금까지 일반적으로 변증법
에 대한 우리의 고찰에서 매우 소홀히 다루어졌습니다만, 우리가 의문의
여지없이 개별 속의 전체의 힘에 대한 사고를 매우 중대하고 매우 진지하
게 받아들일 경우 궁극적으로 진리의 유일한 보증으로서의 체계에 대한
사고는 적어도 헤겔의 변증법 구상에서 무시할 수 없기는 합니다. 그리고
나는 마지막 몇 시간에 아주 진지하게 다루게 될 문제, 즉 체계의 개념이
일단 심각하게 문제시되었을 때 변증법의 개념은 도대체 어떤 모습을 취
할 것이냐 하는 문제에 대해 내가 여러분을 위해 전면적인 해답을 제공할
필요는 없겠지만, 여러분이 최소한 지금 미리 이 문제에 주목하였으면 합
니다. 데카르트의 공리들 가운데 마지막 규칙인 넷째 공리는 다음과 같습
니다. "어디서나 완전히 다 열거하고 보편적으로 개관하도록 하여, 내가
아무것도 빼먹지 않았다고 확신하도록 하라."[243] 여러분이 합리주의라는
말로 무엇을 이해해야 할지 명확히 알고자 한다면, 특히 칸트가 합리주의
에 가한 비판에서 합리주의의 독단적 요소라는 말로 지칭한[244] 계기를 생

생히 떠올리고자 한다면, 여러분은 이른바 철학의 기본조류들에 대한 일반적 성격규정들에 만족하는 대신, 실제로 이 데카르트의 명제를 통해 그것을 일목요연하게 또 아주 구체적으로 해낼 수 있다고 봅니다. 왜냐하면 사실 이 요구 속에는 일단 전적으로 독단적이고 실제로 어떤 식으로도 납득할 수 없는 전제가 감추어져 있기 때문입니다. 그것은 데카르트가 어떤 구속력 있는 인식 본연의 기준으로 여기는 완전성을 실제로 얻기 위해 여러분이 염두에 두어야 하고 또 여러분이 처분할 수 있는 요소들을 여러분이 실제로 완전히 안다고 확신할 수 있다는 전제입니다. 그러나 이 전제는 사실상 아주 특정한 조건들 아래서만 타당합니다. 그러한 것으로 가장 두드러진 것은 수학의 조건이라 하겠습니다. 이 자리에서 나는 수학의 근본문제들 속에서 길을 잃고 싶지는 않습니다. 하지만 무엇보다 분량계산의 도입 이래로 이미 오래전부터 수학에서도 사정은 그렇게 간단하지 않다고 믿습니다. 아무튼 수학적으로 말해도 이 완전성의 공리는 한정된 다양성들을 기대할 수 있는 한에서만 암암리에 전제할 수 있다고 말할 수 있습니다. 나아가 어떤 인식은 일반적으로 그 완전성 공리가 관여하는 요소들을 논외로 하면 더 이상의 어떤 요소들도 인식에 부가되지 않는다는 보장이 있거나, 혹은 어느 정도 자의적으로 일종의 결단을 통해 그 이상의 요소들이 부가되는 것을 잘라내고 일단 존재하는 것의 질서에 처음부터 만족할 때에만 그러한 방식에 따라 작동할 수 있다고 말해야 할 것입니다. 달리 말하면, 여러분은 완전성 공리가 구상된 수학의 극히 협소한 영역 바깥에서 이 완전성 공리를 적용할 경우 실제로 인식의 사물화와 관련되는 것입니다. 아무튼 우리는 사물화 개념을 실로 빈번히 사용했는데, 내가 여러분에게 바로 이 예를 통해 설명할 수 있는 의미에서 사물화와 관련된다고 하겠습니다. 즉 인식의 대상과 인식 자체 사이에 어떤 제삼의 것, 말하자면 직접적 경험 혹은 인식 대상 자체에 대한 인식의 직접적 관계를 중단하고 실제로 정지시킨다고 할 수 있는 어떤 질서, 주체에 의해 사태에 자의적으로 부여된 원칙, 일종의 도식주의가 끼어든다는 의미에서 그렇습니다. 따라서 실제로 이 완전성의 원칙은 자명하게도 어떤 포괄적 체계의 원칙과 직접 동일한데, 그것은 처음부터 어떤 인식의 자의를 통해 여기까지만 인식되어야 하고 그 이상 인식되어서는 안 된다고 결정될 때에만, 그리고 마치 이 사유경제적 행위를 통해 준비된 질료 속에서 그다음에 그러한 질서가 수립될 수 있을 때에만 의미 있게 적용될 수 있습니다. 여러분이 이러한 제한을 하지 않을 경우, 그러니까 여러분이 이 완전성을 고려하지 않을 경우, 사실상 완전성 공리는 단순한 독단이 되고 맙니다. 즉 정신 혹은 인식하는 의식이 자체에 근거해 거의 마술적이라고 할 수 있는 방식으로, 정신을 통해 통일되고 인식에 포괄되어야 하는 모든 요소들이 사실상 완전하고 빈틈없이 주어져 있다는 것을 확신할 수 있다는 것이 단적으로 타당하다고 전제되는 것입니다.

여러분은 원한다면 칸트 이후 독일 관념론의 노력과 역설적이지만 심지어 헤겔 자신의 노력을 이렇게 볼 수 있습니다. 즉 그것은 인식에 접근해오는 질료를, 다시 말해 우리가 무조건 체계를 위해 활용할 수 있는 것이라고 확신할 수 없는 것 자체를 나름으로 의식에 근거해 지어냄으로써, 그러니까 의식으로부터 그것을 연역하려 시도함으로써 ─그다음에는 이 질서가 실제로 그것에서 실현되어야 할 것입니다─ 엄청난 난관을 해결하려는 시도라고 볼 수 있는 것입니다. 그래서 어떤 의미에서, 객관을 완전히 주관으로, 혹은 좀 더 엄밀히 말해 존재자를 완전히 정신의 절대성으로 용해하려는 근본적인 독일 관념론의 의도는 다름 아니라 이 체계적 모티프에서 정당화될 수 있을 것입니다. 그러므로 사실상 여기서 데카르트의 경우 단지 독단적으로 확정되어 있을 뿐인 그런 부류의 완전성을 말하자면 인식의 구성을 통해, 인식론 자체의 정초를 통해 정당화하려는 모티프에서, 따라서 인식 자체를 어떤 점에서 외부에 있다고 할 수 있는 것으로부터 완전히 독립된 어떤 것으로, 본래 의식이 모든 것을 자체로부터 산출한다는 단순한 이유에 근거해 모든 것을 자체 내에 받아들이는 어떤 것으로 규정하려는 모티프에서 정당화될 수 있을 것입니다. 다만 그럴 경우 물론 한 가지 어려움이 생겨납니다. ―우리는 이 경우 실제로 하나의 난관을 벗어나 다른 난관에 부딪칩니다― 즉 인식 자체의 총괄개념이 인식된 것의 총괄개념일 뿐이라면, 도대체 인식의 의미는 무엇이어야 하고, 우리는 도대체 무엇을 인식하는지를 설명하는 난관이 그것입니다. 달리 말하면 이처럼 실제로 엄격히 수행된 동일성을 통해 인식 전체가 단 하나의 동어반복으로 변하지 않는가, 또 실제로 인식이 언제나 그 자체를 반복함으로써 바로 그것이 본래 의도하는 것, 즉 그것 자체와 동일하지 않은 어떤 것에 대한 인식을 소홀히 하지 않는가 하는 점이 그 난관입니다. 내가 이미 여러분에게 암시한 바와 같이, 헤겔은 각 개별 계기 속에서 주체와 객체의 비동일성 내지 비-동일-화를 주장하고, 이제 바로 이 모순을, 즉 판단과 그 사태의 이 비-동일-화와 아울러 그러한 동일성을 주장하는 개별 판단의 필연적 좌절을 원동력으로 삼아 개별 판단을 자체 너머로 몰아가고 마침내 모든 것을 포괄한다는 의미의 체계를 실제로 구성함으로써 그러한 문제도 풀고자 시도했습니다.[245]

이제 나는 이러한 사고를 더 이상 다루지 않고, 그 대신 우리가 독단적으로 인식 요소들의 완전성을 확정하지 않을 경우, 이 자리에서 제기된 그 문제들을 비판적으로 의식하고 있는 변증법적 사유가 어떻게 대응해야 하는지에 대해 몇 가지 말하고 싶습니다. 우리는 이미 우리에게 주어진 것 속에서 부단히 새로운 인식 요소들을 만나지 않을 것인지 미리 알지 못할 경우, 우리 인식의 완전성을 확인할 수 없기 때문에 ―모든 대상은 그 자체 내에 무한한 측면을 지니고 있어서 전혀 새로운 것이 첨가될 필요도 없이 사태 자체가 매 순간 무한히 새로운 것을 나타냅니다― 또 한편 우리가 아무 개념 없이 대응하려고 하지 않는다면, 즉 우리가 단순히 고지식하게 경험적으로 그때그때 새로운 것에 자신을 내맡기고 이로써 아예 모든 인식을 사실상 포기하려고 하지 않는다면, 우리는 어떻게 대응해야 하겠습니까. 그렇다면 우리는 인식의 완전성을 추구하지 말아야겠지만, 다른 한편 또한 당연히 개별 인식행위들을 자체 내에 머무는 것으로 고립시키고, 이로써 그처럼 전체에 대한 관계를 내포하지 않는 구속력 없는 것으로 받아들여서도 안 될 것입니다. 그리고 변증법은 ―여러분이 좀 느슨한 표현을 양해해 준다면― 이 문제에서 어쩌면 여러분에게 묘사해준 원의 사각형을 풀 수 있게 해 줄 일종의 묘기, 혹은 일종의 행사 Veranstaltung, 일종의 시도입니다. 이는 일반적으로 변증법 전체가 본래 단순히 정지해 있지 않고 스스로를 전개하고 스스로를 그 요소들 속에서 계속해서 작동시킴으로써, 비동일성 속의 동일성이라는 역설을 해소하려는 시도인 것과도 마찬가지입니다. 이에 따라 나는 모든 것을 포괄하고 그저 아무것도 빼먹지 않으려는 망상에 현혹되지 않고, 모델들을 산출하는 것이 실제로 철학적 사유의 과제라고 말하고자 합니다. 그런데 그러한 망상은 단계적이고 절대적으로 연속적인 사유라는 소시민적 옹졸함과 아주 긴밀히 연관되어 있는데, 이에 대해서는 지난 시간에 여러분에게 소개한 바 있습니다. 사실상 철학에서는 본래 모델들을 구성하는 것이 중요합니다. 그리고 지난번에 나는 한 철학 혹은 한 사유의 실체가 이른바 그것의 테제들 혹은 개별 진술들에 있는 것이 아니라, 이 사유 뒤에 존재하면서 개별 대상적 계기들을 그때그때 비춰주는 광원에 있다고 여러분에게 말했는데, 이는 동시에 지금 이 순간 여러분에게 말하는 바에도 적용됩니다. 즉 이 광원, 이 불빛은 사실상 그것이 부각하는 개별 대상들, 특정한 대상들을 비추지만 ―이 점에서 실제로 실증주의와 유사하다고 해도 좋습니다― 이 경우 이처럼 특정하게 인식된 것으로부터 또한 존재하는 다른 모든 대상들에도 빛이 비치고 반사됩니다. 또 이렇게까지도 말하겠습니다. 어떤 확인의 단순한 제한적 타당성과 반대되는 철학적 진리의 한 척도는 그것이 특정하게 인식된 어떤 것으로부터 다른 인식된 것에 얼마나 많은 빛을 확산할 수 있느냐, 말하자면 인식의 힘의 중심으로부터 인식하는 기능 자체 속으로 얼마나 많은 것이 실제로 이끌려 들어가게 되느냐 하는 것이라고까지 할 수 있습니다. 다소 행정을 모방하여 조형된 상위개념 아래 단순히 통합하는 대신 특정한 인식에 근거해 조명하게-하려는 이 의도, 바로 이것이 내게는 본래 철학적 사유에서 관건이 되는 것이라고 여겨집니다.

내가 여기서 여러분에게 말하는 것, 또 여러분 가운데 여러 사람에게 어쩌면 좀 무모해 보이는 것이 어떤 의미에서는 앞세대의 가장 영향력 있는 두 사상가의 인식론 속에서 발견된다는 점을 지적하는 것도 아마 쓸모없지는 않을 것입니다. 어쨌든 이들은 한편으로 전통적 의미의 체계 개념으로는 문제를 해결할 수 없다는 점, 하지만 다른 한편으로 개별자를 단순히 보편개념 아래 포괄하는 것, 그러니까 그때그때 주어진 것을 단순히 분류하는 것으로도 충분하지 못하다는 점을 생각하게 되었습니다. 이 경우 지금 내가 생각하는 두 사상가는 그들의 활동과 명시적인 입장에 비춰보면 서로 별 관계가 없습니다. 하지만 내가 여기서 여러분을 위해 다시 상당히 극단적으로 정식화한 것이 일종의 충동으로서는 결코 하늘에서 뚝 떨어진 것이 아니라 당대적 사유의 형태로 아무튼 잠재력으로서는 매우 분명하게 이미 형태를 갖추고 있었다는 점을 여러분에게 보여주기 위해, 잠시 그들의 학설을 다루어도 좋을 것입니다. 내가 염두에 두는 것은 한편으로 막스 베버의 이상형Idealtypus 개념과 또 다른 한편으로 에드문트 후설이 주창하고 그 후 현상학에 의해 실질적 내용적 영역들에까지 확산된 본질 개념입니다. 막스 베버의 이상형 개념은 사실상 체계 없이 난관을 타개하려는 시도입니다. 그리고 막스 베버는 하나의 체계를 갖지 않았습니다. 여러분은 『경제와 사회Wirtschaft und Gesellschaft』에 담긴 그의 전체 이론에서 '사회'와 같은 어떤 포괄적 보편적 개념을 전혀 만날 수 없습니다. 그럼에도 불구하고 막스 베버는 단순하게 분리를 꾀하는 과학적 개별 확인을 넘어설 필요가 있었습니다. 또 그의 이해 개념만 해도 사실 반실증주의적 개념입니다. 다른 사회학자들은 이 점을 비판하기도 했습니다.[246] 왜냐하면 무엇을 이해한다는 것은 이미 어떤 사실을 그 자체로서, 단순한 사실로서 놓아두지 않고 이 사실을 이해함으로써, 즉 그 속의 한 의미를 규정함으로써 그것을 어떤 다른 것, 그것 자체가 아닌 어떤 것에도 투명하게 비치도록 만드는 것이기 때문입니다. 이때 막스 베버는 이상형이라는 독특한 개념을 도입하는데, 이 개념은 아주 구체적으로 상술하자면, 특수가 포함되는 보편을 지칭하는 기능을 지니지만, 실제로 이 관계가 이루어졌다고 주장하지는 않는 것이라 하겠습니다. 오히려 그것은 단지 발견술적 도구여야 할 것입니다. 즉 개별 현상들, 예컨대 개별 경제들은 자본주의라는 이상형에 비춰 평가되고 이로써 그것들은 나름으로 다시 개념적으로 정리되어야 하는 것입니다. 그리고 이상형이 이러한 질서를 이루어냈는데 경우에 따라 사실들에 의해 논박된다면, 그것은 쉴러의 유명한 무어인처럼 자기 의무를 다한 다음 가버릴 수 있습니다.[247] 그것은 내던져지는 것입니다. 또 이상형들의 수는 원칙상 무한합니다. 막스 베버의 주장에 의하면 나는 아무튼 내가 원하는 만큼의 이상형들을 구성할 수 있습니다. 이때 목표는 단지 조직화라는 과학실천적 목표일 뿐입니다.[248] 여기서 여러분은 바로 이 자리에서 내가 도입한 모델 개념과 그가 지극히 가까운 사유 유형을 사용하려 했다는 점을 충분히 파악할 수 있을 것입니다. 다만 그는 근본적으로 실증주의적인 견해를 지녔을 뿐입니다. 즉 그의 경우 특수에 비할 때 보편은 궁극적으로 특징단위들의 약어일 뿐이며, 그는 여기서 우리가 원론적·인식론적으로 파악하려고 시도한 것처럼 보편이 특수 속에 본질적으로 내재한다는 점을 전혀 보지 않습니다. 이로써 이 광선, 그러니까 현상에 담긴 실제로 본질적인 것에 대한 이 인식은 단순한 보조작업이 되고 이에는 사실상 아무런 신뢰도 보낼 수 없게 됩니다. 그것은 전혀 실체가 없는 어떤 것인데, 왜냐하면 그 대상, 즉 포괄적 보편성 자체가 어떤 실체 없는 것이어야 하기 때문입니다. 또 그래서 그것은 다시 무효화됩니다. 달리 말하면 막스 베버의 인식 모델 자체는 변증법 이전 모델, 전통적 논리학의 모델입니다. 이로 인해 그는 무게가 실린 인식론적 범주로서의 모델 개념을 곧 다시 무효화합니다.

에드문트 후설의 현상학은 사실 지금의 맥락에서 다룰 수 없는 다른 수많은 측면을 지닙니다. 하지만 아무튼 바로 이 한 가지 대목에서는 그의 현상학에도 어떤 유사한 점이 있다고 할 수 있을 것입니다. 즉 후설은 내가 어떤 개별 대상에서 이 대상의 다소 우연한 요소들을 제거함으로써 그 순수한 본질, 그 본성Quidditas, 그것을 실제로 그것이게 만드는 것을 직관해낼 수 있고, 이때 나는 그런 대상들 다수에 호소하고 그것들로부터 공통점을 끄집어낼 필요는 없다고 믿는데, 이 경우 후설 역시 실제로 개별자가 빛나게 해 주고 그것을 사실상 그 본성의 차원에서 파악하게 해 주며 그 실제 상태를 파악하게 해주는 개념, 그 개념이 일련의 대상들을 단순한 형식적 통일 아래에서 파악하게 하는 질서개념과 동일한 것이 아니라는 점을 전적으로 올바르게 알아차렸습니다. 다만 후설도 내가 개별자로부터 직관해내는 것, 그러니까 나에게 빛을 발하는 본질인 것, 말하자면 모델을 ―개별 대상이 나에게 그런 것으로 나타납니다― 다시 사실상 그 보편개념으로서만 생각한 한에서 전통적인 논리학을 지향하고 있습니다. 이 점을 보면 그는 막스 베버와 아주 비슷하게 변증법을 향한 결정적 발걸음 앞에서 놀라 물러섰습니다. 그는 본질 자체에 대해, 개별 대상들을 파악할 수 있게 해주는 보편개념 말고 다른 관념을 가지지 않았습니다. 또 그는 내가 보기에 모델과 유사한 인식방식으로 이 보편이 특수에서 등장한다고 생각했지만 이 보편성을 다시 전적으로 통상적인 분류법적 논리학의 의미에서 이해했고 이로써 그 자신의 본질 이론에서 엄청난 난관들에 빠졌습니다. 왜냐하면 이러한 외연논리적 보편, 그러니까 질서를 위한 집합Ordnungs-klasse, 개별 계기들을 받아들이는 개념 등은 물론 내가 개별자로부터 직관해낼 수 없는 바로 그런 것이기 때문입니다.

내가 여기서 여러분에게 암시하려고 한 이 모델 개념은 개별 계기들 가운데 다른 계기들에 빛을 던지는 것이 빛나도록 하려는 시도인 셈입니다. ─그리고 나는 여러분에게 이 점을 털어놓아야겠습니다. 실제로 나 자신이 철학적으로 행하는 모든 것, 내가 출판하는 모든 말은 한 영역을 완전히 다루고자 하는 시도가 결코 아니고, 오히려 모델을 구상하려는 시도입니다. 물론 그다음에는 이 모델로부터 전체 영역으로 그러한 빛이 비치고, 이로써 어떤 식으로든 전체영역 또한 수정되거나 규정됩니다. 나 자신은, 그것들이 지금 다소 쓸모가 있거나 없거나, 아주 엄격히 이 모델 개념을 지향합니다─ 이 개념을 여러분이 잠시 한번 생각해보면, 본래 철학이 구상하려는 이 모델들 혹은 이 모델 개념은 물론 고립되지 않아야 한다는 요구를 충족시킬 때만, 실제로 자체를 넘어서 무엇을 가리키기도 할 때만, 즉 이 경우 밝혀진 특수가 또한 하나의 보편이기도 하다는 요구를 어떤 식으로든 충족시킬 때만 어떤 의미를 갖는다는 점이 그것의 필수 규정임을 곧 알게 될 것입니다. 그리고 특이한 특수 인식의 보편성에 대한 요구를 충족시키는 이 문제야말로 오늘날 변증법적 사유가 실제로 대면하고 있는 특유의 인식문제라고 하겠습니다. 하지만 이 계기, 즉 개별 모델들이 구속력 없게, 한때 사람들이 현상학에 대해 비판적으로 말한 바와 같이 작은 그림들처럼, 또 막스 베버의 이상형에 대해서도 말할 수 있었을 터인데, 고립된 채 병존하는 것이 아니라는 계기는,[249] 물론 이 개별 모델들을 이제 하나의 상위개념 아래, 예컨대 하나의 세계관 혹은 하나의 보편적 입장 아래 끌어들이거나 혹은 그것들을 이른바 하나의 체계적인 것으로 묶어놓거나 그것들을 하나의 체계에 끼워 넣음으로써 얻을 수 있는 것이 아닙니다. 이 커뮤니케이션은 모든 것이 하나로 뭉뚱그려져야 한다는 것이 아니라 오히려 은밀한 통로들이 만들어진다는 혹은 가능하다면 그 은밀한 통로들로 가는 문들이 이 모든 개별 인식들에서 열려 이 모델들이 서로, —이렇게 말하고 싶기까지 합니다— 은밀히 서로 연관관계를 가지지만, 이 연관관계가 이제 질서를 부여하는 사유의 자의에 의해 그것들에 각인되지는 않고 오히려 나름으로 사태 자체의 통합으로부터 짜여야 하며 그것에 대해 사유하는 자는 실제로 아무 힘도 갖지 못한다고 하겠습니다. 또 이렇게도 말하겠습니다. 즉 개별 모델들의 이러한 커뮤니케이션이 이를테면 자체로부터 산출되느냐, 아니면 그것이 피상적으로 산출될 수밖에 없느냐 하는 것이 진리의 또 다른 척도, 인식의 풍부함과 구속성의 한 가지 증거라 하겠습니다. 어디선가 나는 한번 좋은 논문의 한 가지 증거는 인용문들을 마치 미끼처럼 저절로 끌어들이는 듯하며, 그 인용문들이 논문에 나오도록 유혹하는 듯하다는 점이라고 썼는데, 이때 나는 바로 이와 같은 사정을 묘사하려고 했던 것입니다.[250] 따라서 사람들이 지난날 언젠가 체계에 요구한 바를 실제로 수행하는 사유의 연관관계, 모델적 인식들의 연관관계, 이 연관관계는 체계의 성격보다 오히려 미로의 성격을 지닌다고 하겠습니다. 언젠가 나는 "자명하지 않은 사고들만이 참이다"[251]라는 명제를 만들었는데, 여러분 가운데 이것을 읽은 사람들은 다소 반감을 품거나 그것에 대해 곰곰이 생각했을 것입니다. 그리고 사실 "그래, 우리는 바로 이런 부류의 철학에서 그 점을 알아차리지. 이런 철학은 실제로 자명하지 않아"라고 말하기는 쉽습니다. 나는 누구에게서도 이 재치 있는 말에서 얻는 기쁨을 빼앗고 싶지 않습니다. 하지만 여기서 나는 바로 정확히 지금 여러분에게 서술하고자 한 바를 표현하려 했으며, 내가 여러분에게 서술하는 바를 앞의 명제에 대한 일종의 해석으로 받아들여 주기 바랍니다. 여러분은 여기서 그런 명제들도 어쩌면 여러분의 눈에 보이는 것처럼 그다지 재치 있는 말들이 아니라는 점 혹은 단순한 핵심어일 뿐이며, 오히려 그것들은 이 사고들의 연속성 내부에 그 정확한 위치를 지닌다는 점도 파악할 것입니다. 즉 이로써 내가 말하려 했던 것은, 실제로 참인 사고들은 그 자체의 중력에 근거해 다른 사고들과 커뮤니케이션을 이루는 것이라는 점, 그러나 그것들을 하나의 표면개념으로 끌고 감으로써, 그것들을 하나의 추상적 보편개념 아래 분류하고 포괄함으로써, 말하자면 그 자체가 처음부터 어떤 보편적인 것의 단순한 '특수사례' 혹은 단순한 본보기로 규정되는 사고는 참이 아니라는 점, 이 경우에는 하나의 인식을 아무튼 하나의 현실적인 인식으로 만드는 바로 그 핵심이 물론 사라진다는 점입니다.

최소한 문학에서 유래하는 하나의 유추를 통해, 내가 인식의 이 독특한 미로적 성격이라는 말로 의미하는 바를 여러분에게 암시하자면, ─오늘날 나에게는 그런 성격이 아무튼 체계적이지 않으면서 또한 구속력 있는 어떤 인식에 필수불가결해 보입니다─ 나는 카프카의 장편소설들 혹은 전체 작품이 실제로 이 대목에서 매우 면밀한 인식론적 기능을 지닌다고 믿습니다. 한편 이 자리에서 여러분 가운데 다름 아니라 문학에 관심 있는 사람들에게 지적해 주자면, 카프카의 작품은 원칙적인 비유적 성격 때문에 아무튼 예술작품의 개념에 실제로 동화되지 않습니다. 즉 여러분이 카프카를 주의 깊게 읽을 경우 이 장편 혹은 단편 소설들 전체가 특정한 의미에서 서로 커뮤니케이션을 이룬다는 느낌을 떨쳐 버릴 수 없을 것입니다. 더욱이 그 배후에 있는 인격의 통일을 통해서나, 혹은 정서Stimmung를 통해서 ─카프카의 명예를 위해 그의 경우에는 어떤 정서 같은 것이 실제로 전혀 없다는 점을 말해야 겠습니다─, 혹은 세계관적 내용을 통해서 ─이 소설들은 스스로에 근거해 어떤 세계관적 내용을 발언하려 하기에는 너무 의미심장하며, 사람들이 브로트Brod 씨나 쉽스Schoeps 씨를 따라 카프카에 대해 이런 식으로 이야기한 것은 아마 모두 무의미한 소리일 것입니다[252]─ 그러는 것은 결코 아닙니다. 오히려 실제로는 자체 내적으로 특이한 방식으로 서로 연관되고 명료하게 표현되었지만, 모든 통일된 개념을 벗어나는 하나의 세계가 온갖 가능한 측면에서 서술되며, 이에 대해 이 사유는 되풀이하여 말하게 되는 것이라 하겠습니다. 한편 생명체의 무한한 면을 잘라서 떼어내 버리지 않지만 또한 그것에 맹목적으로 자신을 내맡기지 않으면서 그것을 극복하는 일을 인식이 해낼 수 있는 것은 바로 이 미로적 요소를 통해서입니다. 이것이 일반적으로 거대 소설 형식의 충동 가운데 한 가지이기도 합니다. 그리고 언젠가 거대 소설들의 논리학 혹은 인식론 같은 것을 쓰려고 한다면, 이는 아마 중요한 과제일 터입니다만, 내가 이 자리에서 카프카와 관련해 지적한 것과 아주 유사한 개별 요인의 미로적 커뮤니케이션을 예컨대 발자크의 작품[253] 속에서 찾아볼 수 있을 것입니다. 그리고 우리 시대의 완전히 다른 성향을 띠는 작가를 끌어들이자면, 하이미토 폰 도데러Heimito von Doderer의 작품이 그 전체 구조상 바로 이러한 미로적 성격에 지배받고 있다고 할 수 있습니다.[254] 다만 여기에 다음과 같은 점을 덧붙이기로 하겠습니다. 즉 이 미로 같은 성격은 인식 자체의 본래적 대상이자 동시에 본래적 본질구성적 주체로서의 사회구조와 물론 본질적으로 어떤 관계를 지닙니다. 왜냐하면 사실상 우리가 살고 있는 사회이자 기능의 연관관계인 이 사회 속에서 모든 것은 모든 것과 커뮤니케이션을 이루지만, 이 커뮤니케이션 관계 자체가 어떤 점에서는 비합리적이기 때문입니다. 즉 전혀 투명하지 않고 오히려 특정한 종류의 강압 속에서 표현되는데, 이 속에서 하나는 다른 것을 발견하지만 전체의 상위개념, 혹은 전체가 따르게 될 체계 그 자체는 실제로 분명하고 명확한 것은 아니기 때문입니다. 이로써 내가 하고자 하는 말은, 사고들이 자체의 보편적 규정상태라는 의미에서 스스로에 대해 고려하지 않는 가운데 자체를 넘어설 수밖에 없다는 점, 또 사고들은 이미 그 보편개념에 환원되고자 함으로써 본래 그것이 뜻하는 바를 실제로 거의 언제나 잃어버린다는 점입니다. 나는 언젠가 이 강의의 다른 대목에서 여러분에게 직관 개념에 대해 아주 비판적인 이야기를 했습니다.[255] 착상의 개념이 어떤 특정 부류 사고의 단순한 주관적 성격규정 이상의 무엇인가를 말하려면, 따라서 '착상'이 누군가에게 무엇이 떠오른다는 것만을 뜻하는 것이 아니려면, 착상은 실제로 언제나 다음의 계기를 의미합니다. 즉 어떤 사고가 그 추상적 상위개념에 의해 산출되지 않고, 그것이 하나의 구체적 대상에 관련되는 하나의 개별자로서 동시에 자체 너머를 가리키고 이제 개별 계기들을 그 피하조직 구조 즉 본래 감추어진 구조 속에서 서로 연관되도록 하는 힘을 해방하는 바로 그런 계기를 의미한다고 하겠습니다.

이제 데카르트의 완전성 공리가 본래 뜻하는 체계 개념을 살펴보겠습니다. 나는 여러분에게 우선 체계 개념에 대한 논의를 그 실제의 현재 형태 내지 현재적 형식과 관련짓기 위해, 체계 자체에 대한 철학적 사고가 그 구조상 역사적으로 결정적인 변천을 겪었다는 점을 말하고 싶습니다. 언젠가 체계 개념 자체의 변천과정을 추적하는 것은 지극히 보람 있는 일이라고 믿습니다. 나는 아담과 이브로부터 시작하지는 않고, 현실적으로 근대철학, 그러니까 칸트 이래의 철학사에 국한해서 살펴보겠습니다. 이때 그것은 다음과 같아 보입니다. 즉 체계 개념은 우선 존재자의 밀려오는 다양성과 비합리성·우발성·불가침투성에 맞서 통일의 계기를 고수하는 것 말고는 전혀 아무것도 수행하지 않는 것입니다. 그리고 통일의 최소치, 말하자면 이처럼 밀려오는 우발성에 맞서 스스로를 주장하는 이 사고 통일의 실존 최소치가 칸트의 경우 바로 체계입니다. 칸트를 계승하는 주요 철학들, 그리고 극단적으로 헤겔 철학에서는 ―본 강의에서 우리는 주제상 불가피하게 헤겔의 철학을 광범하게 지향해 왔습니다 ― 체계의 요구가 그에 비해 엄청나게 확대됩니다. 즉 여기서는 일반적으로 존재하는 것의 전체적 풍요 혹은 존재자 자체의 풍요를 순수한 개념에 근거해, 달리 말해 정신에 근거해 전개하려 시도합니다. 그리고 그것이[256] 정신과 동일시됨으로써, 말하자면 정신이 모든 것을 자체로부터 산출함으로써, 또한 모든 것을 자체에 복속시키며, 이로써 그 자신이기도 한 모든 것의 주인이 됩니다. 그리고 모든 것은 이미 데카르트가 상정한 바와 같은 바로 그 완전하고 아무것도 빼놓지 않는 연관관계 속에 존재합니다. 다만 이 연관관계는 —이는 실제로 칸트 이후 철학의 중요한 충동들 가운데 하나였는데— 더 이상 데카르트의 경우처럼 수학적으로 한정적인 수학의 도식에 따라 상정된 사물적 연관관계가 아닙니다. 오히려 이 연관관계는 그와 대조적으로 전체의 자기-자신-산출입니다. 즉 체계는 존재하는 모든 것을 더 이상 하나로 통합함으로써가 아니라, 이제 모든 것을 자체로부터, 이 칸트적 통일점으로부터, 그러니까 통각의 종합으로부터 실제로 산출하고자 함으로써 완전하게 되며, 그리하여 체계는 실제로 스스로를 확신하는 생산적 정신의 요체이며, 헤겔의 철학에서 표현되는 것처럼 진리의 고향인 것입니다.[257] 이제 우리가 몇 가지 이유로 일종의 시민적 사유의 후진운동, 어떤 퇴행운동에 대해 논할 수 있다면, 이는 체계 개념 자체에도 적용됩니다. 헤겔 이후 사유의 역사에서 이러한 동일성 요구가 일단 붕괴한 다음 체계 개념은 찬밥 신세가 되었다고도 할 수 있을 것입니다. 즉 체계 개념은 단순한 질서 도식으로 돌아가게 된 것입니다. 이제 체계화란 가능한 한 완전하게 분류하고 아무것도 빼먹지 않으려는 노력일 뿐입니다. 그리고 결국 오늘날의 상황에서 특징적이듯이 사실상 철학적 체계 혹은 모든 개별 과학의 체계는 어떤 관리계획이나 처리계획의 거푸집, 그러니까 하나의 도식이 된다고 할 수 있습니다. 이 속에서는 그러한 사유관료에게 일어날 수 있는 모든 것이 그 자리를 찾고 이로써 질서 있게 처리될 수 있는 것입니다. 이러한 발전과정과 특히 변증법과 관련해 그로부터 나오는 문제점, 철학적 문제점, 예컨대 무엇보다 흔히 애용되는 '관련프레임frame of reference' 개념은 다음 시간에 다루기로 하겠습니다.

243) Descartes, Abhandlungen über die Methode, a. a. O. [s. Anm. 199], S. 15.

244) 칸트는 볼프의 형이상학 형태로 접하게 되는 합리주의를 다음과 같은 의미에 서 독단론이라고 비판했다. 즉 그것은 "(철학적) 개념들로 이루어지는 순수한 인식으로, 이성이 이미 오래 전부터 사용하는 원칙들에 따라서만, 그럴 수 있게 해주는 권한과 방식에 관해 묻지 않고, 계속 진전하는 월권인 것이다. 따라서 독단론은 자체의 능력에 대한 선행 비판 없는 순수 이성의 독단적 방식이다."(Kant, Kritik der reinen Vernunft, a. a. O. [s. Anm. 49], S. 31).

245) 주석 316) 참조.

246) 베버의 이해 개념에 대한 그런 비판을 아도르노는 다른 곳에서 경험적 사회연구 옹호자들의 탓으로 돌린다. "경험적 사회연구 전체는 단지 사회철학적 사변만 아니라 과거의 이미 상당히 경험적인 성향을 띠는 '이해' 사회학과 같은 사회학을 상대로도 첨예하게 논쟁적이다."(Vgl. Adorno, Empirische Sozialforschung, GS 9-2, S. 327~360; hier S. 357). 칼 만하임(s. Anm. 281)도 사회학 연구들에서의 개념구성을 파악할 때 미국 실증주의적 사회학의 영향 하에 베버의 이해 이론과 단절하며 정초했다는 것이다.(Vgl. Adorno, Neue wertfreie Soziologie, GS 20-1, S. 16).

247) "무어인(퇴장하며): 이 무어인은 자기 일을 했고, 이제 가도 된다.(퇴장)"(Friedrich Schiller, Die Verschwörung des Fiesco zu Genua, 3. Aufzug, 4. Auftritt; in: Friedrich Schiller, Sämtliche Werke, Erster Band: Gedichte, Dramen I, hrsg. von Gerhard Fricke und Herbert Göpfert, Darmstadt 1984, S. 704). ─ 이 문장을 인용할 때 '일'을 '의무'로 대체한 것은 친숙한 것이다.

248) "우리는 추상적 경제이론에서 사람들이 역사적 현상들의 '이념들'로 지칭하곤 하는 종합들의 한 사례를 접하고 있다. 추상적 경제이론은 우리에게 교환경제 사회조직, 자유경쟁, 그리고 엄격한 합리적 상업이 이루어지는 경우에 상품시장에서 진행되는 과정들의 한 이상적 이미지를 제공한다. 이 사고의 이미지는 역사적 삶의 특정한 관계들과 과정들을 결합하여 자체 내적으로 모순 없는, 사유된 연관관계들의 코스모스를 만든다. 내용상으로 이러한 구성은 어떤 유토피아 자체의 성격을 지니는데, 이러한 유토피아는 특정한 현실 요소들의 사상적 고양에 의해 얻어낸 것이다. 경험적으로 주어진 삶의 사실들에 대한 그것의 관계는 단지 다음과 같은 데에 있다. 즉 그 구성을 통해 추상적으로 서술된 부류의 연관관계들, 그

러니까 '시장'에 의존하는 과정들이 현실에서 어느 수준까지 효과적인 것으로 확인되거나 추정될 경우, 우리는 이 연관관계의 고유성을 이상형을 통해 모범적으로 직관할 수 있게 하고 이해할 수 있게 만들 수 있는 것이다. 이러한 가능성은 발견술적으로만 아니라 가치의 서술을 위해 사실상 필수불가결할 수 있다." 자본주의 문화의 이상형 혹은 이념의 예를 통해 베버는 계속해서 다음과 같이 설명한다. "이제 다음과 같은 것은 가능하다고, 아니 오히려 확실하다고 보아야 할 것이다. 즉 이런 부류의 상당수 유토피아가, 때에 따라 아주 많은 수의 이런 유토피아가 구상될 수 있는데, 그 가운데 어느 것도 다른 것들과 같지는 않으며, 또 그 가운데 어느 것도 경험적 현실 속에서 실제로 타당한 사회상태의 질서로서 관찰될 수 있는 것은 아니다. 하지만 그것들 각각은 자본주의 문화의 '이념'에 대한 서술이라는 요구를 제기할 수 있고, 그 각각은 또한 그 고유성에서 의미심장하고 실제로 확실한 우리 문화의 특징들을 현실에서 얻어내고 하나의 통일된 이상형으로 묶어낸 한에서 그런 요구를 제기할 수 있는 것이다."(Max Weber, Die 'Objektivität' sozialwissenschaftlicher und sozialpolitischer Erkenntnis, a. a. O. [s. Anm. 144], S. 190 und S. 192).

249) 아도르노는 이러한 비판을 『인식론 메타비판』의 '박물 표본실(Naturalienkabinett)' 장에서 펼치고 있다.(Vgl. GS 5, S. 219~221).

250) 『미니마 모랄리아』의 '거울 뒤로(Hinter den Spiegel)' 장에는 다음과 같은 구절이 나온다. "단아하게 만든 텍스트는 거미줄 같다. 촘촘하고, 동심원 구조이고, 투명하며, 잘 짜이고, 견고하다. 그것들은 모든 생명체를 자체 내로 끌어들인다. 그런 텍스트를 재빨리 통과해 가려는 메타포들은 그 포획물이 되어 자양분을 제공한다. 자료들이 그것들을 향해 날아든다. 한 구상의 견실성은 그것이 인용문들을 제대로 끌어들이느냐에 따라 평가될 수 있다."(GS 4, S. 97).

251) 『미니마 모랄리아』의 '모노그램(Monogramme)' 장에는 다음 구절이 나온다. "자명하지 않은 사고들만이 참이다."(GS 4, S. 218).

252) 막스 브로트(Max Brod: 1884~1968), 작가, 번역가, 작곡가. 브로트는 프란츠 카프카의 친구이자 유산관리인이었으며 카프카에 관한 일련의 글을 출판했다.(Vgl. u. a. Max Brod, Franz Kafka, Prag 1937; ders., Franz Kafkas Glauben und Lehre, München 1948). − 한스-요아힘 쇱스(Hans Joachim Schoeps: 1909~1980)는 특히 『전환기의 믿음(Der Glaube an der Zeitenwende)』(1936)에서 카프카에 대한 입장을 밝혔다. 브로트와 쇱스의 기록물들을 통한 카프카 작품 해석상의 상이하고 부분적으로 대립적인 입장들의 서술은 다음 자료에서 확인할 수 있다.

Julius Schoeps, Im Streit um Kafka und das Judentum, Königstein/ Ts 1985.

253) 오노레 드 발자크(Honoré de Balzac: 1799~1850)는 (미완성) 연작소설 『인간희극(La Comédie humaine)』(독어본: Die menschliche Komödie, München 1971~72)으로 자기 시대 프랑스 사회의 전체 이미지를 만들어내고자 했다. 91편의 소설은 주인공들이 다양한 이야기들 속에 빈번히 다시 등장함으로써 서로 얽혀 있다.

254) 하이미토 폰 도데러(Heimito von Doderer: 1896~1966)는 소설 『슈트르들호프 계단 혹은 멜처와 세월의 깊이(Die Strudlhofstiege oder Melzer und die Tiefe der Jahre)』(1951)와 『마신들. 지역고문 가이렌호프의 연대기(Die Dämonen. Nach der Chronik des Sektionsrates Geyrenhoff)』(1956)를 통해 1950년대에 작가로 뒤늦게 인정받았다. 앞의 소설은 내적 구성상 이미 하나의 중심사건이 아니라 단지 한 장소—슈트르들호프 계단—를 통해 결합되는 여러 개별 사건들의 결합이다. 『마신들』에도 그 중심인물 한 명이 다시 등장함으로써 두 소설은 서로 결합되어 있다.

255) 173쪽 이하 참조.

256) 'er(그, 정신)' 대신 추정함.

257) 아도르노가 여기서 염두에 두는 말 그대로의 표현은 『정신현상학』에서 정신의 단계가 아니라 자의식의 단계에 이미 해당된다. "따라서 우리는 자의식과 더불어 진리의 고향에 들어섰다."(Hegel, Werke, a. a. O. [s. Anm. 8], Bd. 3: Phänomenologie des Geistes, S. 138). — 유사하지만 덜 유명해진 '정신의 정착(Heimischwerden des Geistes)'이라는 말은 아도르노가 언급하는 '생산'과 관련하여 『미학』에서 찾아볼 수 있다. "그런데 본래의 서사문학에서 한 민족의 소박한 의식이 처음 시적인 방식으로 표현되기 때문에, 진정한 서사시는 본질적으로 중세에 해당된다. 여기서는 한 민족이 물론 몽롱한 상태로부터 깨어나고 정신은 이미 자신의 세계를 생산하고 그 속에서 고향을 느낄 만큼 내적으로 강화되어 있다. 하지만 반대로 나중에 확고한 종교적 도그마 혹은 시민적 혹은 도덕적 법률이 되는 것은 아직 완전히 살아 있고 각 개인 자신과 분리되지 않은 신조로 남아 있으며, 의지와 감각은 아직도 서로 분리되지 않았다."(Hegel, Werke, a. a. O. [s. Anm. 8], Bd. 15: Vorlesungen über die Ästhetik III, S. 332).

여러분 안녕하십니까.

지난 시간에 나는 여러분에게 체계에 대한 변증법의 입장과 관련해 몇 가지를 언급하기 시작했습니다. 이 경우 나는 변증법적 방법 전반에 관련되는 본래의 중심 문제는 마지막 몇 강의를 위해 남겨 놓겠습니다. 그것은 우리가 일단 체계 개념을 희생했을 때에도 변증법의 이념을 고수할 수 있느냐 하는 문제입니다. 이 문제는 지극히 진지하고 난해한 것이며, 아무도 이 문제를 미리 결정된 것으로 간주해서는 안 될 것입니다. 나 자신도 그렇게 하지는 않습니다. 하지만 우선 나는 여러분과 함께 철학 체계들 내부에서 드러난 문제들을 근거로 체계 개념에 대한 변증법의 입장을 좀더 추적하고 싶습니다. 여러분에게 다음 사실을 상기시켜도 좋을 것입니다. 즉 지난 시간에 여러분에게 지적했듯이, 데카르트 이후 합리주의 부류의 서양 철학에 특징을 부여하는 체계 개념은 그 후 칸트의 경우 처음으로 전적으로 타당하고 필연적인 인식들의 최소치를 하나의 통일된 지점으로부터 전개하려는 시도로 강력히 등장합니다. 칸트의 경우 통일성의 개념과 체계의 개념은 등가적입니다. 즉 칸트의 경우 체계화는 실제로 의식 통일성의 증거이자, 그러한 통일성에 대한 의식적 소여들 내지 의식적 사실들의 연관일 뿐입니다. 그 후 칸트를 넘어서, 또 어떤 점에서는 상당히 엄격하게, 즉 스스로를 충족시키는 체계화라는 이 개념과 단지 외부로부터 우리에게 다가오는 우발적 우연적 다양성이라는 관념의 화해불가능성을 통찰함으로써, 칸트 이후의 관념론은 체계 개념을 총체성으로 끌어올리고자 시도합니다. 즉 어떤 것을 바깥에 두지 않고 완전한 내재성 속에서, 다름 아니라 중단 없이 전체 현실을 사고로부터 발전시키고자 시도합니다. 그리고 이런 부류의 가장 천재적인 시도는 헤겔의 변증법적 체계였는데, 이 체계는 사실 그 나름으로 의식에 고유하지 않은 것, 우연적인 것, 우발적인 것을 의식으로부터 추론하려고 할 뿐만 아니라 심지어 우연성의 형식 자체를 필연성의 한 계기로서 규정하려고 시도했습니다.

이러한 체계 개념은 19세기에 양쪽으로부터 비난을 받게 되었습니다. 즉 한편으로 특히 헤겔과 또한 셸링 자연철학의 선험주의적 구성들로부터 벗어나고, 마침내 칸트의 범주표 내지 칸트의 원리 체계 속에도 아직 보존되어 있던 최소한의 아프리오리들까지 비판의 소용돌이 속으로 끌어들인 실증적 자연과학 쪽의 비난을 받습니다. 다른 한편으로 체계 개념은 역사와 삶이라는 범주를 지향하는 철학, 즉 이른바 비합리적 사실인 자체로서 의식에 환원될 수 없는 사실들과 체계적 논리적 구성의 결합불가능성을 강조한 철학의 비난을 받게 되었습니다. 이러한 발전은 어느 정도 이미 쇼펜하우어에게서 시작되는데, 물론 체계 개념에 대한 그의 입장은 애매한 상태로 남아 있었습니다.[258] 이러한 비판의 정점을 이루는 것은 그 후 매우 영향력 있게 되는 체계에 대한 불성실이라는 니체의 격언입니다.[259] 공식적 강단철학들은 그 후 체계 개념과 관련해 다소 까다롭고 위태로운 상황에 처했습니다. 즉 그것들은 한편으로 철학이 과학의 여왕이며, 모든 지, 모든 과학을 하나의 통일된 관점에서 통일하거나 어쩌면 구성할 수 있다는 관념을 버리려 하지 않았지만, 물론 다른 한편으로 이 양극단으로부터 집중적으로 체계 개념에 가해지는 비난에도 저항할 수 없었습니다. 그리고 이로써 매우 복합적이고 복잡한 딜타이 철학의 해결책과 같은 어중간한 해결책들이 생겨났습니다. 사실 그의 철학은 체계 개념을 빼버린 헤겔의 실증주의적 세속화의 일종이라고 묘사할 수 있습니다. 그 후 다른 철학들은 체계 개념을 다시 칸트의 경우에 그것이 차지하던 약소한 규모로 환원하면서, 그것이 근대 자연과학들의 외연을 담아낼 수 있도록 그것을 다듬어내려고 시도한 셈입니다. 이것이 마르부르크학파Marburger Schule, 허먼 코엔Herman Cohen과 파울 나토르프 Paul Natorp[260]가 추구한 해결책입니다. 그리고 빈델반트Windelwand와 하인리히 리케르트Heinrich Rickert의 남서독일 학파[261]와 같은 여타 신칸트학파 조류들은 마침내 체계 개념을 희미하게 만들고 그것을 아주 일반적인 원칙들로 끌어내렸고, 이로써 그것은 사실상 일종의 그릇과 같은 것이 되었습니다.

실제로 체계 개념의 역사 전반에서 우리는 근대 형이상학의 체념을, 어쩌면 좀 더 정확히 말해서 성장과 체념을 간파할 수 있을 것입니다. 이 근대적 사유는 일종의 곡선을 그리며 헤겔의 수준으로 상승한 다음에는 다시 마침내 절충적 구성들 내지 빈약한 구성들로 하강합니다. 이 경우 다름 아닌 리케르트의 이론에서 특징적인 점은, 생철학을 논박하고 이에 대해 비판적인 저서를 쓴[262] 그가 비합리주의에 겁을 먹고, 체계는 어떤 온전하고 활기 있는 인간이 —이때 그는 괴테의 이름을 들먹였습니다— 기거할 수 있는 하나의 집과 같다고 천명한 사실입니다.[263] 아무튼 이는 이미 부지불식간에 많은 것을 드러내는 말입니다. 여기서는 체계가 그 속에 들어오는 내용들을 위한 단순한 그릇으로 표명되고 있는 셈이며, 이로써 전체를 전체로서 진정으로 파악한다는 요구를 이미 포기하고 실제로 단순한 질서사유에 만족하기 때문입니다. 이에 따라 우리는 체계 개념이 은밀히 매장되었으며, 예컨대 체계화는 아무 모순 없이 구현되는 아주 형식적인 영역, 즉 순수 논리학에 축소되었다고 생각할 수 있을 것입니다. 사실상 논리 실증주의에서는 절대적으로 엄밀하고 구속력 있고 논리적인 체계에 대한 요구, 그러니까 본래적 의미의 연역체계에 대한 요구가 그와 마찬가지로 더 극단화되고 더 현대화된 형식으로 그 극단까지 간 경험주의와 일정하게 구속력 없이 대립하고 있는 것입니다. 하지만 이 기이한 역사에도 불구하고 체계 개념이 그 매력을 명백히 잃지 않았다는 점, 또 오늘날 철학의 체계를 기술하겠다고 나서는 철학자는 바로 이로써 처음부터 일종의 우스갯거리가 되지만, ―왜냐하면 사람들은 세상을 모르는 자만이 전 세계를 그런 나비채 따위로 잡을 수 있다는 이념에 도달하리라고 생각하기 때문입니다― 그럼에도 불구하고 체계 개념은 어떤 의미에서 잔존한다는 점은 특이한 일입니다.

그 점을 활용해 나는 아마 여러분이 다음 사실에 주목하도록 해도 될 듯합니다. 즉 역사적으로 심판을 받은 형식들은 바로 그로써 또한 사라질 것이라고 믿는 정신사에 대한 어떤 관념만 아니라 실제 역사에 대한 그런 관념은 너무 순진하다는 것입니다. 오히려 전체의 비합리성이 존속하고 있는 동안에는 사실상, 그 자체의 요구에 비춰볼 때 끝장난 셈이고 문자 그대로 낡아빠진 형식들이라도 어떤 식으로든, 하지만 ―아마 이렇게 말할 수도 있을 것입니다― 이제 부패한 형식으로 여전히 존속하며, 변화한 세계 속에서 일종의 독소처럼 출몰하고 여기서 있을 수 있는 온갖 재앙을 야기하는 것입니다. 이 경우 우리는 일반적으로 역사변증법에서 왜 체계 개념에 대한 궁극적으로 매우 엄격한 비판과 같은 것이 체계를, 특히 체계에 대한 욕구를 실제로 제거하지 못했는지 그 훌륭한 이유 혹은 아주 나쁜 이유들을 진술할 수 있을 것입니다. 그러니까 예나 지금이나 설혹 체념적인 형태로이기는 하나 체계들과 비슷한 어떤 것이 존재합니다. 가장 일반적인 과학적 명제들을 요약해서 담아 놓을 상부조직으로서든, 역으로 다른 모든 것이 그 위에 이제 확실하게 세워져야 할 기반으로서든 말입니다.

나는 변증법에서 그 역할을 수행하는 전체 혹은 총체성의 개념이 가장 위쪽의 보편으로서든 가장 아래쪽의 보편으로서든 이 전체의 관념과 그 자체의 의미나 본질에 비춰볼 때 결합될 수 없다는 점을 여러분에게 충분히 분석해주었다고 믿습니다. 하지만 특정한 체계적 조형물들이 엄격한 과학적 입장을 취하는 사람들에게도 일종의 매력을 발휘하고 있는 현재 상황에서는 새로운 스타일의 체계 개념에 대해 몇 가지 말하는 것이 적절해 보입니다. 실증주의자들은 어느 정도 어떤 하나의 이론에 자신을 고정시키지 않으면서, 모든 것을 담아내고 모든 것에 그 위치를 부여하도록 해 주는 부류의 사유방식을 선호합니다. 아니 오히려 이렇게 말할 수 있을 것입니다. 즉 개별 계기들의 규정에서 구성의 이론적인 힘이 적게 작용할수록, 그만큼 더 —그러니까 예컨대 개별 조사 결과들 자체 사이의 정신적 유대가 소멸하는 경우처럼— 모든 것을 어떻게든 포괄해 넣을 수 있는 그처럼 추상적 안전상태에 대한 욕구가 분출합니다. 하지만 이 경우 이러한 총체성 내지 이러한 포괄이 개념·파악·이해·의미심장함 등의 본래 계기를 얻게 되는 것은 결코 아닙니다. 오히려 이 최근 스타일의 체계들은 실제로, 모든 것을 그것으로 포착할 수 있어야 하고 그 바깥에는 아무것도 남지 않고 그 서랍 속에 들어 있지 않은 어떤 것이 나타나는 일은 없다는 데에 비춰 평가되는 질서의 도식일 뿐입니다. 나는 오늘날 이런 부류의 체계적 혹은 유사체계적 조형물들에서 나오는 매력이 우연한 것은 아니며, 오히려 사람들이 세계를 오늘날 어떤 새로운 —이렇게 말하고 싶습니다— 부정적 의미에서 닫힌 세계로 경험한다는 사실과 관련 있다고 봅니다. 하지만 그것은 예컨대 중세 전성기 철학에서처럼 계시된 도그마가 가장 진보적인 의식 상태와 하나로 결합되어 있던 식의 닫힌 세계가 아닙니다. 오히려 가능한 경험으로 존재하는 모든 것을 아무튼 미리부터 사람들이 경험하거나 아니면 이미 사회적으로 형성된 것으로 간주하고 그래서 실제로 진지하고 무게 있는 의미에서 새로운 것에 대한 경험을 배제한다는 뜻에서 닫힌 세계입니다. 또 경제학적으로 말하자면 세계가 단순재생산으로 돌아가고 확대재생산은 축소되는 경향이 있다는 뜻에서 그렇습니다. 이러한 경향은 적어도 경향으로서 오늘날 많은 경제학자들이 사실상 확인하고 있는 바입니다.[264] 따라서 그것은 실제로 ― 이렇게 말할 수 있습니다― 미개척지와 같은 것은 더 이상 존재하지 않고 파악되지 않은 것이란 더 이상 존재하지 않는 경험세계입니다. 또 아무튼 그 속에서는 사람들이 미리부터 모든 것을 사전에 정돈된 것으로 지각합니다. 그리고 이 새로운 상황에서 생겨나는 체계화에 대한 욕구는 실제로 그처럼 미리 정돈된 상태에 부합되는, 즉 '세계의 관료화bureaucratisation du monde'[265] 현상을 통해, 그러니까 관리되는 세계라는 현상을 통해 존재자에 미리 각인되는 개념 형식들을 찾고자 하는 욕구일 뿐입니다. 이와 마찬가지로 최신 스타일의 체계들은 다음 특징을 지닙니다. 즉 이 체계들은 실제로 모든 것이 이미 계획된 관리 과정처럼 그 위치를 찾게 되는 강력한 처리질서 혹은 강력한 진행계획과 같은 것을 나타내며, 이 체계들 속에는 초월성을 위한 공간이 실제로 전혀 존재하지 않는다는 것입니다. 이에 반해 위대한 체계들은 사실상 신적 정신의 세속화이며, 개별자 혹은 사실적인 것에 대립하는 의식의 초월성 내지 정신의 초월성이 이제 내재성으로 바뀌었다는 점, 그러니까 그러한 체계들 자체가 정신이 아닌 것을 마치 정신적인 것 혹은 그 자체 이상의 것처럼 파악한다는 점에서 그 충동을 얻어 냈습니다. 옛 체계들의 이러한 경향, 즉 단순한 존재자를 총체성 속에 받아들임으로써 그것에 어떤 의미를 부여하는 경향은 오늘날 완전히 사라졌습니다. 그리고 실제로 모든 것을 자체 아래에 포괄하고 그다음 실제로 그 속에 등장하는 모든 것의 단절 없는 상호적응이라는 관념을 결정적 척도로 삼는 거대한 관료적 계획과 같은 어떤 것만이 아직 중요할 뿐입니다.

따라서 이 체계들은 피히테 이래로 철학을 규정한 변증법적 구상들과는 정반대의 것입니다. 그것들은 순수한 무모순성을 추구하며, 이 무모순성은 경험의 내용을 통해 보장되지 않는 점에서, 다름 아니라 단순한 방법론에, 그러니까 단순한 처리방식에 넘겨집니다. 예컨대 범주들을 선정할 경우, 그 속에 상이한 과학들 사이의 단절 없는 연속이 존속하도록 하는 것입니다. 이 경우 나는 무엇보다 탤컷 파슨스Talcott Parsons의 체계, 즉 구조적-기능적 사회이론[266]을 생각합니다. 이 이론은 현재 미국에서 이른바 사실연구의 상부조직으로서 엄청난 역할을 수행할 뿐 아니라, 내가 착각하는 것이 아니라면 유럽에서도 점차 영향을 끼치기 시작하고 있습니다. 여기서 결정적인 방법론적 관념은, 이른바 인간에 대한 과학들의 영역, 따라서 광의의 사회과학들에서 유래하는 모든 개별 과학들을 다소 동일한 범주들로 파악할 수 있게 해 주는 범주체계를 구상한다는 것입니다. 그는 이를 명백하게 심리학 및 사회학과 관련해 요구합니다. 그리고 그의 경우 사회학과 경제학의 경우에도 유사한 것이 요구된다는 점, 예컨대 기능과 무기능이라는 사회학적 기준들이 사실상 본질적으로 케인스Keynes의 경제학[267]에서 얻어온 것이라는 점을 입증하기는 어렵지 않습니다. 이에 대해서는 다음과 같은 점을 비판적으로 말해야 할 것입니다. ―그리고 이 자리에서 여러분이 비판적으로 이것에 주목하게 하는 것이 중요하다고 봅니다. 왜냐하면 나는 오늘날의 의식에 대해서는 그릇된 확실성보다 더 위험한 것이 없다고 믿기 때문입니다. 또 오늘날 안전을 향한 유혹보다 모험을 향한 유혹이 훨씬 적다고 믿기 때문입니다.― 그러니까 나는 이와 관련해 여러분에게 다음과 같이 말해도 된다고 생각합니다.[268] 즉 이 파슨스 이론의 테제 가운데 하나는, 현대 심리학과 ―그는 분석적 심층심리학도 이러한 심리학으로 봅니다― 사회학을 어느 정도 동일한 공식으로 통분할 수 있게 해 주는 범주들을 발전시켜야 한다는 것입니다. 이때 그는 양심적인 학자로서 심리학과 사회학 사이에 무조건적 연속성이 존재하지는 않는다는 점을 고려합니다. 사실 흔히 알려진 바와 같이 막스 베버는 자신의 사회학은 결코 심리학이 아니라고[269] 반복해서 주장하면서도 자신의 이해 개념을 심리학적 감정이입 개념과 실제로 구속력 있게 구분할 수 없었지만, 그도 이미 이러한 대립에 부딪쳤습니다. 하지만 나는 이와 관련해, 적대적인 사회에서는 사회를 지배하는 법칙들과 개인을 지배하는 법칙들이 상당히 벌어진다고 말하는 것이 훨씬 더 근본적이라고 믿습니다. 그러니까 내용적으로 보자면, 사회적인 법칙들은, 막스 베버와 상당 정도는 탤컷 파슨스도 인정한 바와 같이, 교환에서 형성되는 목적합리성 따위와 같은 것이며, 우리가 본래적인 의미에서 심리학의 영역이라고 지칭하는 영역은 그러한 합리성에 들어가지 않는 인간적인 것 내부의 영역들을 포함하는 것입니다. 진부하다는 이유로 회피하지 않고 정확한 의미의 심리학은 언제나 비합리적 현상들과 관계한다고 말해도 진실을 크게 그르치는 일은 아닐 것입니다. 달리 말하면 각 개인이 사실 완전하지도 개인들을 충족시키지도 못하는 합리성인 사회적 합리성의 요구들에서 벗어나 자신의 내부에서 그와는 반대되는 것을 의미하는 증상의 연관들과 콤플렉스들을 발전시키는 곳이면 어디서나 생겨나는 현상들과 심리학은 관계합니다. 즉 사회 발전 자체의 근거들로 인해, 사회가 개인에게 부단히 희생과 체념을 요구하면서 본래 합리적으로 보상하겠다고 약속하는 이 희생과 체념의 대가를 현실적으로 치르지 않는다는 데에 근거를 둔다는 단순한 사실로 인해, 사회 자체의 이 내적 모순 구조로 인해, 각 개인의 특성과 이들을 파악해야 할 법칙들은 바로 사회적 총체를 전체로서 지배하는 법칙들과 정반대되는 것이라고까지 말할 수 있을 것입니다. 그리고 이제 심리학의 법칙들과 사회학의 법칙들 사이의 이러한 대립상태를 감당하고 구체적으로 규정하는 대신 그것들을 추상하여 마침내 사회학의 영역에서도 심리학의 영역에서도 구속력 있는 더 높은 제삼의 보편자가 남도록 한다면, 이때 완전히 희미해지고 추상적인 어떤 것이 나올 테고, 이는 사회학이나 심리학의 구체적 요구들을 실제로 온당하게 대하지 못[할 것입니다]. 이로써 그러한 질서체계들 속의 개념 형성의 연속성에 대한 요구는 처음부터 극히 심각한 난관에 부닥칩니다. 그것 자체가 처음부터 그것이 아무튼 다루어야 하는 계기들의 내용적 구조 혹은 내용들의 구조와 대립하기 때문입니다.

따라서 여러분은 이러한 비판에서 우리가 이 고찰들 전체에서 고수한 우리의 변증법적 모티프를 다시 볼 수 있습니다. 즉 단순한 주관적 이성이나 방법 혹은 단지 주체에 근거해 주조된 형식들에 맞서 자립적 계기인 객관을 중요시해야 한다는 점, 또 정리하는 이성의 분류법적 혹은 여타 논리적 욕구들과 꼭 마찬가지로 대상의 즉자존재에 근거해 형성되지 않은 모든 부류의 범주적 형식은 그로써 실제로 진리에 위배된다는 점이 그것입니다. 오늘날에 특징적인 이 체계 구성들은, ―이와 관련해 나는 그것들이, 관리되는 세계 자체가 일종의 관리적 논리 혹은 관리적 형이상학을 통해서도 점점 더 반영될 경우, 곧 더 큰 규모로 등장할 것이라고 예언하고 싶습니다― 이 조형물들은 특이한 부류의 중립성을 천명하는 특징을 지니는데, 이는 예컨대 파슨스의 체계에서 다음과 같은 점으로 나타납니다. 실제로 '기능적'이냐 혹은 '비기능적'이냐 하는 개념들만이, 즉 그러한 질서가 기능하느냐 기능하지 않느냐 하는 문제만이, 특정한 사회구조의 척도, 그러니까 사회구조의 진리 또는 허위, 정당성 또는 부당성에 대한 척도가 됩니다. 이 경우 암암리에 기능의 척도는 그러한 질서 자체가 생명을 부지하느냐, 그것이 존속하느냐 하는 것입니다. 그것이 가장 끔찍한 희생을 치르며 이루어지더라도, 이 사회의 그러한 체계적 질서의 자체보존을 위해 인간들 자신의 이익을 대가로 치러야 하더라도 말입니다. 따라서 동일성의 논리적 형식만이 중요하고, 또 그런 구조가 그 자체의 개념 속에서 또 체계의 자체와의 이러한 동일성을 통해 유지된다는 것이 중요하며, 그것이 본래 관여하는 것, 즉 그것이 포괄하는 인간들에 대해서는 고려하지 않습니다. 또 여기서 외견상 유지되는 중립성은 단순한 가상이 됩니다. 즉 외견상 단지 질서사유인 듯한 그런 사유가 그때그때의 기존질서에 대한 변론이 되는 것입니다. 이 질서가 인간의 이익에 대해 어떤 관계를 지니느냐와 전혀 무관하게 말입니다. 그러한 중립적 사유의 조화론적 경향, 즉 자체의 범주적 형식들을 통해 모순들을 사라지게 만드는 경향은 기존상태의 옹호에 기여합니다. 즉 실제의 지배적인 사회적 모순들이 이러한 사유 속에는 받아들여지지 않으며, 결국 어떤 기존상태를 기존상태로서 정당화하고, 아무튼 그러한 기존상태가 계속 기능을 유지할 수 있는 방법을 권장하는 데에 이르며, 그러한 범주적 체계화에 의해 은폐되는 바로 그 모순들이 이제 그 체계를 넘어서 다른 성격의 체계로 나아갈 수 있다는 점은 보지 않게 됩니다. 아마 여기서 다음과 같은 점을 지적해도 좋을 것입니다. 즉 중립적 사유가 다소 자의적인 가치체계들 혹은 입장들과 관련된 어떤 사유에 대립한다는 실증주의적 관념은 일반적으로 널리 퍼져 있지만, 그 자체가 일종의 기만입니다. 이른바 중립적 사유란 아예 존재하지 않으며, 일반적으로 한 사유가 다루는 사태에 대한 이른바 그 사유의 중립성이라는 것이야말로 그것의 단순한 형식을 통해, 즉 통일된 방법론적 체계화의 형식을 통해, 기존상태에 대한 변론으로 귀결되며, 따라서 자체 내적으로 어떤 변론적 성격, ─여러분이 원한다면─ 실제로 어떤 보수적인 성격을 지닙니다. 따라서 사유의 절대적 중립성이라는 개념도 또한 그 반대인 어떤 관점에 기대는 사유Standpunktdenken라는 개념과 마찬가지로 비판해야 할 것입니다. 후자와 관련해서 우리는 이미 헤겔의 비우호적인 몇 가지 지적을 언급한 적 있습니다.[270]

하지만 나는 이런 맥락에서 다름 아닌 사회과학들에 존재하는 실증주의적 사유의 선진적 서구적 형태에서 되풀이해서 만나게 되는, 또 개별사태들의 단순한 확인에 맞서 어떤 전체의 구성을 생각할 경우 되풀이해서 요구되는 체계 개념의 형태에 대해 몇 가지 언급하고 싶습니다. 그것은 미국식으로 '관련프레임frame of reference'이라고 하는 개념입니다. 이는 아마 독일어로 개별 사실들이 관련되어야 하는 '관련체계Bezugssystem' 혹은 '좌표체계Koordinatensystem'라는 개념으로 표현하는 것이 가장 적절할 것입니다. 다름 아닌 실증주의적 사실조사 영역에서 우리는 되풀이하여 관련프레임에 대한 질문에 부딪치며, 우리는 하나의 관련체계를 가져야 한다는 훈계를 듣게 됩니다. 그리고 다름 아닌 실증주의적 사유에 대해서는 마치 우리가 수집하고 분류한 사실들을 관련짓는 그 관련프레임을 가짐으로써, 단순히 소재를 주므르거나 자료만 수집하는 데에서 벗어난 것처럼, 그리고 이처럼 수집된 사실들을 그러한 관련프레임에 포괄하고 편입하는 데에서 본래의 정신적 혹은 과학적 성과를 찾을 수 있는 것처럼 보입니다. 나는 이런 생각이 적절하지 않다고 믿습니다. 내게는 관련프레임이라는 생각을 통해 실제로 사실들과 사고 사이에 존재하는 연속성 혹은 —내가 여러분에게 변증법적 범주들에서 최소한 약간은 명확히 보여주려 시도한— 연관관계가 그 속에서 기술적인technisch 획일화 혹은 독단적으로 고정된 견해의 일종으로 증발하고 마는 것으로 보입니다. 일반적으로 그러한 관련프레임이 요구될 경우 이것이 실제로 전혀 스스로를 정당화할 필요 없다는 점, 즉 이론에 근거해서든, 그것과 관련되는 자료에 근거해서든 스스로를 정당화하도록 요구받지 않는다는 점, 오히려 어느 정도 일반적으로 이 관련체계 속에 그때그때 수집된 사실들을 이제 어떻게든 보관할 수 있으려면 그저 그러한 관련프레임을 가지기만 하면 된다는 점이 매우 특징적입니다. 따라서 사실자료와 이른바 관련체계 혹은 개념 사이의 변증법 혹은 관계는 사실상 범주들 아래의 단순한 포괄을 위해 단절됩니다. 이때 그 점이 결코 최악은 아니며, 오히려 실제로 염려스러운 것은 이 관련프레임 자체가 자의성을 띠는 점이라고 생각합니다. 즉 우리는 가능한 한 많은 것을 집어넣을 수 있고 또 형식적 논리적 우아함이라는 모종의 장점들을 지니지만 그 자체는 어떤 이론 혹은 대상의 개념에서 실제로 추론되지 않고 근본적으로 어떤 다른 것으로 똑같이 대신할 수도 있는 어떤 질서도식을 고안해내도록 독촉을 받는 듯합니다. 사실상 문자 그대로의 의미에서 그것은, 관료제에서와 마찬가지로 또한 정신의 관료제에서 강요되지만 사태 자체에서는 실제로 정당화되지 않는, 일종의 지적 관리행위이며 일종의 처리도식입니다. 대체로 모든 유형의 당관료, 재단들에 호소하는 비망록 기록자, 그리고 돈을 좀 벌거나 어떤 직책을 얻기 위해 이른바 이념들을 가능한 한 영리한 방식으로 제시하는 것이 중요하다고 보는 그와 유사한 사람들은 일반적으로 그들과 관련되는 개별 사물들을 그와 같은 관련프레임 아래 보관하고, 이로써 여기서 전체를 파악하고 전체를 목표로 하는 듯한 인상을 불러일으키는 아주 탁월한 재능을 갖고 있습니다. 그러나 이 경우 실제로는 사태 자체의 도식이 아니라 단지 서술의 도식이 관건일 뿐입니다. 그런 도식은 모든 것을 자체 내에 보관하고 모든 것을 자체 아래에 포괄해야 하기 때문에 필연적으로 경직되고 형식주의적이라는 점은 자명합니다.

하지만 관련프레임이라는 생각은 그 이상으로 또 한 가지 매우 불길한 측면을 지닌다고 여겨집니다. 즉 그러한 관련프레임은 추상적이고 기성품이고 사실적으로 어떤 만질 수 있고 파악할 수 있는 사물로서 그 아래 포괄되는 사실들에 맞서 제시됨으로써, 아무리 공허하고 아무것도 아닌 것이라 해도 일종의 신앙고백과 같은 것이 됩니다. 예컨대 우리가 동료 사회학자들과 토론하는 가운데 "그러면 당신의 관련프레임은 무엇입니까?"라는 질문에 부딪치게 되면, 일반적으로 그 뒤에 숨겨져 있는 것은, "이제 네가 도대체 어떤 이론적 사상들을 가지고 있는지 밝혀라. 또 너는 혹시 경우에 따라 사회에 대한 네 견해들의 관련체계로서 이 사회 자체의 도식에 어울리지 않고 어쩌면 그것을 위태롭게 할 어떤 생각을 하고 있는 것 아닌가" 하는 생각이라는 점을 상당히 확신할 수 있습니다. 따라서 이 관련프레임 개념에서 구상되는 사회적 이해, 혹은 일반적으로 철학적 이해의 사물화는 동시에 매우 엄밀한 사회적 기능을 지닙니다. 즉 그것은 어떤 사유를 그때그때 사물처럼 경직되게 만드는 데에, 사유를 그 기초가 되는 경직된 관련체계에 고착시킬 수 있게 하는 데에 유용합니다. 그러면 우리는 아주 쉽게 오늘날 선택할 수 있는 세계관들, 혹은 사람들이 아주 멋지게 명명하는 바와 같이, 이데올로기들 가운데 하나로 그것에 상표딱지를 붙일 수 있는 것입니다. 이 경우 흥미로운 것은, 사실상 체계에서 남은 유일한 기능이 형식적 확실성의 기능이라는 점, 그러니까 이 경우 체계가 이제는 관념론적 구상들이 나오던 시대에 의미한 바와 같은 것을 의미하지 않는다는 점, 사유가 어디서나 고향처럼 느끼며 세계를 관통하여 스스로에게로, 정신의 고향으로 돌아가는 것[271]을 의미하지 않는다는 점, 오히려 사유는 어떤 하나의 개념 질서 속에 숨어들어갈 수 있음으로써 비호받는 셈이며, 그 속에서 그때그때 적합한 관련프레임을 택하기에 충분할 만큼 영리하기만 하다면 대체로 별일을 겪지 않는다는 점입니다. 그리고 내 생각에 오늘날 조야한 형이상학과 조야한 과학논리가 실로 악마적인 방식으로 서로 어울린다면, 바로 이 대목에서처럼 그것을 그렇게 정확히 간파할 수 있는 곳은 없습니다. 즉 관련프레임은 말하자면 새로운 안전상태의 과학주의적 형태이며, 또한 대체로 이와 꼭 같은 정도의 가치를 지닙니다.

이로써 나는 여러분에게 변증법적 사유가 오늘날의 상황에서 지니게 된다고 여겨지는 현재성에 대해 무엇인가를 보여주었다고 믿습니다. 사실 여러분은 내가 여러분에게 이 시간을 시작할 때 약술한 바로 그 발전에 따라 실제로 변증법적 사유가 저승에 내려갔다고 말할 수 있습니다. 또 비판을 받게 된 그러한 사유의 사변적 계기와 이 모든 것이 본래 변증법 자체를 겨냥하게 되리라고 말할 수도 있습니다. 그리고 나는 여기서도 아무것도 미화하고 싶지 않습니다. 사유의 '테크놀로지적' 발전이라는 의미에서, 사유의 합리화라는 의미에서, 변증법은 사실상 뒤처져 있습니다. 발레리의 말을 빌리자면 예컨대 하얀 가운을 입고 번쩍이는 도구들을 활용하면서 자기 손은 더럽히지 않는 실험자의 작업방식에 비할 때 시인의 작업방식이 뒤처져 있는 것과 비슷합니다.[272] 하지만 내 생각에 다름 아니라 시대착오적 특징을 지니고 무기력하다고 할 수도 있는 변증법적 사유는 현실의 막강한 경향에 맞서, 오늘날 주도적인 자체 내적으로 중단 없고 유선형인 범주적 형식들에 맞서, 유일하게 허위의 계기를 진술할 수 있습니다. 다름 아니라 사유가 더 이상 미개척지를 알지 못함으로 인해, 말하자면 그 치명적 내재성 바깥에 존재하는 것은 아무것도 없음으로 인해, 실제로 기존의 과학주의 활동 자체 범위 내에서는 아무것도 인식될 수 없기 때문입니다. 달리 말하면 내게는 변증법적 사유를 통해서만 관리되는 세계를 곧이곧대로 지적하는 것이 가능해 보입니다. 비록 관리되는 세계가 모든 것을 삼키게 되고 그 막강한 힘 앞에서 예측할 수 없는 기간 동안 내가 여기서 여러분에게 몇 가지 모델들을 제시하려고 시도하는 사유 역시 소멸할 개연성은 크더라도 그렇습니다. 하지만 나는 경우에 따라 바로 시대착오적인 것이, 그 자체의 표면에 비춰볼 때 즉 주어진 장치들 내부에서의 기능이라는 의미에서 더 큰 현재성을 요구할 수도 있는 것보다, 오히려 더 큰 현재성을 지닌다는 점도 역사변증법에 포함된다고 믿습니다.

258) 쇼펜하우어(1788~1860)의 형이상학에서 세계와 자아는 표상 속에서 지성을 통해 인과적으로 결합되고 개별화된 시간과 공간 속의 현상들로서 구성되는데, 어떤 분리되지 않은 영원한 의지가 세계와 자아의 근거를 이룬다. 어떤 점에서 칸트의 '물 자체' 자리를 차지하는 이 의지는 비합리적이며, 삶을 추구하는 그 객관화와 사실성의 측면에서 지성에 의한 세계의 합리적 본질구성에 앞서는 것이다.

259) "절대적으로 자체 내에서 완결되고 아무것도 빠뜨리지 않는 내재적 연관관계는 그것이 명시적으로 의식의 통일성으로부터 연역되느냐 마느냐와 무관하게 필연적으로 언제나 이미 체계이다. 제일철학에 대한 니체의 불신도 본질적으로 체계적 성격을 겨냥했다. '나는 모든 체계론자들을 불신하며 그들을 멀리한다. 체계를 향한 의지는 정직성의 결여이다.'"(Zur Metakritik der Erkenntnistheorie, GS 5, S. 35). 니체 인용문은 『우상의 황혼』의 '격언과 화살(Sprüche und Pfeile)'장(26번)에서 나왔다.(Vgl. Friedrich Nietzsche, Werke, hrsg. von Karl Schlechta, Bd. 3: Jenseits von Gut und Böse, Götzendämmerung u. a., München 1969, S. 392[II/946]).

260) 마르부르크 학파: 헤르만 코엔(Hermann Cohen: 1842~1918)과 파울 나토르프(Paul Natorp: 1854~1924)가 만든 신칸트주의 학파.

261) 남서독일 학파: 빌헬름 빈델반트(Wilhelm Windelband: 1848~1915)가 만들고 하인리히 리케르트(Heinrich Rickert: 1863~1936)가 계승한 신칸트주의 학파.

262) 하인리히 리케르트, 생철학자. Darstellung und Kritik der philosophischen Modeströmungen unserer Zeit, Tübingen 1920.

263) 헤르만 글로크너는 유고로 발간된 하인리히 리케르트의 논문집 서문에서 다음과 같이 쓴다. "아마 하인리히 리케르트의 초시간적 의미는, 바로 그가 물론 자신도 체계 건축가이면서도 체계 건축가에게 단지 필요한 것만을 허용했다는 데에 근거한다. 확실히 그는 체계 없는 철학가는 생각할 수도 없다고 반복해서 말했다. 그는 이런 점에서 자신이 피히테, 셸링, 헤겔과 친화적이라고 느꼈다. 철학자로서도 그는 하나의 집을 건축하고자 했다. 오래가면서도 삶에 적합하고 새로이 문제가 제기되어도 후세의 누구에게나 열려 있는 그런 집을 말이다. 그것은 —예컨대 괴테처럼— 어떤 '전인적인' 인간이 충분한 공간을 누릴 수 있는 집일 것이다. 그런 집이 영원한 것으로 세워질 수 있느냐, 또 얼마나 그럴 수 있느냐 하는 물음에 대해 그는 걱정하지 않았다."(Heinrich Rickert, Unmittelbarkeit

und Sinndeutung. Aufsätze zur Ausgestaltung des Systems der philosophie, hrsg. von Hermann Glockner, Tübingen 1939, S. XIIf.). — 하이리히 리케르트 자신은 『생철학(Die Philosophie des Lebens)』의 한 대목에서 (단순한 상자와 다른) 집의 이미지를 통해 체계사고가 어떤 의미에서 서술될 수 있는지 설명한다.(Vgl. Rickert, Die Philosophie des Lebens, a. a. O. [s. Anm. 262], S. 153).

264) 녹취록에서는 이 자리에서 "테이프 교체"가 이루어진 것을 알아볼 수 있다. 이로써 텍스트에 공백이 생겼는지는 알 수 없다.

265) 아도르노는 여기서 아마 브루노 리치(Bruno Rizzi)의 책을 끌어들이는 듯하다. L'URSS: collectivisme bureaucratique. La bureaucratisation du monde. Paris 1939. 자체 출판을 통해 익명으로 발행된 이 책을 『사회연구지』에서 요제프 수덱(Josef Soudek)이 논평했다.(Vgl. Studies in Philosophy and Social Science, published by the Institute of Social Research, New York 1941, Vol. IX[1941], No. 2, S. 336~340, insbes. S. 338f.).

266) 'Structure and Functional Theory of Society' 대신 추정함. Vgl. Talcott Parsons, The Social Systems, Glencoe 1951.

267) 존 메이너드 케인스(John Maynard Keynes: 1883~1946), 영국 경제학자, 정치가, 수학자. 케인스는 전체적 경제 순환 이론을 발전시켰으며, 신고전 균형이론에 맞서 고용수준과 경제 발전의 보장을 위해 경제적 경기순환에 국가가 개입하는 정책을 옹호했다.

268) 녹취록에서는 아도르노가 이 자리에서 자신의 예전 연구물 「사회학과 심리학의 관계에 대해(Zum Verhältnis von Soziologie und Psychologie)」를 암시하고 있다. 그것은 1955년에 이미 『프랑크푸르트 사회학 논고(Frankfurter Beiträge zur Soziologie)』에 발표되었다.(Vgl. jetzt GS 8, S. 42~82). 여기서 아도르노는 파슨스의 이론을 상세히 비판했다. 파슨스에 대해서는 그의 논문 「정신분석과 사회구조(Psychoanalysis and the Social Structure)」, in: The Psychoanalytic Qurterly, Vol. XIX, 1950, No. 3, S. 371ff. 참조.

269) Vgl. Max Weber, Über einige Kategorien der verstehenden Soziologie (1913), Kapitel II: Verhältnis zur Psychologie; in: Max Weber, Gesammelte Aufsätze zur Wissenschaftslehre, Tübingen 1922, S. 408~414.

270) 135쪽, 269쪽 이하 참조.

271) '정신의 정착'에 대해서는 주석 257) 참조.

272) 『문학 노트』의 논문 「대리자로서의 예술가(Der Artist als Statthalter)」에서 아도

르노는 자신이 염두에 두는 발레리의 글을 상세히 인용한다. "어느 사회 이론가도 더 가차 없이 해낼 수 없을 만큼 아주 엄격하게, 아무런 이데올로기적 첨가 없이 발레리는 오늘날 지배적인 사회적 물질 생산의 사회적 조건들에 대한 예술적 노동의 모순을 발설한다. 그는 독일에서 백 년 이전에 칼 구스타프 요흐만(Carl Gustav Jochmann)이 그랬듯이 예술 자체가 의고주의적이라고 비난한다. '가끔 내게는 예술가의 일이 완전히 근원적 성격을 지니는 일이라는 생각이 떠오른다. 예술가 자신은 어떤 잔존하는 존재이다. 사멸지경에 이른 노동자 혹은 수공업자 계급에 속하면서 극히 개인적인 방법과 경험들을 사용해 가내작업을 수행한다. 자신의 도구들이 친숙하게 뒤섞여 있는 가운데에서 살면서 환경에 대해서는 맹목적이며, 단지 자신이 보려는 것만 본다. 깨어진 항아리들, 가정용 철제품들, 그 밖의 수많은 것을 자신의 목적에 써먹을 수 있게 만든다. … 이런 상태가 언젠가 변해서, 어쩌면 그처럼 상당히 우연에 좌우되는 도구로 변통을 해나가는 기이한 존재 대신에 언젠가는 꼼꼼하게 흰 옷을 입고 고무장갑을 낀 사람, 엄격한 시간계획을 지키고, 엄격히 전문화된 장치들과 선별된 도구들을 처리하는 사람, 모든 것을 제자리에 두고, 모든 것을 특정한 용법을 위해 마련해 놓는 사람을 그의 실험실 같은 화실에서 만나게 될 것인가?'"(인용은 Paul Valéry, Tanz, Zeichnung und Degas, a. a. O. [s. Anm. 239], S. 33f.).

여러분 안녕하십니까.

지난 시간을 나는 여러분에게 어떤 관점에서 변증법적 사유가 오늘날 주
도적인 관리용 사유와 모순을 이루는지 보여주려 시도하는 것으로 마쳤
습니다. 오늘은 이제 여러분에게 계속해서 변증법적 사유로 인해 대면하
는 난관들 가운데 한 가지에 관해 이야기하겠는데, 이로써 나는 아마 관
리용 사유를 통해 가장 확연하게 규정된 것으로 보이는 현대 의식의 계기
를 다루게 될 것입니다. 즉 노골적인 양자택일을 하는 사유, 말하자면 설
문 형식에 따르는 사유, 혹은 전체주의 국가들에서 사람들에게 아리아인
이냐 비-아리아인이냐, 프롤레타리아냐 비-프롤레타리아냐, 올바른 입
장을 가진 자냐 삐딱한 자냐 혹은 그와 유사한 형태로 신분증을 요구하
는 사유가 그것입니다. 그리고 우리가 살고 있는 세계 속에서 인간의 운
명은 그런 식으로 가능한 한 확고하게 정의에 의해 규정된 계급으로 각각
분류되는 데에 대체로 따라갑니다. 이는 오늘날 인간의 실제 삶에서 일반
적으로, 본래 관리행위로부터 유래하여 인간적인 것에 적용되는 가능한
모든 범주적 형식들이, 즉 가능한 모든 단순 질서형식들이 이제 직접 두
려운 권력으로 되는 한에서, 사유와 존재의 동일성이라는 관념론의 테제
가 끔찍하게 뒤집힌 상태로 실현된 것이나 마찬가지입니다. 그것은 언젠

가 어느 독일 정치풍자예술가가 만들어낸 "너는 반대냐, 찬성이냐"[273] 하는 논제로 규정되는 사유입니다. 사실 여러분도 예컨대 직접 정치 토론에 참여할 경우 토론에서는 거의 언제나 사람들에게 그처럼 명확한 방식으로 어떤 것에 찬성하는지 아니면 그것에 반대하는지 말하도록 강요하는 습관과 부딪치게 될 것입니다. 오늘날 사람들이 매우 좋아하는 참여라는 개념이 이처럼 양자택일을 요구하는 사유와 얼마나 직접적으로 동일한지는 따지지 않겠습니다. 실제로 그렇다는 의심이 종종 들기는 합니다. 물론 독일에서는 이 관리용 사유가 특수한 배경을 지닙니다. 이는 아마 독일의 프로테스탄티즘 전통과 관련 있을 것입니다. 일반적으로 변증법적 사유가 맞서야 했던 독일의 상황에는 관리와 내면성의 독특한 결합이 특징적인데, 이와 관련해서는 오늘날에도 실제로 올바른 분석이 필요합니다. 그러한 결합이 이루어졌다는 단순한 사실로 인해, 이 구성에 포함되는 내면성 개념의 명예는 극히 심각하게 실추된 셈입니다. 아무튼 나는 어린 시절에 이미 "나의 편이 아닌 자는 나의 적이다"[274]라는 명제에 대해 극히 격하게 반발했던 것을 기억합니다. 또 사실 그러한 명제 속에는 윤리를 구실로, 그러니까 미온적이어서는 안 되고 결단을 해야 한다는 구실 아래 어떤 양자택일 혹은 어떤 결정을 내리도록 강요당한다는 사실이 내포되어 있습니다. 그런데 그러한 결정이라는 것은 본래 결정의 개념을 통해 호소하는 자율적 사유라는 심급에서 나오는 것이 아니라, 우리에게 타율적인 방식으로 외부로부터 미리 제시된 것입니다. 이때 우리에게는 어떤 견본과 [다른 견본] 사이에서, [즉] 그런 성질을 지니는 두 가지의 대안 사이에서 결정을 하는 것 말고 다른 선택의 여지가 없는 셈입니다. 그리고 이 경우에 기초가 되는 결정의 자유라는 개념은 우리가 그런 가능성에 직면함konfrontiert으로써[275] 처음부터 사실상 부정됩니다. 따라서 그것은 근본적으로 이 경우 온갖 가능한 구실 아래 유일하게 가능한 사유 방식으로 강요되는 타율적 사유 습관입니다. 일반적으로 아마 최상위의 차원에서 오늘날 지배적인 사유의 퇴행을 타율성으로의 후퇴라고 특징지을 수 있을 것입니다. 그런데 파울 틸리히Paul Tilich는 이미 사반세기 전에 아주 인상적으로 그런 규정을 제시한 바 있습니다.[276]

하지만 이 대목에서 변증법이 사유에 제기하는 특별한 어려움은 변증법 자체도 결코 이것이냐-저것이냐Entweder-Oder의 대립물로 되지 않는다는 점, 즉 변증법 이론과 변증법적 사고도 이것이면서-또한-저것 Sowohl-als-Auch은 아니라는 점입니다. 그리고 내 생각에 여러분은 여기서 변증법적 사유의 어려움과 아울러 불편함을 명확히 인식할 수 있습니다. 즉 변증법적 사유는 이것이냐-저것이냐, 곧 미리 주어진 대안들 사이에서 고르는 것도 아니고, 이것이면서-또한-저것, 곧 서로 갈등하는 가능성들을 놓고 저울질한 다음 그것들 사이에서 중간노선을 찾아야 하는 것도 아닙니다. 헤겔에게서 유래하는 변증법의 역사적 운명은, 사람들이 그 중심 개념, 즉 매개 개념을 바로 내가 여러분에게 암시하는 의미에서 오해했다는 것입니다. 즉 사람들은 변증법적 사유라는 것이 본래 모든 사태에는 어떤 좋은 면과 그릇된 면이 있다고 말하는 사유라고 믿었습니다. 그리고는 이런 식으로 마침내 순응주의적 의식의 일반적인 잡탕 속에 변증법까지 끌어들이고, 모든 사태에는 무엇인가 중요한 점이 있지만 그 반대도 있고, 존재하는 모든 것은 그 좋은 면과 나쁜 면을 가진다고 주장하는 선의의 상대주의와 변증법을 화해시켰습니다. 나는 대상들을 그 복합상태 속에서 제대로 대하려고 시도하는 변증법의 고찰방식에는 이러한 모티프도 함께 포함되어 있음을 결코 부인하지 않겠습니다. 사실 그 속에는 인도주의적인 면도 담겨 있습니다. 이 이것이면서-또한-저것이라는 사고방식에서는 의식이 현존하는 것에 맞섬으로써 이제 일종의 심판관 기능을 수행해야 하고 대상들을 선과 악으로 구분한다는 요구가 최소한 부정되는 한에서 그렇습니다. 하지만 변증법적 사유의 이 모티프를 일단 인정할 경우, 다른 모티프도 간과할 수 없을 것입니다. 즉 우리가 예컨대 '매개'라는 말로 지칭한 것이 변증법에서는 양극단 사이의 중간노선이 아니라, ─그리고 내게 이 점은 물론 이런 맥락에서 결정적인 것처럼 보입니다─ 변증법적 사고 자체가 단지 그 극단을 통해 자체와 동일하지 않은 계기를 향해 운동해간다는 것, 그러니까 일단 동역학적으로 표현하자면 변증법적 매개는 대립물들 사이의 중간치가 아니라 실제로 우리가 극단으로 들어가고 극단 자체에서 그것을 최대한으로까지 밀고가 그 자체의 대립을 지각함으로써만 야기된다고 하겠습니다. 이는 내가 여러분에게 본 강의 첫머리 혹은 앞부분에서 일종의 논리적 구조로서 설명하려고 시도했던 바이기도 합니다.

따라서 이 경우 오늘 나는 이제 극단들을 통한 이 운동 속에서 이루어지는 변증법의 논리적 측면에 대해 말하는 것이 아니라, 사유 도덕적이라고 칭할 수 있는 측면에 대해 말하겠습니다. 즉 우리가 어떤 진보적 현상에서 그 역사적 한계 혹은 일반적으로 그 의심스러운 성격을 지적할 경우, 이는 전위적인 것 혹은 진보적인 것을 상대로 더 온건한 것, 온건주의적인 것을 더 나은 것이라고 지칭함으로써 이루어지는 것이 아니라, 해당 현상으로 하여금 자체 반성하도록 하고, 가능하다면 그것이 그때까지보다 스스로 더 순수하고 더 일관된 형태를 갖추게 하고 이런 식으로 교정되도록 함으로써, 비판적으로 그 의심쩍은 계기들을 교정할 수 있[도록] 계속 밀고 가야만 하는 것입니다. 솔직히 여기서 나는 조금 나 자신을 위해 말하고 있습니다. 왜냐하면 내가 나 자신의 미학 연구들에서 어떤 전위주의적 현상들에 대해 비판을 가할 수밖에 없는 경우에는 어디서나 일종의 거북한 열광에 부딪치고 또 나의 아방가르드적인 친구들에게서는 일종의 실망에 부딪쳤으며, 그래서 마치 이제 나는 말하자면 이성을 찾게 되어 단적으로 내가 비변증법적 명제라고 간주하는 "여기까지고 그 이상은 아니다"라는 명제를 대변하게 되는 것만 같기 때문입니다.[277] 이 세상에는 비판적 사고를 중지시켜도 되는 어떤 권력도 없습니다. 그리고 그때그때 변증법 자체가 예컨대 이른바 '반성적 사유'에 대한 비판에서처럼, 자체의 어떤 모티프들에서 비판적 반성을 중단시키기 시작했을 때, 이는 사실상 변증법의 원죄였던 것이며, 바로 이 계기 때문에 사람들은 헤겔의 변증법에 머물 수 없게 된 것입니다.[278] 하지만 비판적 사고가 이제 자체로 진보적인 현상을 장악할 경우, 이는 우리가 그 현상을 상대로 친숙한 상태의 어중간한 인간이성에 호소한다는 것을 의미하지 않습니다. 그것은 단지 어떤 현상의 부적절성과 관여할 때 우리가 그 현상으로 하여금 자체의 원칙을 더욱 밀고가게 함으로써 그것을 교정하고자 시도한다는 것을 의미할 수 있을 뿐입니다. 다른 말로 좀 더 내용상으로 표현하자면, 우리가 되풀이하여 계몽의 변증법에 부딪칠 경우, 즉 계몽의 과정에서, 계몽의 노정에서 희생과 불의로 남아 있는 모든 것을 확인할 수밖에 없는 식으로 합리성의 변증법에 부딪칠 경우, 이는 우리가 이 계몽의 뒤로 다시 돌아가서 어떤 비합리성들의 자연보호공원을 구상하는 것을 의미할 수도 없고 의미해서도 안 됩니다. 오히려 그것은 계몽이 남겨 놓는 이 상흔들이 동시에 언제나 계몽 자체가 아직 부분적인 것, 말하자면 충분히 계몽되지 않은 것임을 증명하는 계기들이기도 하다는 점, 또 단지 계몽의 원칙을 일관되게 계속 추구함으로써만 이 상처들이 어쩌면 치유될 수 있으리라는 점을 의미할 수 있을 뿐입니다.

따라서 독특하고 실제로 파악하기 어려우며 특히 일관되게 자신의 것으로 삼기 어려운 변증법의 입장, 즉 노골적인 양자택일로 생각하지도 않고 이 양자택일을 손쉬운 방식으로 이제 어떤 의미에서든 화해시키기에 이르지도 않는 사유인 변증법의 입장에 대해 이상과 같은 점을 말할 수 있을 것입니다. 나는 이 점을 최소한 한 가지 모델을 통해 여러분에게 보여주고 싶습니다. 방금 내가 한 것처럼 여러분에게 그 점을 일반적으로 말해도, 여러분은, 아무튼 여러분 가운데 지금까지 나를 따라온 사람들은 아마 이해가 될 것입니다. 하지만 여러분은 구체적 사유에서, 특히 구체적인 방법론적 분석들에서는 그처럼 추상적으로 듣는 경우보다 사정이 훨씬 더 어렵다는 사실과 되풀이하여 부딪치게 됩니다. 예컨대 사람들이 사회과학들의 출발점과 관련해 양가적으로 사고하는 것은 독일에서 거의 뿌리 뽑을 수 없는 질병처럼 보입니다. 한편으로는 다음과 같이 말하는 사람들이 있습니다. "그렇다. 우리는 근본적으로 사회학적-경험주의적으로 사유하고 역사주의적으로 사유해야 하며, 그럴 경우 확실히 어떤 확고한 것은 일반적으로 존재할 수 없다. 왜냐하면 확고한 것은 모두 바로 그 역동적 상태에 대한 통찰을 통해 상대화되기 때문이다." 그리고 다른 한편으로 모든 정신과학 혹은 인간에 관한 모든 과학은, 멋지게 말해서 한 '세트set'의, 번역하자면 '일련'의, 확고한 가치들, 이른바 영원한 가치들을 지향해야 한다는 견해를 옹호하는 사람들이 있습니다. 예컨대 최근에도 뮌헨에서 '개인과 사회'와 관련해 말한 강연에서[279] 어느 조교한테서, 사회학 계통의 조교라고 생각합니다만, 나는 근본적으로 사회학적으로 사유해야 하거나 아니면 일종의 인간학을 가져야 하고, 그렇지 않으면 전혀 아무것도 되지 않는다고 질책을 받았습니다. 그리고 그런 사람을 상대로 내가 여기서 시도하는 것처럼 좀 더 복잡하고 더 세분화된 구조, 다름 아닌 변증법적 구조를 분석하려고 할 경우, 바로 이 사유구조를 무조건 상대주의적 역사주의 혹은 궁극적인 단계에서 진리 개념은 아예 없다고 보는 사유에 편입시키려는 성향이 일반적으로 존재합니다. 나는 이 강의에서 단 한 가지, 즉 여러분들의 경우에는 이러한 편입 내지 동일시를 조금 차단하고, 지금 그저 하나의 테제로만 제시할 수 있는 다음 주장에 여러분이 수긍하도록 할 수 있으면 기쁘겠습니다. 즉 나는 파레토Pareto[280] 스타일이나 그를 모방하는 만하임[281] 스타일의 상대주의적 사회학자들과도 엄격히 대립한다고 느끼지만, 그와 꼭 마찬가지로 셸러Scheler의 것이든 하이데거의 것이든 혹은 겔렌Gehlen의 것이든, 오늘날의 인간학적 존재론들에 대해서도 엄격히 대립한다고 느낍니다. 또 내가 여러분을 위해 여기서 구상하려고 하는 사유의 모델은 바로 이 양자택일을 실제로 인정하지 않는 모델입니다. 즉 변증법 이론은 진리의 이념을 고수합니다. 그와 마찬가지로 각각의 개별 인식에 엄격히 진리의 척도를 적용하고 바로 이로써 이 개별 인식이 무산되기에 이르도록 하지 않는 변증법은 변증법적 과정 일반이 파악될 수 있기 위해 꼭 필요한 힘을 말하자면 처음부터 지니지 못할 것입니다. 그리고 허위에 대한 통찰, 즉 본래 변증법의 결정적 모티프인 비판적 모티프 속에는 그 필수 조건으로서 진리의 이념이 담겨 있습니다. 비판을 수행하면서 이때 그것이 지칭하는 것의 허위 자체를 규정하지 않는 것은 어불성설입니다. 하지만 다른 한편으로 이 경우 이 자리에 끼어드는 이 진리 개념은 결코 현상들 너머의 것이 아닙니다. 변증법 전체에서 중요한 것, 즉 한편으로 이 비판의 계기 혹은 더욱 밀고 나가는 사유의 계기 속에 거부할 수 없고 제거할 수 없게 진리의 모티프가 정립되어 있지만, 다른 한편으로 이때 진리를 현상들 너머의 어떤 사물화된 것 혹은 견고한 것으로 표상하는 것이 아니라 오히려 진리를 현상들 자체의 생명 속에서 찾는다는 점, 따라서 개별 현상 그 자체에 대해, 그 자체의 일관성에 대해 질문하고 바로 이로써 그 허위를 설복한다는 점, 이 점을 실제로 파악하는 것이야말로 다름 아닌 오늘날의 이분법적 의식이 겪는 실제 어려움입니다.

이를 일단 신학적인 어법을 모방해서, 부정신학[282]이 있는 것처럼, 변증법의 진리 개념은 부정적 진리 개념이라고 표현해 보겠습니다. 스피노자는 "베룸 인덱스 수이 에트 팔시verum index sui et falsi"[283]라는 명제를 가르쳤는데, 이에 맞서 우리는 "팔숨 인덱스 수이 에트 베리falsum index sui et veri"[284]라고 말할 수 있을 것입니다. 즉 다름 아닌 사물들 및 사태들의 질서와의 직접적 동일성에 대한 요구 속에서만 보장될, 어떤 긍정적이고 사물처럼 손에 잡히는 진리 개념은 없다는 것입니다. 하지만 다른 한편으로 당연하게 허위에 대한 통찰이 생명을 부지하게 해 주는 힘은 바로 진리의 이념입니다. 다만 우리는 이 이념 자체를 어떤 주어진 것으로 가지고 있는 것이 아니라, 내가 최근 한 논문에서 구호로 내세운 『판도라Pandora』의 "빛이 아니라, 특정하게 조명된 것을 보도록!"[285]이라는 말로 표현된 것처럼, 그 이념은 단지 특정한 부정, 즉 특정한 허위에 대한 통찰이 실제로 이루어지도록 해주는 광원과도 같은 것일 뿐입니다. 그러니까 달리 말하면, 변증법은 발생과 타당성의 전통적 구분 또한 결코 받아들일 수 없습니다. 또 변증법은 예컨대 극단적 심리주의 혹은 일반적으로 어떤 부류의 심리주의든 모두 옹호하는 바와 같은, 모든 종류의 진리가 그 기원으로 완전히 설명된다는 생각, 또 일단 진리를 발생시킨 것에 대해 알게 되면 진리 자체를 차지하게 된다는 생각도 받아들일 수 없습니다. 전통적 의식은 발생한 것이 결코 참일 수 없다고, 즉 발생한 것은 그 기원을 이루는 것과 근본적으로 다를 수 없다고 가르친다고 매우 타당하게 비난한 니체의 인식을 이 자리에서 나는 분명하게 끌어들이고자 합니다.[286] 하지만 내가 여러분을 위해 근원철학에 맞서 전개하려 시도한 변증법적 사고를 일단 받아들일 경우, 즉 어떤 것에서 기원하는 것이 사실상 그 기원이 되는 것과는 질적으로 다른 것이거나 혹은 다를 수 있다는 생각을 받아들일 경우, 이로써 또한 이 정신적 내용의 발생을 통해 동시에 그것의 진리도 끝나고 폐기되었다는 믿음도 사라집니다. 그러나 역으로 진리의 생명이 담겨 있는 과정, 진리가 생겨나고 진리가 몰락하는 과정, 진리가 그 자체의 내용을 지니고 있는 과정을 도외시하는 가운데 어떤 진리를 실체화하는 것, 진리의 생성에 맞서 진리를 그처럼 실체화하는 것, 그러니까 기원에 맞서 타당성을 절대화하는 것도 단순한 기원에 근거해 상대화하는 것과 마찬가지로 허위입니다. 그리고 이 자리에서도 변증법적 분석은 실제로 그것이 얽혀 들어가 있는 양자택일 자체를 부숴버려야 하며, 이 양자택일에 굴복하는 것이 아니라 양자택일 자체를 단순히 표면적인 것으로, 사물화된 사유의 산물로 파악해야 합니다.

여기서 최소한 잠정적으로 아주 간략하게 언급하자면 ―물론 내가 이 자리에서 이 모든 범주들을 상세히 분석해 줄 수는 없으며, 말하자면 나는 단지 이 범주들을 여기에 끌어들이고 우리의 몇 가지 기본 고찰들에 근거해 그것들을 조명하고자 시도할 수 있을 뿐입니다― 이른바 가치 개념의 전체 복합문제에도 유사한 것이 적용됩니다. 이 가치 개념의 복합문제는 그것이 뜻하는 바가 실제로 더 이상 실체적이지 않을 때, 즉 현존재의 미리 주어진 질서를 관리에 적합한 경직된 개념들로 대체하고 이것들을 규범들 혹은 가치들 혹은 심지어 본보기들로 사람들 앞에 내걸 때 비로소 철학 속에 들어오는 것입니다. 한편으로 내게는 실증주의 과학이 그토록 강조하며 옹호하는, 또 막스 베버가 인식론적으로 정식화한, 이른바 가치중립적 사유라는 생각은 참과 거짓의 구분 자체가 일종의 가치구분이라 할 수 있다는 이유만으로도 이미 매우 문제가 있는 것으로 보입니다. 내가 어떤 방식으로든 참을 거짓보다 우위에 두지 않는다면, 내가 거짓에 대한 참의 우선성 같은 것을 고수하지 않는다면, 바로 가치중립성이라는 생각이 자랑하는 사유의 객관성이라는 개념 자체가 아예 그 의미를 잃어버립니다. 하지만 다른 한편으로 어떤 가치들이든 단순히 역사의 피안에 있는 것으로 신봉하고 예컨대 셸러[287]의 경우에 그렇듯이 바로 이 경직된 가치들의 형태로 어떤 척도를 외부로부터 끌어들이고 이에 비춰 내용상으로 존재하는 모든 것을 평가하는 것도 마찬가지로 독단적입니다. 이는 무엇보다 시대착오적인 사유로 귀결됩니다. 그러니까 예컨대 '결합' 따위의 척도들이 추상적으로 사회적 상황들과 행동방식들에 적용되는데, 이러한 것들은 본래, 그 본연의 의미에 비춰볼 때, 결코 그러한 척도에 비춰 평가될 수 없는 것입니다. 따라서 변증법은 여기서도 전혀 이 두 개념 사이를 매개하는 과제를 맡고 있지 않습니다. 예컨대 "그래, 영원한 가치들, 그런 것은 없다. 하지만 각 시대와 관련한 상대적 가치들은 있다. 그러므로 그 시대 내부에서는 바로 이 시대에 타당한 해당 가치들을 고수해야 한다"는 식으로 말하게 되는 사유는 그저 우스울 뿐입니다. 내가 여러분에게 그런 방식의 희극성을 상세히 설명할 필요는 없으리라고 생각합니다. 실제로 이런 식으로 이른바 역사주의를 처리할 수 있다고 믿는 철학자들이 무수히 많다고 해서 그러한 희극성이 줄어드는 것은 아닙니다. 내가 보기에 이 문제의 해결책은 다음과 같은 데에 있습니다. 즉 가치 개념 자체에 대한 분석은 바로 이 가치 개념의 조건들과 그것의 불충분성으로 귀결되지만, 반면에 그와 꼭 마찬가지로 가치중립성의 개념도 그것을 엄격히 구현할 경우 불가능하다는 점이 입증되며, 따라서 이 범주들 자체를 그렇게 생산된 상태로 이해하는 사유는 이 개념들 가운데 어느 하나를 위해 다른 것을 부정하지 않고 이 양자택일을 아예 넘어서며, 이때 물론 그 추상적이고 사물화된 형식으로 가치 개념에 의해 일반적으로 파악되는 규범적 계기들을 어떤 특정한 의미에서 포착하려고도 시도하는 것입니다.

나는 여러분에게 척도, 혹은 변증법이 척도로 보는 유일한 가능성은 바로 내재적인 척도라고 말했습니다. 또 내가 믿기에는 어떤 현실적인 사유가 헤겔의 사유에서 가장 결정적인 것을 어디서든 배운다면 바로 이 대목에서 배워야 한다고 믿습니다. 즉 사유는 이 시대의 징표가 된 것처럼 외부로부터 어떤 사태에 척도들을 가져다 적용할 것이 아니라, 스스로를 사태 자체에 내맡겨야 하고, 척도는 사태 자체로부터, 헤겔이 명명하듯이, '순수한 바라봄'을 통해 비로소 얻을 수 있다는 헤겔의 요구로부터 가장 결정적인 것을 배워야 하는 것입니다.[288] 물론 변증법적 사유가 지향하는 객체가 자체로서 아무 성질도 지니지 않는 것은 결코 아니라는 데에, 우리가 그것에 범주적 그물을 뒤집어씌움으로써 비로소 그 규정들을 찾게 되는 것이 아니라, 그 자체가 자체 내적으로도 이미 어떤 규정된 것이라는 데에, 달리 말해 어떤 대상도 그것이 우리에게 특정한 것으로 대립하는 한 자체 내에 또한 사유를, 자체 내에 주체를 포함하지 않는 것은 없다는 데에 변증법의 결정적 계기가 들어 있습니다. 그러니까 달리 말하자면, 이 대목에서 변증법 자체 속에는 관념론의 한 계기가, 즉 매개된 것으로서의 주관성에 대한 암시가 들어 있습니다. 그것은 또한 세계를 자신에 근거해 파악하거나 산출한다는 관념론의 요구 전체를 아무리 비판적으로 혹은 회의적으로 대한다 해도 고수해야 하는 것입니다. 하지만 다른 한편으로 그러한 견해는 다음의 이유로 관념론적인 것이 아닙니다. 즉 내가 방금 주관적 계기로 지칭한 그 계기 자체가 이 경우 단지 하나의 계기를 나타내고, 이때 그 기초가 되는 주관성 자체의 개념은 일종의 추상물을, 살아 있는 주체들 혹은 살아 있는 인간들로부터의 추상을 나타내기 때문에, 또 이 인간의 사유가 그러한 대립의 규정에 포함되기 때문에, 그리고 그 사유는 바로 이 허위라고 할 수 있는 추상성으로 인해 그 나름 또한 절대화될 수 없고 즉자-로-존재하는 것으로 만들어질 수 없기 때문에, 오히려 주체가 객체에 의해 필연적으로 매개된 것이고 역으로 이와 꼭 마찬가지로 객체도 사유에 의해 매개되어 있기 때문에 그렇습니다.

이런 맥락에서 끝으로 한 가지만 더 말하겠습니다. 오늘날 지배적인 사유습관, 즉 이분법적으로 처리하는 —그러니까 한편으로 사실들을 수집하고 다음에 다른 한편으로 "그래, 하지만 그 밖에 우리에게는 그것을 관련지을 수 있는 하나의 가치체계도 필요하지. 왜냐하면 그렇지 않을 경우 우리는 사실상 그 사실들을 처리할 수가 없기 때문이야"라고 말하는— 사유습관, 이 이분법적 사유에도 —또 다름 아니라 그것이 절대주의적이고 독단적인 체할 경우에— 어떤 우연과 자의의 계기가 기입됩니다. 즉 이 경우 가치부여 혹은 내가 관여하는 단순히 주어진 것의 상대성과 우연성을 넘어선다고 믿는 그런 사유에는 필연적으로 이른바 어떤 입장이 관련되며, 이때 이런 입장을 취하거나 선택하는 것은 사실상 암암리에 어떤 우연적인 것으로 여겨지는 것입니다. 그러니까 예컨대 아무튼 어떤 사람이 한편으로 과학자로서 연구를 하지만 그 다음에는 누군가에게 "그래, 하지만 기독교인으로서 나는 그 밖에도 내가 관여하는 이 사실들을 나의 규범에 비춰 평가해야 한다", 혹은 아무튼 "사회주의자로서 나는 그것들을 이에 비추어 평가해야 해", 혹은 '독일인으로서 나는', 혹은 그 밖에 그가 뭐든 이런 식으로 말하는 방식이 기입되는 것입니다. 아마 여러분은 —내가 이처럼 조야하고 진부한 사유 상의 조언들로 여러분을 괴롭히는 것을 용서하기 바랍니다— 이 강의에서 무엇보다 '~로서 나는'이라는 말이 나오는 모든 명제들에 대한 모종의 회의도 배울 것입니다. 여러분이 '~로서 나는'이라고 말하는 순간 이미 여러분은 자신이 일반적으로 이 '~로서 나는'이라는 형식을 통해 어떤 절대적 진리로 주장하려고 하는 그 진리를 스스로 상대화하며, 이로써 자신의 뒷덜미를 치는 셈입니다. 더구나 이로써 여러분은 어쩌면 사람들을 쪼개놓는, 인간의 의식을 과학자로서, 국민으로서, 기독교인으로서, 개인으로서, 직업인으로서, 기타 등등으로서 그들의 의식으로 쪼개놓는 사회적 정신분열을 승인하고 더욱 강화하는 것입니다. 내가 사회적 정신분열이라고 묘사한 이 현상 자체가 물론 우리 직업생활의 기능화와 궁극적으로는 오늘날 통용되고 있는 경제적 경향에 근거를 둔다는 점, 따라서 그것을 단순한 의식행위나 단순한 철학적 칙령으로는 아무튼 바꿀 수 없다는 점을 나는 아주 잘 의식하고 있습니다. 따라서 나는 내가 여러분에게 제시하는 현명한 충고의 효과에 대해 그다지 많은 환상을 품고 있지 않습니다. 하지만 그럼에도 불구하고 나는 우리가 그러한 것들을 반성할 경우, 그런 것을 더 이상 순진하게 수행하지 않고, 내가 이 자리에서 비록 단편적으로나마 시도한 바와 같이 그것을 철학적 비판의 영역에 끌어들일 [경우], 이 습관에 비해 한 걸음 더 나아가리라고 생각합니다. 다른 한편으로 나는 또한 —힘없는 변증법 이론가에게는 난관을 보여주는 것, 그러니까 실제로 우리가 포로인지 아닌지, 그리하여 사유가 도처에서 벽에 부딪히고 있다는 것을 보여주는 것 말고 무엇이 남아 있겠습니까— 예컨대 분열되지 않은 온전한 인간 혹은 심지어 이제 인식행위를 수행해야 할 충만한 인간에 대한 호소도 어떤 무기력한 면을 지닌다는 점, 일반적으로 어떤 전문가가 자신이 어느 정도 이해하는 사태에 대해 지니는 인식은 —이는 의학과 꼭 마찬가지로 시와도 관련됩니다— 개별 사태의 규율 속에 실제로 들어간 적이 없어서 자신의 충만한 인간성을 유지하는 사람의 인식보다 단연코 우월하다는 점을 분명히 의식하고 있습니다.

따라서 간단히 말하자면 변증법은 처방전을 거부합니다. 나는 여러분에게 그 점을 추상적으로 이미 종종 말했습니다. 나는 오늘 여러분에게 몇 가지 모델들을 통해 변증법이 실제로 얼마나 처방전을 제공하지 않는지, 변증법이 우리에게 일반적으로 얼마나 제공하는 것이 없는지 보여주었다고 믿습니다. 그리고 나는 실제로 처음부터 흔히들 말하듯이 사유가 무엇인가를 주리라는 것을 포기하고 그 대신 사유에 무엇인가를, 즉 자기 자신을 내주려고 하는 자만이 아무튼 변증법과 관여해야 한다고 믿습니다. 그렇지 않은 사람들에게 나는 전통적 사유형식들에 머물라고 절실히 권장할 것입니다. 전통적 사유형식들은 일반적으로 인정받고 있을 뿐만 아니라 더욱이 일종의 쾌적한 확실성도 주는데, 이 변증법 문제들과 아무튼 일단 관여하는 사람은 누구나 그런 확실성을 버릴 수밖에 없습니다.

이제 나는 이러한 포기, 통상적 확실성에 대한 포기에 대해 말함으로써, 널리 퍼져 있는 논리 형식들에 대한 변증법의 입장을 떠올리게 되는데, 이와 관련해서도 이제 여러분에게 몇 마디 해야겠습니다. 이 경우 끼어드는 가장 중요한 형식은 정의의 형식입니다. 사실 칸트, 헤겔, 니체 등의 위대한 철학은 정의의 개념을 극력 거부했는데, 수많은 영역에서의 과학 내적 실제사유는 —더구나 결코 자연과학에서만 아니라 예컨대 법학이나 오늘날의 이론적 수학적 국민경제학 혹은 수많은 이른바 '하이픈-철학들Bindestrich-Philosophien'이라 해야 할 것들, 그러니까 수리논리학적 방법과 관련 있는 철학들의 경우에도— 정의를 신봉하고 있다는 점, 즉 어떤 개념을 단지 깨끗하고 확고하게 정의하기만 하면 그로써 그 밖의 모든 걱정거리에서 벗어나 이제 절대적으로 확실한 영역에 자리 잡고 있는 것으로 믿고 있다는 점은 매우 기이한 일입니다. 그러한 확실성은 기만입니다. 그리고 변증법의 과제들 가운데에는 무엇보다 이처럼 정의에 의존하는 사유의 기만을 흔들어놓는 것도 있습니다. 여기서 나는 아주 간략하게 정의의 문제점을 다루고 그다음 이와 관련되는 몇 가지 여타 본질적인 논리 형식들의 문제점을 다루고자 합니다. 이로써 여러분에게 여러분 자신의 구체적 사유를 위해 적어도 몇 가지 기억할 것을 제시할 수 있었으면 합니다. 사실상 '정의'는 개념들을 통한 개념들의 규정을 뜻한다고 할 수 있습니다. 오늘날 사람들이 일반적으로, 또 완전히 무반성적으로 개념들을 통해 개념들을 규정하는 이 방법을 구속력 있다고 보면서 실제로 이미 일종의 무한 소급에 빠지고 이로 인해 그들이 소유하고 싶어 하는 확실성이 무너진다는 점을 생각도 하지 못한다는 것은 놀라운 일입니다. 하지만 나아가서 나는 이 자리에서 여러분 가운데 상당수에게는 아마 모두에게 그래야 하는 것처럼 결코 그렇게 친숙하지가 못한 기본적인 논리적 사실을 환기하고 싶습니다. 즉 우리는 개념들을 사실상 원칙적으로 두 가지 방식으로, 즉 다른 개념들을 통해서, 혹은 ―또 나는 이 자리에서 교육적인 이유로 인해 전적으로 전통적 논리학의 기초 위에 있습니다― 사실들을 지적하고 이것들을 개념들을 통해 요약하는 방식으로 규정할 수 있습니다. 그리고 바로 전통적 논리학에 따르면 모든 개념은 개념들로 환원되는 가운데, 결국 해당 개념으로 뜻하는 사태를 직접 지시하는 식의 궁극적 충족이 필요합니다. 여러분에게 가장 단순한 것만 말하자면, 여러분은 '빨강'이라는 개념을 정의할 수 없고, '빨강'이라는 개념으로 뜻하는 바를, 그것을 설명해 주려는 사람들의 눈앞에 빨강의 다양한 뉘앙스들을 제시하고 그들이 지각심리학의 가능성 내부에서 이 모든 개별적 빨강에 대한 지각들에 공통적인 계기를 빨강이라는 개념으로 파악하도록 함으로써, 단지 가리켜 보일 수 있을 뿐입니다. 그러니까 달리 말해서 우리는 개념들을 정의할 수 있거나 아니면 인식론에서 지칭하는 바처럼 '지시적으로' 규정할 수 있습니다. 이 경우만 해도 벌써 흔한 정의 개념의 제한성이 담겨 있습니다. 오늘날 지배적인 정의의 우선성에는 일종의 태고주의가 내포되어 있습니다. 즉 어떤 진리도, 그것이 실현되는 것이 아닌 한, 개념들만으로는 구속력 있게 추론할 수 없다는 사실에 처음 도달한 비판 그 이전의 사유로 후퇴한다는 의미가 내포되어 있는 것입니다. 하지만 이로부터 실제로 정의를 내리는 일에 대한 변증법의 입장과 관련해서는 일련의 결과들이 나오는데, 나는 이에 대해 여러분에게 다음번에 말하고 싶습니다.

273) 여기서 아도르노는 1932년에 나온 마르셀루스 쉬퍼(Marcellus Schiffer)의 가
요 「찬성인가요? 반대인가요?(Sind Sie für? Sind Sie gegen?)」(미샤 스폴리안스키
Mischa Spoliansky의 곡)을 끌어들일 수 있었다. 첫 소절은 다음과 같다. "우리에
겐 새 현상이 있어 / 신문과 극장이지 / 듣고 읽는 사람들에게 물어봐 / 요즘 그
들 의견을! / 우린 아주 비판적으로 알고 싶어 / 그들은 온건한가, 예리하게 정
치적인가? / 그들은 곧잘 무의미하게 / 정부 일을 욕하는가? / 그들은 반대인가?
찬성인가? — 단지 이런 뜻에서 말이야 / 그들이라면 더 잘할 수 있을까? / 그들
은 —바로 그들은— 더 잘할 수 있을까? / 그들은 찬성인가? 그들은 반대인가? /
그들은 반대인가? 그들은 찬성인가? / 또 반대라면 무엇 때문에 그들은 반대인
가 / 그들은 반대인가? / 나 때문에 그들은 반대이길 / 나 때문에 그들은 찬성이
길! / 하나 무엇 때문에 그들은 반대인가, 그들은 찬성인가?"(Zitiert nach: Martin
Trageser, Es liegt in der Luft eine Sachlichkeit. Die Zwanziger Jahre im Spiegel des
Werks von Marcellus Schiffer[1892~1932], Berlin 2007, S. 313f.).

274) Mathäus 12, 30.

275) 'präsentiert(제시하다)' 대신 추정함.

276) "오늘날 유럽의 발전이 낡은 타율과 새로운 타율로 돌아가는 분위기에 빠져 있
다면, 설혹 내가 이런 발전의 운명적인 불가피성을 꿰뚫어보더라도, 그것은 단
지 나의 강렬한 저항을 일깨울 수 있을 뿐이다."(Paul Tillich, Gesammelte Werke,
hrsg. von Renate Albrecht, Bd. 12: Begegnungen. Paul Tillich über sich selbst und
andere, Stuttgart 1971, S. 261f.).

277) 아도르노는 여기서 하인츠-클라우스 메츠거와의 꽤 긴 논쟁을 끌어들이고 있
다. 이는 결국 '최근의 음악 — 진보인가 퇴행인가'라는 제목으로 두 사람 사이에
열린 방송대담으로 이어졌다. 이 대담은 강의 직전인 1958년 2월 19일 베스트
도이치 방송국에서 방송되었다. 그 이전에 우선 쥐트도이치 방송국에서 1954년
4월 28일 방송된 아도르노의 방송기고문 「신음악의 노화(Das Altern der neuen
Musik)」(vgl. GS 14, S. 143~167)가 나왔고, 하인츠-클라우스 메츠거의 반론 「신
음악 철학의 노화(Das Altern der Philosophie der neuen Musik)」가 1958년 『계
열(die Reihe)』지 4권 『젊은 작곡가들(Junge Komponisten)』(S. 64~80)에 발표되
었다. 아도르노와 메츠거의 방송대담은 다음 책으로 출판되었다. Heinz-Klaus
Metzger, Musik wozu. Literatur zu Noten, hrsg. von Rainer Riehn, Frankfurt a. M.

1980, S. 80~104.

278) 주석 63), 148) 참조.

279) '개인과 사회' 강연에 대해서는 주석 35 참조. ― 아도르노는 같은 강연을 다시 자유롭게, 따라서 아마 바트 나우하임 강연과는 명백히 다른 형태로, 본 강의 직전인 1958년 5월 23일 뮌헨에서도 했다.

280) 빌프레도 파레토(Vilfredo Pareto: 1848~1923), 스위스의 국민경제학자. 역사유물론과 선을 그으면서, 자신의 눈에 궁극적으로 비합리적인 사회의 경제적 사회적 힘들과 이것들에 속하는 이데올로기들의 조화를 규정하기 위해, 수학 모델에 따라 과학적인 방법을 발전시켰다. 파레토에 대한 아도르노의 비판과 관련해서는 vgl. Beitrag zur Ideologielehre, in: GS 8, S. 457~477.

281) 칼 만하임(Karl Mannheim: 1893~1947), 사회학자. 1933년까지 프랑크푸르트에서 교수로 재직. 지식사회학의 창시자.

282) 초월적이고 탁월한 존재인 신은 긍정적 규정들로 적합하게 묘사될 수 없으며, 단지 모든 가능한 진술들의 부정 과정에서 얻은, 신에 대해 말할 수 없다는 경험을 통해서만 묘사될 수 있다고 보는 전통을 '부정신학'이라고 칭한다. 부정신학은 그 개념상 디오니시오스 아레오파기타(Dionysios Areopagita: 5세기경)에게로 거슬러 올라간다. 그는 기독교 교리를 신플라톤주의 철학과 결합하려고 시도했다. 이로써 부정신학은 한편으로 성서의 전통으로 돌아간다. 즉 '미지의 신'이라는 바울의 말과 구약의 우상금지와 결합될 수 있었다. 다른 한편으로 그것은 플라톤 철학으로도 돌아간다. 특히 플라톤의 『파르메니데스(Parmenides)』의 첫 명제, 즉 절대적인 것으로 정립된 일자로부터 모든 범주적 규정들을 연속적으로 부정하고 있는 명제를 신플라톤주의자들은 이미 '존재 너머의' 선 이념[『국가(Staat)』, 509 b5]에 대한 플라톤 학설과 결합하고 이로써 일종의 부정신학적 신 개념으로 사변적으로 재해석했다.

283) "왜냐하면 진리는 그 자체와 허위의 시금석이기 때문이다."(Baruch de Spinoza, Briefwechsel, Übersetzung und Anmerkungen von Carl Gebhardt, Hamburg 1977, Brief[an Albert Burgh], S. 286).

284) "허위는 그 자체와 진리의 시금석이다."

285) "프로메테우스: (…) 하지만 이제 에오스는 부단히 그것을 추구하지 / 소녀처럼, 뛰어다니며, 손 가득 뿌린다네 / 자주빛 꽃들을! 구름 가장자리 어디서나 / 풍성히 펼쳐지며 만개하지, 바뀌어 가며, 수없이! / 그리하여 그것은 사랑스럽게 등장한다네, 언제나 기쁨을 주면서. / 땅에서 태어난 자들의 나약한 눈을 부드러이

적응시키지 / 헬리오스의 화살로 내 종족의 눈이 멀지 않게 / 빛이 아니라, 특정하게 조명된 것을 보도록!"(Johann Wolfgang Goethe, Sämtliche Werke, a. a. O. [s. Anm. 7], Bd. 9: Epoche der Wahlverwandtschaften 1807~1814, hrsg. von Christoph Siegrist u. a., München und Wien 1987, S. 189). ― 에오스는 아침놀(의 여신)이며, 헬리오스는 태양신 내지 태양이다. 아도르노는 마지막 구절을 「형식으로서의 에세이(Der Essay als Form)」(vgl. GS 11, S. 9~33, hier S. 9)의 모토로 내세웠다.

286) 『인식론 메타비판』(vgl. GS 5, S. 25f.) 서론의 비슷한 대목에서 아도르노는 「우상의 황혼」의 '철학 속의 이성(Die Vernunft in der Philosophie)' 장 제4잠언에서 인용한다. 여기에는 다음과 같은 대목이 나온다. "철학자들의 다른 성벽은 그에 못지않게 위험하다. 그 본질은 궁극적인 것과 제일원리를 혼동하는 데에 있다. 그들은 마지막에 오는 것을 ―유감이다! 그것은 결코 오지 않을 테니까!― '최고의 개념', 즉 가장 보편적이고 가장 공허한 개념, 증발하는 현실의 마지막 연기를 시초로서의 시초에 설정한다. 이는 또한 그들의 숭배방식일 뿐이다. 즉 고귀한 것은 저급한 것에서 자라나서는 안 되며, 아예 자라서는 안 된다는 것이다. … 도덕: 제일등급의 모든 것은 자체 원인(causa sui)이어야 한다. 어떤 다른 것에서 유래하는 것은 반론으로, 가치에 대한 의심으로 간주된다."(Nietzsche, Werke, a. a. O. [s. Anm. 259], Bd. 3, S. 404f. [II/958f.]).

287) 지난번에 끝난 '사회학 입문' 강의에서 아도르노는 어느 비슷한 대목에서 특히 다음 자료를 지적한다. Max Scheler, Probleme einer Soziologie des Wissens; in: Gesammelte Werke, Bd. 8: Die Wissensformen und die Gesellschaft, mit Zusätzen hrsg. von Maria Scheler, 2. durchgelesene Aufl., Bern, München 1960, S. 15~190(Vgl. NaS IV, Bd. 15, S. 134 und Anm. 160).

288) 주석 86) 참조.

여러분 안녕하십니까.

지난 시간에 우리는 정의 문제를 다루기 시작했습니다. 그리고 아마 여러 분도 기억하겠지만, 이 경우 나는 여러분이 우선 한 개념을 규정하기 위해 가능한 두 가지 방식, 즉 지시 방식, 그러니까 그 개념으로 뜻하는 사태 자체를 가리켜 보임으로써 규정하는 방식과, 정의 방식의 구분에 주목하도록 했습니다. 이 구분은 물론 전통적 인식론에 포함됩니다. 그리고 여러분이 그처럼 초보적인 규정을 도대체 왜 변증법 강의에서 찾아야 하는지 묻는 것은 어느 정도 당연합니다. 물론 전통적 논리학과 인식론의 전제들이, 변증법적 논리학과 인식론을 추구하는 여러분의 경우에도 그처럼 때때로 상기시킬 필요가 전혀 없을 만큼 생생한지 나는 종종 확신할 수 없다는 점을 털어놓을 수밖에 없긴 합니다. 하지만 사정이 어떻든 나는 그러한 구분을 다룸으로써 여러분을 본래 변증법적인 일련의 문제들로 이끌어가고자 합니다. 왜냐하면 일반적으로 지시적 규정들에 대한 호소는 단지 여러 사례들의 작은 부분 속에서만 가능하고 현실적으로 수행될 수 있는 데에 반해 좀 더 복합적이고 더 큰 맥락에 위치하는 개념들의 경우 그러한 지시는 불가능하기 때문입니다. 그것이 무한 소급을 전제할 것이기 때문만 아니라 이 경우 양이 질로 [전환되기][289] 때문이기도 합니다. 예컨대 우리가 사태 자체를 지시함으로써 계급이 무엇인지 혹은 사회가 무엇인지 보여주고자 한다면, 이 두 가지는 물론 과학에서 빼놓을 수 없는 개념인데, 궁극적으로 계급이 무엇인지 사람들의 눈앞에 보여주려면 무한히 매개된 과정이 필요할 것이기 때문만 아니라 무엇보다 본질적으로 이 개념 자체가 매우 복합적으로 구성되어 있기 때문에, 그것 자체 속에 범주적 계기들이 너무 압도적이어서 그것으로 뜻한 사태를 단순히 지시하는 것으로는 실제로 전혀 문제가 풀리지 않기 때문에도 우리는 상당히 당황하게 됩니다. 그리고 일반적으로 그것들은 철학, 특히 헤겔과 니체[290]의 철학이, 사물처럼 고정되지 않으며 어떤 규정성을 잃지 않고는 어떤 다른 개념들로 간단히 추상되지 않는 역사적 내용을 지니기 때문에 본래 정의가 잘 되지 않는 것이라고 비판한 바로 그 개념들입니다. 그러니까 한편으로 개념들이 어떤 하나의 내용에 무조건 고착되지 않는다는 점, 그렇게 고착될 경우 개념이 수반하는 다른 모든 것은 개념으로부터 배제될 것이라는 점, 하지만 그럼에도 개념들은 일종의 고유한 규정성을 지닌다는 점, 이러한 것이야말로 실제로 개념에 대한 변증법적 사유의 관계에서 —'정의'라는 복합문제 전체는 '개념에 대한 입장'이라는 복합문제와 구분하기 매우 어렵습니다— 일반적으로 제기되는 문제입니다. 또 여러분은 이런 관점에서 —내가 이 강의에서 늘 새로운 관점에서 여러분을 실제로 변증법이라는 것으로 이끌어가려고 시도했다는 점을 여러분은 아마 알아차렸을 것입니다— 변증법을, 이번에는 방법의 관점에서, 개념의 바로 이러한 특성을 제대로 대하려는, 즉 개념을 불확정적인 것 혹은 모호한 것으로 받아들이지도 않고 또 개념을 자의적 정의를 통해 간단히 잘라버리지도 않으려는, 어떤 사유의 행사Veranstaltung로 고찰할 수 있을 것입니다.

한편 나는 강의 진행과정에서 충분히 드러난 인식론적 이유들 때문에만 아니라, 여러분이 이러한 주제전이를 허용한다면, 도덕적인 이유들 때문에도, 정의하는 방식 자체에 대해 어떤 회의를 품도록 고무하고 싶습니다. 나는 예컨대 토론에서 흔히 "이 개념에 대해 말할 수 있기 전에 먼저 이 개념을 정의해야 한다"는 생각을 고수할 경우, 그 속에는 논의되고 있는 개념에 대한 책임에서 벗어나려는 노력이 감추어져 있다는 점, 그리고 개념의 정의를 이렇게 고집하는 것은 그 충동에 비춰볼 때 실제로 개념 장치의 조작을 통해 사태에 대한 숙고와 사태에 대한 책임에서 벗어날 수 있다고 믿는 어떤 궤변술의 요소를 조금 지니고 있다는 점 등을 되풀이하여 관찰할 수 있었습니다. 여러분이 예컨대 강제수용소에 대한 책임이라는 전체 복합문제에 관해 토론할 경우, "우리가 아무튼 책임의 개념에 관해 토론할 수 있기 이전에 먼저 이 책임 개념을 도대체 어떻게 정의할 것인지에 대해 일단 완전히 명확히 알아야 한다"고 말함으로써 이 토론이 미뤄질 경우, 이는 아우슈비츠라는 사실에 대해 이미 말로 다할 수 없이 어리석고 동시에 악의적인 면을 지니는 어떤 것입니다. 즉 논의 주제에 대해 그런 식으로 외견상 정신적 자유와 과학적 성실함을 갖춤으로써 비로소 철저한 판단을 얻는다고 하지만, 이로써 사태 자체를 감춰버리게 되는 것입니다. 이로 인해 나는 사람들이 일반적으로 흔히 옹호하는 견해, 즉 정의를 통해 비로소 개념들에 어떤 의미를 부여하며, 따라서 개념들은 자의적인 주관적 산물들이라는 견해, 이 견해를 고수할 수 없게 된다고 믿습니다. 우리가 일반적으로 개념들로 작업할 때 이 개념들에서 우리에게 모호한 연상의 지평으로 나타나는 것은 어떤 우연적인 것 혹은 단순히 주체에 근거해 구성된 것이 아닙니다. 아무튼 전적으로 그런 것은 아닙니다. 오히려 그것은 개념 자체에도 담겨 있는 ―물론 명확하게 담겨 있는 것은 아니며 확실히 일탈의 가능성과 온갖 종류의 곡해 및 주관적 해석들의 가능성과 더불어 담겨 있는― 어떤 것입니다. 하지만 우리가 사용하는 모든 개념이 우리의 정의를 통해 비로소 풍부하게 차려지는 식탁으로 변하는 백지상태라고 믿는 것은 유명론적인 오류입니다. 사실이 그러하다면 의미 있게 이야기하는 것, 엄밀히 말해 언어 자체가 전혀 가능하지 않을 것입니다. 또 그럼에도 불구하고 사람들이 과학자의 권위에 따라 말하자마자, 남의 말 자체에 이미 어떤 의미심장한 것이 그 개념에 미리 주어지고 그것에 내재하는 것처럼 그 말을 신뢰할 마음은 결코 없다는 것을 되풀이하여 관찰하게 될 것입니다.

따라서 결코 우리가 비로소 설정하는 것이 아니라 언어 자체에서 우리가 복종해야 하는 것 같은 어떤 것을 개념들이 언제나 이미 우리에게 가져다준다는 이 계기가 정의에 대한 욕구에서는 제한됩니다. 정의되지 않은 개념, 즉 일단 내가 받아들이는 그대로 수용되는 단어는, 확실성의 우상이나 의심의 여지 없는 개념 사용 가능성을 위해 개념이 내포하는 모든 것을 실제로 잘라내는 정의보다 객관적 의미를 훨씬 더 풍부하게 담고 있습니다. 개념들을 사용할 때 변증법적 방법이 떠맡는 과제 혹은 기교는 모든 개념에 담겨 있는 이것을 보존하고 그것을 잘라내지 않는 것, 자의적 정립이나 확인들을 통해 은폐하지 않는 것, 하지만 그것을 동시에 의식으로 끌어올려 애매성이나 그릇된 모호성의 영역으로부터 실제로 벗어나도록 하는 것입니다. 하지만 이는 정의를 통해 이루어지는 것이 아니라 개념들이 들어서는 짜임관계를 통해 이루어집니다. 이로써 다시 우리는 우리에게 드러난 결과, 즉 진리 개념 일반은 인식의 어떤 개별 계기에 맞서 정당성을 얻는 것이 아니라는 점, 어떤 개별 인식도 그 전체 진리를 충족할 수 없다는 점, 오히려 그것들은 서로에 의지한다는 점과 관련됩니다.

나는 여기서 생각하는 바를 여러분에게 비교적 단순한 경험을 통해 예시해 줄 수 있다고 봅니다. 그것은 내가 에세이에 대한 논문에서도 지적한 바 있는데, 바로 이 자리에 실로 적합한 것이기도 합니다.[291] 여기서 내가 생각하는 것은 정규적인 학교수업의 축복 혹은 저주를 경험하지 않으면서 외국어를 배우려는 사람이 처한 상황입니다. 내 생각에 그런 사람은 대개 열성적으로 외국어 텍스트들을 읽을 테고 그 가운데 아마 어떤 한정된 수의 개념들만, 예컨대 보조동사나 일련의 명확한 다른 표현들만 친숙하게 알 것입니다. 하지만 그 후 그가 어떤 단어를 마침내 삼십 번쯤 읽으면, 그에게는 그것이 등장하는 문맥에 근거해 명확해지고, 결국 그는 그것을 추정할 수 있을 것입니다. 하지만 이 경우 그는 아마 해당 단어를 사전에서만 찾아볼 때에는 일반적으로 경험하지 못하는 좀 더 풍부한 상태로, 즉 달라지는 짜임관계들 속에서 그 단어가 겪는 변화와 더불어 지각할 수 있을 것입니다. 여러분은 그저 한 사전에서 어떤 개념을 찾아보고 그다음 또 동의어들을 위해 그 개념을 찾아보는 실험을 해보면, 이 개념이 직접 내포하지 않는 온갖 것을 내포한다는 점을 알게 되고, 바로 이러한 개념들의 생명은 실제로 그 고립상태가 아니라 짜임관계 속에서 비로소 작동한다는 점을 알게 될 것입니다. 하지만 다른 한편으로 물론 개념은 그것이 들어가는 가변적 짜임관계들을 통해 비로소 실제로 규정되며 이러한 변화 속에서 비로소 그 생명을 실제로 보여준다고 할 수 있습니다. 또 이 경우 동시에 그 개념은 변화한다고, 즉 각 개념이 그처럼 새로운 각각의 위치에서 취하는 위상은, 단순한 사물세계에 근거하는 상대적으로 초보적이며 미분화된 칭호들이 관건이 아니라면, 개념이 어떤 다른 위치에서 지니는 의미의 변화와 동일하다고 말할 수 있을 것입니다. 그리고 이제 실제로 언어에 대한 올바른 관계에서 중요한 것은, 한편으로 개념에 대한 면밀한 관찰을 통해 혹은 개념 앞에서의 집요함을 통해 그것이 뜻하는 바를 가능한 한 정확히 인식하면서, 동시에 개념이 겪는 변화를 그 나름으로 함께 의식하여 그 개념을 내적으로 규정된 것이면서 또한 자체 내에서 변하는 것으로 파악하는, 이·두 가지를 동시에 수행하는 것이라고 여겨집니다. 물론 개념들은 자의적인 것이 아니며, 우리가 그것들을 획득할 때에는 이미 어떤 확고한 핵심을 지닙니다. 그리고 어떤 의미에서 그것들의 변화도 이 확고한 핵심과의 관계 속에서 이루어집니다. 하지만 동시에 개념들은 어떤 정태적인 내용을 갖는 것이 아니라, 자체 내에서 어떤 과정을 형성합니다. 각 개념은 본래 자체 내에서 역동적인 것입니다. 그리고 우리의 과제는 실제로 이 역동을 어떻게든 합당하게 대하는 데에 있습니다. 또 이 경우 여러모로 바로 언어가 개념 사용의 표준으로서 기능해야 할 것입니다.

내 말을 오해하지는 말기 바랍니다. 내가 여기서 여러분 앞에서 정의에 대한 비판과 관련해 말한 바는 개념의 자의로 귀결되어서도 안 되지만 ―왜냐하면 내가 여러분에게 약술한 것은 다름 아니라 단순한 정의를 통해 이루어지는 것보다 좀 더 구속력 있는 방식으로 개념 자체를 인식하려는 시도라고 하고 싶기 때문입니다― 또한 이제 여러분 앞에서 정의 자체를 헐뜯는 것도 나의 의도는 아닙니다. 그리고 나는 ―그런 생각을 제안할 경우 그것이 얼마나 쉽사리 타부규정 및 일종의 빨간불로 바뀌는지 알기에― 여러분이 결코 모든 정의[292]에 대해 두려워하게 하고 싶지는 않습니다. 예컨대 여러분이 법학자나 경제학자인 한 여러분의 세미나에서 내가 책임을 떠맡고 싶지 않은 심각한 난관에 빠질 것이 걱정되기 때문만은 아닙니다. 나는 철학에서 ―그리고 다름 아니라 강력한 요구를 제기하는 철학에서― 정의들이 나올 수 있고 또 심지어 나와야 한다고 전적으로 믿습니다. 하지만 이 정의들은 과학을 통해 야기된 사태의 사물화가 사태들 자체에 우선하는 과학활동의 틀 내에서 일반적으로 사람들이 요구하는 말로 이루어진 정의들과는 근본적으로 다른 유형의 것이라고 말하고자 합니다.

나 자신이 언젠가 『미니마 모랄리아Minina Moralia』에서 써먹은 정의는 단순하니까 여러분에게 말해도 좋을 듯합니다. 그렇다고 내가 바로 이 예를 특별히 본질적인 것으로 여긴다고 오해하지는 않으리라고 봅니다. 이 정의는 아마 여기서 내가 고려하는 것들에 비춰 정의라는 말을 통해 이제 실제로 내가 무엇을 생각하는지 여러분에게 보여줄 것입니다. 거기에는 짧은 격언 형식으로 예술은 '자체를 진리라고 여기는 속임수에서 벗어난 마술'[293]이라고 되어 있습니다. 그런 정의는 한 예술작품이 무엇인지 모르는 사람에게는 —따라서 우리는 일단 이른바 예술 감각이 없는 사람을 염두에 둡니다. 예술 감각이 있는musisch 사람이 없어도 주지하듯이 예술 감각이 없는 사람들은 있습니다— 예술작품이 무엇인지 분명히 아무것도 말하지 않습니다. 그가 그것을 이미 알지 못할 경우에 그렇습니다. 그리고 이미 예술의 개념과 그의 내면에서 상당히 많은 관념들이 결합되어 있지 않은 채 나름으로 생활할 경우 그에게 이러한 정의는 분명코 아무런 도움도 되지 않습니다.[294]

[즉 예술에 대한 관념을 갖지 못한 채][295] 예술이 무엇인지 명확히 알고자 하는 사람이 "그래 예술은 현실적인 것이라는 거짓에서 벗어난 마술이야"[하는 소리를 듣게 될 경우], 그런 정의는 물론 그 사람을 딱한 처지에 내맡겨 놓을 것입니다. 그럼에도 불구하고, 내가 착각하지 않는다면, 그런 정의는 흔히 퍼져 있는 예술의 정의들, 예컨대 직접적인 실제 목적들의 세계에서 벗어나 있지만 동시에 의미심장한 것으로 경험되는 직관적 조형물 혹은 그런 성격의 어떤 것이라는 정의보다 좀 더 고차원적인 의미에서 더 우월합니다. 그런 정의는 이미 어떤 관념을 가진 사람에게 어떤 불빛을 밝혀주고 그것의 요소들을 결집하여 이제 예술작품에 대한 단순히 정태적이거나 이차원적인 규정 대신에, 예술작품이 실제로 무엇이어야 하는지, 내재적으로 과정적이고 내재적으로 역동적인 그 본질이 명확해지도록 하기 때문입니다. 반면에 내가 여러분에게 제시한 것과 다른 정태적 정의들, 아마 특별히 어리석은 것도 아닌 그런 정의들은 다음과 같은 오류를 안고 있습니다. 즉 그 경우에는 '직접적 목적들에서 벗어나 있다'는 것과 같은 계기가 유용성에 의해 기형화된 세계 속의 무용한 존재와 유용한 존재의 변증법에 대해 일반적으로 명확히 알 경우에만 실제로 파악될 수 있고 표현된다는 것입니다. 그러니까 [이 정의들은] 그러한 계기를 함께 끌어들일 경우에만 실제로 의미 있어질 수 있다는 것입

니다. 예컨대 운명은 살아 있는 자의 책임의 연관관계다[296]라는 발터 벤야민의 운명에 대한 정의도 비슷한 성격을 지닙니다. 그러한 정의는 물론 예컨대 이미 맹목적 필연성의 계기들, 운명 속에 필연적으로 감춰져 있는 위협의 계기, 연쇄의 계기 등을 알고 또 이 모든 것들을 어떻게든 이미 염두에 두고 있지 않는 사람에게는 [별 도움이 되지 못합니다]. 하지만 그 정의가 마치 하나의 자석인 듯이, 그런 것들은 이 정의를 둘러싸고 정리되는 것입니다. 이렇게 말할 수도 있습니다. 즉 정의들, 철학적 정의들, 그러니까 비교적 차원 높은 정신적 의미에서 정의들의 의미는 엄밀히 말해 그러한 자장을 산출해내는 것이지 개념들을 정지시키는 것이 아닙니다. 즉 정의들은 실제로 개념들 자체 속에서 작동하는 잠재적 생명을, 혹은 개념들 속에 힘으로 저장되어 있는 것을 폭발시키고, 개념들을 힘의 장으로서 실제로 해방하는 데에 기여합니다. 그런 한에서 변증법 일반의 과제가 단순히 사물로서 주어지고 존재하고 현존하는 것으로 나타나는 것을 하나의 힘의 장으로 변화시키는 것이라면, 이처럼 비교적 차원 높은 의미의 [정의][297]는 변증법적 사유의 각별한 도구라고 지칭할 수 있을 것입니다. 그리고 아마 변증법적 사유가 정의의 통속적인 사용에 거부반응을 보이는 것은, 단지 이 경우에 실제로 철학의 귀결지점이 되어야 할 것을 멋대로 다루기 때문일 뿐입니다. 실제로 단지 결과이자 과정 자체일 수 있는 것을 무도하게 처음에 설정하니까 말입니다.

아마 다음과 같은 점을 첨언해도 될 것입니다. 이 정의들과 관련해 나는 여러분의 감각을 예리하게 만들고 싶고 또 여러분에게는 그것들이 변증법 저술가들의 저술들에 자의적으로 끼어든 것이 아니라 그들의 구상 자체와 다소 본질적인 관계를 지닌다는 점을 보여주고 싶은데, 이러한 정의들의 본질적 계기는, 이 정의들이 특정한 특징, 즉 축약의 특징을 지닌다는 것입니다. 즉 정의들은 정식화의 간결성을 통해 그것이 내적으로 서술하는 과정의 외연적 생명과 특정하게 대립한다는 것입니다. 또 본래 정의들에 내재하는 이 모순, 무한히 확산되어 있는 것과 무한히 첨예화되어 있는 것 사이의 이 모순이 실제로 이런 종류의 변증법적 정의로 하여금 그 조명의 기능을 실현케 해 주는 불꽃과도 같다는 것입니다. 따라서 또한 이 정의들 자체를 결코 단순한 개념규정들인 것처럼 문자 그대로 받아들일 것이 아니라, 그것들 속에서 ―이렇게까지 말하고 싶습니다― 단지 형식에 비춰볼 때에도 이미 그 속에 담겨 있는 함축적 반어의 은밀한 계기를 확인해야 한다는 것입니다. 즉 여기서는 더할 바 없이 확산되어 있는 내용이 그것을 본질적으로 압축해 놓는 하나의 진술로 첨예화되지만, 이때 이러한 진술의 압축 자체를 전체 사태로 받아들일 것은 아니며, 이 첨예화 자체가 이때 사태 속에서 작동하는 잠재적 생명을 실제로 가리켜 보이는 목적만을 지닌다는 것입니다.

이 점에서 변증법적 정의의 스타일 이상Stilideal은 타키투스적 스타일 이상[298]일 것입니다. 그리고 이러한 정의 유형은, 예컨대 연구계획들 속에서 보는 바와 같은, 개념들을 처리할 수 있다는 의미에서의 단순한 개념규정에 비해 훨씬 더 [우월합니다]. 오늘날 특히 번창하는 흔한 의미의 정의 유형은 이른바 조작적 정의 유형입니다. 또 나는 이 강의에서 우리 시대의 실증주의적 논리학을 다루는 것이 내 과제라고 보지 않지만, 여러분 가운데 사회학자들에게는 조작적 정의에 대해 몇 가지 말하고 싶습니다. 즉 어떤 자연과학적 처리방식에 접근하는 실질적 방법으로 작업할 경우 흔한 의미의 정의들을 간단히 버릴 수 없는 것은 사실입니다. 그리고 여기서 내가 여러분에게 말하는 것의 목적은 여러분이 이 필수적인 경향을 버리도록 하는 것이라기보다, 오히려 여러분으로 하여금 개별 과학들의 게임규칙 내부에서 전적으로 그 토포스 노에티코스τόπος νοητιχὸς[299]를 차지할 수 있는 이 처리방식들을 절대화하지 않고 또 그것들을 진리의 원천과 혼동하지 않게 반성을 하도록 만드는 것입니다. 조작적 정의란 우리가 어떤 특정한 자료를 상대로 한 개념을 확인하기 위해 시행하는 조작들을 통해 그 개념을 규정하는 식의 정의입니다. 따라서 예컨대 여러분이 ―유감스럽게도― 사회적 선입관에 대해 연구해야만 해서 여러분의 시험 대상자들에게 열 개 정도의 명제를 읽어주고 그 맥락으로부터, 그 총체로부터 수량화 방법으로 선입관들의 현존을 추론할 수 있을 경우, 여러분은 그 선입관을 단순히 해당 명제에 대한 응답들의 양적 처리 내부의 수학적 가치라고 정의할 수 있습니다. 예를 들어 특정한 명제들에 대한 반응에서 수치가 +5가 나오는 사람의 경우에는 선입관이 있는 사람으로, 또 -5가 나오는 사람의 경우에는 선입관이 없는 사람으로 보는 것입니다. 물론 이로써 여러분이 여러분의 연구수단 때문에 어떤 불편한 상태에 빠지지 않게 되기는 했습니다. 즉 여러분이 비판을 받을 경우에는 언제나 그런 연구에서 '선입관'이라는 말을 다름 아니라 이런 방식으로 수학적으로 규정된 실태라고 이해했다는 점에 근거를 둘 수 있는 것입니다.

하지만 이제 나는 이러한 처리방식이 좀 높은 차원에서는 비판을 받게 된다고 말하고 싶으며, 여러분에게 최소한 이 비판의 몇 가지 모티프를 제시하고자 합니다. 철학적으로 이해하는 정의의 의미는 사실 한 개념에 대한 규정을 통해, 내가 명명하고 싶어 하는 것처럼, 일종의 불빛을 밝히는 것, 그러니까 그로써 실제로 이 개념의 생명을 이루는 것이 무엇이고 실제로 이 개념 뒤에 무엇이 있는지 보는 것이어야 할 것입니다. 달리 말하면 엄밀한 의미의 생산적인 정의는 종합적인 정의일 수밖에 없을 것입니다. 그것은 개념 속에 그때그때 이미 미리 주어져 있는 것에 어떤 새로운 것을 첨가하고 그것을 어떤 새로운 것, 이미 사유되지 않은 것과 관련지어야 할 것입니다. 그리고 바로 이러한 관계를 통해, 이미 우리가 알고 있는 것으로 하여금 말하게 해야 할 것입니다. 이 종합적 계기는 조작적 정의에서 원칙적으로 삭제되어 있습니다. 그것은 사실상 […][300] 일 뿐입니다. 혹은 간단히 말해서 그것은 실제로 일종의 동어반복입니다. 즉 그것은 단지 그 자체의 규정을 통해 규정될 뿐이며, 따라서 엄밀히 말해 그것이 적용되는 대상 너머에 대해서는 전혀 아무것도 말하지 않습니다.[301] 둘째로 내가 정의를 비판하면서 여러분에게 이미 암시한 것을 말할 수 있습니다. 즉 여기서 개념은 일종의 백지상태로 취급됩니다. 그러니까 그 자체로서는 우리에게 사실상 아무것도 가져다주지 않으며, 따라서 그 대신 개념은 우리가 그것을 자의적으로 규정하는 데에 의존하게 되는 것입니다. 그래서 비-변증법적인 과학주의적 사유에서 이른바 객관성에 대한 요구가 커질수록, 동시에 이때의 규정들은 단순히 주관적인 규정들일 뿐이라는 것이 드러난다는 점이야말로 아마 모든 비-변증법적 사유의 아주 잘 알려진 역설들 가운데 하나[일] 것입니다. 객관화를 향한 열정은 본래 언제나 객체에 귀속되는 것, 혹은 객체가 본질적, 본질구성적 몫을 차지하는 것 모두를 객체로부터 빼앗아 단지 주체에 투여하게 되는 데로 귀결됩니다. 그런데 예컨대 [흄이나 마흐Mach 혹은 아베나리우스Avenarius 파의][302] 과거 실증주의는 이 점을 전적으로 인정했으며, 본질적으로 주관적 색조를 띠는 인식론을 갖고 있었던 데에 반해, 근래의 실증주의는 엄청난 솜씨로 바로 이 잠재적인 주관적 계기를 부인하지만, 그 대신 이런 계기에 완전히 희생되고 맙니다. 달리 말하면 여러분이 '선입관'을 명제 1, 2, 3, 4에 대해 A, B, C, D라는 답변을 제시하는 어떤 사람의 반응방식이라고 정의할 경우, 그런 해석은 단지 여러분이 이 명제들을 넘어서 이미 정의를 구성하는 진술들을 —본래 정의가 이루어지게 하는 양적 관계를 논외로 하고— 또한 어떤 이론적 연관관계 속에 집어넣는 이론, 그러니까 아무리 복합적이더라도 특정한 특성을 지니는 어떤 성격구조를 기반으로 하기 때문에 달리는 반응하지 않고 바로 그렇게 반응하는 인간들의 사회심리학적 모델을 발전시키는 이론을 갖고 있을 때에만 의미 있을 것입니다. 사정이 그렇지 못할 경우, 여러분은 '선입관'과 같은 개념에도 —아무튼 우리가 여기서 이 개념을 적용하자면— 내재하는 생명을 사실상 소홀히 하게 되며, 여러분이 여기서 선입관에 대해 말하면 '선입관'이라는 표현이 자체로 뜻하는 바와 실제로는 전혀 부합하지 못하는 것입니다.

내가 여러분에게 이 자리에서 말한 문제는, 예컨대 내가 「권위주의적 성격Authoritarian Personality」의 바로 이 대목에서 그랬듯이,[303] 또 이는 반복해서 일어나는 일입니다만, 이런 식으로 조작적으로 정의된 개념들을 그 조작적 정의를 넘어서 사용하는 순간 여러분이 느낄 수도 있는 것처럼, 그렇게 쓸데없는 것이 결코 아니며 또 그렇게 인식론적으로 미세한 문제도 결코 아닙니다. 즉 이 경우 우리가 되풀이해서 보게 되듯이 일단 한 개념이 조작적으로 정의된 다음 —이는 단순히 어떤 사유의 오류에 기인하는 것이 아니라 사태 속에 깊이 자리 잡은 필연성을 띤다고 하겠습니다— 이제 그러한 선입관 자체의 [측정치Skalenwert]가 실제로 의미하는 것은 뒤로 밀려나고, 이때 조작적 정의가 그것을 통해 정의된 것을 넘어서는 어떤 활용도 실제로 배제하리라는 점은 고려되지 않는 것입니다. 우리는 「권위주의적 성격」에서 그와 같은 방식으로 작업을 했는데 —그런데 나는 이를 변증법적 논리학의 한 본보기로 [간주하고] 싶지는 않습니다— 이는 아무튼 여기서 예컨대 선입관 있는 성격에 대한 조작적 정의에 이용된 바로 그 개별 진술들이 자체 내적으로 어느 정도 일관된 이론에 근거해 구성되었고 그래서 그와 같은 추정이 의미 있게 가능하다는 점을 통해 정당화될 것입니다. 하지만 내게는 유사한 사회심리학적 조사들 대다수의 경우에도 실제로 사정이 그러한지는 의심스러워 보입니다.

나는 여러분에게 정의의 문제가 실제로 보편개념들에 대한 변증법의 입장과 동일하고 그와 한가지라고 말했습니다. 이로써 나는 변증법적 사유를 향해 되풀이하여 제기되는 비난, 또 여러분 가운데 여러 사람이 여전히 늘 생각하고 있는 비난에 부딪치게 됩니다. 여러분은 이 강의에서, 특히 정의에 대한 비판에서, 고립된 보편개념들은 실제로 용납되지 [않는다]고 [배웠습니다]. 또 내가 여러분에게 말한 것의 동기를 실제로 아주 정확히 이해하지 않고 오히려 그 표면에 매달려 있을 경우, 내가 그토록 열성적으로 여러분에게 경계하도록 했지만, 여러분은 이제 여기서 개념들이 단순히 상대화되어야 하는 것처럼 생각할 것입니다. 그리고 여러분 가운데 이러한 가설에서 출발하는 사람들은 이제 물론 아주 쉽게 이렇게 말할 것입니다. "그래, 너는 언제나 보편개념들을 비난하며, 보편개념들을 실체화해서는 안 되고, 그것들을 자의적으로 제한하거나 자의적으로 고정시켜서는 안 된다고 하지. 하지만 너 자신도 언제나 이 보편개념들을 사용하며, 결코 보편을 버릴 수 없지. 만일 네가 보편을 버리려고 하면, ㅡ파울 틸리히가 언젠가 내게 지적했듯이ㅡ '다, 다da, da'라는 말 말고 아예 아무것도 말하지 못할 테고, 아예 어떤 식으로든 포괄적이고 어디서나 의미 있는 진술을 할 권한을 갖지 못할 것이다"라고 말입니다. 이에 대해 나는 물론 변증법적 사유도 보편적이고 포괄적인 개념들 없이는 안 된다는 점, 또 변증법적 사유도 언제나 매우 높은 추상수준의 개념들까지 늘 사용한다는 점을 다시 한 번 강조해서 반복하고 싶습니다. 심지어 예컨대 미국 사회과학들에서는 실증주의적 견해들과 비교해, 변증법은 너무 거친 개념들, 너무 일반적인 개념들로 작업한다고, 따라서 변증법은 예컨대 사회 '자체'의 개념을 고수한다고 너무 쉽사리 비난받습니다. 반면에 사회학적 비판은 어떤 전체로서의 사회 '자체'의 개념을 용납하지 않으며, 그 대신 경험적으로 충족시킬 수 있는 개념들, 그러니까 어떤 어중간한 영역에서 움직이는 개념들, 물론 그것들로 직접 파악된 것에 비할 때 어떤 이론적 힘을 갖지만 나름으로 언제나 되풀이하여 본질적으로, 즉 질적으로 이 영역을 넘어서지는 못하는 가운데 주어진 사실들을 통해 충족되는 개념들만을 사용하라고 권장한다는 것입니다. 이에 대해서는, 이러한 논쟁 전체가 보편개념들을 사용할 수 있느냐를 놓고 벌어지는 것은 아니라고 말할 수 있습니다. 변증법은 유명론이 아닙니다. 하지만 또한 변증법은 사실상 실재론도 아닙니다. 오히려 전통 철학의 두 테제, 즉 개념은 그것으로 파악된 개별자에 대해 실체적이라는 명제, 혹은 개별자가 실체적인 것이고 개념은 단지 음향flatus vocis, 단순히 공허한 울림이나 헛김일 뿐이라는 명제, 이 두 관념들은 다 같이 변증법적으로 비판을 받게 됩니다. 즉 변증법적 비판에서 개념적 존재는 단지 특정한 사실적 존재와 관계하는 한에만 존재하며, 역으로 사실적 존재는 아무튼 인식을 통해 매개된 존재로서만 존재합니다. 또한 인식은 이제 개념적 인식으로서 말고 달리는 생각할 수 없습니다. 따라서 두 계기는 결코 어느 한쪽을 위해 다른 한쪽을 제거할 수 있는 것이 아니라, 그 필연적 상호-의존-상태 속에서 파악되어야 합니다. 그것들은 물론 서로 분리된 상태로 확인해야 하고 아무 구분 없이 서로 동일시할 수는 없습니다. 하지만 그것들은 또한 절대화할 수도 없습니다. 이는 ―이 점이 내가 여러분에게 이 논쟁과 관련해 오늘 말하고 싶은 것입니다― 우리가 A를 말했기 때문에, 즉 일반적으로 개념들을 가지고 작업하기 때문에, 이제 또한 B도, 즉 모든 개념적 존재가 궁극적으로 하나의 [플라톤적 예지계mundus intelligibilis][304] 속에서 전개되며, 이때 극히 일반적인 개념들로 이루어지는 이러한 [논의]는[305] 어떤 다른 것, 더 저급한 것에 비해 일종의 존재론적 우위를 얻게 되고, 존재론이 아닌 것은 순전한 유명론, 순전한 '다, 다da, da'일 뿐이기에, 일반적으로 우리가 개념들을 사용할 경우 또한 동시에 어떤 존재론을 갖게 된다는 것을 말할 수밖에 없는 식으로 어떤 일반적인 개념들을 이용하는 것은 결코 아니기 [때문입니다]. 논리적으로 가능한 양극단의 바로 이러한 괴리, 이 결합되지 않은 어긋남, 이 매개되지 않은 어긋남은 오늘날 존재론 학파와 실증주의 학파의 결합되지 않은 병존에서 특히 두드러지게 드러나는데, 바로 이것이 변증법적 사유에 의해 실제로 극복되어야 할 것입니다. 또한 개념들에 대한 입장에는 이 개념들을 모든 존재자로부터 독립해 있는 최고의 절대적 개념들로 끌고 감으로써 그것들을 정당화하는 과제가 들어 있는 것이 아닙니다. 또 그 개념들을 그것들로 파악된 것의 단순한 모조품으로서 이제 그것 속으로 용해해 버림으로써, 그 개념들이 정당화되어야 하는 것도 아닙니다. 오히려 철학의 과제는 그때그때 이 개념들의 독립성, 따라서 그것들의 상이성과 통일성을 실제로 서술하는 것입니다. 이때 A에서 추론되는 B, 그러니까 아무튼 내가 보편개념들을 사용한다면, "네가 A를 말하면 또한 B도 말해야 한다"는 명제의 방식으로 또한 내가 최상의 보편개념들을 사용해야 한다는 생각, 이런 생각은 물론 변증법이 비판해야 마땅한 사고의 부자유의 한 요소라고 여겨집니다. 그것은 아무튼 사고가 일단 한 방향에서 움직이면, 끝에서 어떤 절대적인 것을 얻기 위해 언제나 이 한 방향으로 계속 나아가야 한다고 말하는 사유의 강압적 성격을 표현하는 것처럼 보입니다. 반면에 그 대신 이 운동 자체에 대한 반성은 바로 그런 절대적 제일원리와 그처럼 절대적인 궁극요인이 존재하지 않는다는 것을 증명해줍니다. 하지만 그럼에도 불구하고 나는 여러분에게 개념들은 내가 단순한 추상과정의 산물들로 파악하지 않을 때, 오히려 그것들이 역사를 [통해] 매개되기는 했지만 언제나 자체로서 이미 어떤 것을 뜻하며 또 그것들이 필연적으로 그처럼 즉자-로서-이미-무엇인가를-뜻하는 것으로서 쓰인다는 사실을 알 때에만, 내가 여러분에게 말한 이런 종류의 부분적 실체성을 주장할 수 있다는 점을 견지해 달라고 강력히 청하는 바입니다.

나는 아주 심하게 현상학을 비판했습니다. 아마 지나치게 괴롭도록 비판했을 것입니다. 하지만 오늘은 현상학을 [정당하게] 다루고 싶습니다. 즉 후설과 그 후예들은 개념들의 객관적 의미를 분석하고자 시도함으로써 아무튼 이 계기를 —단순한 [직관에] 의한 [주관적] 본질구성을 [통해 비로소] 개념들에 어떤 의미를 부여하는 것이 아니라, 그 개념들에 그때그때 이미 내재하는 것으로서 [파악하려]—, 그러니까 그 계기를 실제로 파악하려 한 점이 그들의 공적임을 여러분에게 주지시키고 싶습니다.[306] 하지만 이때 그들은 개념적 내용의 이 객관적 계기를 나름으로 물신화하고 그것을 중단시켜 어떤 절대적 즉자존재자로 만드는 오류에 빠

졌을 뿐입니다. 즉 달리 말하면 그들은 보편과 특수의 변증법을 확인하지 못한 것입니다. [...]307

289) 녹취록에서 추정함.

290) 헤겔은 인식형식으로서의 정의의 제한된 유효범위에 대한 자신의 견해를 『논리학』에서 논증한다. '자의식적 합목적성'의 산물들과 기하학 대상들의 경우 정의는 전적으로 사태의 본성을 설명할 수 있지만, 자연과 정신의 구체적 객체들에는 이것이 적용되지 않는다는 것이다. 후자와 관련해 정의는, 즉 종차와 최근류에 대한 진술은 사태에 대해 외적이라고 한다. 예컨대 인간을 그의 귓불로 다른 모든 생명체들과 구분할 수 있지만, 이로써 인간의 본질을 파악할 수는 없다는 것이다.(Vgl. Hegel, Werke, a. a. O. [s. Anm. 8], Bd. 6: Wissenschaft der Logik II, S. 512~519; auch S. 102). 정의의 유효영역에 대한 이 비판적 제한은 특히 국가와 같은 복합적 구성물에 적용된다. 그래서 헤겔은 법철학에서 법을 정의하려는 무리한 요구를 단순히 형식적인 방법이라고 거부하며, 그것에 맞서 철학적 ―즉 변증법적― 방법을 유일하게 적합한 방법으로 내세운다. 왜냐하면 이 방법만이 사태를 그 필연적 내적 생성과정의 결과로서 파악하고 서술할 수 있기 때문이라는 것이다.(Vgl. Hegel, Werke, a. a. O. [s. Anm. 8], Bd. 7: Grudlinien der Philosophie des Rechts, §2, S. 30~34). ― 그런데 흥미롭게도 니체도 대립하는 전제로부터 같은 결과 ―역사를 가지는 현상들의 정의 불가능성― 에 도달한다. 니체에게 '형벌'과 같은 개념은 정의할 수 없다. 왜냐하면 정의가 사태의 역사적 본질을 지향하지 않으며, 역사적 과정 속에서 회고적으로 고안해낸 사태의 의미(그 의의와 목적)가 단지 외적으로 설정되었으며, 본질적으로 자의적이며 필연적으로 복수이고, 궁극적으로 모호한 통일체로 되기 때문이다. "(…) 이제까지의 형벌 일반의 역사, 극히 다양한 목적들에 그것을 이용한 역사는 궁극적으로 일종의 통일체로 굳어버리는데, 이는 풀기도 분석하기도 어렵고, 무엇을 강조해야 할지 전혀 정의할 수 없다.(오늘날 왜 실제로 처벌이 이루어지는지 확실히 말하는 것은 불가능하다. 전체 과정을 기호론적으로 응축시키는 모든 개념들은 정의되지 않는다. 아무 역사도 가지지 않는 것만 정의할 수 있다.)"(Friedrich Nietzsche, Zur Genealogie der Moral; in: Nietzsche, Werke, a. a. O. [s. Anm. 259], Bd. 2, S. 266 [II 820]).

291) Vgl. Der Essay als Form; in: GS II, S. 9~33.

292) 녹취록에서 'Begriff(개념)' 대신 추정함.

293) "예술은 자체를 진리라고 여기는 속임수에서 벗어난 마술이다."(GS 4, S. 253).

294) 제19강의 타자원고 시작 부분에 알 수 없는 필체로 녹음테이프가 이 부분에서

부분적으로 거의 알아들을 수 없다고 메모되어 있다. 따라서 이하 부분에서는 녹취록상으로 여러 공백과 추정들을 볼 수 있다. 편집자는 공백들이 사고 과정에서 어떤 감지할 수 있는 단절을 나타낼 때에만 명시했다. 추정들은 그대로 받아들이기도 했고 다른 것으로 대체하기도 했다.

295) 녹음테이프 교체로 인한 텍스트 상의 공백.

296) "운명은 살아 있는 자의 책임의 연관관계다."(Walter Benjamin, Goethes Wahlverwandtschaften; in: Benjamin Gesammelte Schriften, a. a. O. [s. Anm. 26], Bd. I-I, hrsg. von Rolf Tiedemann und Hermann Schweppenhäuser, Frankfurt a. M. 1974, S. 138).

297) 녹취록에서 'Dialektik(변증법)' 대신 추정함.

298) '타키투스적 스타일(taciteischer Stil)'에는 문장들을 (종종 분사구문들로) 본질적 개념들로 압축하는 것 이외에, 희귀하고 태고적인 단어들이나 개인적인 조어들을 사용하는 것이 포함된다.

299) τόπος νοητιχὸς : '예지적 지위', '정신적 본성들의 지위'를 뜻하는 그리스어.

300) 녹음상태가 알아듣기 어려워 텍스트에서 빠져 있음.

301) 마지막 세 문장에는 녹취에서 여러 군데의 빈칸과 의문부호가 메모되어 있는데, 편집자는 한 가지만 빼고 받아들이지 않았다. 편집자의 눈에 이 단락은 지금의 형식으로도 의미 있기 때문이다.

302) '융, 마르크스, 아베나리우스 파의 실증주의'라는 표현에서 판독한 것임. 에른스트 마흐(1838~1916)와 리하르트 아베나리우스(1843~1896)는 경험비판론의 창시자로 간주되는데, 경험비판론은 직접적으로 주어진 궁극적이고 기본적인 감각자료들의 기술을 통해 객관적 과학을 정초하려고 시도했다.

303) Vgl. The Autoritarian Personality. By T. W. Adorno, Else Frenkel-Brunswik, Daniel J. Levinson and William Morrow, in: Studies in Prejudice. Ed. by Max Horkheimer and Samuel H. Flowerman, Vol. I, New York 1950: 아도르노가 (함께) 집필한 단원은 이제 GS 9·I, S. 143~509. 이하에서 아도르노가 언급하는 방법론 문제들은 B. Methodolgy 단원(GS 9·I, S. 163~173)에서 볼 수 있다.

304) 텍스트 속의 공백. 편집자의 추정.

305) 텍스트 속의 공백. 편집자의 추정.

306) 이 문장은 공백들 때문에 포괄적으로 재구성해야 했다. 이 경우 『인식론 메타비판』의 유사한 구절을 고려했다. "이탈 충동으로서의 범주적 직관의 원래 충동은 사유와 존재의 조야한 동일성 너머를 가리켰다. 산술적인 명제들과 같은 어

떤 '사태'를 직접 통찰할 수 있다는 학설 뒤에는 모든 개별 실행을 원칙적으로 능가하는, 억견의 자의와 거리가 먼 객관적 법칙성의 연관관계에 대한 예감이 있었다. 그리고 이것이 후설에게는 인식론적 분석의 토대를 제공한다. 후설은 '통찰가능한' 사태가 단순한 주관적 사유산물 이상의 것임을 깨닫는다. 결합행위들의 종합인 산술적 판단의 본질은 단순히 결합 행위들의 주관적 수행이 아니다. 그것은 바로 이 결합 이외의 다른 결합은 요구하지 않는, 어떤 주관적으로 환원할 수 없는 것이 존재할 수밖에 없다는 점을 말한다. 사태는 순수하게 산출되지 않고 동시에 '미리 발견된다'. 논리적 사태가 사유를 통한 그 구성과 동화되지 않는다는 점, 주관성과 진리의 비동일성이 후설을 범주적 직관의 구성으로 몰아갔다. '직관된' 사태는 단순한 사유산물이어서는 안 되는 것이다."(GS 5, S. 211f.).

307) 텍스트 속의 공백인 듯.

[여러분 안녕하십니까.

지난 시간에 우리는 변증법이 한편으로 그 대상에 대한 개념적 규정을 목표로 삼고 이를 위해 철학적 전통과 마찬가지로 보편개념들을 어떤 연관관계 속에 끌어들인다는 점, 그러나][308] 다른 한편으로 자체가 정의에 묶여 있지 않고, 개념 자체 속에서 작동하는 생명 및 사태에 묶여 있다는 것을 아는 까닭에 나름으로 전통적 처리방식과 반대로 일종의 자유를 지니는 어떤 특질을 개념들에 부여한다는 점을 살펴보았습니다. 그런데 이러한 규정은, 그것이 비-정의적 규정이어야 하는 한에서, —이 점 또한 여러분에게 이미 말했다고 생각하는데— 단지 결합관계를 통해서만, 즉 개념들이 서로 이루게 되는 상호작용을 통해서만 이루어질 수 있습니다. 또 다름 아니라 개념들이 이러한 상호작용 속에서만 실제로 제대로 규정되기 때문에, 그 속에서는 각각의 모든 개별 개념의 결함 내지 불충분성이 표현될 [뿐 아니라],[309] 개념들은 실로 상대적인 것임이 입증됩니다. 따라서 이러한 견해에 따르면 고차원적 의미에서 부분적 개별 진리 같은 것은 아예 존재하지 않습니다. 그러니까, 여러분, 변증법이 일반적인 의식에 제기하는 요구들 가운데에는, 엄밀한 의미에서 어떤 개별 진리 따위는 받아들일 수 없고 오히려 이때 진리는 일반적으로 매우 정확히 규정된 개별 인식들이 상호 간에 발견하는 짜임관계 속에만 존재한다는 이 요구가 있는 것입니다. 이는 통상적 사유에 대해 변증법이 제기하는 가장 괴로운 요구일 것입니다. 또 그것은 아마 확실성에 대한 욕구가 변증법에 가장 강력히 반발하게 만드는 바로 그 요구일 것입니다. 그런데 이 같은 욕구는 극히 후진적이고 퇴행적인 형식으로, 오늘날 일반적으로 인식에 대한 입장과 관련해 사실 대단히 큰 의미를 지니고 있다고 하겠습니다.

여러분을 위해 이러한 비방을 제거해 주려 하거나 제거해 줄 수 있는 것은 아니지만, 이 경우 스스로를 반성하는 철학의 과도한 요구가 아니라, 오히려 철학이 이 대목에서 생각할 수도 없을 만큼 오랜 기간 동안 익숙해진 어떤 외견상의 자명성, 사유의 어떤 이차적 자연을 무력화하는 것이 중요하다는 점을 여러분이 명확히 이해할 수 있다고 생각합니다. 즉 개별 개념들에서, 그다음에는 최상의 개별 일반화와 최상의 과학영역들에서 자체 내에 머무는 어떤 확고한 진리를 얻는다는 관념은 사실상 그 자체로 사회적 분업을 인식에, 또 궁극적으로는 형이상학에 투사하는 것일 뿐이라고 할 수 있습니다. 달리 말하면 사람들은 직업 및 특수한 기능들에 맞춰 자신의 삶이 분리되어 감에 따라 필연적으로 개별 인식들로 분열되고, 또 그러한 개별 인식들 없이는 문명의 진보 자체를 전혀 생각할 수 없을 터인데, 이제 그러한 개별 인식들이 자체 내에 머무는 부분적 진리로 실체화되는 것입니다. 그리하여 개별 영역은 그와 관련되는 개념 장치들을 포함하여 그 자체로서 존재하는 것처럼 보이게 되며, 개념들, 지식영역들, 그리고 궁극적으로는 사회적 생산의 영역들 전체는 이 개별 계기들의 공동작용 결과로서만 만들어지는 것으로 보이게 됩니다. 따라서 일차적인 것이 이차적인 것으로 되는 셈입니다. 부분적인 개별 진리와, 특히 부분적이고 다른 모든 개념들과 구분되고 깨끗이 다듬어내서 산출된 개념, 그리고 그것의 정의에 대한 요구를 최초로 강력하게 제기한 철학, 즉 플라톤의 철학이야말로, 다름 아니라 사회적 분업의 개념이 최초로 강력하게 국가철학에 대한 규정으로서 나타나고 궁극적으로 이념들의 질서, 개념들 자체의 질서가 이 분업에 대한 직접적 관계 속에서 나타나고 있는 철학과 동일하다는 것은 —이러한 철학사적 사실을 그에 합당해 보이는 만큼 강조하며 지적한 적이 있는지는 모르겠습니다— 아마 우연이 아닐 것입니다. 여러분은 이를 이른바 플라톤의 심리학에서 —'심리학'이라는 명칭은 매우 비유적인 것입니다—, 그러니까 순수 개념들인 최상급 심적 능력들의 구분에서 확인할 수 있을 텐데, 이것들은 나름으로 다시 분업적인 도시사회 내부에서의 기능들에 따라 서로 구분되고 있습니다.[310] 그에 반해 좀 더 오래된 철학들, 특히 인도철학과 과거 소크라테스 이전의 형이상학들은 개별 개념과 개별 인식의 부분성이라는 계기를 매우 엄밀하게 모든 존재자 일반의 상호의존성이라는 관념 형태 속에 지니고 있었습니다. 그러나 이 관념은 —물론 그 속에서는 운명의 통일성에 대한 신화적 관념들이 지배적입니다— 그 후 어떤 의미에서는 합당하게 계몽의 비판 때문에 타격을 입게 되었습니다. 이 관념은 과학적 인식 자체에 의해 충족될 수 없는 것으로 서술되었고 이를 통해 깨어지게 되었으며, 오늘날에는 —예컨대 헤르만 카이절링Hermann Keyserling[311] 유형의— 사유의 살롱-형이상학들 속에서 겨우 잔존하고 있거나 아니면, 예컨대 C. G. 융Jung의 학설처럼 역시 다소 교양 있는 아마추어 영역에 속하는 어떤 학설 속에서 잔존하고 있습니다. 이는 일반적으로 철학들이 한편으로 살롱의 잡담으로 타락하는 현상과 다른 한편으로 그것들이 과학화되고 전문분야 사업으로 변하는 현상이 짝을 이루는 것과도 일맥상통합니다. 사실상 개념들은 짜임관계들 속에서 다양한 의미들을 지니게 됨[으로써] 모호해지는 것이 아니고, 오히려 실은 고립된 것으로서 모호해집니다. 한편 실제로 개념들은 이러한 연관관계를 통해 비로소 제대로 규정됩니다. 즉 내가 지난번에 사전 없이 외국어 소설을 읽는 경우에 비유해 여러분이 조금 이해하도록 시도한 바로 그 위상을 통해 규정되는 것입니다.

이때 나는 언어 영역에서 비유를 끌어들였는데, 돌이켜보면 그것이 완전히 우연이었던 것은 아니라고 봅니다. 여러분은 이 대목에서 다음 사실을 인식할 수 있거나, 혹은 인식해야 할 것입니다. 즉 철학에 대해 — 혹은 과거 헤겔식 어법의 의미에서 과학적 인식으로 간주될 수 있을 만한 모든 인식에 대해 그렇다고 하고 싶습니다— 서술은, 그러니까 일반적으로 사람들이 언어라고 혹은 혐오스러운 표현으로 '스타일'이라고 칭하는 바는, 다소 미학적 교양을 쌓은 철학적 문필가가 지배적인 속물근성과 자신을 구분하기 위해 이제 자신의 사고에 덧붙이는 어떤 부가물이 결코 아닙니다. 오히려 사실상 변증법적 처리방식의 풍부한 함의들의 귀결을 의식하는 사유, 따라서 변증법을 진지하게 염두에 두는 사유 내지 그런 철학에는 중요한 의미에서 서술이 필요합니다. 그러니까 구체적 개별 과학에서처럼 어떤 확고한 내용이, 그 확고함 혹은 형식과의 분리상태 때문에 다소 자의적으로나 무책임하게 나타나는 내용이, 어떤 식으로 서술되는 것은 결코 아닙니다. 오히려 내용이 그처럼 확고한 것은 아니라는 사실, 내용은 그 개별 계기들이 들어서는 연관관계를 통해 —그러니까 내가 여러분에게 어느 정도의 관념을 제공한 바로 그 전체를 통해— 비로소 규정된다는 사실에는 [중요한 의미에서의 서술이 필요한 것입니다. 이러한 사정으로 인해 전체는] 필연적으로 그 자체로서 사태의 한 수단, 하나의 인식범주가 되는 결과가 나오는데, [이는] 다음과 같이 표현됩니다. 즉 한편으로 언어적 정식화가 그때그때 개별적으로 뜻한 바를 포착할 때의 간결성과 정확성을 통해 개념은 가능한 한 정확히 연관관계 속에 도입되지만, 다른 한편으로 개념은 개별 문장들의 문법적 구성에까지 이르는 전체의 구성을 통해 이제 다음과 같이 규정됩니다. 즉 어떤 점에서 언어라는 매체를 관통하며 개념의 혹은 그 연관관계에 의한 개념들의 구체화 행위가 실현되는 것입니다. 사실 이 구체화 행위는 내가 여러분에게 말했듯이 개념들에다 정의가 불어넣고 싶어 하지만 실은 개념들에서 몰아낼 뿐인 생명 가운데 어떤 것을 그 개념들에 불어넣는 것입니다. 달리 말하면 철학은 고정된 내용의 전달과 관계하지 않고, 실제로 그 자체가 사태의 개념 속에서 이루어지는 사태의 자체에 대한 반성을 본질로 하는 한, 서술에 본질구성적으로 묶여 있습니다. 따라서 진지하게 받아들여야 할 철학 저술가들이 엄밀히 말해서 최소한 철학의 이러한 계층을 최초로 밟은 쇼펜하우어 이래로 그렇듯이 언어도 진지하게 받아들이는 것은 — 이 점을 나는 짧은 논문인 「형식으로서의 에세이」에서 다소 상세히 설명하고자 했습니다— 어떤 변덕이 아닙니다. 이와 반대로 사고가 언어적 형태에 비춰볼 때 위축되는 것은, 사고의 내적 변증법적 운동이 경직되고 중단된다는 한 가지 확실한 척도입니다. 여러분은 이를 예컨대 셸러에게서 확인할 수 있습니다. 그의 경우 무책임한 문예란 기사 풍의 느슨함 때문에 그의 철학이 지닌 존재론적 파토스는 허위가 되고 맙니다. 또 후기 루카치의 경우에도 정식화에 대해 언어적으로 완전히 무관심하다는 사실은 교조적 사고로 경직된 교리의 단순한 반영 내지 단순한 반복에 부합되는데, 이러한 단순 반복 내지 반영은 사실상 그의 사유 내용에도 어울리는 것입니다.

이 자리에서 내가 여러분에게 서술의 문제에 대해 한마디 더 해도 된다면, 사실상 서술을 통해서만 사고는 개념에 이미 수반되는 미리 주어진 상태를 넘어선다는 것입니다. 나는 내가 사용하는 개념들이 그 자체로 이미 내용을 가지며 그것들은 노름판의 칩이 아니라는 점, 오히려 어떤 식으로든 내가 그것들에 따라야 한다는 점을 여러분에게 보여주고자 했습니다. 이제 나는 그 개념들에 서술의 저항을 맞세움으로써, 즉 정확히 내가 개념들로 표현하고자 하는 것을, 단지 그것만을, 개념들이 표현하도록 그 개념들을 사용함으로써, 나는 개념들이 이미 끌어들이는 것의 이 맹목적 주도권을 일정하게 깨뜨립니다. 또 이로써 실제로 개념이 지닌 의미의 조명되지 않은 단순한 객관성과 주관적 의도 사이의 커뮤니케이션이 이루어지는데, 그 속에 이 개념들의 생명이 실제로 담겨 있습니다. 그러나 언어적 서술의 특유한 면은, 서술이 중요한 의미에서 개념을 장악할 경우 언제나 이루어지는 그러한 주관성의 개입이 그 나름으로 개별 개인의 자의나 그의 단순한 취미 덕분이 아니라, 그 자체 내에 다시 객관성의 한 계기를 담고 있다는 데에 있습니다. 그것은 그저 미리 주어졌을 뿐인 개념의 경직된 객관성에 맞서 주관을 통하여 비로소 매개되는 객관성의 계기입니다. 이 객관성은 개념이 포착해야 할 것을 언제나 가능한 한 정확히 포착해야 한다는 데에 우선 존재하지만 ―그리고 이는 서술의 한 가지 본질적 기능입니다―, 또한 이를 넘어서, 내가 한 명의 서술자로서 내 대상을 향해 제기하는 요구들이 그 나름으로 나의 주관적 자의의 요구들이 아니라, 언어 자체의 규율로부터 실제로 나오는 것이라는 데에 존재하는 객관성입니다. 그러니까 내가 언어의 요청들을 지향하고 언어를 통해 개념에 개입함으로써, 물론 나의 주관적 의도를 관철하고자 시도하지만, 이로써 동시에 주관을 관통하여 바로 언어의 엄격성 내지 논리라는 요구들 속에 본래 필연적으로 담겨 있는 객관성을 관철하는 식으로 그런 일을 하는 데에 포함된 객관성입니다. 따라서 이것은 사태를 이미 장악하고 본래 모든 철학적 문제들은 좀 더 고차적인 의미에서 언제나 정식화의 문제들이라는 생각을 고수할 때에만 참인 그 정의들에 대한 ―그리고 이런 의미에서 여러분이 그 점을 이해해주기를 바랍니다― 서술의 인식론적 기능이라고 하겠습니다. 정식화의 문제는 철학행위 자체 내부에서 실제로 우리가 주체와 객체의 변증법이라고 칭할 수 있는 바가 관철되는 특유의 위치, 특유의 장소라 하겠습니다.

이로써 나는 논리적 형식들 일반에 대한 변증법의 관계 문제에 도달합니다. 이에 대해 여러분에게 최소한 몇 가지를 말하고자 합니다. 정의와 개별 개념을 다루는 가운데 사실 우리는 이미 논리적 기본형식들 가운데 한 가지와 관여했기 때문입니다. 아마 여러분 모두 알겠지만 두 가지 다른 부류의 기본형식은 판단과 추론입니다. 여기서 우선 흔히 알려진 규정들을 여러분의 손에 쥐어주자면 —사실상 우리는 때때로 정의들을 사용하지만 그다음에 그것들과 시비를 걸 수 있기 위해서입니다— 어떤 판단이라는 말을 철학에서는[312] 언어로 정식화된 어떤 사태로 그에 대해 참이나 거짓에 대한 물음이 의미 있게 제기될 수 있는 경우라고 이해합니다. 한편 추론이라는 말은 하나 혹은 다수의 명제나 판단들의 관계로 그 타당성이 일방적인 상호의존성에 있어야 하는 경우라고 이해합니다. 내 생각에 —아마 이 점은 오늘 강의 끝 부분에서 다시 한 번 말해도 좋을 텐데, 그렇지 않으면 어려움을 겪는 여러분 가운데 몇 사람의 이해를 조금 쉽게 해 주기 위해서입니다— 변증법적 사유가 일반적으로 관련을 맺어야 하는 기본사태, 초보적이고 단순한 사태로서 다음과 같은 점을 지적할 수 있을 것입니다. 즉 판단이 없으면, 그러니까 전통적인 언어에서 한 주어 내지 하나의 주어 개념과 하나의 술어 개념 및 계사 '이다' 사이에서 이루어지는 종합이 없으면, —이때 한 판단의 기본형식은 'A는 B이다'입니다— 한편으로 판단이 없으면 중요한 의미에서의 인식은 존재하지 않지만, 다른 한편으로 판단 자체 혹은 각각의 개별 판단은 문제적이라는 것입니다. 또 아마 다음과 같은 모순이 변증법적 사유를 위해 가장 두드러진 동기를 제공할 것입니다. 즉 우리가 판단하지 않을 경우, 그러니까 어떤 사건들을 어떤 개념들 아래 통합하지 않을 경우, 인식과 같은 것은 가능하지 않으며, 또 무엇보다 판단을 통해 존재하는 어떤 것을 직접 그 자체가 아닌 다른 어떤 것과 관련[지을] 때에만, 따라서 일종의 동일시 행위를 수행함으로써만 단순한 동어반복을 넘어서게 된다는 것입니다. 우리는 대상들을 동일시함으로써만, 우리 자신과 동일시함으로써만, 달리 말해 우리와 같은 것으로 만듦으로써만, 미지의 것을 어떤 의미에서 우리에게 이미 알려진 것으로 만듦으로써만, 대상들을 전유할 수 있으며, 헤겔의 말을 빌리면 '진리의 고향'에 받아들일 수 있습니다.[313] 그리고 철학

하는 사람이 겪어야 하는 가장 고통스러운 경험에는, 아마 그가 본래 자신의 전체 파토스, 자신의 전체 노력을 아직 알지 못하는 것, 아직 현존하지 않는 것, 아직 눈앞에 있지 않은 것을 발언하는 데에 쏟아 넣지만, 실제로 언제나 되풀이하여 자신이 발언하고자 하는 것 혹은 새로운 것을 동일시함으로써만, 즉 이미 알려진 것 혹은 이미 주어진 것으로 환원함으로써만 발언하게 된다는 것을 알게 된다는 점도 포함됩니다. 이로써 모든 종류의 이론은 그것이 뜻하는 바에 맞서, 모든 철학적 연구의 결과를, 그 연구를 기록해야 했던 사람에게 일종의 고통스러운 일로 만드는, 어떤 죽은 것, 쓰레기 같은 것, 경직된 것이라는 특유의 성격을 얻게 됩니다. 내가 지금 제대로 기억하고 있다면 여러분은 이 경험이 니체의 경우 『선악의 피안』 마지막 잠언에서 매우 강조해서 정식화되어 있는 것을 보게 될 것입니다.[314]

이로써 나는 판단에 담겨 있는 부정적 계기를 앞질러 살펴보았습니다. 또 아마 여기에, 이 부정적 계기도 사실상 그 자체로서 매우 정확한 논리적 위치를 지닌다는 사실을 첨언할 수 있을 것입니다. 즉 내가 진리와 같은 어떤 것, 진리 일반의 이념에 도달하기 위해 내가 수행해야 하는 이 단순한 통합행위 자체 속에 일종의 허위가 들어 있는 것입니다. 사실 우리는 ─내가 여러분에게 이 정의를 제시한 후 감히 그렇게 상정해도 좋다면─ 우선 하나의 판단이란 일반적으로 진리를 적용할 수 있는 하나의 사태라는 데에 동의했습니다. 하지만 다른 한편으로 각각의 판단 속에는 여러분이 그것을 고립된 판단으로 받아들이는 한, 어떤 이중적 허위가 담겨 있기도 합니다. 여러분이 'A는 B이다'라고 말할 경우, 그 속에는 한편으로 A가 그것과 아무튼 완전히 동등하지는 않고 단지 어떤 계기들을 통해 그것에 귀속되고, 반면에 다른 계기들을 통해 그것과 구분되는 어떤 것과 등치된다는 내용이 언제나 필연적으로 담겨 있습니다. 왜냐하면 그렇지 않을 경우 그것은 'A는 B다'가 아니라 그저 'A는 A다'에 머물 테고, 단순한 분석적 명제가 될 것이며, 따라서 중요한 의미에서 결코 하나의 판단이 아닐 터이기 때문입니다. 하지만 다른 한편으로는 주어 개념이 귀속되는 술어 개념 또한 내가 그것에 귀속시키는 개별자에 비해 그것이 지니는 비교할 수 없이 훨씬 더 큰 범위만으로도 이미 개별 사물과 전혀 동일시될 수 없습니다. 엄격한 의미에서 개별 사물은 그 개념과 동일하지 않고 이 개념 아래 귀속됩니다. 그러니까 달리 말하면 여러분은 바로 진리의 개념 혹은 진리의 이념이 생겨나게 하는, 또 진리에 대해 논하는 것이 의미 있으려면 꼭 필요한 바로 그 형식이 —왜냐하면 어떤 진술적apophantisch 형식을 띠는 것이 아니라면, 즉 판단이나 판단의 총괄개념이 아닌 것은 아무것도 참이라 할 수 없기 때문입니다[315]—, [이 형식이] 동시에 그 자체의 본질상 필연적으로 허위에 붙잡혀 있다는 역설을 보았을 것입니다. 그리고 변증법은 이런 관점에서 보면 본래 진리의 형식 자체에 담긴 이 허위를 치유하려는 절망적인 노력 이외에는 결코 아무것도 아닙니다. 따라서 변증법은 그 자체의 허위의 형식을 통해 진리에 도달하려는 시도입니다.[316]

판단이론에 관해 여러분에게 나는 오늘 이처럼 산만한 논평만을 제시할 수 있을 뿐인데, 이 판단이론을 주체와 객체의 관점에서 고찰함으로써 여러분은 위의 문제를 달리 표현할 수도 있습니다. 이 경우 여러분은 한편으로 전통적인 철학 언어에서 '종합'이라고 지칭하는 것, 그러니까 예전에는 이런 식으로 서로 결합되어 있지 않았던 계기들을 서로 관련짓고 결합하는 것입니다. 종합, 즉 바로 이처럼 사유를 통해 이루어지는, 분리된 계기들을 서로 관련짓는 작업은 실제로 판단에 담긴 필수적인 주체적 측면입니다. 다른 한편으로 판단되는 사태 자체에도 그 자체로서 사실상 서로 어울리는 무엇인가가 있다는 제거 불가능한 전제에도 판단 자체의 진리에 대한 요구가 달라붙어 있습니다. 따라서 여러분이 '2 곱하기 2는 4이다'라고 판단할 경우, 2 곱하기 2는 4와 같다는 판단의 의미는 의식이 수행하는 종합 없이 존재하지 않습니다. 이 종합은 그러한 곱셈을 수행하여 '2'라는 개념을 자체와 곱하는 것입니다. 하지만 다른 한편으로 그 명제는 실제로 사태 자체 속에 2 곱하기 2는 4와 같다는 무엇인가가 존재할 때에만 참이기도 합니다. 이제 여러분은 이렇게 말할 수 있습니다. "그것은 아주 멋있군. 그러니까 나는 두 계기를 가진다. 한편으로 나는 무엇인가를 묶어내고, 다른 한편으로는 두 가지 사물이 이미 서로 연관되어 있다. 따라서 그렇다면 한편으로 판단의 단순한 '형식'과 다른 한편으로 현상학이 지칭하는 바와 같이 그 '질료', 즉 이때 판단되는 사태 자체가 있는 것이다." 하지만 여러분, —이 자리에서 나는 여러분에게 다시 한 번 이른바 변증법의 감추어진 생명을 한번, 정말 그저 한번 볼 수 있도록 해 줄 수 있습니다— 사태는 그처럼 멋있고 매끄럽지 않습니다. 더구나 다음과 같은 이유로 그렇습니다. 즉 여러분은 "이 두 계기들이 존재하지 않는다면, 판단도 존재하지 않으며, 판단의 진리도 존재하지 않는다"고 말한다는 의미에서 이 두 계기들을 구분할 수 있기 때문입니다. 하지만 여러분은 동시에 이러한 구분 과정에서 그것들을 깔끔하게 메스로 서로 갈라놓을 수는 없습니다. 여러분이 "이것은 판단에서 단순한 형식이고, 저것은 판단에서 단순한 내용이다"라고 말할 수는 없습니다. 왜냐하면 주관에 의한 그 종합을 수행하지 않을 경우 여러분은 판단되는, 또 이때 [판단의][317] 기초가 되는, 사태에 대해 전혀 아무것도 의식하지 못하기 때문입니다. 또 다른 한편 종합은 그 나름으로 그러한 사태와 관계하지 않는다면, 그러니까 질료의 뒷받침이 없다면, 종합으로서 형성되지도 않을 것입니다. 달리 말해서 현상학적 표현으로 판단의 주관적 혹은 '사유적noetisch' 측면[과][318] 판단의 객관적 혹은 '사유대상적noematisch' 측면은 형식과 내용으로서 서로 대립해 있는 것이 아니라 서로 얽혀서 매개되어 있으며, 그리하여 주체와 객체의 변증법은, 즉 주관적 계기와 객관적 계기의 상호적인 생산은 판단과 같이 외견상 형식논리학적인 사태에서도 실제로 재발견되는 것입니다.

이제 여러분, 이 자리에서 아마 마지막 순간에 매우 부족하지만 여러분에게 논리학에 대한 변증법의 관계와 관련해 좀 더 원칙적인 어떤 것을 말하도록 하겠습니다. 그것은 내가 앞에서 여러분에게 변증법은 언제나 논리적 형식들의 타당성을 전제하지만 특정한 방식으로 논리적 형식들의 타당성을 넘어서야 한다고 암시하며 말한 것을 넘어선다는 것입니다. 여러분은 이렇게 주장할 수 있습니다. "우리는 우리의 범주체계를 통해, 우리가 논리적 범주들이라는 명칭으로 결합해 놓는 범주들의 틀을 통해, 전 세계에 일종의 그물을 뒤집어씌운다. 그리고 이러한 그물이 없다면 우리는 세계에 대해 단적으로 아무것도 알지 못한다"고 말입니다. 이러한 그물, 이러한 논리적 형식들을 자체 내에서 전제하지 않는 참에 대한 직접적 의식을 상정하는 것은 어불성설입니다. 그리고 예컨대 앙리 베르그송[319] 같은 직관주의의 극단적 옹호자들에게조차 그들이 단지 자신의 직관들만을 다루는 경우에도 실은 이 직관들 자체가 전적으로 논리적인 장치를 계승하고 있다는 점을 증명하는 것은 쉬운 일일 것입니다. 하지만 동시에 내가 여러분에게 방금 판단의 분석을 통해 확연히 밝히려고 시도한 바는 논리적으로 매개되어 있는 것 모두에 대해서도 타당합니다. 즉 사태 자체의 생명에 비할 때 이 논리적 장치는 불충분하며, 더욱이 논리학은 세계를 폭력적으로 다루며 그래서 —말하자면 일요일에는— 감정이 남아 있다고 고루한 시민들이 일요일에 천명하곤 하는 상투적인 의미에서 불충분한 것이 아니라, 좀 더 면밀하고 엄격하며 감상적이지 않은 의미에서 그렇습니다. 즉 우리는 논리를 통해 비로소 세계를 인식할 수 있는데, 바로 그 논리가 동시에 그 자체의 대상 및 그 자체의 의미에 비춰볼 때 언제나 또한 그릇된 것, 언제나 또한 자체 내적으로 모순적인 것으로 입증된다는 의미에서 그렇습니다. 변증법은 내가 여러분에게 오늘 말하고 또 이 강의 전체를 통해 설명한 바로 그 사태들을 나름으로 파악하고, 그것들에 대해 반성하고 그것들 자체를 의식으로 끌어올리려 함으로써, 실제로 원의 사각형과 같은 것, 일종의 황당무계한 곡예를 시도합니다. 여러분에게 이와 관련해서 털어놓자면, 그것이 성공할 것인지는 지극히 의심스럽습니다. 하지만 아마 그럼에도 그것은 아무튼 인식이 가지는 유일한 기회일 것입니다. 즉 그것은 논리의 감옥으로부터, 논리의 강압적 성격으로부터 ―판단의 근원적 형식이 사형선고인 것과 마찬가지로 그 속에는 사실 사회의 강압적 성격이 유사한 형태로 반영됩니다― 탈피하려는 시도입니다. 그러나 이제 직접 실체적이고 참인 논리 이전적인 것으로 돌아가도 된다고 믿음으로써 마구잡이로 태고화하는 방식으로 탈피하는 것은 아닙니다. 그런 것은 단순한 카오스상태에 빠질 것입니다. 오히려 논리의 과정이 그 자체의 수단을 통해 중단되어야 하는 것입니다. 그러니까 논리가, 그 모든 규정들에 이르기까지 구체적으로, 그 자체의 불충분성에 대한 자의식에 도달하게 됨으로써 중단되어야 하는 것입니다. 그리고 논리는 마치 그 자체의 힘에 근거해 무너져야 할 것입니다. 이러한 붕괴를 초래하는 힘, 헤겔적 의미에서 부정적인 이 개념의 힘, 실제로 비판적인 이힘은 사실상 진리 자체의 개념과 동일한 것입니다. 이것이야말로 실제로 모든 변증법의 핵심입니다. 변증법이 아직 철학으로 간주되고, 벌써 불가피하게 실천에 대한 하나의 관계로서 생각될 수 있는 것이 아닌 한에서 그렇습니다. 그러니까 논리의 부당함을 논리 자체의 수단으로 보상하려는 이 시도, 혹은 자연 자체를 정돈하는 지배의 계기들을 통해 자연이 그 권한을, 우선 그 정신적 권한을 찾도록 하려는 시도, 이것이 바로 변증법적 사유 일반을 실제로 고취하는 모티프이며, 그것이 없으면 변증법적 사유는 전혀 파악될 수 없다고 하겠습니다. 그리고 이 경우 변증법은 전적으로 헤겔 『논리학』의 의미에서 진리에 대립하는 힘, 즉 허위를 자신의 것으로 만드는 셈입니다. 논리적 수단으로 전통적 논리학을 와해시키는 것은 외부로부터 이 논리적 수단을 비판함으로써 이루어지는 것이 아니라, 전통적 논리가 내재적으로, 그러니까 그 자체의 척도에 비춰볼 때 그때그

때 진리가 아니라는 점을 입증함으로써 이루어지는 것입니다.[320]

내가 그저 암시만 해도 좋다면, 비슷한 생각들이 추론의 개념에도 적용됩니다. 내 생각에 추론에 대한 변증법적 비판을 새로이 정식화하는 것은 새로운 변증법 논리학의 매우 본질적인 과제일 것입니다. 그것은 내가 염두에 두고 있는 형식으로는 아직까지 실제로 이루어지지 못했습니다. 특이하게도 추론방식에 대한 그런 비판의 흔적들은 현상학에서 볼 수 있습니다. 사실 현상학은 간단히 드러나는 것보다는 훨씬 더 많은 관점에서, 부르주아적 인식론 전체 내부에서 가장 진보적인 입장들 가운데 하나라고 할 수 있습니다. 현상학은 다음과 같이 이해할 수 있을 것입니다. —그리고 나는 이 계기를 『인식론 메타비판』에서 오래전에 다루었지만, 아마 필요한 만큼 수행하지는 못했을 테고,[321] 바로 그래서 여러분에게 이제 한번 그 점을 상기시키고 싶습니다— 즉 현상학은 어떤 의미에서 실제로 추론방식에 대한 비판이기도 합니다. 나는 추론방식에 대한 이 비판의 모티프를 우선 현상학 속에 존재하는 대로 규정하고자 합니다. 즉 현상학은 사실상 논증, 그러니까 추론이 관건인 곳에서도 직접적인 직관들이 관건이라고 믿는 오류를 범합니다. 이 오류는 충분히 입증된 듯하며, 더 이상 그것에 대해 논하는 것은 거의 불필요하다고 봅니다. 하지만 이때 기초가 되고 있는 충동은, 자체의 사태를 포착하는 그 사태에 적합한 어떤 특정한 인식에 비해, 다른 인식들에 대한 관계는 어떤 선후관계가 아니라는 점, 아무튼 인식다운 인식들은 실제로 단순한 추론들 내지 형식논리학적 귀결들의 관계 속에 있지 않다는 점을 보여주려는 것일 뿐입니다. 내가 여러분에게 철학에서의 제일원리에 대한 혹은 궁극원리에 대한 —양자는 물론 상관적입니다— 비판을 위해 말한 바에 따르면, 본래 명제들이 서로 기초를 이룬다는 의미에서, 혹은 그것들의 우선성이라는 의미에서, 명제들의 어떤 위계질서도 실제로 강제성을 지니지는 않는다고도 말해야 할 것입니다. 그리고 여러분이 잠시 추론의 이론은 —일단 귀납을 논외로 할 경우— 사실상 본질적으로 형식논리학적인 것이라는 점, 즉 그것은 다양한 명제들이 서로의 내부에 내포되어 있다는 점을 보여주는 것으로 귀결된다는 점을 생각할 경우, 상위명제와 하위명제의 위계는 이중적으로 문제적입니다. 그럴 경우 필연적으로 서로 다른 명제들 속에 내포되어 있다고 생각되는 명제들 가운데 어떤 하나가 다른 것들보다 절대적으로 우선성을 지녀야 하는지 전혀 알 수 없을 것입니다. 현상학은 [논리적] 결론들과 논증들 [대신에] 묘사들을 제시하고자 시도함으로써, 그에 대해 명확히 의식하지는 않으면서, 사고들 서로 간의 짜임관계에 비할 때 논증이라는 것은 어떤 인위적이고 작위적인 면을 지니고, 이를 치유하는 것이 철학 자체의 과제들 속에 본래 포함되어 있다는 점을 표현했던 것입니다. 따라서 자체의 이념에 어울리는 철학은 논증을 비판적인 의미에서 이용해야[322] 하며, 논증을 의도하면서가 아니라 논증의 사멸을 의도하며 이용해야 한다고 하겠습니다. 그리고 증명되는 모든 것은 또한 논박되기도 한다는, 또 증명될 수 없는 것만이 논박될 수도 없다고 하는 게오르크 지멜Georg Zimmel의 명제는 그 당대적 의미로서, 즉 지멜 자신이 뜻한 바와 같은 심리학적 상대주의의 의미로서보다 실제로 더 엄격한 의미를 지닙니다.[323] 여러분에게 잠시 논증이 일반적으로 철학 저술들에서 사람들이 '테제'라고 칭하는 것 사이의 단순한 중간개념들로서 얼마나 희미하게 나타나고, 얼마나 자의적이며, 예컨대 칸트 자신의 경우조차 특수한 논증 영역에 봉사하는 얼마나 많은 것이 사실은 단지 건축술적인 교량으로, 체계적 결합을 위한 장치들로 나타나는지만 상기시키면, 여러분은 내가 이 논증의 사멸이라는 말로 무엇을 뜻했는지 간단히 이해할 것입니다.

이 또한 다시 —이로써 나는 오늘 이 시간을 위해 본래 설정한 대상으로 돌아갑니다— 본질적으로 서술의 문제입니다. 그리고 내가 나 자신과 관련해 한마디 해도 된다면, 나 자신이 비록 얼마나 성과를 거두었는지는 수상쩍지만 어떤 특정한 성격의 긴밀성과 함축성을 추구하려 노력했는데, 그러한 긴밀성과 함축성은 실제로 논증을 제거한다는 의미를 지니는 것은 결코 아니지만 —그런 일을 할 수는 없으며, 여러분은 나 자신의 글들에서 수백 가지의 논증들을 지적할 수 있습니다— 테제 혹은 주장과 논증의 전통적 구분과 아울러 추론의 전통적 형식을 내가 여러분에게 보여주고자 시도한 원칙적 모티프들로 인해 제거한다는 의미를 지닙니다. 사실상 사고의 관계가 위계적 관계가 아니라 짜임관계라면, 그로부터 물론 방법적 요구로서 다음과 같은 점이 추론되어야 할 것입니다. 즉 모든 사고는 중심과 같은 거리에 있습니다. 그러니까 그로부터 파생되는 다리개념들Brückenbegriffe 혹은 테제들이나 추론들은 존재하지 않으며, 실제로 모든 개별 명제는 논증의 힘, 즉 반성적 사고의 힘으로 충만해 있으며, 또 한편 한 사태 자체를 포착하는 정확성의 힘으로 충만해 있습니다. 그리고 물론 그 형식을 통해 실제로 철학에는 말하자면 모든 말, 모든 명제, 모든 구문적 틀이 다른 것과 똑같은 책임을 지기 때문에 어떤 전체의 구성에서 나타나는 하나의 진리만이 존재할 뿐 여러 주장이나 증명이 존재하지는 않는다는 점을 표현하는 것이, 물론 사유에 의해 충족될 수는 없지만, 이상일 수밖에 없을 것입니다. 나는 여러분에게 변증법이 어떤 의미에서는 사유의 옹졸함에 대한 사유의 비판이라고 말했는데, 이것이 아마 그 한 가지 예일 것입니다. 그리고 내 생각에 여러분이 진지하게 변증법적으로 사유한다면 여러분의 서술 형식은, 바로 그것이 어떤 주장들과 그다음 이에 대한 증명들이라는 전통적 구분을 본질적으로 단념하는 한에서, 여러분이 실제로 변증법적으로 사유하는지를 말해주는, 즉 사고의 내용과 사고의 실행이 그것에 어울리는 동일화에 도달하는지를 말해주는 좋은 지표입니다.

여러분, 나는 다름 아니라 변증법을 다루면서 관념론자가 아닐 경우 불가피하듯이, 이 강의가 여전히 다른 어떤 강의 이상으로 미완으로 남았으리라는 점을 의식하고 있습니다. 왜냐하면 변증법은, 그러니까 짜임관계, 전체, 연관관계 등을 다루면서 동시에 주머니에는 아무것도 가지고 있지 않아서 ―[따라서 여기서는] 헤겔의 경우처럼 주체와 객체가 결국 그 과정을 통과하여 동일한 것이 되지는 [않습니다]― 그러한 전체를 확인했다고 여기지 않는 사유는, 이러한 철학은 강의로 발표될 경우 ―그리고 자유로이 구두로 이루어지는 즉석 강의가 수반하는 부족한 면을 포함해― 단편적인 성격을 드러낼 수밖에 없기 때문입니다. 아마 오늘날 변증법적 사유는 일반적으로 이 단편적 성격 속에서만 가능할 것입니다. 그리고 그런 한에서 나는 끝으로 내가 여러분에게 말한 것의 불충분성을 위한 하나의 이데올로기도 찾는 셈입니다. 하지만 마지막으로 나는 내가 한 말을 여러분에게서 철회함으로써, ―즉 실제로 그러한 동일성의 가정을 [일반적으로 포기할 수 있느냐] 하는, 혹은 주체와 객체가 그래도 궁극적으로는 서로 완전히 유사하지 않은 것은 아니라는 가정 없이[324] 인식과 같은 것이 아무튼 실제로 가능하[냐], 혹은 우리가 완성된 계몽 속에서 그런 가능성에 대한 어떤 사고도 스스로 금지할 경우 이로써 인식 자체를 금지하고 사실상 계몽과 아울러 가장 암울한 신화로 돌아가는 것은 아닌가 하는 물음으로 여러분을 안내[함으로써],― 최소한 그런 이데올로기를 여러분에게 제공하지 않고는 여러분을 보내드리고 싶지 않습니다. 이는 내가 여러분에게 깨뜨리라고 제공하는 딱딱한 호두입니다. 하지만 방학이 길기도 하니 어쩌면 여러분은 방학 동안에 이 딱딱한 호두를 처리할 것입니다. 그리고 나는 종종 저돌적으로 진행된 이 강의에 여러분이 주의를 기울여준 데에 대해 매우 감사하며, 여러분이 방학을 잘 보내기를 진심으로 기원합니다. 그리고 아무튼 여러분 가운데 많은 사람을 다음 학기 미학강의에서 다시 보기를 희망합니다.[325] 감사합니다.

308) 이 강의의 앞부분은 녹취록에 빠져 있으며 앞 시간과 연결되는 것으로서 편집자가 가설로 재구성했다.

309) '동시에' 대신에 추정함.

310) 대화편 『국가』에서 플라톤은 정의의 본질에 대해 질문한다. 대화상대자는 개별 인간의 영혼과 관련되는 질문에는 우선 좀 더 큰 모델, 한 국가의 구성에서 출발할 경우 더 쉽게 답할 수 있다는 데에 동의한다. 이런 목적으로 가설상으로 어떤 이상적 폴리스가 세워진다. 그 중심 구조는 모든 시민이 세 가지 직업적 신분으로 분류되는 데에 있다. 즉 통치자(철학자)들, 전사(혹은 수호자)들, 농민과 수공업자들이 그것인데, 이들에게는 특유의 미덕이, 즉 통치자들에게는 지혜가, 전사들에게는 용맹이, 농민 및 수공업자들에게는 신중함이(여인들, 노예들, 아이들의 욕심에 대한 자유민의 지배권으로서) 할당된다. 이어서 플라톤은 정의(正義)를 "각자가 자기 몫을 행하는 데에" 있다고 정의한다. 즉 각자가 단지 자신의 본성에 상응하는 직업을 수행하면 되고 세 가지 직업적 신분들 사이의 혼동이나 혼합은 불행의 뿌리로서 어떤 대가를 치르더라도 피해야 한다는 것이다. 이에 따라 대화는 각자의 영혼에 담긴 정의에 대한 물음으로 돌아간다. 이때 도시의 질서와 영혼의 질서는 플라톤의 눈에 구조적으로 같다는 점이 드러난다. 영혼은 그 나름으로 세 부분 혹은 영적 능력들로 이루어지며, 그것들에 가장 중요한 미덕들이 할당된다. 즉 사유능력에는 통치자의 지혜가, 용기에는 전사의 용맹이, 지배받아야 할 욕구능력 내지 욕정과 욕망에는 제3신분의 신중함이 할당된다. 국가의 경우와 마찬가지로 한 영혼은 각각의 능력이 그 고유의 기능을 충족하고 영혼의 부분들이 이루는 위계를 인정할 때에만 정당하다고 지칭된다. ― 정의의 본질에 대한 물음이 플라톤의 경우 그 이데아에 대한 물음의 의미를 지니는 한에서, 직업적 신분들이나 미덕 내지 영적 능력들의 질서는 동시에 그 규정들에 귀속되는 이데아들의 위계적 질서의 본보기를 이룬다. 하지만 이상적인 도시건설이 최초의 출발점으로서, 최초의 소여 및 전제로서 시장을 통해 원자화된 사적 개별 생산자들을 출발점으로 삼고, 이들의 고립된 활동과 고립된 재산이(그 우시아/본질의 본래적 의미에서) 각 개념의 고립된 본질에 대한 물음과 명백히 상응하는 한에서, 분업이 또한 플라톤적 이데아론의 모델 혹은 물질적 기반이기도 하다.(Vgl. Politeia 369 b 5ff.).

311) 헤르만 그라프 카이절링(Hermann Graf Keyserling: 1880~1946), 문화철학자, 역

사철학자. '지혜학파'와 '의미의 철학'을 창시했다.

312) 녹취록에는 이 자리에 '불명확'이라고 메모되어 있음.

313) 주 257) 참조.

314) "아하, 너희들, 내가 쓰고 그런 사고들은 무엇인가! 얼마 전만 해도 너희들은 그 토록 다채롭고, 젊고, 악의적이고, 가시들과 은밀한 자극제들로 가득해서 너희들 은 나를 재채기하고 웃게 만들었는데, 지금은? 이미 너희들은 너희들의 새로움 을 잃었고, 너희들 가운데 몇몇은 이미 걱정스럽게도 진리가 될 태세가 되어 있 지. 그것들은 벌써 불멸인 것처럼 보일 태세이고 그처럼 가슴 아프게 타당하고, 그토록 지루하구나!"(Friedrich Nietzsche, Jenseits von Gut und Böse, Aphorismus 296; in: Nietzsche, Werke, a. a. O., [s. Anm. 259], Bd. III, S. 202[II, S. 756]).

315) 아리스토텔레스는 진술을 '로고스 아포판티코스(λόγος ἀποφαντιχὸς)', 즉 '드러 내는 진술'이라고 정의하는데, 이는 유일하게 참 또는 거짓일 수 있다는 점을 통 해 다른 명제형식들(간청, 소망 등)과 구분된다.(Vgl. Aristoteles, Lehre vom Satz [Organon I/II]. Porphyrius, Einleitung in die Kategorien, übers., mit einer Einl. und erklärenden Anm. versehen von Eugen Rolfes, Hamburg 1974, S. 95~99).

316) 아도르노는 판단의 본성과 관련한, 즉 한편으로는 주어와 술어의 동일성의 표 현이면서 다른 한편으로는 주어와 술어의 이중적 비동일성의 표현인 판단의 이 중성과 관련한 이러한 생각에서 대체로 헤겔을 계승할 수 있었다. "이에 관해서 는 처음부터 당장 판단 형식의 명제는 사변적 진리들을 표현하기에 적합하지 않 다는 점을 일반적으로 지적해야 한다. 이런 사정을 알고 있는 것은 사변적 진리 들에 대한 여러 오해들을 제거하는 데에 적합할 것이다. 판단은 주어와 술어 사 이의 동일한 관계이다. 이 경우 주어는 술어보다 더 많은 규정상태들을 지닌다는 점, 또 술어는 주어보다 더 포괄적이라는 점은 추상된다. 그러나 내용이 사변적 일 경우, 주어와 술어의 비동일상태는 본질적인 계기이다. 하지만 이는 판단에 서 표현되지 않는다. 사변적 사유에 친숙하지 않은 사람들에게 근래의 철학은 역 설적이고 괴기한 빛 속에서 나타나는데, 이런 빛은 다양하게 단순한 판단의 형 식 속에도 —그 형식이 사변적 결과들의 표현에 쓰일 경우— 비쳐진다."(Hegel, Werke, a. a. O. [s. Anm. 8], Bd. 5: Wissenschaft der Logik I, S. 93).

317) 'Sache(사태)' 대신 추정함.

318) 'oder(혹은)' 대신 추정함.

319) 앙리 베르그송에 대해서는 주 64) 참조.

320) 아도르노는 여기서 언급한 구상을 다른 자리에서 '와해의 논리(Logik des

Zerfalls)'라고 표현하고 설명했다.(Vgl. Negative Dialektik, GS 6, S. 148f.). 그것은 "그의 철학적 구상들 가운데 가장 오래된 것, 학창시절에 유래하는 것이다"(Ebd., S. 409).

321) Vgl. GS 5, S. 324f.

322) 'bewegen(움직이다)' 대신 추정함.

323) "우리가 증명할 수 있는 모든 것은 또한 논박할 수도 있다. 논란의 여지가 없는 것은 단지 증명할 수 없는 것뿐이다." Georg Simmel, Aus dem nachgelassenen Tagebuch; in: Fragmente und Aufsätze: aus dem Nachlaß und Veröffentlchungen der letzten Jahre, München 1923, S. 4.

324) 'ohne die Annahme, daß Subjekt und Objekt schließlich nicht doch einander ganz unähnlich seien(주체와 객체가 그래도 궁극적으로 서로 완전히 유사하지 않지 않다는 가정 없이는)' 대신 추정함. 물론 이러한 추정 때문에 편집자는 다소 골머리를 앓게 되었다. 그것은 한편으로 앞선 사고과정에서 불가피하게 나오는 듯해 보인다. 여기서는 어떤 전체의 포기할 수 없는 상정이 논의되었는데, 이러한 전체는 헤겔의 경우 어떤 동일한 전체의 형태 및 주체와 객체의 동일성이라는 형태를 취한다(이에 대해서는 34, 153쪽 아도르노 자신의 설명 참조). 물론 아도르노도 우선은 이런 동일성의 사고로 시작하며, 그가 말하는 과정에서 꾀하는 수정은 단지 주체와 객체의 어떤 '유사하지 않지-아니-함(Nicht-unähnliche-Sein)'을 위해 동일성 상정을 약화할 뿐이라고 하겠다. 물론 아도르노의 논증이 진행되는 과정은 우리가 제안한 추정과 대립한다. 왜냐하면 그것은 주체와 객체의 유사성 상정에 대한 포기를 '완성된 계몽'과 동일시할 터이기 때문인데, 이는 비판적 취지로 말한 것인 한, 아도르노에 의하면 바로 비동일성에 대한 동일성 사유의 승리를 의미할 것이기 때문이다. 하지만 그가 '완성된 계몽'의 개념을 이 자리에서 다르게, 즉 이로써 극단적 회의주의적 변증법의 인식론적 입장을 지칭하려는 뜻에서 말하는 것도 아마 가능할 것이다. 이는 헤겔을 비판하려는 의도로 어떤 동일성의 가능성을 포기하고 개념과 사태, 주체와 객체의 지양할 수 없는 비동일성에서 출발하며 '암울한 신화'로, 즉 세계의 인식불가능성에 대한 인정으로 돌아가는 결과를 수반하는 것이다. ― '유사하지 않은'을 '유사한'으로 대체하는 추정도 가능할 것이다. 물론 위에서 논한 문제는 그대로 남는다.

325) 다음 학기 미학강의는 이미 출간되었다. (Vgl. NaS IV-3)

핵심용어들

변증법 입문[326]
전체계획

1958년 여름 학기

4

8

10

22 시간   주 제

1. 서론: 변증법에 대한 통상적 반론들

2. 변증법의 개념

3. 관념 변증법: 객관에 대한 사고의 입장들

4. 관념 변증법: 의식의 경험

5. 관념 변증법: 객관적 논리적 운동

-8

6. 정신현상학의 :   감성적 확신

변증법적 모델들   주인과 노예

불행한 의식

본질과 개성, 인륜성 300-307

또한 양심

절대적 자유와 경악

9-10. 논리학의 변증법 모델들

존재 무 형성과정

질과 양

존재에서 본질로의 이행

전통적 논리학 비판

11. 헤겔적 방법 개관

12. 유물 변증법으로의 이행: 법철학   a. 헤겔의 국가론

                                            b. 마르크스의 헤겔 법철학 비판

13. 유물 변증법의 개념과 문제

    사회의 개념적 매개 — 열린 변증법

14. 계급투쟁의 역사로서의 변증법적 역사 구상

15. 중심으로서의 교환관계의 변증법

16. 변증법과 이데올로기

 -18

17. 변증법적 모델들:

    과잉생산

    해체를 통한 사회의 해명

    자유 개념의 변증법

    유물론 개념 자체 속의 변증법

    국가와 정치 개념의 변증법

19. 미적 변증법

20. 우리의 변증법 개념

21-22. 자신의 모델들

58년 4월 22일[327]

강 의: 변증법 입문

1958. 5. 8.

변증법에 대한 악평, 궤변과 지적 과장이라는 관념 ◄

오늘날 지배적인 이중적 의미의 실증주의 사유관습들에 대한 반론

궤변에 반대: 진리의 주관주의적 해체를 의도하는

현상학 24 참조.[329]

변증법은 플라톤 이래로

5월 13일[328] 시작
양면성: 변증법은 사유와 사태 속의 모순들의 운동이다. 방법이면서 비-방법. 관념론 = 동일성에 대한 지적.

것이 아니라 오히려 ∧ 주관적 부정적 요소를 진리 자체 속에 받아들임으로써 진리의 객관성을 구제하려는 시도.

오늘날:

변론 없는 진리의 이념.

진리의 적합성이론(Adäquanztheorie)은 자체로 이미 존재하는 것에 정당성을 부여한다. 진리라는 말에 담긴 파토스

시간 속의 진리가 아니라 진리 자체 속의 역동성.

본질은 단순한 결과가 아니다. 현상학 15 및 법철학[?] 31.

주관주의적인 것이 아니라 그에 못지않게 객관적인 변증법.

따라서 예컨대: 최고로 섬세한 정신적 조형물들에 이르기까지, 역사적 힘들의 운동.

철학. 스스로를 의식하는 불의를 보존. 그러나 이 경우 승자에게 사정은 좋지 않은 식으로 보존.

대화적인 타당성 고집의 방법이 아니라 현실 속의 객관적 모순상태를 따라잡으려는 시도

이로써 원래 이미 반변증법적으로 등장한 오늘날의 존재 철학과 처음부터 첨예하게 대립.

5월 22일 시작. 전체가 진리라는 인용에 대해 숙고.

자체 내에 머무는 것, 근원적인 것, 절대적 제일원리 개념에 반대. 이와 관련해 현상학 14쪽 낭독 + 해석 특히 16쪽 면밀히.

> 과장에 대해: 철학의 개념 자체에 극단적인 지적 긴장이 담겨 있는데, 철학에 지적 계기가 없어도 된다는 철학 관념의 부조리. 진리는 극단 속에 있다. 이른바 과장된 것, 그러니까 친숙한 표면에서 배척당하는 것이 아무튼 진리에 도달할 기회를 가진다. 다른 한편 변증법은 그 한 계기로서 주어진 것, 직접적인 것, 정신적 규정으로 해소될 수 없는 것을 인정한다.

매개는 사태에 외적인 것이 아님

사람들은 변증법이 존재하는 모든 것의 보편적 매개상태에 대한 학설이라고 말한다. 혹은 정신현상학의 표현에 따르면 형성과정에 관한 학설이다.

-2-

여기에는 동시에 모든 단계에서 산출되는 직접성의 개념도 담겨 있다.

오순절 후 여기서 계속[330]

연결: 변증법의 진지함, 즉 단계의 생략 불가능성 속에 바로 다음과 같은 계기가 들어 있다:

합리주의논쟁에 대해. 합리화에 대해 반성하는 사유를 합리화라고 비난해서는 안 된다.

변증법에 의한 세계의 빈틈없는 지성화 관념에 반대.

하지만 부정적인 것은 단순한 보완이 아니고, 보상되는 것도 아니다. 그러나[331] 전체를 통해 생략되는 것도 아니다.

∧ 다름 아닌 헤겔 철학이야말로

상위개념 아래 단순히 포괄하는 것이 아니다. 개념은 [X]가 아니다.

현존하는 것의 위력에 직면해 단순한 주관적 논

리추론을 비판함으로써, 그와 반대되는 계기를
지극히 예리하게 강조했다. 현상학 13쪽 참조. 진지함,
고통, 인내, 그리고
부정적인 것의 노동

현상학 33/34쪽,
그 반대로 35쪽 아래

삼중성 도식에 대한 논의.
대립의 단순한 외적 도식
에 반대.
종합-부정의 부정 개념
에 대한 오랜 불신. 부정
속에 부정된 것이 보존됨.

따라서 또한 이른바 개념들의 강압장치가 아니
다. 삼중성(Triplizität) 도식의 상대적 비중요성.
가장 엄격한 의미의 변증법은 주관적 방식으로서
의 방법이 아니라, 오히려 그 반대로 사태에 자신
을 내맡기는 순수한 관찰.
변증법에 대해 가장 즐겨 제기되는 반론: 변증법
이 단지 모순만을 알 뿐 단순한 차이를 모른다는
것. 모순 개념을

빈곤화하지 않지만 훈련한다.

실체화해서는 안 된다. ∧ 그것은 모든 유한한 판
단이 판단으로서의 그 형식상 전체적 진리라고
요구함으로써 전체적 진리일 수 없는 그 자체의
유한성과 갈등에 빠진다는 것을

내용의 유한성, 판단의 질료. 형식과 내용의 모순

모델: 형상적이고
       질료적
X는 한 인간이다.
인간은 전체적이고 올
바른 존재라는 이념을
내포한다.
어떤 인간을 통해서도
인간의 개념은 아직 충
족되지 않았다!
그 명제는 참이면서

말할 뿐이다. 모순의 범주는 칸트의 이율배반론
에서 얻어내 그로부터 전개된 것이다.
그것은 다음을 통해 일반화된다.

이로써 '경험의 피안'은 그 의미를 잃는다.

칸트의 형식과 내용 구분, 일반적으로 칸트식 개

자유,   이는 보편성 속에 담겨 있다.
자율성   'X=인간'은 허위이다.

동시에 허위이다: 모순.
우리가 '인간'이라고 말
할 때에는 단순한 유 이
상을 뜻한다.

념 쌍들의 경직되고 매개되지 않은 상태를 고수
하지 않는 것이다. 모순의 이념은 진리 자체의 주
요 개념으로부터 나온다.

모순은 근본적으로 논리학의 척도다.
모순의 학설로서의 변증법은 세계의
단순한 논리성, 단순한 개념과의 동화,
그리고 역으로 존재하는 것과 개념들
의 동일성을 비판한다.

차이는 유토피아다.
세계관은 변증법
적이지 않다. 비판.

58년 6월 19일 시작부분: 왜 모순은 단순한 차이가 아닌가?

괴테의 해답을 이루는 것은 비동일자, 정신과 동화되지 않는 것.
논리학＝절대적 동일성. 모순은 그 척도.
변증법은 세계의 논리성 혹은 우리 개념과 세계의 동화에 대한
비판.
역으로, 존재하는 것과 개념들의 동일성에 대한 비판.
사태의 측면에서 보면: 사태의 적대적 성격. 기본경험: 세계는
체계이며 동시에 적대적이다.

5월 13일

변증법의 강압장치에 대해: 변증법은 연역체계라고 한다. 또 현실을 순수하게 개념으로부터 전개하려는 시도라고 한다.

이는 맞는 말이면서 맞지 않는 말이다.

한편으로 변증법은 사실상 현실적 사건의 '논리'를 전개하려 시도한다. 하지만 주체에 의해 주조된 논리가 아니라 사태 자체의 논리로서 그렇다.

예컨대: 발전한 교환사회, 부와 가난의 증대 등

달리 말하면 변증법의 논리적 강압은 사회의 강압성이며, 변증법의 체계화는 현실이 이루는, 어떤 식으로 숙명처럼 전개되는 체계의 체계화다. 우리가 옹호하는 변증법 이론에서 체계는 비판적 개념이다.

하지만 다른 한편 변증법은 직접적이고 빈틈없는 연역적 연관관계가 결코 아니다.

이론 없이는 실제로 어떤 인식도 없고 단지 확인들만 있을 뿐이다.

변증법은 순수한 동일성으로 작업하지 않는다.

변증법은 빈틈없이 모든 것을 하나의 명제로부터 끌어내지 않는다. 바로 그것이 모순의 중심적 기능이다.

헤겔과 피히테의 관계를 간략하게 다룬다.

58년 6월 19일[332]

변증법은 비동일자 혹은 사고와 동화되지 않는 것을 사고 속에서 정당히 대하려는 시도이다. 그리고 비동일자의 동일성이라는 이 모순이 본래 변증법의 생명소이다.

이러한 시도의 역설 때문에 사고가 전개될 수밖에 없다. 즉 사고는 단순한 판단으로서 이루어질 수 없다.

즉 동일성과 비동일성의 측면. 헤겔의 경우 실로 정신이 그렇지만 마르크스의 경우 그렇지 않다. 하지만 이로써 −매개 없으면− 변증법의 개념 자체가 여러 난관에 빠진다.

여기서 이미 두 가지 가능한 형태, 긍정적인 즉 관념론적 변증법과, 비판적인 즉 유물론적인 변증법에 대한 지적

변증법은 전통적인 사유를 일련의 난관에 직면하도록 만든다.

1. 전체와 부분이 언제나 서로 관련되어야 한다. 부분은 이미 전체에 근거해 파악되는데, 그 전체가 완전히 주어지는 것은 결코 아니다.

예컨대 문학에 대한 유물론적 해석은 총체성에 의해 매개됨. 벤야민 논쟁. 바로 이것이 그 전체를 대신하고 있는 <u>이론</u>의 위상이다.

바로 이 점이 직관이라고 잘못 이해된다. 6월 24일[333] 직관 개념에 대해.

전체는 나름으로 어떤 완성된 것으로 표상되는 것이 아니라, 부분들의 운동에 근거해 표상되며, 추상적 상위개념으로부터 추론되지 않는다.

즉 그것은 이론으로부터 추론될 수 없다. 후기 루카치의 사례와 추상적 이데올로기 개념.

~~바로 어것어~~

주의: 반실증주의적 요소란 실제로 다음과 같다: 외견상의 궁극적 자료들이 모두 전체 사회에 의해 매개되어 있다.

-4-

특히
2. 따라서 자연과학과 ∧ 실제로 다루어지는 전

명석 판명한 지각은 없다: 대상은 자체 내에서 역동하며, 분명하지 않다.

통적인 과학에서처럼 한발 한발 진행되는 방식

변증법은 불연속성이다. 요소분석, 한발 한발, 완전성에 대한 반론.

은 없다. 변증법은 전통적인 절대적 제일원리의 개념을 공격한다. 변증법은 존재론이 아니다.[334]

주의: '존재'에 대한 헤겔의 경멸

∧ 그러나 그것은 또한 실증주의도 아니다.

'자연적'이지 않다. 반성　　　　　사고의 유동성,
　　　　　　　　　　　　　　　　　　　내부와 외부에 존재하기.

그에 대한 대답. ― 우리가 추구하고자 하는 지, 경향

3. 변증법은 노골적인 양자택일, 이것이거나-저

　　　하지만 값싸게[?] 매개하지는 않는다. 다수성도
　　　아니고, 이것이면서 저것인 것도 아니다.

것, 분류하는, 구분하는 사유를 피한다.

　　　　　　　　　　　　　예컨대 사회학 = 인간학

오늘날 지배적인 사유습관들에 극히 엄격히 대립.
처방도, 도식도 아니다. 사태 자체에 자신을 맡기
라는 헤겔 요구의 새로운 진지함. 바로 이것이 반주
　　　　　　　　　　　　　　관주의적 요소.

　　　　　　　그 자체에 대한 정의로도 시작하지 않는다.

4. 변증법은 정의들로 시작하지 않는다. ∧ 개념

이미 그 이전에 유래한다. |현상학|

　　　　　　　　(형식으로서의 에세이 참조)

들은 연관관계 덕분에 규정된다. ∧ 또한 동시에
그 내적구성에 비춰볼 때 사유의 운동을 통해 변
화한다.

사태들에 대한 거부로서의 정의들의 피상성.

사회에 대한 개인의 관계를 통한 개인 개념 예시.

[좌측 여백 주석]

반실증주의적 요소.
핵심: 표피를 받아들이
지 않음.

회피의 혐의[?].
'비약들' ―방법의 비약-
현실.
단절을 통해 사유=조화
를 꾀하지 않기.

그러면 이제 어떻게 생
각할 것인가?
착상? 아마추어처럼 무
조건?
해답: 사고의 통일성을
통해 사태의 통일성 표
현.(부분으로의 통상
적 분해에 반대)
완전성 대신
모델.

이 개념은 동일한 측면과 동시에 동일하지 않은 측면을 내포. 지양상태의 이중적 개념.

개인을 통해 분석하기.

5. 개념들은 고립상태가 아니라 그 결합관계 속에서 받아들여야 함.

개념에 의한 고정작업들의 자의성에 반대하는 모티프. 개념을 통해, 사태 자체의 생명을 온당하게 대하려는 시도. 이는 물론 통상적인 주체와 객체의 구분에 대한 비판을 전제한다. 즉 객체는 아무 질이 없고 주체에 의해 비로소 그 범주적 규정들을 얻는다는 생각에 대한 비판을 전제한다.

이 동일한 모티프 속의 진리: 주체 자체가 일종의 추상, 한 계기이다.

이런 의미에서 모든 변증법은, 관념 변증법까지도, 전통적 인식론과 대립한다.

변증법의 성격규정을 위해.
과학과 철학의 구분을 인정하지 않는 사유.
즉 철학적 모티프를 실질적 인식 속에 끌어들인다.
예컨대: 정의에 대한 철학적 비판: 따라서 정의하지 않는다.

모순이라는 말에 대한 크로너의 입장.

동일성은 자체 내적으로 모순적이게

형식적 진리만 아니라 내용적 진리이기도 하다.

크로너 331~332

형식적 조건들에 대한 통찰이 아무 인식도 아니라면, 어떻게 선험적 논리학이 존재하는가?

경계를 설정하는 것은 그것을 넘어서는 것이다.

크로너의 변증법 333

6월 26일을 위해

전체에 대한 예견 문제.

전체가 나중에 나타난다는 주장에 대한 비판:　　개별은 보편과 마찬가지로
추상의 산물이다.

과학적 질서가 사물들을 전도시킨다.

나는 이른바 개별 자료들보다 <u>먼저</u> 우리가 어떤 세계에 살고 있는지 안다.

인식이 아니라 인식론만이 이를 다르게 만들어 놓는다.

반성을 통해 순진성을 회복시키는 과제

(이는 모든 변증법의 한 가지 본질적 모티프.)

우리는 먼저 압박을 감지한다.

그에 비할 때 상황은 전체와 꼭 마찬가지로 추상적이다.

이론은 이러한 경험을 추적해야 한다.

이론의 위상: 정신적 경험을 일관된 사유로 표현하는 데에 있다.

직관이 아님: 사실들을 넘어서 가리키는 지는 잠재적으로, 조직되지 않은
상태로 이미 현존하며 일관성을 통해 더욱 촉진된다.

직관인 ~~것~~처럼 보이는 것은 잠재적인 지의 분출, 현실화 ― 의식화이다.

바로 이것이 이론이다.

하지만 그 자체로 어떤 절대적인 것이 아니라 열린 것이다.

늘 자체의 모순과 관련되며, 따라서 형태가 <u>아니다.</u>

전체를 <u>완성된</u> 것이라고 생각하지 않는다. 등.

2.　┌───┐
　　│ 자연과학들과 실질적으로 다루어지는 전통적 과학에서처럼 단계적 │
　　│　　　　　　　　　　불연속성. 개입의 상대적 우연성.　│
　　│ 인 처리방식이 아니다.　　　이 점에서 실증주의와 유사.　│
　　└───┘

　어떤 절대적 제일원리도 없다. 근원은 참이 아니라 기만이다.

여기서부터 다음 쪽에 대해: 존재론과 실증주의

명석 판명한 지각에 반대. 그처럼 궁극적인 것, 절대적으로 주어진 것은 진리가 아니고, 주어져 <u>있는</u> 것이 아니라, 과정 속에 존재하는 것이기 때문.

타자와 관련되어 있으며, 그래서 절대적으로 판명하지는 않다.

대상은 자체 내에서 역동적. 따라서 명확하지 않다.

데카르트적 요구의 <u>독단적 성격</u>.

어떻게 생각할 것인가?[336] | 정확성의 결여가 아니라, 오히려 좀 더 정확히, 또한 이로써 고정된 것은 용해된다.
| 고집

임의성에 대한 방어, 착상은 추상적인 일치가 아니라 이론적 경험

의 통일. | 사유도 백지상태 혹은 '순수한' 것이 아니며 오히려 경험 속의 한 계기다.

<u>요소분석</u> 반대.   자연과학:

그것은 불가피하지만 단지 하나의 <u>계기</u>일 뿐이며, 요소   모델

들은 절대적이지 않다.

사태를 서술이 대체.

전체는 단순히 부분들로 구성되는 것이 아니라 스스로를 산출.

예컨대 보편적 법칙들과 특수한 법칙들

<u>요인들</u>의 개념을 통해 설명   정신적 훈련의 문제

<u>비약 없는</u> 이행 반대. | 앞 쪽에서부터. | 사고의 자유

                                           방법의 부자유

그 상관물인 객체에 대한 자유.

생산적 사유는 불연속적이며, 단절들을 통해 이루어진다. 그렇지 않으면 조화론적 허구.

옹졸하지 않다. 체계의 옹졸함. 지멜.~~+체계, 실질적일 경우, 틀로서.~~

사고의 유동성, 안에서 바깥에서.   ~~그렇지 않으면 허위.~~

계단의
우상.

그에 대한 의심: 회피하기, 상대주의(사회적)

한 사유의 핵심은 그 힘의 원천이지, 방법이 아니다

답변: 개별 인식과 경향의 규정성

변증법에서 개별자는 전통적 사유에서보다 더 구속력 있다.

내재적 태도를 취하기 — 하지만 '입장'으로서가 아님

> 통합됨. 체계가 아님

변증법은 존재론도 실증주의도 아님.

완전성 반대. 아무것도 빼놓지 않는 것이기보다 오히려 모델들.

힘의 중심들.

파슨스.
완전성의 동일
성철학적 전제.

관련 프레임에 반대. 자의성. 지나치게 영리함

존재론: 존재에 대한 헤겔의 관점

변증법은 '자연적'이지 않다. 반성. 그에 대한 저항.

실증주의: 외견상 주어진 것은 언제나 (사회적으로) 매개됨.

핵심: 속박들을 그대로 받아들이지 않는다.

58년 7월 3일   주어진 것의 매개상태에 대한 모델들

1) 관료들(다름슈타트)에 대한 관계

2) 가면으로서의 상사

3) 히트곡 선호: 가장 많이 연주된 곡. 주의: 그 속에 담긴 후퇴.

반론: 이는 가설로서, 실증주의와 결합될 수 있다.

논박: 1) 가설이 아니다. 왜냐하면 어떤 결정적 실험을 통해 입증할 수 있는 것이 아니기 때문.

2) 그 속에 설정된 총체성은 순수한 소여로서 붙잡을 수 있는 것

이 아니다.

3) 의미는 일반적으로 개별 인식의 의미가 아니라 직접적인 것의 매개의 의미이다.

4) 그에 도달하는 길은 부정적. 예컨대 객관적으로 상사가 악의 적이지는 않다거나, 혹은 공무원을 알지 못한다는 증거. 막스 베버.

1958년 7월 15일[337]

요약: 계단의 우상[들].

사유 속의 강압성, "범주"에 반대, 그 대신

모든 것.

유동성.

"밖으로부터의 음악".

유동성의 의미: 내재적(즉 일관성)

　　　　　　초월적(전체 속의 위치.)

바로 이 양면성이 변증법적 사유의

동화-되지-않음(Nicht-in-einander Aufgehen)을 표현한다.

유동성 및 회피에 대한 의심.

주제전이, 궤변에 대한 해묵은 반론.

그에 맞서

　　사고가 그때그때

우러카ㅣ책임지고 있는 특정 수준에서의 입장 설정 의무. 또 그 초월의

전개.

상대주의로서의 유동성에 대한 의심은 사회적으로 근거 있음.

"발판 없는 존재"에 대립하는 정착, 발판.

이는 이미 수용. 발판은 없으며 역동하는 진리가 있다.

한 사유의 핵심, 실체적 요인은 그 사유가 산출되어 나오는

잠재적 힘의 원천이지, 각 단계에서 따라 수행할 수 있는

방법이 아니다. 또한 물건처럼 끄집어낼 수 있는 "테제"도 아니다.

검증의 기능변천:

　　한때 반독단론적 요소, 속아 넘어가지 않기.

　　나중에는 타협적이지 않은 사고의 억압.

항상적인 것＝본래 이미 알려진 것, 미분적 이행

새로운 것은 질적 도약이다.

개별자의 구속성. 내재적 태도 취하기, '입장'이 아님.

2

7월 18일[338]

완전성:　　　여기에 독단적 요소. 동일성 철학적 전제.

요청은 단지 한정된 다양성에 대해서만 타당하다.

내가 어떤 수집된, 완성된 자료 속에서 분류하는

자로 움직이는 경우, 즉 경험이 이미 중지되는 경

우가 아니라면, 완전성을 기대해서는 안 된다.

따라서: 완전성을 추구하지 말 것.

―철학적― 사유의 과제: 포괄하기＋아무것도 빼

진리의 척도:　먹지 않기 대신 모델들 산출하기. "광원".

얼마나 쏘아 보내는가.

발광, 포괄이 아님.

예컨대 베버의 유형＋후설의 외연논리적이지 않은

　　　　　　　　　　두 경우 전통적 사유에
본질 속의 이 모티프.　묶임으로써 무기력.

　　　　　　　　　　W의 경우: 발견술적 원칙. H의
　　　　　　　　　　경우: 보편과 개념을 동일시

두 "이론부재"와 반대로:

그러나^: 구속력이 없지는 않으며, 고립되지 않음.

모든 사고들의 상호 커뮤니케이션.

하지만 하나로 통일하지 않고 진행과정들을 시

험함.

체계라기보다는 미로. "자명하지 않은 사고만이

참이다."　　　　즉 자체의 운동을 통해 스스로를 넘어서면
　　　　　　　서, 이미 그 자체의 보편개념과 관련되지 않
　　　　　　　음. 바로 이것이 "착상"의 인식론적 위상.

여기 체계 개념의　　체계 개념의 변화.

간략사.　　　　칸트의 경우: 자유분방하지 않은 것, 통일성.

지난날 구체화를 자체로부터 발전시키려 시도.

헤겔.

위인들과 소인배들, 레기우스(Regius)

<u>오늘날</u> 체념상태, 상부조직.　　이미 <u>리케르트</u>의 경우,
　　　　　　　　　　　　　　혹은 모든 것을 끼워 넣는 틀

다름 아닌 사실연구자들, 실증주의자들이 새로운
체계 개념에 반응을 보인다. 이 체계 개념은 모든
것을 집어넣으면서 실제로 하나의 이론에 고정시
키지 않는 것을 허락한다.

세계는 "닫힌" 것으로 나타난다. 단순 재생산으로의 회귀. 미개척지 없음. 내재성.

탤컷 파슨스의 영향.
이 경우 기만적 결합가능성의 관념.
이미 이것부터 의심스러움. 사회학 + 철학에는 어
떤 공통의 범주체계도 없음.
바로 이것은 사회적 적대관계로부터 나온다.

3

단순한 중립성의 <u>가상</u>.   스스로 어떻게 생각하느냐와 상관없이,
중립적 사유는 객관적으로 없다.

빈틈없는 동일성의 논리적 형식이 내용적 이상이 된다:
기능적＋비기능적이라는 개념들

관련프레임 개념 비판
그것은 카오스적 사실들의 정확한 상관개념이다.
기술적 획일화로, 혹은 독단적 고정 견해로 사물화된 사고의 연속성.
자의적 질서체계, 정돈하는 <u>장치</u>에 의한 체계는,

진리로 정당화되지 않는다.   당간부, 비망록 작성자는 언제나 관련프레임을
생산할 수 있다.

그러한 관련체계는 <u>필연적으로</u> 경직상태.
검증장치가 된다: 너의 관련프레임은 무엇이냐 ＝

너는 수상한 사고를 갖고 있지 않냐.   답변: 그것은 사고 바깥이 아니라
사고 자체 속에 감추어져 있다.

형식적 확실성의 역할   보관할 수 있다.
새로운 안전상태로서의 관련프레임
오늘날 변증법의
역사적 위상:
행정적 사고에 대립.

∧ 너는 반대인가, 아니면 찬성인가.

<u>변증법은 노골적 양자택일이 아니다.</u> 이로써 행정적 사유에 반대.
이것이냐 아니면 저것이냐를 강요해서는 안 된다.(프로테스탄트적 양심

의 강압.) "나를 지지하지 않는 자는 나에게 반대한다." 이에 담긴 타율성. 그러나 이것이기도 하고 저것이기도 하다는 어중간한 다수성을 통해 매개되지도 않음.

극단을 통해. 모든 것은 양면을 지닌다는 시민적 이성의 오해에 반대.

양자택일로 보여주기: 사회학인가

아니면 [xxxxx] 존재론적 인간학인가.

포이어바흐 인용: 반대가 아니라

변증법을 관념론에 통합하는 경향.   그 위에 있기.

하지만 둘 다 아님.   진리를 고수할 것. "모든 것은 조건을 갖는다"
                     가 아니라, 허위의 조건. 하지만 정태적 진리는
                     없음.

나쁜 근원이

기원+타당성의 매개되지 않은 변증법에 반대.   진리를 축소한다.

"로서의 나"가 아님. 입장철학과 상대주의에 반대.

가치철학과 가치중립성에 반대

양자는 같은 것.

치료제는 사태 자체에 자신을 내맡기라는 헤겔의 요구.

객체는 질이 없는 것이 아니라 규정된 것, 그 속의 주체, 관념론 속의 진리계기

전통적 사유에 따라 단지 그 자체에 대해서만 기준이 되는 주체는 자체가 하나의 추상, 하나의 계기이다.

변증법은 정의들로 시작되지 않는다. 자체[에] 대한 정의로도 그렇다.

명석한 개념들에 대한 요구는 개념들이 언제나 개념들을 통해 규정될 수

있다는 생각을 포함한다. | 태악서스 사태에 대한 거부로서의 정의 요구 속의 유치함. "책임".

그 속의 태고적, 비판 이전적 요인: 개념의 실체화.

그와 반대로: 1) 개념들에 대한 분명한 규정

2) 정의에서 벗어나는, 개념들의 역사적 계기.

개념들 자체는 고정되지 않으며, 그 속에서는 어떤 과정이 작동한다.

변증법의 과제는 개념들을 다루기 편하도록 중단시키는 것이 아니라 이

규칙으로서의 언어: 언어적[?] 표현 유형

과정을 파악하는 것이다. 예컨대 가족.

정의들로 끝날 수 있다 ─즉 해방된 이론의 힘이 축적되어 담겨 있는 정의들─ 하지만 그것들로 시작되지는 않는다. 예컨대 [xx] 현실적인 것이라는 가상을 제거한 마술로서의 예술이라는 나의 정의.

이를 위해 나는 이미 예술이 무엇인지 알아야 한다. ─ 타키투스적 이상. 주의: 축약 일반.

조작적 정의에 반대

1) 그것의 동어반복적 반복적 본질. 종합적이지 않다.

2) 사태에 대립하는 자의적 계기. 선입관 고집.

3) 추정의 문제.

변증법은 보편개념들 없이 곤란하다.

개념들에 대한 입장

이로 인해 다음의 반론: 따라서 나는 보편적 구상을 가져야 한다. 바로 이것이 잘못: a를 말하는 사람이 b를 말해야 하는 것은 아니다.

1) 사유는 개념들의 백지상태가 아님. 사유는 개념들을 이미 미리부터 내용상 자체로서 무엇인가를 뜻하는 것으로 받아들이고, 그런 것으로 사용한다.

현상학의 진리: 현상학은 그것을 합당하게 대하려 시도
한다.

현상학의 허위: 현상학은 이 객관적 계기를 절대화한
다. 개념들을 중단시키며 개념들이 사유 속에서 변한다
는 점, 주관적 의도가 개념들 속에 개입한다는 점을 간
과한다.

개념들은 동시에 변화한다.

2) 개념들은 연관관계 속의 특수화를 통해 규정된다.

단지 <u>외견상으로만</u> 더 모호함: 고립된 것보다. 실은 그 위상을 통해

서술을 통해 사고는 단순히 미리 주어진 상태를 넘어선다. 주관
적 개입. 동시에 자체로 객관적인 인식 속의 주체-객체 변증법
모델

<u>더 확정적임.</u>

이것이 서술의 인식론적 기능.

변증법과 논리적 형식 일반에 대한 몇 가지.   탈피 시도로서의 변증법: 논리학을
자체를 통해 속여 넘김.

<u>3가지 기본유형 진술</u>

<u>판단</u>의 개념

계사에 담긴 필연적 허위의 분석. (설명,

다음 시간을 위해 구상.[339]) 판단은 언제나 주어 <u>아닌</u> 것의 추상이며, 그런 한에
서 <u>허위</u>.

하지만 판단 없이는 진리도 없다. 사태 <u>그리고</u> 종합

무판단적 논리의 모델 음악, 예술 일반

이 경우 진리는 <u>매개됨</u>.

판단: 모델로서의 사형선고.

<u>추론</u>의 개념.

자신의 불충분성에 대해 어렴풋이 깨닫는 의식.

추론방식은 근원에 가까운 정도에 따른 위계질서를 전제한다.

의심스러운 면이 다리개념들(Brückenbegriffe)의 빈약성에서 나타난다.

변증법에서는 경향상 모든 것이 중심과 같은 거리에 있다.

현상학은 다음을 뜻한다: 논증의 사멸.

이는 또한: 서술. 모든 것이 중심과 같은 거리. 긴밀성.

동시에 조야한 전통주의적 측면은 다음에 있다: 사유에 반대.

사유는 추론이기도 하다.

변증법: 논증에 대한 논증적 반성

3) 개념들은 그 결합관계 속에서 받아들여야 한다.

개념이 연관관계 속에서 비로소 참이 된다는 점은 모든 개별 개념의 불충분성을 나타낸다. ― 개념들은 그 <u>관계</u>를 통해 규정된다.

요구: 개별적 진리는 일반적으로 존재하지 않는다.

6
변증법 입문 계속

사고의 유동화 35

헤겔 자신의 개념 규정들

예비학 214쪽.

<u>주해</u> 2 (현상학)[340]

96쪽 이하. 지각의 변증법.

참을 받아들임.

의식의 행위를 통한 기만.

97 "같지 않음"=주체 속의 공허한 것

지각된 것 속의 보편성(예컨대 색채)

이 경우 운동은 순수한 토데 티로의 환원 속에 있다.

98 바로 이 순수한 감성적 요인이 이루어진 것, 산물, "억견(Meinen)",

즉 매개된 것이다.

의식의 자체로의 회귀: 반성

이로써 참은 <u>변한다.</u>

99 의식으로의 환원은 지각의 <u>허위</u>를 야기한다.

반성의 의식: 동일성

이때의 "보편"이 <u>우리</u>다.

<u>100</u> | 대상의 상이한 측면들의 <u>규정상태</u>(혹에 대립하는 백)

"특성"=사물의 <u>고유한</u> 규정상태=<u>참인</u> 특성들.

| 사물, 일자는 또한(Auch)이기도 하다; 보편적 매체.

서로 대립하는 것으로서의 사물 속의 "또한"<u>과</u> 통일성

101 사물의 통일성은 의식 속에 있다. 일자와 또한의 계기는 주체<u>와</u> 객체.

102 사물 속의 통일성+다수성의 즉자존재, 단순한 주관적 첨가 아님

(주의할 것: 우리는 지각의 단순한 사실을 통해 그처럼 범주화하는 동기를 갖는다.)

103 규정상태를 통해 사물은 다른 모든 것과 대립한다. 하지만 그 속에서 독자적으로 보존된다.

그러나 다른 것들에 대한 이 관계 속에 있지 않는 한에서만 사물.

사물은 그 본질적 특성을 통해 사멸한다.

103~104 요약

　중심사고:

　　대자존재, 모든 다른 존재에 대한 부정으로 이야기된 사물

　　따라서 절대적 부정.

104 ｜ 따라서 자체의 지양 (다시 말하면 다른 것에 대한 그것의 관계를
　　｜ 통해서만 그 자체가 되기 때문.)

회의주의와 변증법 163쪽 이하

163　회의주의는 감성적 확신, 지각과 오성에서 변증법을 보여준다.

164　정신의 자유에 대한 의식으로서의 회의(계기로서 구제됨). "자기 자
　　　신에 대한 확신".

165　회의적 의식의 단순히 경험적인 성격.(낭독)

정의에 대해.[341]

　　　"모호성", 함께 연상되는 것은 우연하거나 주관적인 것이 아니
　　　라 객관적으로 규정된 것이다.

　　　그것은 정의를 통해 제한되고, 정의되지 않은 개념은 그것을
　　　더 완전히 수반한다.

　　　이제 기교는: 그 내부에 자체로 포함되어 있는 이것을 보존하
　　　지만, 의식으로까지 끌어올리기.

　　　이는 짜임관계를 통해 이루어진다.

　　　외국어에서 유래하는 말의 예.

　　　30번 읽으면, "정의되는" 경우보다 그것을 더 잘 안다.

　　　동시에 개념은 짜임관계를 통해 고정되지 않고 <u>변화한다</u>.

326) 아도르노가 강의를 위해 작성한 핵심어들에 대한 최초의 일반적인 논의는 401쪽 이하의 편집자 후기에 들어 있다.

327) 날짜는 전체 계획 작성일에 해당된다.

328) 책 여백에 적힌 날짜는 대개 새로운 강의 날짜에 해당된다.

329) 쪽수는 『정신현상학』 라손-판에 해당된다. 아도르노는 분명히 이 책을 낭독했다. 주석 16 참조.

330) 1958년 예수승천일은 5월 15일이고, 오순절은 5월 25, 26일이었다. 분명히 5월 27, 29일에도 강의는 없었고, 그래서 '오순절 다음 여기서 계속함'이라는 메모는 6월 3일 자 제5강에 해당된다.

331) 물론 여기에는 '그러나'로 되어 있지만, 해당되는 설명에 따르면 '혹은'을 기대할 수 있었을 것이다. 77쪽 참조.

332) 아도르노는 6월 19일 제8강에서 여기서 날짜 표시가 있는 곳까지 다룬다. 이로써 이 날짜는 6월 24일 제9강 시작부분을 나타내기도 한다.

333) 아도르노는 6월 24일 제9강에서 여기서 날짜 표시가 있는 곳까지 다룬다. 이로써 이 날짜는 6월 26일 제10강 시작부분을 나타내기도 한다. 제10강을 위해 아도르노는 여기에다 새로이 좀 더 상세한 초안을 작성했다. 380쪽 참조.

334) 이 자리에서(제11강 끝 부분) 아도르노는 타자 친 네 쪽의 첫째 초안을 따라가기를 그만둔다. 7월 3일 제12강에서 시작해서 그다음 강의들을 위해서는 다음 쪽들에 새로운 핵심어들이 실려 있다. 이 경우 지금 이 자리 다음의 3번('변증법은 노골적인 양자택일 등을 피한다')에서 5번('개념들은 그 짜임관계 속에서 등')까지는 제18강에서 제20강 속에 들어갔다. 여백에 추가된 핵심어들('어떻게 생각할 것인가?')은 381쪽의 초안에서 좀 더 면밀히 전개되었다. 이는 제13강의 골격을 이룬다.

335) 6월 12일 제7강의 핵심어를 개별적으로 보완하는 부분이다.

336) 58년 7월 3일이 적힌 이 쪽(382쪽) 아랫 부분의 핵심어들을 아도르노는 제12강에서 설명했다. '어떻게 생각할 것인가?'에서 '속박을 그대로 받아들이지 않는다'까지의 핵심어는 제13강에서 제16강까지의 기초로 쓰인다. 이때 아도르노는 제15강과 제16강을 위해 다시 한 번 새로운 구상을 기록했다. 384~386쪽 참조.

337) 다음 1에서 5까지의 핵심어들은 아도르노가 분명히 계속해서 작성한 것으로, 아직 남아 있던 7월 17일에서 31일까지 강의의 기초를 이룬다.

338) 이 페이지 위의 다음 핵심어('착상'까지)와 관련된 강의는 7월 17일에 있었다.

339) 이 계획은 아마 7월 15일에 시작되는, 이 핵심어를 구상하던 시점으로 거슬러 올라갈 것이다. 7월 31일 강의가 이 학기 마지막 강의였기 때문이다.

340) 다음의 『정신현상학』 쪽수는 라손-판이 아니라 아도르노가 가지고 있던 글로크너-판에 근거한다.(Vgl. Hegel, Sämtliche Werke[s. Anm. 174], Bd. 3: Phänomenologie des Geistes).

341) 7월 29일 자 제19강을 위해 추가된 부분이다.

편집자 후기

아도르노가 1958년 여름학기 프랑크푸르트의 요한 볼프강 괴테 대학에서 연 강의는 오늘날에도 여전히 그 강의 목차에서 공지한 바를 이행하고 있다. 즉 그것은 변증법 입문을 제공하고 있다. 자유로운 이야기로 전개되는지라, 아도르노의 이론적인 성찰들에 예컨대 헤겔에 대한 그의 논문들이나 『부정변증법』에서보다 대체로 더 쉽게 접근할 수 있다. 따라서 강의는 전적으로 이 텍스트들의 예비학으로 읽힐 수 있다. 아도르노는 헤겔의 저술 가운데 개별 구절들을 낭독하고 상세히 해석함으로써 "개념의 운동"이나 확정적 부정이나 변증법적 모순의 의미와 같은 변증법의 중심적인 요인들을 이해하기 쉽게 해준다. 또 그는 변증법으로 인한 난관들, 변증법에 대한 선입견들과 저항들, 변증법이 제기하는 요구들 등에 대해 체계적으로 언급하므로, 변증법에 대해 회의적이거나 심지어 거부적인 입장으로 맞서는 사람들에게도 길을 닦아준다. 이 경우 변증법적 사유의 완성된 처방전을 기대하는 사람만이 실망할 것이다. "하지만 변증법은 어떤 처방이 아니며 진리 스스로가 드러나게 하려는 시도라는 점이야말로 바로 변증법의 본질[인] 것입니다."(52쪽)

아도르노의 발전과정에서 이 강의들은 중요한 전환점을 나타낸다. 즉 여기서 처음으로 변증법 자체가 주제로 된 것이다. 그 자신의 변증법저서를 위한 계획이 모습을 갖추기 두 해 전에 그는 자신의 실질적 작업들에 대한 일종의 방법론적 자성 과정에서 처음으로 "열리고 파손된 변증법의"(171쪽) 영역을 표시해 놓으며, 이는 마침내 『부정변증법』에서 상론된다. 이에 대해 무엇보다 원래의 전체계획(369쪽 이하)이 증명해주는데, 이 계획은 이미 그 ─교향곡 같은─ 구상에서 헤겔 및 마르크스에서 출발하면서 또한 이들의 눈높이로 어떻게 철학이 자체규정에 도달할 것인지 통찰할 수 있게 해 준다. 하지만 전체계획에서 심히 벗어나는 실제 강의도 변증법에 대한 아도르노의 생각 가운데 중심 모티프, 즉 "비동일자, 우리의 사유와 동화되지 않는 계기들을 사고 속에서 그래도 합당하게 대하려는 시도"(121쪽)라는 그 정의, 변증법 본래의 비판적 계기에 대한 강조, 존재론과 실증주의에 대한 특정한 대립, 부정적 형이상학에 대한 변증법의 보충적 성격, 또 끝으로 아도르노에게 매우 중요한, 변증법을 추구하게 되는 개인적 동기의 문제 등을 해명해준다. 오늘날 자본주의의 내적 —변증법적— 모순들이 우리 눈에서 포스트모던한 잠을 씻어내는 곳에서 변증법은 그 현실성을 전혀 잃지 않고 있는 듯하다. "분열상태 혹은 소외의"(108쪽) 경험이 그것인데, 이는 "일반적으로 변증법적 사유가 세계의 부정적 상태에 적응하면서 이 부정적 상태를 명시한다는 것"(106쪽)이며, 또 이때 "화해를 추구하는 것 그 자체가 세계의 분열상태 속에, 부정적인 것 속에, 고난 속에 실제로 담겨 있는 어떤 것이라는"(108쪽) 희망을 버리지도 않는 것이다.

아도르노는 한 시간짜리 강의를 매주 두 번씩, 흔히 그랬듯이 미리 작성한 핵심어와 메모를 가지고 자유롭게 진행했다. 강의들은 —원래 추후 출판을 위한 것이 아니라 그 자체로 사용하기 위한 것이었다— 녹음하고 이어서 녹취했다. 이 녹취록들이 현 편집본 텍스트의 토대를 이룬다. 그것들은 테오도르 W. 아도르노 자료실에 Vo 3023-3240이라는 분류번호 아래 보관되어 있다. 원래 계획했던 22강 가운데 오순절 후 1주일간의 휴식 때문에 20강만 열렸다. 제1강의 녹취록은 보존되어 있지 않으며, 그 대신 속기록이 있는데, 그것을 작성한 사람은 확인할 수 없었다.

본서의 편집은 아도르노 강의의 일반적 편집원칙에 따랐다. 이는 우선 그 의도가 어떤 비판본을 만드는 것이 아니라 독본용 판본을 만드는 것이었다는 점을 뜻한다. 특히 "강의들"의 경우 예전에 아도르노 자신이 집필하거나 감수만이라도 한 텍스트들이 아니기 때문이다. 구어체 강의의 성격을 보존하기 위해 문장들의 구문은 가능한 한 바꾸지 않았다. 물론 편집자의 책임인 구두법은 종종 복잡한 문장들을 정리하고 그래서 사고과정을 투명하게 만드는 데에 국한한다. 이해하기 심히 어려운 극소수의 경우에만 이런 규칙을 어겼다. 아도르노가 명백히 잘못 말했거나 아니면 녹취록상의 타자 오류나 청취오류가 있을 때만 명시하지 않은 채 그때그때 텍스트를 바꾸었다. 녹취록과 내용상으로 중요하게 달라지는 경우, 편집자의 보완이라고 보아야 하는 변경은 대괄호로 표시하고, 편집자의 입장에서 어떤 특정한 독해방식이 더 낫다고 여겨질 때, 그 교정내용에는 주석을 달았다. 인용과 책 제목에는 따옴표를 붙였고 개별 개념과 아도르노가 즐겨 이용하는 허구적 인용에는 작은따옴표를 붙였다.(역서에서는 모든 인용문에 따옴표를, 책제목에는 꺾쇠를 붙였다.) 단지 두 가지만이 이제까지의 편집과 달라졌다. 첫째 아도르노가 삽입한 그리스어 단어와 관용구에는 대괄호 속에 라틴어 표기를 첨가했다.(역서에서는 라틴어 표기를 생략했다.) 이때 곡절 악센트 기호는 발음을, 양음 악센트 기호는 강세를 나타낸다. 그리고 다른 경우 강의 텍스트에서 헤겔 인용문은 칼 마르쿠스 미헬Karl Markus Michel과 에바 몰덴하우어Eva Moldenhauer의 프랑크푸르트 판본에 따랐지만, 편집자는 헤겔 저술의 여러 인용문은 아도르노가 명백히 낭독하는 데에 쓴 판본에서 따오기로 결정했다. 이는 이른바 어떤 아우라를 만들려는 의도 때문이 아니라, 단지 옛 판본을 배경으로 할 때에만 이해가 되는(예컨대 'Sein' 대신 'Seyn'을 쓰는 정서법) 아도르노의 개별 설명을 독자들에게 밝혀주기 위해서다. 인용문을 좀 더 쉽게 찾아볼 수 있도록 주석에서는 그때그때 해당되는 프랑크푸르트 판본의 위치를 지적해 놓았다.

주석들은 내용적 성격을 띠는 한, 독자에게 독서를 쉽게 해주고 모호한 대목들을 편집자가 할 수 있는 만큼 밝혀주는 목표를 지닌다. 이미 제시된 강의 범위 때문에 아도르노 텍스트 속의 유사대목은 단지 예외적으로만 제시했다. 이 경우 아도르노 저술들의 제목과 그로부터 인용한 것은 이탤릭체(역서에서는 인용문에는 따옴표, 제목에는 꺾쇠)로 표시했다. 내용개관은 설혹 아도르노의 진행방식에 의존하더라도 강의를 사후적으로 정리하는 것이 아니라 목차와 마찬가지로 방향설정을 좀 더 쉽게 하도록 첨부했다.

아도르노가 이 강의를 위해 만든 방대한 메모와 구상들을 독자들이 접할 수 있게 만들 수 있었던 점에 대해 출판사에 감사한다. 그에 대한 연구에서 드러나듯이 준비과정은 명백히 네 단계로 구분되어야 한다. 1. 전체계획. 2. 타자로 친 5월 8일과 13일의 처음 두 강의를 위한 세부 계획(전체계획의 1번과 2번). 3. 강의 첫 단계(5월 8일에서 6월 24일까지). 여기서 아도르노는 우선 처음 두 강의의 초안을 마무리하기 시작했지만, 이때 시간계획을 깨고 그때부터 그때그때 당면한 강의의 초안을 손으로 쓴 메모로 (여백이나 타자 친 줄 사이에) 보완한다. 4. 강의의 둘째 단계. 여기서 그는 세 번(6월 26일, 7월 3일, 그리고 그 학기에 남은 시간을 위해: 7월 15일에서 7월 31일까지) 꽤 상세한 메모를 새로 작성했다. 이에는 a) (6월 12일) 강의 첫 단계를 준비하는 한 페이지, b) 둘째 단계를 위한(정의를 위한) 한 장, c) 아도르노 자신이 구상했던 『정신현상학』을 위한 주해가 첨가된다. 아도르노가 나중에 삽입한 것은 작은 글씨로 알아볼 수 있게 했다. 대괄호 속의 의문부호는 알아볼 수 없는 단어를 가리킨다. 핵심어들에 대한 주석의 과제는 아도르노의 날짜표시 자체로는 알아보지 못하는 곳에서 개별 강의의 배치를 쉽게 해 주는 데에 국한한다.

끝으로 기쁜 마음으로 나는 나에게 이런 저런 방식으로 편집에 도움을 준 인물들, 안드레아스 아른트Andreas Arndt, 옐레나 할-폰테인Jelena Halh-Fontaine, 한스 요아힘 노이바우어Hans-Joachim Neubauer, 미햐엘 슈바르츠Michael Schwarz, 마티아스 틸Matthias Thiel에게 진심으로 감사를 표한다. 초안의 녹취록은 앙리 로니츠Henri Lonitz가 담당했다.

—크리스토프 치어만 Christoph Ziermann

옮긴이 후기

1

변증법은 한때 혁명의 대수학으로 존대받기도 했으나, 현실사회주의 몰락 이후 이미 오래전에 수명을 다한 폐품으로 정리되어 종적을 감춘 듯하다. 오늘날의 지적 풍토에서 정색하고 변증법을 거론하려면 주위의 눈총에 무감각한 척할 수 있을 만한 무식과 용기를 두루 갖추어야 할 지경이다. 서적시장 한편에서는 라캉을 등에 업은 헤겔 부활 프로젝트로 지젝이 짭짤한 재미를 누리긴 했다. 하지만 웬만한 독자들이라면 그의 난삽한 유머들을 통해서는 변증법의 진미를 맛보기보다 오히려 '변증법은 골치 아픈 이야기'라는 고정관념만 확인해야 할지도 모르겠다. 한때 알튀세르의 구조주의적 마르크스주의에 쏠려 있던 이글턴이 예수·마르크스와 함께 실재론(유물론)과 변증법까지 옹호하겠다고 용감히 나섰지만, 그의 신랄한 반어와 역설에서 기대할 수 있는 것과 달리 그의 논법은 어쩐지 좀 단조롭다는 느낌을 자아낸다. 더욱이 지젝이나 이글턴의 이론조차 변증법이 정말 필요해 보이는 영역, 즉 시민운동이나 노동운동과 접목될 가능성은 별로 크지 않은 듯하다. 시민운동 쪽에는 차이를 제일원리로 삼는 포스트구조주의가, 또 노동운동 쪽에는 스탈린주의와 구분되기 어려운 레닌주의와 그 변형들이 지도이념으로 자리를 굳힌 가운데 까다로운 변증법적 사유방식이 들어설 틈새를 찾기는 힘들어 보인다.

그래도 구세대 활동가들이라면 단순한 수준의 변증법적 사유방식, 즉 정반합의 공식과 함께 대립물의 통일, 부정의 부정, 양질전환 등의 개념을 이런저런 현상들에 적용하는 사유방식을 대개 구소련과 동구권 교과서들에 의지해 이미 어느 정도 익힌 바 있을 것이다. 그런데 이 스탈린주의의 철학적 기초는 마르크스의 이름 아래 목적론, 본질론, 환원주의, 단일모순체계, 표현주의 등의 세부 죄목들을 주렁주렁 목에 걸고 사회주의 운동 퇴조의 원흉으로 단죄 받았다. 이에는 마르크스주의를 스탈린주의와 떼어내야 사회주의 운동의 미래를 열 수 있다고 본 알튀세르의 역할이 컸다. 물론 현실사회주의 붕괴 이전부터 스탈린주의는 서구 마르크스주의 전체에 대해 공공의 적으로 통했다. 하지만 마르크스에게서 헤겔 변증법의 흔적을 지워버리려 한 것은 알튀세르의 주요 공적에 들어갈 것이다. 그 성과는 결코 가볍지 않다. 알튀세르를 통해 마르크스주의에 입문한 진보적 지식인들은 헤겔의 변증법 이론을 관념론이어서가 아니라 단일모순체계 혹은 경제환원론의 원천이라는 이유에서 금서 목록에 올렸다. 이로써 헤겔-마르크스주의적 변증법은 스탈린주의 철학과 동급으로 취급되어 해방운동의 낡은 유물 내지 장애물로 기피대상이 되기에 이르렀다. 헤겔에 대한 비판의 무비판적 수용을 헤겔에 대한 비판적 수용이라고 자부해도 되는 분위기가 조성된 것이다. 그 결과 마르크스주의 및 해방운동의 한 가지 중요한 가능성을 고사시켜온 셈이다.

아도르노의 『변증법 입문』은 헤겔-마르크스주의의 변증법을 통해서도 알튀세르나 포스트구조주의의 문제의식들을 충분히 감당하고 스탈린주의에 묶이지 않으면서 변혁적 사유방식을 길러낼 가능성을 보여준다. 물론 이러한 가능성은 예전부터 있었다. 루카치가 『역사와 계급의식』에서 강조한 변증법적 총체성은 경제주의 내지 환원론만 아니라 포스트구조주의와 실증주의의 개별화 경향에 대응하는 데에도 여전히 유효한 개념일 것이다. 아도르노와 호르크하이머의 『계몽의 변증법』은 계몽과 이성이 초래한 재앙을 극복하기 위해 계몽과 이성을 포기할 필요가 없음을 보여주었다. 아도르노의 『부정변증법』에서는 무엇보다 개념적 사유 자체에 담긴 억압성에 대해 반성하면서도 개념적 사유를 고수할 이유를 확인할 수 있을 것이다. 그의 논의 방식을 받아들일 경우 우리는 해방적 실천 자체의 억압성을 자각하고 경계하면서도 정치허무주의나 낭만주의의 길로 달려가는 데에 동의하기 어려워질 것이다.

그런데 이들 텍스트 혹은 아도르노가 '변증법의 현장'이라는 존칭을 바치는 헤겔의 『정신현상학』 등을 면밀히 읽어내는 것은 결코 단기간의 속성과정으로 끝낼 수 있는 일이 아니다. 그 문제점들을 짚어내고 적극 받아들일 만한 인식들과 사유방식들을 활용하여 오늘날에 유효한 이론을 구성하기 위해서는 그 텍스트들을 따라잡는 지난한 과정을 거쳐야 할 터인데, 이는 요즘 학계나 운동권의 각박한 풍토에서 기대할 만한 일이 못 될 것이다. 아도르노의 글들은 유독 난해하기로 정평이 나 있다. 그의 압축적 논쟁적 반성적 문체는 그의 치밀하고 풍부한 사유과정을 따라잡자면 어쩔 수 없이 대면해야 하는 우리의 숙제이다. 『변증법 입문』도 밀도의 측면에서 느슨한 텍스트가 아니지만, 강의록이라는 특성 덕분에 상대적으로 접근하기 나은 편이다. 이 점에서 변증법만 아니라 아도르노 이론 전체의 입문서로서도 손색이 없을 듯하다. 본문보다 해설을 먼저 찾는 독자를 위해, 또 일독한 뒤 정리하고 싶어 하는 독자를 위해, 강의 속으로 한 발 들어가 살펴보자.

2

『변증법 입문』에서 아도르노는 헤겔에게서 정점에 이르는 관념변증법과 마르크스의 유물변증법 사이의 결정적 차이를 간과하지 않지만, 양자의 차이보다는 변증법이라는 공통점에 더 강세를 둔다. 이때 아도르노가 무엇보다 중요시하는 것은 변증법이 사태 혹은 대상 자체에 적합해지려는 사유방식이라는 점이다. 이는 언뜻 보기에 유서 깊은 일치론적 진리관과 다를 바 없다고 여겨질 수 있다. 그러나 그 함의는 간단하지 않다.

우선 대상 자체에 우선성을 부여하므로, 주관적 도식이나 개념적 질서를 절대화할 수 없다. 이 점에서 아도르노는 변증법을 일단 "사태 자체의 실제상태에 근거해 스스로를 부단히 수정하는"(18) 사유방법, 혹은 "개념적 질서에 만족하지 않고 대상들의 존재를 통해 개념적 질서를 수정하는 기술을 수행하는"(19) 사유방법이라고 규정한다. 이에 따르면 어떤 공식에 맞춰 사태를 파악하거나 개별 현상들을 어떤 상위 개념 아래 기계적으로 포괄하는 데에 급급한 사고방식은 변증법과 거리가 멀다고 할 수 있다. 아도르노의 지적에 따르면 헤겔 자신도 이미 변증법이 기계적인 것으로 타락할 위험을 예리하게 간파했고 도표적·도식적 사고방식을 가차 없이 비판했다. 헤겔은 심지어 정반합이라는 형식조차 생명 없는 도식으로 격하될 수 있음을 경계했다. 변증법의 요령을 습득하여 반복해서 써먹는 것은 "간파된 마술을 반복하는 것처럼 견딜 수 없게 된다"(89)는 것이다. 이처럼 기계적 도식주의를 거부하는 맥락에서, 아도르노는 사고가 시작되는 순간 이미 간파되는 인식, 그 속에 자명한 것으로서 이미 담겨 있고 그로부터 간단히 튀어나오는 인식, 그 상위개념에 이미 포함되어 있는 인식은 철학에서 가치가 없다고 본다. 또 그처럼 자명한 것이 아닌 무엇인가에 사유가 부딪칠 수 있느냐가 바로 진리의 한 가지 지표라고 주장한다. 따라서 변증법적 사유는 생산적인 사유라고 할 수 있다. 아도르노는 이러한 생산성을 위해, "현실에 폭력적으로 자신의 계기들을 각인하는 것이 아니라 이 현실에 자신을 내맡기고 객체에 적응하고 객체에 따르는"(145) 태도가 필요하다고 본다. 그는 이런 태도를 '생산적 수동성'이라고 칭하기도 한다. 변증법은 개념들로 현실을 따라잡고자 노력하는 지난한 작업, 곧 '개념의 운동' 혹은 '개념의 노동'을 요구하는 것이다.

개념의 운동은 사태 혹은 객체에 따르려는 변증법적 사유에서 불가피하다고 여겨진다. 어떠한 현실적 대상도 자체로서 무궁무진할 뿐만 아니라 시간 속에서 부단히 변하고 있으므로, 대상에 대한 단편적이고 우연적인 인식에 머물지 않고 풍부한 인식으로 나아가고, 대상의 변화를 따라잡기 위해서는 단순한 규정이나 정의 혹은 고정관념 따위에 머물 수 없기 때문이다. 아도르노는 이 점에서 '진리의 시간적 핵심'을 강조한다. 전통적 사유에서는 필연적이고 절대적으로 타당한 것은 초시간적이고 불변적인 것이라고 보아왔지만, 변증법적 사유는 진리의 보증처럼 보이는 이 고정불변의 것을 일종의 그릇된 경직현상, 사물화로 파악한다는 것이다. 아도르노는 그러한 사물화 내지 관습화에 맞선 싸움이 변증법적 사유의 논쟁적 출발점을 이룬다고 주장하며, 비코·피히테·헤겔 등이 진리의 역사적 차원을 발견한 것이야말로 칸트의 코페르니쿠스적 전회와 비견할 일이라고 평가한다. 같은 이유에서 아도르노는 변증법적 사유가 어떤 절대적 제일원리를 추구하지 않는다는 점에서 전통적 사유와 구분된다고 본다. 즉 변증법은 존재든 사유든 어떤 근원적 원인들로부터 다른 것이 모두 필연적으로 나온다는 생각을 비판한다는 것이다.

절대적 제일원리에 대한 비판은 무엇보다 데카르트의 방법론을 겨냥한다. 명석판명한 인식에서 출발하고, 복잡한 대상을 요소들로 분해하며, 단계적으로 진행하며, 아무것도 빼먹지 말고 완전성을 기하라는 데카르트의 공리를 아도르노는 전면적으로 거부한다. 우선 그는 명석판명하다는 어떤 인식의 대상도 실제로 면밀히 파악해 들어가면 그처럼 궁극적이거나 확고부동한 것이 아니라 역동적인 과정으로 나타난다는 점을 지적한다. 또 그는 복잡한 사태를 요소들로 환원한다고 해서 사태가 해명되는 것이 아니며, 부분들을 이해하기 위해서는 전체와의 관계만 아니라 부분들 사이의 역동적 관계를 파악할 필요가 있다고 주장한다. 그의 비판에 의하면 비약 없는 단계적 진행이라는 규칙은 대상 자체가 내적으로 일관되고 단절 없이 연결되어 있음을 전제하는데, 현실은 그렇지 않을 뿐 아니라, 이 규칙에 따를 경우 그것은 이미 알고 있는 것을 반복하는 데에 머물기 쉽고 사유의 생산력은 마비된다. 이와 관련해 그는 드 메스트르가 써먹은 '계단의 우상'이라는 말을 끄집어내기도 한다. 아도르노는 완전성 원리 또한 극히 협소한 수학 영역에서나 적용될 수 있을 뿐이며, 현실적 대상들의 경우 그것은 자의적으로 특정한 부분까지만 인식하고 그 이상으로 부가되는 무한한 요소들을 잘라내 버리는 독단이며, 인식 대상과 인식의 직접적 관계를 단절하는 도식주의 내지 사물화의 산물이라고 규정한다. 데카르트의 방법론에 대한 이러한 비판을 통해 아도르노가 실제로 겨냥하는 것은 비변증법적 과학이론 일반이라고 할 수 있다.

이런 맥락에서 변증법적 유물론, 이른바 디아마트를 변증법의 타락 현상이라고 보는 아도르노의 비판을 이해할 수 있다. 그에 따르면 변증법은 디아마트처럼 물질 혹은 사회생활의 물질적 조건을 제일원리로 삼고 이를 확인하는 것으로 만족할 수 없다. 뿐만 아니라 디아마트에서는 "마술에서와같이 고정되고 완성된 구호들이 나오고 그것에 따라 위로부터 판단이 이루어지고 요약되면서, 변증법에 요구되는 개념의 노동과 노고는 아예 쏟지 않는다"(89). 즉 여기서 변증법은 그 본분을 망각하여 비판적 이론이기를 포기하고 '단순한 기계적 포괄작업'으로 몰락했다는 것이다. 이러한 진단의 타당성 여부와 별도로 그로부터 아도르노가 끌어내는 경고, "기계론적 사유에 대립하는 변증법의 원칙조차도 변증법적으로, 즉 그 대상과 밀접한 관계 속에서 대상을 상대로 유연하게 다루어지지 않을 경우 매 순간 기계적인 사유로 돌아갈 수 있다"(90)는 지적은 새겨들을 필요가 있어 보인다.

3

대상의 변화를 따라잡는 유연한 사유방식은 그때그때 입장을 바꿔가며 책임을 회피하는 기회주의·상대주의·궤변 따위에 빠지거나, 산만한 사실들의 단순한 확인에 머물지 않겠는가 하는 반론을 초래할 수 있다. 아도르노는 사물들에 지나친 폭력을 가하지 않으면서, 그처럼 산만한 사실 확인에 머물지 않고 구속력 있는 인식에 도달하려는 욕구야말로 변증법 구상의 기초라고 보며, 살아 있는 경험에 맞서 규율을 제시하는 데에 변증법적 사유의 역할이 있다고 주장한다. 또 이와 관련해 그는 변증법에서 모순이 차지하는 중심적 역할을 강조한다. 즉 상이한 것 속에서 통일성과 모순의 성격을 지각하지 못하고, 단지 차이만을 보고 상이함만을 지각할 경우 사유는 녹아 버려 이론의 형태를 취하지도 인식에 도달하지도 못한다는 것이다.

모순이 그처럼 중요성을 띠는 근거를 아도르노는 우선 개념과 대상의 불일치, 혹은 판단의 형식 자체에 따르는 모순성에서 찾는다. 즉 모든 유한 판단은 'A는 B다'라는 형식을 통해 어떤 절대적 진리임을 주장함으로써 자체의 유한성과 갈등에 빠진다는 것이다. 뿐만 아니라 'A는 B다'라는 판단의 형식은 'A는 A다'라는 동어반복에 머물지 않고 실질적 인식으로 나아가기 위해 A와 완전히 일치하지 않는 B를 A와 같다고 주장한다. 즉 주어는 단지 어떤 계기들을 통해 술어에 귀속되지만 양자가 완전히 동등하지는 않으며, 술어 역시 주어보다 훨씬 광범한 외연을 지님으로써 양자가 동일시될 수 없는데도, 판단의 형식은 양자를 동일한 것으로 설정하는 것이다. 그래서 예컨대 '아무개는 인간이다'라는 판단은 참이면서 동시에 참이 아니기도 하다. 이때 형식논리학의 모순율은 무력화된다고 할 수 있다. 아도르노는 이처럼 진리를 위해 의미 있는 판단의 형식이 자체의 본질상 필연적으로 허위에 붙잡혀 있다는 모순성을 지적하며, 이 점에서 변증법은 "본래 진리의 형식 자체에 담긴 이 허위를 치유하려는 절망적인 노력"(356) 혹은 "그 자체의 허위의 형식을 통해 진리에 도달하려는 시도"(356)라고 규정하기도 한다.

아도르노는 모순의 인식론적 중요성을 부각하는 작업이 칸트에게서 출발하여 헤겔에게서 완성된다고 본다. 『순수이성비판』의 '선험적 변증론'에 따르면 우리가 경험을 조직하기 위해 존재하는 범주들을 경험의 가능성 혹은 감성적 실현의 가능성 너머로까지 적용할 경우 각각 명증하지만 서로 모순되는 판단을 내릴 수밖에 없다. 그런데 우리는 감성적 한계 너머로까지 사유를 계속해 나갈 수밖에 없기에, 즉 우리 사유의 조직 속에는 유한성을 넘어선다는 것도 포함되어 있기에, 우리는 되풀이하여 서로 모순되는 명제들을 주장하도록 오도된다. 그런데 헤겔은 칸트처럼 감성과 오성 혹은 이성을 경직되게 엄격히 구분하지 않는다. 즉 오성을 통해 매개되지 않은 감성적인 것은 없으며, 그 반대도 없다고 본다. 따라서 헤겔은 엄격한 구분에 근거를 두는 경험의 한계도 인정하지 않는다. 뿐만 아니라 칸트가 인간 사유의 과오라고 보는 것, 곧 사유가 유한성의 초월하여 모순에 빠져드는 것을, 헤겔은 정신 자체의 본질을 통해 필연적으로 규정된 활동이라고 보며, 사유는 본질적으로 모순들 속에서 운동한다고 주장한다.

한편 아도르노는 모순의 중요성을 대상 내지 현실에 근거해서도 설명한다. 그는 변증법을 고취한 논리적 계기보다 한층 아래에 깔려 있는 경험은 "현실 자체의 모순적이고 적대적인 성격에 대한 지"(135)라고 지적한다. 특히 헤겔은 자신이 처해 있던 낭만주의 시대의 분열상태 속에서 주체의 일면적 관점을 취하거나 의고주의처럼 모순을 매끄럽게 다듬어 해소하려 하지 않고, 정면돌파를 꾀해 "세계의 화해는 그 객관적 모순상태 위쪽에서의 조율을 통해서가 아니라 단지 이 모순상태 자체를 통과하면서만 실제로 이루어질 수 있다는 생각을 펼쳐갔다"(135)는 것이다. 아도르노는 이처럼 "발전, 추진력, 궁극적으로는 또한 화해를 추구하는 것 그 자체가 세계의 분열상태 속에, 부정적인 것 속에, 고난 속에 실제로 담겨 있는 어떤 것이라는 점이야말로 바로 현실에서 나온 경험으로서 헤겔 변증법의 한 가지 기본적인 모티프"(135)라고 본다. 또한 아도르노는 변증법적 사유의 두 근간, 즉 논리적-사변적 근간과 경험적 근간을 변증법 내부에서 내적으로 통일한다는 점이 헤겔 철학의 탁월한 면이라고 평가한다. 이러한 측면에서 아도르노는 변증법을 "세계의 논리성에 대한, 세계를 우리의 개념과 직접 동화시키는 데에 대한 비판"(134)이라고도 규정하며, 그래서 논리학이 경멸하는 모순의 원칙을 자체의 기관으로 삼는다고 주장한다.

아도르노의 설명을 통해 모순의 중요성 내지 불가피성을 이해할 수는 있지만, 모순을 변증법의 기관으로 삼는다는 것이 무엇을 의미하는지는 쉽게 납득할 수 없을 수도 있다. 이와 관련해서는 개념과 대상의 불일치를 고려하면서 개념의 운동을 다시 떠올릴 수 있을 것이다. 어떤 개념, 명제, 판단, 규정, 정의도 대상의 변화나 무궁무진함을 완전히 따라잡을 수 없다는 점에서 수정이나 보완이 필요하다는 생각을 할 수 있다. 그런데 이는 변증법이 없어도 해낼 수 있는 일이라고 논박할 수도 있다. 이 경우 아도르노는 내재적 비판 개념을 강조한다. 즉 변증법에서 어떤 사고를 허위라고 논박할 경우 이는 "그 사고에 맞서서가 아니라 그 사고와 더불어, 그 사고 자체의 힘에 근거해"(228) 이루어진다는 것이다. 이는 예컨대 어떤 개념과 그것이 뜻하는 사태 사이에 불일치가 드러날 때까지 개념들 자체를 활용하면서 그 사태와 대질하는 방법이라고 할 수 있다. 이때 반명제나 부정은 명제에 외부로부터 자의적으로 설정되는 것이 아니라, 명제 자체로부터 나오는 것이다. 따라서 변증법적 내재비판에서는 "사태에 외적인 기준을 사태에 적용해서는 결코 안 되며, 어떤 '단언'이나 '단순한 착상'이어서는 안 되고, 사태 자체에 도달하기 위해, 사태 자체에, 사태 자체의 개념에 근거해 평가해야"(65) 한다.

여기서 아도르노는 한 걸음 더 나아간다. 즉 우리는 미리부터 전체적 진리를 파악할 수는 없으므로 부분적인 것에 침잠하고 그것을 진리로 간주하는 제한상태를 겪어가고, 이로써 빠져드는 필연적 자기오해와 허위로 인해 다음 단계에 스스로를 넘어서 나아가는 과정을 통해서만 진리에 도달할 수 있다는 것이다. 따라서 이다음 단계는 단순한 확장이나 수정이 아니라 불가피하게 절대적 모순의 외관을 띤다. 이 점에서 변증법적 내재비판 과정은 자신을 전체 속의 부분으로서 상대화하고 여유만만하게 신적인 미소를 짓는 냉소주의적 지혜와 무관하다고 할 수 있다.

아도르노는 헤겔만 아니라 마르크스의 사유도 비판적 사유인 한 언제나 내재적 비판이었다고 지적한다. 즉 마르크스는 자본주의 사회를 어떤 이상적 사회주의 사회에 비추어 비판하지 않고, 자본주의 사회가 스스로 주장하는 바에 근거해 비판한다는 것이다. 예컨대 마르크스는 자본주의 사회가 자유롭고 정의로운 사회라는 사고를 비판할 경우, 자유와 정의의 이념을 폐기하고 다른 이념을 제시하는 것이 아니라, 그 이념과 현실을 대질하여 그 이념이 아직 실현되지 않았음을 드러내며, 이로써 또한 이제까지 통용되던 자유와 정의의 개념들 자체도 추상적인 상태에서 구체적인 상태로 수정해가는 것이다. 아도르노는 마르크스의 이러한 비판 방법이 헤겔의 것을 그대로 계승하는 것이라고 본다.

이 경우 내재적 비판의 개념을 무리하게 확대 적용하는 것은 변증법과 무관하다. 예컨대 그것을 식민지 상황에 적용해 식민지 상황의 원인을 식민지 내부모순 문제에 한정하는 식으로 생각해야 할 필요는 없을 것이다. 식민지 상황에서 제국주의 세력은 사태의 중요한 부분이며 이를 빼놓고 사태 자체에 대해 논할 수는 없기 때문이다. 아도르노는 내재적 비판과 대조해서 초월적 비판에 대해 언급한다. 그것은 "판단하는 자에게 확고해 보이지만 사태 자체에 담겨 있는 것은 아닌 어떤 전제들에 비추어 그 구성물 혹은 현실 혹은 무엇이든 평가"(65)하는 것일 뿐이다.

일반적으로 만물을 모순관계 속에서만 파악하는 것이 변증법이라면 그것은 대상 자체에 따른다는 정신과 달리 도식적 사고가 될 뿐이지 않느냐고 반론을 제기할 수도 있을 것이다. 아도르노는 철학사에서 이런 반론이 헤겔을 향해 빈번히 제기되었고, 헤겔 철학에서 모순을 강조하는 변증법을 제거하고 그의 실질적 통찰들만을 받아들이려는 노력들도 있었다고 지적한다. 그러나 아도르노는 변증법적 원칙이 없었다면 발전 혹은 역동성의 범주도 사라져, 현실을 본질적으로 발전해 가는 것으로 파악할 수 없고 단지 우연적 확인들만 남았으리라고 본다. 나아가 아도르노는 차이의 차원도 부인하지 않는다. 오히려 그는 차이 혹은 상이한 것이 나란히 존속하며 서로를 말살하지 않고 발전의 여지를 허용하는 것 혹은 서로 사랑하는 것이야말로 "화해된 세계의 꿈"(132)이라고 인정한다. 하지만 그는 변증법적 사유가 "세계의 어떤 부정적 상태에 적용하며 이 부정적 상태 자체를 명시한다"(133)는 점에서 본질적으로 비판적이라고 보며, 헤겔의 경우에도 긍정적 측면보다는 비판적 측면이 훨씬 중요하다고 주장한다.

만일 우리 현실이 크고 작은 모순들과 적대관계로부터 벗어나 있거나 이 모순들이 우리의 삶에 별 의미를 지니지 못한다면, 현실을 따라잡겠다는 변증법에서 모순이 그토록 큰 비중을 차지할 수는 없을 것이다. 그러나 계급관계나 성차별, 혹은 민족적 인종적 종교적 갈등 등이 여전히 우리의 삶을 압도하는 현실에서 모순의 문제를 빼고 그 자리를 차이로 채우자는 것은 현실의 부정적 상황을 직면하지 말고 달아나자는 이야기가 되기 쉽지 않겠는가.

4

통념상 헤겔 철학에서 방법과 체계는 대조되며 변증법이라는 방법을 강조하는 쪽은 헤겔 좌파, 체계를 강조하는 쪽은 헤겔 우파로 발전하는 것으로 이해되기도 한다. 아도르노도 헤겔의 체계에 대해 비판적인 입장을 표한다. 특히 그의 『부정변증법』은 반-체계를 표방하기도 한다. 그러나 그는 헤겔의 체계와 방법을 별개의 것으로 보지 않는다. 헤겔의 체계는 데카르트식의 연역체계나 칸트의 범주체계, 혹은 신칸트학파의 형식적 체계나 파슨스의 관련 프레임 등과 달리 개념의 운동을 통해 풍부하게 전개된 의식의 발전과정 전체라는 것이다. 이 점에서 아도르노는 '진리는 전체다'라는 헤겔의 테제를 적극적으로 해석한다. 그에 따르면 헤겔이 말하는 전체는 유기적이고 자체 내적으로 한 덩어리가 되어 있고 개념과 분석적 사고에 대해 적대적인 어떤 것이 아니다. 그것은 또한 자연 전체를 의미하는 것도 아니고, 어떤 범신론적 색채를 띠는 것이나 유기체론적인 것도 아니다. 그것은 "주체와 객체 사이의 모든 관계들, 그 상이한 단계들에서 전개되는 주체와 객체 사이의 적대적 관계들의 실현된 총괄개념"(49) 내지 개념들의 연관관계의 산물로서의 체계일 뿐이다. 그것은 운동의 결과이기도 하다. 이를 헤겔은 "진리는 본질적으로 결과다"(51)라는 말로 표현한다.

이때 아도르노는 결과라는 말을 어떤 복잡하고 지루한 방법을 통해 끝에 가서 얻어내 만병통치약으로 써먹을 수 있는 명제 따위로 이해해서는 안 된다고 본다. 즉 "진리는, 그것이 어떤 것이든, 사유과정의 끝에서야 비로소 등장하지만, 이러한 등장은 과정에 대해 단순히 외적인 것이 아니며 오히려 이 결과 속에는 그 과정이 지양되어 있고, 이 전체 과정 자체는 본질적으로 이 진리에 속한다"(51)는 것이다. 따라서 전체로서의 진리 내지 체계는 '수많은 규정들의 총괄'로서의 구체성이라는 마르크스의 개념과 일맥상통한다고 할 수 있다. 마르크스 역시 사유 속의 구체적인 것은 "총괄의 과정, 결과로서 나타나지 출발점으로서 나타나지 않는다"고 주장하는 것이다. 이런 맥락에서 아도르노는 "철학의 원리나 원칙은 그것이 참일 경우, 그것이 단지 원리나 원칙으로만 존재하는 한 이미 그 때문에 허위이기도 하다"(59)는 『정신현상학』의 난해한 구절을 총괄과정 내지 운동 및 그 결과와 동떨어진 출발 원리나 원칙의 추상성에 대한 비판으로 파악한다. 즉 "시작은 추상적이기 때문에, 유리되어 있기 때문에, 아직 전체로까지 넘어가지 않았기 때문에, 혹은 아직 그 자체에 도달하지 못했기 때문에 허위"(72)라는 것이다. 예컨대 '진리는 정·반·합에 있다'는 추상적 명제는 실행되지 않는 한 실제로 참은 아니며, 흔히 변증법의 요체로 여겨지는 그러한 명제도 "변증법적으로 사유하기 위한 일종의 지침이 되는 순간, 실제로 헤겔 자신이 생각한 것과 반대되는 것으로 변한다"(95)는 것이다.

아도르노는 이 전체 혹은 구체성에 대한 요구를 특히 개별 연구에 매몰되는 실증주의적 과학에 대응하는 변증법적 인식 개념을 얻는 데에 가장 적합한 모티프라고 본다. 현실에 따른다는 변증법의 기본 정신은 현실을 있는 그대로 인정하고 옹호하는 실증주의와 동일한 것 아니냐는 의문을 품을 수 있다. 하지만 아도르노는 특히 '존재'를 제일원리로 내세우는 존재철학 못지않게, 주어진 사실들을 제일원리처럼 상정하고 개별 연구를 절대화하는 실증주의를 상대로도 예각을 보인다. 이때 그는 전자에 대해서는 화해의 여지를 일절 보여주지 않지만, 실증주의에 대해서는 변증법과의 결합 혹은 변증법 속으로의 흡수 가능성을 고려한다. 무엇보다 그는 변증법이 개별 연구를 건너뛸 수 없음을 인정하는 것이다. 하지만 이때 그는 전체와의 관계를 떠나서는 개별적인 것도 올바르게 이해할 수 없다고 본다. "이처럼 개별 현상들을 그 개별화 속에서 매우 면밀히 보아야 하지만 이 개별화에 머물지 않고 동시에 추론할 필요성, 즉 그것들을 일반적으로 규정하는 총체성 속에서 그것들을 이해할 필요성"(52)이야말로 '진리는 전체다'라는 헤겔의 명제에 담긴 핵심적인 지침이라는 것이다.

이 경우 아도르노는 개별과 전체 사이의 매개를 간과해서는 안 된다고 지적한다. 예컨대 어떤 개별 사회현상에 대해 '그것은 자본주의 사회구조 탓이야'라고 설명한다고 해서 변증법적 사유가 이루어지는 것은 아니다. 그 개별 현상의 특성 속에 실제로 자본주의 사회구조라는 전체로 넘어가야 할 필연성이 담겨 있는 것은 아닐 수도 있기 때문이다. 자본주의 사회 전체 혹은 총체성은 우리가 개별 사실들처럼 접근할 수 있는 것이 아니다. 전체 없이는 개별 현상을 이해할 수 없지만, 전체는 처음부터 주어진 것이 아니라는 이 난점을 변증법적으로 풀기 위해, 아도르노는 다음과 같이 제안한다. 즉 변증법은 개별 현상을 조명하고 이 개별 현상에 머물면서 개별 현상을 규정하되, 바로 이 규정을 통해 그것이 자체 내에서 스스로를 넘어서고, 이로써 그 전체 혹은 체계에 이르기까지 투명해지도록 시도한다는 것이다.

물론 개별 현상들을 전체와 관련지어 이해하고, 또 개별현상들로부터 전체를 향해 접근해간다고 해서 실증주의를 넘어선다고 보기는 어렵다. 현실을 있는 그대로 인정하고 바꾸지 않으려는 한에서 그렇다. 아도르노는 변증법이 결코 실증주의에 머물 수 없다고 본다. 그에 따르면 변증법은 단순한 사실성을 넘어서 어떤 형이상학적 생존권을 얻는데, 왜냐하면 변증법은 "우리가 얽혀 있는, 무한히 무의미한 사실들의 세계가 우리 실존의 궁극적인 상태이어야 한다는 데에 대한 저항"(197)이며 "사실들의 세계 자체를 우리가 이제 조금도 미화하지 않으면서, 어떤 다른 상태의 가능성을 감지하려는 시도"(197)이기 때문이다. 이런 점에서 아도르노에 대한 실증주의 혐의를 유지하기는 어려워 보인다. 비록 그가 실천 개념에 비판적으로 접근하기는 하지만, 그의 변증법 이론이 만들어낼 실천은 실증주의나 기초존재론 혹은 그 후예들이 만들어낼 실천과 확연히 구분될 것이다.

5

『변증법 입문』에서 아도르노는 마르크스보다 헤겔의 이론에 절대적으로 큰 비중을 둔다. 그렇다고 아도르노가 관념변증법을 옹호하는 것은 아니다. 그는 '진리는 전체다'라는 테제 혹은 변증법적 체계의 의미를 적극적으로 해석해 주면서도 동시에 이 대목에서 헤겔 변증법의 최대 난점을 확인한다. 즉 '진리는 전체다'는 테제에 전적으로 동의하는 것은 주체와 객체가 전체적으로 동일해질 수 있어야 가능한데, 헤겔은 관념론의 입장에서 객체를 주체의 산물로 보기 때문에 그러한 궁극적 동일성을 상정한다. 헤겔의 경우 개별 인식 단계에서는 의식과 대상, 주체와 객체의 상이성 내지 모순이 드러나고 이는 개념의 운동을 작동시키지만, 운동의 결과인 모든 규정 혹은 인식들의 총체는 절대적 동일 주체-객체로 상정되는 것이다. 이 점에서 헤겔의 변증법은 궁극적으로 사유와 대상의 동일성을 상정하는 동일성 철학이라고 할 수 있다. 이런 의미에서 아도르노는 헤겔의 관념변증법을 "모든 것을 사유 속에 받아들이지만, 동시에 매 순간 사유를 그 대상과 상이한 것으로 확인하려는 계획"(26), "동일성을 비동일성과 통일시키겠다는 계획"(26)이라고 규정한다. 그러나 관념론과 달리 사실상 유한한 주체가 무한한 전체를 모두 파악하는 것은 불가능하다고 보는 유물론의 입장에서는 '진리는 전체다'라는 헤겔의 테제에 동의할 수 없는 것이다. 물론 그렇다고 개별 인식에 머물러야 할 필요는 없으며 전체를 지향하는 것은 필요하지만, 어떤 경험적 인식이 전체적 인식임을 자처하더라도 실제로는 전체적 인식이 될 수 없을 것이다. 그러면 그처럼 전체적 인식을 원칙적으로 포기하면서도 어떻게 상대주의에 빠지지 않고 구속력 있는 인식이 될 수 있느냐 하는 문제가 제기될 수 있다.

이에 대해 아도르노는 우선 미시론적 관점이라는 해답을 내놓는다. 즉 "우리가 전적으로 특정한 대상, 특정한 사태의 강제성에 자신을 맡기고 이 하나의 특정한 사태만을 전적으로 따를 경우"(49), 이때의 운동은 "자체 내적으로 사태에 근거해 결정되며, 모든 것을 포괄하는 총체성으로서의 절대적인 것이 우리에게 주어질 수 없더라도 진리의 성격을 지닌다"(49)는 것이다. 또 이처럼 개별자에 침잠하여 그 앞에서 집요하게 머무는 미시론적 시선 아래서는 경직된 것, 외관상 분명한 것, 확정적인 대상이 운동하기 시작하여 요소들로 해체되고, 이로써 그 주어진 대상이 역동적인 것, 하나의 과정, 각 계기들의 상호산출과정이라는 점이 드러난다는 것이다. 이때 인식 대상이 운동하기 시작하여 요소들로 해체된다는 점과 아울러 부분들이 서로 역동적 관계를 이룬다는 점에 주목할 필요가 있다.

아도르노는 부분들의 이러한 관계를 개별 인식들 사이에서도 부각시키며, 이때의 관계가 체계적 성격을 띠지 않더라도 미로의 성격을 지님으로써 구속력을 지닐 수 있다고 본다. 즉 인식이 생명체의 무한한 면을 잘라서 떼어내 버리지 않으면서 또한 그것에 맹목적으로 자신을 내맡기지 않고 그것을 극복하는 일을 해낼 수 있는 것은 바로 이 미로적 요소를 통해서라는 것이다. 그는 이 미로 같은 성격이 사회구조와 본질적인 관계를 지닌다고 주장한다. 그 이유는 우리가 살고 있는 사회 속에서 모든 것은 모든 것과 커뮤니케이션을 이루지만 이 커뮤니케이션 관계가 나름으로 비합리적이며, "이 속에서 하나는 다른 것을 발견하지만 전체의 상위 개념, 전체가 따르게 될 체계 그 자체가 실제로 분명하고 명확한 것은 아니기 때문"(288)이라는 것이다. 즉 아도르노는 개별 인식 차원을 넘어서는 통로를 명확한 체계 아래 개별 인식들을 포괄해 넣는 구조에서 찾는 것이 아니라 미로처럼 전체적으로 불투명하지만 개별 행로에서는 구속성 있는 인식들의 관계에서 찾는 셈이다.

이런 관점에서 아도르노는 진리에 대해서도 독특한 척도를 제시한다. 그는 "특정하게 인식된 어떤 것으로부터 다른 인식된 것에 얼마나 많은 빛을 확산할 수 있느냐"(282) 하는 것이야말로 단순한 확인의 제한적 타당성을 넘어서는 철학적 진리의 척도가 될 수 있다고 보는 것이다. 이처럼 어떤 인식의 빛이 특정한 개별 대상들을 비출 경우, 이 특정하게 인식된 것으로부터 다른 모든 대상들에도 빛이 비치고 반사되는 관계를 통해, 주체-객체의 동일성으로 귀결되는 헤겔적 체계에 의존하지 않으면서 변증법적 개념의 운동을 작동시키는 변증법, 일종의 열린 변증법을 아도르노는 유물변증법의 특성이라고 보는 것이다. 이러한 사유방식은 물론 어떤 상위개념 아래 모든 것을 분류해 넣고 이에 맞지 않으면 잘라내 버리는 폭력적 사유방식, 혹은 행정적 관료적 사유방식과 극단적으로 대립하는 것이라 할 수 있다.

개별 대상에 몰입함으로써 그 자체의 논리를 넘어서 다른 대상들에도 빛을 비출 수 있는 미로적 통로를 만든다는 구상에는 개별 속에 이미 보편이 담겨 있다는 논리가 전제되어 있다. 보편과 개별의 통일이라는 변증법적 관점을 근거로 아도르노는 자신의 모든 텍스트들이 어떤 영역을 완벽히 설명하는 체계가 아니라 그처럼 빛을 비추는 모델들이라고 본다. 그는 모든 것을 포괄하고 아무것도 빼먹지 않겠다는 데카르트적 망상 혹은 독단에 현혹되지 않고 "모델들을 산출하는 것이 실제로 철학적 사유의 과제"(281)라고 주장한다. 또 모델 산출의 중요성을 인식한 것은 아도르노 본인만이 아니라고 본다. 베버의 이상형이나 후설의 본질 개념 또한 자신의 모델 개념과 유사한 문제의식에서 출발한다고 평가한다. 하지만 그는 이들이 전통적인 외연논리학 혹은 유명론적인 한계에 부딪쳐 난관에 처한다고 비판한다.

이 경우 미시론적 몰입을 통해 개별 대상에서 다른 개별 대상으로, 혹은 개별에서 보편으로 나아가는 운동이 직관에 의존하는 것은 아닌가 의문을 제기할 수 있을 것이다. 아도르노는 직관에 과도한 비중을 두는 데에 동의하지 않는다. 그가 염두에 두는 변증법적 개념의 운동은 데카르트가 요구하는 단계적 사유와 달리 단절과 비약을 포함한다. 아도르노는 "날아가지 못하는 사고는 물론 단지 날아갈 줄만 아는 사고와 꼭 마찬가지로"(254) 사고가 아니라고 본다. 하지만 그는 개념을 통한 객관화에 따르는 폭력성과 허위를 인식하면서도 사유가 개념에 의존할 수밖에 없다는 입장을 고수하며, 개념을 통해, 혹은 개념의 운동을 통해 그 허위나 폭력을 수정할 필요가 있다고 본다. 또 개별과 보편 사이의 매개과정을 추적해야 한다고 보는 관점에서도 아도르노는 직관주의와 거리를 둔다. 그러한 매개과정을 소홀히 한다는 이유에서 아도르노는 벤야민의 보들레르 해석이 헤겔적인 변증법보다 셸링의 직관주의에 더 가깝다고 비판하기도 했다. '단지 날아갈 줄만 아는 사고'도 변증법과는 무관한 것이다.

폭력적인 체계적 포괄도, 구속력 없는 산만한 개별 인식도 모두 피하고자 하는 아도르노의 입장에서 어떤 대상이나 개념에 대한 명석판명한 정의로는 대상이나 개념의 풍부한 생명을 따라잡을 수 없다고 할 수 있다. 이 점에서 그는 전통적 의미의 정의 방식을 받아들이지 않는다. 개념을 변증법적으로 사용할 때에는 자의적 정의를 통해 개념 속에 원래 담긴 풍부한 내용을 잘라내지 않으면서 그 모호하고 애매한 상태를 명확한 의식 상태로 끌어올리는 것이 필요하다고 본다. 그는 정의가 아니라 개념들이 이루는 짜임관계를 통해 그러한 작업을 해낼 수 있다고 주장한다. 즉 "개념은 그것이 들어가는 가변적 짜임관계들을 통해 비로소 실제로 그 규정성을 얻으며, 이러한 변화 속에서 비로소 그 생명을 실제로 보여준다"(333)는 것이다. 아도르노는 이 짜임관계 개념을 진리와 관련해서도 적용하여, "엄밀한 의미에서 어떤 개별 진리 따위는 받아들일 수 없고 오히려 이때 진리는 일반적으로 매우 정확히 규정된 개별 인식들이 상호간에 발견하는 짜임관계 속에만 존재한다"(349)고 주장한다. 이 경우 그는 짜임관계 속의 사고들은 위계적 관계를 이루지 않는다는 점에서 중심으로부터 같은 거리에 있는 관계라고 추론한다. 즉 짜임관계 속에서는 모든 개별 명제가 반성적 사고의 힘과 사태를 포착하는 정확성의 힘으로 충만해 있고, "모든 말, 모든 명제, 모든 구문적 틀이 다른 것과 똑같은 책임을"(362) 지는 것이 사유에 의해 충족될 수는 없지만 이상적일 수밖에 없다고 본다.

6

대상에 대한 충실성에서 출발하여 개념의 운동, 모순과 내재비판, 전체로서의 진리라는 헤겔의 논리를 거쳐 아도르노가 도달하는 미시론적 몰입, 미로적 커뮤니케이션, 인식의 빛, 모델, 짜임관계라는 유물론적 열린 변증법의 주요 요소들은 우리가 그저 믿고 따르면 되는 확고하고 유익

한 지침이 아니라 우리의 사고에 빛을 던져주는 모델들일 뿐이다. 이를 통해 어떤 새로운 인식에 도달할 것인지는 우리의 사유 혹은 개념의 노동에 좌우될 수밖에 없다.

이 개념의 노동은 헤겔의 경우에도 그랬듯이 현실과의 대결 내지 실천과 동떨어질 수 없다. 아도르노의 변증법 이론 역시 그렇다. 예컨대 그가 제시하는 짜임관계 개념은 실천론적으로 무의미할 수 없다. 이러한 모델을 받아들이는 해방적 실천에서 어떤 하나의 중심적인 전위나 당 혹은 프롤레타리아 독재에 선뜻 동의하기는 어려울 것이다. 오히려 각 개인이 자율적 주체로서 운동에 대등하게 참여하는 '자유로운 개인들의 연합'이라는 미래적 구도를 모델 차원에서라도 선취하는 쪽이 더 매력적일 것이다.

아도르노 이론의 이러한 특성은 노동운동 중심의 레닌주의나 혹은 트로츠키주의보다 포스트주의적인 시민운동 네트워크와 더 친화적이라고 볼 수 있다. 또 개념의 운동에서 시작되는 각 요소들 사이의 풍부한 연관을 강조하는 그의 입장은 데리다의 텍스트 개념을 연상시킬 수도 있다. 그러나 아도르노의 경우 개념의 운동은 개념 내부 혹은 기표영역에서의 무한한 대리보충 혹은 미끄러짐 따위와 무관하며, 대상과 적합한 관계를 맺으려는 유물론적 충동을 그대로 유지한다. 특히 변증법을 현실의 모순 구조에 대한 대응으로 파악하는 아도르노의 구상은 결코 자본주의적 지배관계에 안주하기 쉬운 시민운동의 범위에 갇히기 어렵다. 이 점에서 아도르노의 이론을 차이 중심의 포스트주의와 동격으로 놓을 수는 없다.

뿐만 아니라 개념들, 혹은 각 인식 계기들의 대등한 비중을 고려하는 짜임관계 개념은 알튀세르의 중층결정 개념과 마찬가지로 경제결정론이나 여타의 단일 모순관계에 매달리지 않으며, 오히려 정치, 경제, 과학, 이데올로기 등의 심급들을 실천적으로 필요한 만큼 더 확산해 놓을 공간을 지닌다. 물론 각 요소들을 대등한 비중으로 대하려는 그의 입장에 대해서는 전략적 차원에서 문제를 제기해야 마땅하다고 여겨진다. 즉 다양한 해방운동 영역들의 독자적 가치와 책임을 존중하더라도, 이를 존중하는 결정적 방법인 체제변혁과 이를 위한 효율적 방안 곧 정치권력의 획득, 국가사멸의 장기구상 등의 문제에도 유연한 접근이 필요할 것이다. 현실에 충실함으로써 현실을 넘어서는 열린 변증법은 이러한 문제 제기의 가능성도 활짝 열어 놓고 있다고 보아야 할 것이다.

* * *

『변증법 입문』은 아도르노의 대표작도 아니고 특별히 주목을 받은 저술도 아니다. 그러나 그의 난해한 텍스트로 들어가는 열쇠를 모두 담아 놓은 보물상자 같은 존재다. 이를 돕는 편집자의 주석들도 매우 소중해 보인다. 만만하지 않은 내용을 간단한 메모만 가지고 즉흥적으로 펼쳐낸 아도르노에게 경탄하지 않는 것도 예의가 아닐 것이다. 즉흥적 강의 녹취록이라는 점 때문에 간혹 문장이 꼬이거나 군소리가 반복되는 대목도 없지 않았지만, 편집자가 바로잡거나 보완한 대목들과 함께 현장감을 느끼게 해주는 묘미도 선사한다.

계절이 여러 번 바뀌는 동안 매주(가끔 건너뛰면서) 까다로운 텍스트를 원서로 함께 읽고 즐거이 토론한 김영용, 두미혜, 민대홍 세 분께 깊이 감사드린다. 벌써 오래전에 넘겼어야 할 원고를 붙잡고 늘어지는 바람에 세창 식구들의 속을 태웠다. 송구할 따름이다. 『변증법 입문』을 발판으로 변증법과 해방적 실천에 대한 생산적 토론을 벌이고 나아가 그 성과들을 몸으로 구현할 미래 독자들에게 미리 감사드린다.

2015년 4월 5일

홍 승 용

테오도르 W. 아도르노 연보

1903

9월 11일 독일 프랑크푸르트 암 마인Frankfurt am Main에서 포도주 도매상을 운영하는 오스카 알렉산더 비젠그룬트Oscar Alexander Wiesengrund와 이탈리아 혈통의 성악가 마리아 바바라 카벨리-아도르노Maria Barbara Cavelli-Adorno della Piana의 외아들로 태어남. 10월 4일 프랑크푸르트 성당에서 가톨릭 세례를 받음. 출생신고 때 사용한 성姓 Wiesengrund-Adorno를 1943년 미국 망명 중에 Adorno로 바꿈. 유망한 가수이자 피아니스트였던 이모 아가테Agathe가 늘 아도르노 식구와 함께 살았음. 어머니, 이모와 함께 음악에 둘러싸여 유복한 어린 시절을 보냄.

1910

프랑크푸르트 독일인 중등학교에 다님. 견진성사 수업에 참여.

1913

카이저 빌헬름 김나지움으로 전학.

1921

김나지움 졸업. 최우수 졸업생. 프랑크푸르트 암 마인 대학 등록. 중학생 시절부터 받아오던 음악 레슨 계속. 베른하르트 제클레스에게서 작곡 수업을 받고 에두아르트 융 문하에서 피아노 레슨을 받음. 당시 지방 신문사의 기자였고 후일 망명지 미국에서 영화이론가로 명망을 떨치게 되는 14세 연상의 사회학자 지그프리트 크라카우어Siegfried Kraucauer(1889~1966)와 알게 됨. 크라카우어와 함께 칸트『순수이성비판』읽기 시작.

1921~1924

프랑크푸르트 대학에서 철학, 심리학, 사회학, 음악학 강의 수강.

1922

대학의 한 세미나에서 막스 호르크하이머Max Horkheimer(1895~1973)를 만남.

1923

발터 벤야민Walter Benjamin(1892~1940)을 만남. 편지교환 시작. 그레텔 카플루스Gretel Karplus(1902~1993)를 알게 됨. 음악비평문들 발표.

1924

바이에른의 한적한 시골마을 아모르바흐Amorbach에서 후설 현상학을 주제로 박사학위 논문 집필. 6월에 프랑크푸르트 대학 철학과에 제출. 박사학위 취득. 지도교수는 한스 코르넬리우스Hans Cornelius(1863~1947). 초여름 작곡가 알반 베르크Alban Berg(1885~1935)를 그의 오페라 〈보체크Wozzeck〉 초연에서 알게 됨.

1925

3월에 알반 베르크에게서 작곡을 배우고 에두아르트 슈토이어만Eduard Steuermann에게서 피아노를 배우기 위해 오스트리아 빈Wien으로 감. 아놀드 쉰베르크Arnold Schönberg(1874~1951), 조마 모르겐슈테른Soma Morgenstern(1890~1976), 게오르크 루카치Georg Lukács(1885~1971)를 알게 됨. 8월 크라카우어와 함께 이탈리아로 휴가를 다녀온 뒤 프랑크푸르트로 돌아옴. 작곡에 몰두하여 〈현악 4중주 op.2〉 등을 작곡. 이 곡은 1926년 빈에서 초연됨. 음악비평문들을 씀.

1926

한스 코르넬리우스에게서 철학 연구 계속함. 알반 베르크와 서신교환 지속. 베를린과 빈에 체류. 알반 베르크, 안톤 베베른Anton Webern(1883~1945)에 관한 논문과 12음 음악에 관한 논문들 작성.

1927

교수자격논문 착수. 음악비평문들 다수 발표. 9월에 그레텔 카플루스와 이탈리아 여행. 11월에 첫 번째 논문 「선험적 영혼론에서 의식되지 않은 것의 개념」을 지도교수 코르넬리우스에게 제출하였으나 지도교수의 의견에 따라 대학에 제출하지는 않음.

<u>1928</u>

연초에 베를린으로 여행. 그 사이 약혼한 그레텔 카플루스 방문. 베를린에서 음악비평가로 활동하기 위한 안정된 직장을 구했으나 실패함. 에른스트 블로흐Ernst Bloch(1885~1977), 베르톨트 브레히트Bertolt Brecht(1898~1956) 알게 됨. 음악지 『여명 Anbruch』의 편집위원. 연초에 작곡가 에른스트 크레네크Ernst Krenek(1900~1991) 알게 됨. 새로 작성할 교수자격논문의 주제를 키르케고르로 결정. 키르케고르의 철학에서 미학이론적 내용을 찾아보려 함. 아도르노가 작곡한 〈Sechs kurze Orchesterstück op.4〉가 베를린에서 발터 헤르베르트Walter Herbert의 지휘로 초연됨. 알반 베르크에 헌정한 〈Liederzyklus op.1〉 완성.

<u>1929</u>

『여명』 편집진과 불화. 베를린에서 〈Liederzyklus op.1〉 초연. 또 다시 음악비평가 자리에 도전. 갓 프랑크푸르트대학 철학과 정교수가 된 파울 틸리히Paul Tillich (1886~1965)가 아도르노에게 교수자격논문 제출해보라고 허락. 1월에 마틴 하이데거Martin Heidegger(1889~1976)와 처음이자 마지막으로 대학 재단이사 쿠르트 리츨러의 집에서 만남.

<u>1930</u>

두 번째 교수자격논문에 몰두. 10월에 탈고. 여배우 마리안네 호페 알게 됨.

<u>1931</u>

1월 교수자격논문 통과. 지도교수는 파울 틸리히. 부심은 막스 호르크하이머. 2월 교수자격 취득하고 철학과 강사로 임용됨. 5월 취임강연 「철학의 시의성」.

<u>1932</u>

7월 프랑크푸르트 칸트학회 초청으로 강연. 「자연사 이념Die Idee der Naturgeschichte」. 사회연구소 기관지 『사회연구Zeitschrift für Sozialforschung』에 논문 「음악의 사회적 위상에 대하여」 게재.

<u>1933</u>

교수자격 논문이 『키르케고르. 미적인 것의 구성』이라는 제목으로 J. C. B. Mohr (Paul Siebeck) 출판사에서 출간됨. 국가사회주의자들이 권력을 장악하는 동안 베를린에 머물면서 빈으로 가 다시 교수자격을 취득할 생각을 함. 9월에 유태인 교수에 대한 면직 조치에 따라 강의권을 박탈당함. 프랑크푸르트 집이 수색을 당함. 11월과 12월 사이 대학 연구원 지원 단체(AAC)에 영국대학의 초청장을 받을 수 있도록 도움 요청.

<u>1934</u>

4월 영국으로 망명. AAC가 옥스퍼드 대학과의 접촉을 주선함. 6월 옥스퍼드 대학의 머튼 칼리지Merton College에 연구생으로 등록. 후설 현상학 연구 시작. 박사학위 논문 초안이 대학 당국에 받아들여짐. 10월 뉴욕에 있는 호르크하이머가 아도르노에게 연락. 사회연구소와 계속 연락하지 않았다고 아도르노를 질책.

<u>1935</u>

옥스퍼드에서 철학 저술 작업을 하는 동시에 음악에 관한 기고문도 작성. 6월 26일 이모 아가테 사망. 에른스트 크레네크가 전하는 알반 베르크의 사망소식을 듣고 충격 받음. 베르크의 비참한 최후는 경제적 이유로 병원에 가지 않고 집에서 가위로 허벅지 종기를 제거하다가 걸린 패혈증이 원인.

<u>1936</u>

『사회연구』에 헥토르 로트바일러Hektor Rottweiler라는 필명으로 논문 「재즈에 관하여」 게재. 빌리 라이히Willi Reich(1898~1980)가 편집을 주도한 알반 베르크 평전에 참여. 호르크하이머가 아도르노에게 영국에서 박사학위를 받는 즉시 사회연구소의 상임연구원으로 임용하겠다고 알려옴. 알프레트 존-레텔Alfred Sohn-Rethel (1899~1990)과 서신교환 시작. 11월에 파리에서 벤야민과 크라카우어 만남.

<u>1937</u>

호르크하이머의 초청으로 6월 9일 2주간 뉴욕 방문. 8월에 파리에서 벤야민, 존-레텔 그리고 크라카우어 만남. 두 차례 철학 심포지엄. 아도르노의 논문 여덟 편이

실린 빌리 라이히 편집의 알반 베르크 평전이 빈에서 출간됨. 8월에 베를린의 그레텔 카플루스가 런던에 도착. 9월 8일 패딩턴Paddington 구청에서 결혼. 막스 호르크하이머와 영국 경제학자 레드버스 오피Redvers Opie가 증인. 10월에 호르크하이머가 아도르노에게 편지로 미국에서 라디오에 관한 연구 프로젝트에 참여할 수 있음을 알려옴. 베토벤 프로젝트 시작. 리하르트 바그너Richard Wagner(1813~1883)에 관한 저술 시작.

1938

빈 출신의 사회학자 파울 라자스펠트Paul Lazarsfeld(1901~1976)가 주도하는 라디오 연구 프로젝트에 연구원 자리를 얻기 위해 미국으로 건너감. 나치 집권 후 뉴욕으로 근거지를 옮긴 프랑크푸르트 사회연구소의 공식 연구원이 됨. 미국에서 처음 작성한 논문 「음악의 물신적 성격과 청취의 퇴행에 관하여Über den Fetischcharakter der Musik und die Regression des Hörens」를 『사회연구』에 게재. 이 해 후반부는 발터 벤야민과 유물론적 미학의 원칙들에 관한 논쟁이 정점에 오른 시기임.

1939

아도르노의 양친이 쿠바를 거쳐 미국으로 망명. 아도르노와 라자스펠트 사이에 공동연구에 대한 견해 차이 발생. 5월에 컬럼비아 대학 철학부에서 「후설과 관념론의 문제」 강연. 후에 『철학저널』에 게재됨. 『사회연구』에 「바그너에 관한 단편들」 발표. 라디오 프로젝트의 음악부분에 대한 재정지원 종료됨. 호르크하이머와 아도르노가 공동 작업으로 구상했던 『변증법 논리』의 기초가 될 대화와 토론들이 두 사람 사이에서 이루어짐.

1940

라디오 프로젝트에서 부정적인 경험을 한 아도르노에게 호르크하이머가 연구소 기관지 『사회연구』 편집을 담당하는 정규직 제안. 아도르노는 반유태주의 프로젝트 구상. 『국가사회주의의 문화적 측면』 초안 작성. 벤야민이 9월 26일 스페인 국경 포르 부Port Bou에서 스스로 목숨을 끊음. 아도르노와 그레텔 큰 충격 받음. 『건설Aufbau』에 「발터 벤야민을 기억하며」 기고.

1941

『신음악의 철학』 작업. 호르크하이머와 『변증법 논리』 공동 작업을 계속하기 위해 로스앤젤레스로 이주 계획. 「대중음악에 대하여」와 「라디오 심포니」 발표. 11월 로스앤젤레스로 이주.

1942

연초부터 호르크하이머와 함께 후에 『계몽의 변증법』이라는 제목으로 출간될 책의 저술에 집중. 아도르노는 영화음악을 위한 프로젝트를 위해 한스 아이슬러Hans Eisler(1898~1962)와 작업. 할리우드 사교계의 수많은 망명인사들과 교제. 그레타 가르보Greta Garbo, 막스 라인하르트Max Reinhardt, 알렉산더 그라나흐Alexander Granach, 프리츠 랑Fritz Lang, 릴리 라테Lilly Latté 등.

1943

토마스 만Thomas Mann(1875~1955)과 알게 됨. 만이 집필하는 『파우스트 박사Doktor Faustus』의 구상에 결정적 영향을 미침. 그동안 정기적으로 편지를 주고받았던 뉴욕의 양친을 7월 방문. 버클리 여론 연구 그룹과 공동작업. 반유태주의의 본성과 외연에 관한 프로젝트 진행. 그 결과물이 『권위주의적 인성』.

1944

한스 아이슬러와 함께 『음악을 위한 작곡』 집필에 많은 시간 투여. 호르크하이머와 공동 저술한 철학적 단상 『계몽의 변증법』이 프리드리히 폴록Friedrich Pollock (1894~1970)의 50회 생일을 기념하여 출간. 전미 유태인 협회Das American Jewisch Committe(AJC)가 반유태주의 프로젝트 지원 승인. 샤를로테 알렉산더Charlotte Alex-ander와 내연관계.

1945

2월 막스 호르크하이머의 50회 생일을 기해 후일 출간될 책 『미니마 모랄리아』의 제1부 보여줌.

1946

부친이 7월 8일 뇌출혈로 사망. 9월에 뉴욕으로 어머니 방문. 위장장애, 심장이상 등. 편도선 절제 수술.

1947

『계몽의 변증법』이 암스테르담의 쾌리도 출판사에서 나옴. 『권위주의적 인성』 마무리 작업. 한스 아이슬러와 3년 전에 마무리 지은 저술 『영화를 위한 작곡』이 아이슬러의 단독저술로 출간됨. 아도르노의 이름을 제외시킨 것은 정치적인 고려에 의한 결정.

1948

라 하브라La Habra 칼리지에서 음악학자로 활동. 로스앤젤레스의 심리분석 연구소에서 강의. 토마스 만이 『파우스트 박사의 성립』이라는 저술에서 파우스트 소설에 기여한 아도르노에게 감사를 표함. 『미니마 모랄리아』 2, 3부 완성.

1949

『신음악의 철학』. 연말, 15년 만에 독일로 돌아옴. 막스 호르크하이머의 교수직 대행으로 프랑크푸르트 대학에서 강의. 비정년 트랙. 파리를 거쳐 10월에 프랑크푸르트에 도착. 편지와 그 밖의 그리고 여러 공식적인 언급들에서 독일 민주주의에 진실성이 결여되었다는 한탄을 늘어놓았지만 학생들의 정신적 참여에는 매우 감동을 받았다고 밝힘. 한스 게오르크 가다머Hans-Georg Gadamer(1900~2002)가 하이델베르크 대학의 초빙을 받아 떠나면서 후임으로 아도르노를 추천. 알반 베르크의 미망인 헬레네 베르크Helene Berg와 베르크의 오페라 〈룰루Lulu〉의 오케스트라 편성 작업 관련으로 서신교환.

1950

『권위주의적 인성』이 포함된 『편견연구Studies in Prejudice』가 뉴욕에서 발간됨. 다름슈타트 지역연구Darmstädter Gemeindestudien에서 주관한 독일 과거사 문제 연구에 참여. 호르크하이머와 함께 사회연구소 재건에 노력. 다름슈타트 '신음악을 위한 국제 페스티벌Internationle Ferienkurse für neue Musik'의 위원이 됨. 중간에 몇 번 불참하기는 했지만 1966년까지 위원자격 유지. 마리 루이제 카슈니츠Marie-Luise Kaschnitz (1901~1974)와 친분 시작.

1951

주어캄프Suhrkamp 출판사에서 『미니마 모랄리아』 간행. 발터 벤야민의 아들 슈테판 벤야민Stefan Benjamin으로부터 부친의 저작 출간에 대한 전권 위임받음. 10월에 잠깐 프레드릭 해커Fredrick Hacker가 주도하는 심리분석 재단Psychiatric Foundation 설립에 참여하기 위해 캘리포니아의 비벌리 힐즈 방문. 12월 바인하임Weinheim에서 열린 제1차 독일 여론조사를 위한 대회에서 기조발표. 잡지 『메르쿠어Merkur』에 「바흐 애호가들에 맞서 바흐를 변호함」 발표.

1952

『바그너 시론試論』. 2월 23일 뉴욕에서 아도르노의 모친 사망. 10월부터 해커 재단의 연구소장Research Director. '독일 청년음악운동' 진영과 정치적 미학적 논쟁 시작. 1959년에 이르기까지 양 진영에서 학회, 라디오 대담 그리고 저술출판을 추진하는 형식으로 논쟁 계속됨.

1953

프레드릭 해커와의 격렬한 갈등으로 재단에 사퇴를 통보하고 8월에 독일로 돌아옴. 『미니마 모랄리아』에 대한 호평. 프랑크푸르트 대학 철학 및 사회학 전공 교수로 부임. 정원 외 교수. 정년트랙. 「카프카 소묘」, 「이데올로기로서의 TV」, 「시대를 초월한 유행 재즈에 관하여」 등 수많은 에세이 발표.

1954

사회연구소의 소장 대리로서 연구과제에 대한 책임 증가. 7월에 에두아르트 슈토이어만Eduard Steuermann 그리고 루돌프 콜리쉬Rudolf Kolisch와 함께 다름슈타트 신음악을 위한 국제 페스티벌에서 가르침. 하이델베르크에서 열린 제12차 독일 사회학자 대회에서 이데올로기 개념에 대해 발표. 아놀드 쇤베르크 메달 받음.

1955

『프리즘』 출간. 미국여권이 만료됨에 따라 1938년 미국으로 이주하면서 상실했던
독일 국적 회복. 부인 그레텔과 함께 프리드리히 포드추스Friedrich Podszus의 도움을
받아 벤야민의 저술 두 권 출간. 8월에 토마스 만 사망 소식을 들음. 알프레드 안더
쉬Alfred Andersch(1914~1980)와 친분. 서신교환 시작됨.

1956

『불협화음들』, 『인식론 메타비판』 출간. 4월 헬레네 베르크와 빈에서 만남. 오랜만
에 크라카우어와 프랑크푸르트에서 만남. 게르숌 숄렘Gershom Scholem(1897~1982)과
의 활발한 교류.

1957

『헤겔 철학의 면모들』. 철학 및 사회학 전공 정교수로 임용됨. 『시와 사회에 대한
강연Rede über Lyrik und Gesellschaft』. 바그너의 오페라 〈파르지팔Parzifal〉의 악보에 관
한 에세이가 바이로이트 축제공연 프로그램에 게재.

1958

『문학론』 제1권. 사회연구소 소장이 됨. 여가수 카를라 헤니우스Carla Henius와 알
게 됨. 불면증. 연초 빈에 강연을 하러 가서 처음으로 사무엘 베케트Samuel Beckett
(1906~1898)의 『막판극Das Endspiel』 접함. 파리에서 그를 만남. 파리에서 세 차례 강연.

1959

베를린 비평가 상, 독일 문학비평가 상. 5월 베를린에서 열린 제 14차 사회학 대회
에서 「얼치기 교육Zur Theorie der Halbbildung」 발표. 10월에 카셀 도큐멘타 기간에 신
음악에 대하여 발표. 바덴바덴에서 현대예술에 대하여 발표. 기독교 유태교 공동
작업을 위한 연석회의에서 「과거청산은 무엇을 의미하는가」 발표. 페터 스디Peter
Szondi(1929~1971)가 주선한 파울 첼란Paul Celan(1920~1970)과의 만남은 성사되지 않
음. 프랑크푸르트 대학 시학강의를 계기로 잉에보르크 바흐만Ingeborg Bachmann
(1926~1973)과 친분.

1960

빈에서 구스타프 말러 100주기 추도 강연. 첼란과 서신교환. 사회연구소와 향후 설립될 지그문트 프로이트 연구소와의 관계를 정립하기 위해 알렉산더 미처리히 Alexander Mitscherlich의 주선으로 바덴바덴에서 2주 간 체류.

1961

Paris College de France에서 3회에 걸친 대형 강의. 이탈리아로마, 팔레르모, 페루자 등에 강연요청. 아도르노와 칼 포퍼Karl Popper(1902~1994) 사이에 있던 '사회과학 논리'에 관한 토론이 촉발시킨 이른바 '실증주의 논쟁' 시작. 주어캄프사가 주관한 Vortragsabend에 베케트에 관한 장문의 발표문. 「베케트의 막판극 이해」.

1962

1월에 아도르노와 엘리아스 카네티Elias Canetti(1905~1994)의 라디오 공동 대담. 3월 토마스 만 전시회 개막 연설. 알렉산더 클루게Alexander Kluge1932~ 와의 친분.

1963

독일 사회학회 회장으로 선출됨. 60회 생일에 프랑크푸르트 시가 수여하는 괴테휘장Goethe Plakette 받음. 6월 빈에서 개최된 유럽학회에서 20세기의 박물관을 주제로 강연. 베를린에서 횔덜린에 관한 강연.

1964

독일 사회학회 회장으로 하이델베르크에서 제15차 사회학 대회 개최. 주제는 막스 베버와 오늘의 사회학. 바이로이트 트리스탄과 이졸데 공연안내문에 「바그너의 시의성」 게재.

1965

2월에 아놀드 겔렌Arnold Gehlen(1904~1976)과 '사회학은 인간에 관한 학문인가?'라는 주제로 라디오 방송에서 논쟁. 호르크하이머 70세 생일을 축하하는 아도르노의 글이 주간신문 디 차이트Die Zeit에 실림. 3월에 파리에서 강연. 사무엘 베케트 다시 만남.

1966

게르숌 숄렘과 함께 벤야민의 편지들을 편집하여 두 권으로 간행. 브뤼셀에서 음악사회학에 관한 대형 강의. 다름슈타트 페스티벌에 마지막으로 참여. 「음악에서 색채의 기능Funktion der Farbe in der Musik」이라는 주제로 3회 강연(매회 두 시간).

1967

베를린 예술아카데미에서 발표(「음악과 회화의 관계」, 「예술과 예술들die Kunst und die Künste」). 게르숌 숄렘의 70회 생일을 맞아 12월 스위스 취리히 신문Neue Züricher Zeitung에 숄렘에 대한 아도르노의 헌정사가 실림. 7월 베를린 자유대학에서 아도르노 강의에 학생운동 세력이 반발하고 방해하는 행동 처음 발생.

1968

갈수록 과격해지는 학생운동 급진세력과 갈등 심화. 1월에 파리에서 미학에 관한 강연. 다시 베케트 만남. 2월에 쾰른에서 열린 베케트 작품에 관한 TV 토론회 참석. '비상사태하에서의 민주주의 행동본부Demokratie im Notstand'가 주최한 행사에 참여. 이 행사는 TV로 중계됨.

1969

피셔Fischer 출판사에서 『계몽의 변증법』 재출간. 『미학이론』 저술에 몰두. 1월 운동권 학생들이 사회연구소를 점거하자 경찰에 해산요청. 4월 학생들의 도발로 강의중단 사태 발생(이른바 '상의 탈의 사건'). 자유 베를린 방송에서 「체념Resignation」에 대해 강연. 학생운동의 행동주의를 두고 허버트 마르쿠제Herbert Marcuse(1898~1979)와 논쟁. 이론과 실천의 관계에 대한 메모들. 스위스의 휴양지 체르마트Zermatt에서 휴가를 보내다가 8월 2일 심장마비로 비스프Visp의 병원에서 사망.

1970

그레텔 아도르노와 롤프 티데만이 편집한 『미학이론』 출간.

---

* 위 연보는 슈테판 뮐러 돔(Stefan Müller-Doom)의 아도르노 전기 Adorno. Eine Biographie, Frankfurt/Main(2003)에 기초함.

연도별로 본 아도르노의 저작*

1924

- Die Transzendenz des Dinglichen und Noematischen in Husserls Phänomenologie. Phil. Dissertation. Frankfurt/M.
  후설 현상학에서 물적인 것과 노에마적인 것의 초월

1927

- Der Begriff des Unbewußten in der transzendentalen Seelenlehre(Habilitationsschrift, wurde aber noch vor der Einleitung des Habilitations- verfahrens zurückgezogen).
  선험적 영혼론에서의 무의식 개념

1933

- Kierkegaard, Konstruktion des Ästhetischen. Tübingen. J. C. B. Mohr.
  키르케고르. 미적인 것의 구성

1947

- Dialektik der Aufklärung. Philosophische Fragmente. Amsterdam, Querido, zusammen mit Max Horkheimer geschrieben.
  계몽의 변증법

1949

- Philosophie der neuen Musik. Tübingen. J. C. B. Mohr.
  신음악의 철학

* 1983년 프랑크푸르트 대학교에서 개최된 '아도르노에 관한 토론회(Adorno-Konfernz)'에서 발표된 원고를 정리한 책인 Adorno-Konfernz 1983, Frankfurt/M. Suhrkamp, 1983에 첨부된 르네 괴르첸(Rene Goertzen)의 목록을 기준으로 하였다. 연도는 아도르노의 개별 저작의 최초 출판 연도를 의미한다.

1950

- The Authoritarian Personality. New York. Harper & Brothers.
  권위주의적 인성

1950

- Minima Moralia. Reflexionen aus dem beschädigten Leben. Berlin, Frankfurt/M. Suhrkamp.
  미니마 모랄리아

1952

- Versuch über Wagner. Berlin, Frankfurt/M. Suhrkamp.
  바그너 시론(試論)

1955

- Prismen. Kulturkritik und Gesellschaft. Berlin, Frankfurt/M. Suhrkamp.
  프리즘. 문화비판과 사회

1956

- Zur Metakritik der Erkenntnistheorie. Studien über Husserl und die phänomenologischen Antinomien. Stuttgart. W. Kohlhammer.
  인식론 메타비판. 후설과 현상학적 이율배반들에 관한 연구
- Dissonanzen. Musik in der verwalteten Welt. Göttingen. Vandenhoeck & Ruprecht.
  불협화음들. 관리되는 세계에서의 음악

1957

- Aspekte der Hegelschen Philosophie. Berlin, Frankfurt/M. Suhrkamp.
  헤겔 철학의 면모들

1958

- Noten zur Literatur I. Berlin, Frankfurt/M. Suhrkamp.
  문학론 I

<u>1959</u>

• Klangfiguren. Musikalische Schriften I. Berlin, Frankfurt/M. Suhrkamp.

울림의 형태들

<u>1960</u>

• Mahler. Eine musikalische Physiognomik. Frankfurt/M. Suhrkamp.

말러. 음악적 인상학

<u>1961</u>

• Noten zur Literatur II. Frankfrut/M. Suhrkamp.

문학론 II

<u>1962</u>

• Einleitung in die Musiksoziologie. Zwölf theoretische Vorlesungen. Frankfurt/M. Suhrkamp.

음악사회학 입문

• Sociologica II. Rede und Vorträge. zusammen mit Max Horkheimer, Frankfurt/M. Europäische Verlagsanstalt.

사회학 II

<u>1963</u>

• Drei Studien zu Hegel. Frankfurt/M. Suhrkamp.

헤겔 연구 세 편

• Eingriffe. Neuen kritische Modelle. Frankfurt/M. Suhrkamp.

개입들

• Der getreue Korrepetitor, Lehrschriften zur musikalischen Praxis. Frankfurt/ M. Fischer.

충실한 연습지휘자

• Quasi una fantasia. Musikalische Schriften II. Frankfurt/M. Suhrkamp.

환상곡풍으로

1964

- Moments musicaux. Neu gedruckte Aufsätze 1928~1962. Frankfurt/M. Suhrkamp.

  음악의 순간들

- Jargon der Eigentlichkeit. Zur deutschen Ideologie. Frankfurt/M. Suhrkamp.

  고유성이라는 은어

1965

- Noten zur Literatur III. Frankfurt/M. Suhrkamp.

  문학론 III

1966

- Negative Dialektik. Frankfurt/M. Suhrkamp.

  부정변증법

1967

- Ohne Leitbild. Parva Aesthetica. Frankfurt/M. Suhrkamp.

  길잡이 없이

1968

- Berg. Der Meister des kleinen Übergangs. Wien. Verlag Elisabeth Lafite/ Österreichischer Bundesverlag.

  알반 베르크

- Impromptus. Zweite Folge neu gedruckter musikalischer Aufsätze. Frankfurt/M. Suhrkamp.

  즉흥곡

1969

- Komposition für den Film. zusammen mit Hans Eisler, München. Rogner & Bernhard.

  영화를 위한 작곡

- Stichworte. Kritische Modelle 2. Frankfurt/M. Suhrkamp.

  핵심 용어들. 비판적 모델 2.

- Nervenpunkte der Neuen Musik(Ausgewählt aus Klangfiguren cf. Klang- figuren von 1959).

  신음악의 예민한 문제들

- Th. W. Adorno u. a., Der Positivismusstreit in der deutschen Soziologie. Neuwid und Berlin. Luchterhand.

  독일 사회학에서 실증주의 논쟁

1970

- Ästhetische Theorie. Hrsg. von Gretel Adorno und Rolf Tiedemann, Frankfurt/M. Suhrkamp.

  미학이론

- Über Walter Benjamin. Hrsg. und mit Anmerkung versehen von Rolf Tiedemann. Frankfurt/M. Suhrkamp.

  발터 벤야민

- Aufsätze zur Gesellschaftstheorie und Methodologie. Frankfurt/M. Suhrkamp.

  사회이론과 방법론에 관한 논문들

- Erziehung zur Mündigkeit. Vorträge und Gespräch mit Helmut Becker 1959~1969. Hrsg. von Gerd Kadelbach. Frankfurt/M. Suhrkamp.

  성숙함으로 이끄는 교육

1971

- Eine Auswahl. Hrsg. von R. Tiedemann. Büchergilde Gutenberg.

  작은 선집

- Kritik, Kleine Schriften zur Gesellschaft. Hrsg. von R. Tidemann. Frankfurt/ M. Suhrkamp.

  사회 비판

1973

- Versuch, das Endspiel zu verstehen. Aufsätze zur Literatur des 20. Jahrhunderts I.

Frankfurt/M. Suhrkamp.

베케트의 막판극 이해

- Zur Dialektik des Engagements. Aufsätze zur Literatur des 20. Jahrhunderts II. Frankfurt/M. Suhrkamp.

사회 참여의 변증법

- Philosophische Terminologie. Zur Einleitung. Band I, Hrsg. von Rudolf zur Lippe. Frankfurt/M. Suhrkamp.

철학용어들 I

- Philosophische Terminologie. Zur Einleitung. Band II, Hrsg. von Rudolf zur Lippe, Frankfurt/M. Suhrkamp.

철학용어들 II

1974

- Briefwechsel. zusammen mit Ernst Kreneck, Hrsg. von Wolfgang Rogge. Frankfurt/M. Suhrkamp.

에른스트 크레네크와의 편지 교환

1975

- Gesellschaftstheorie und Kulturkritik. Frankfurt/M. Suhrkamp.

사회이론과 문화비판

1979

- Der Schatz des Indianer-Joe. Singspiel nach Mark Twain. Herausgegeben und mit einem Nachwort von R. Tiedemann. Frankfurt/M. Suhrkamp.

인디언-조의 보물. 마크 트웨인에 따른 징슈필

- Soziologische Schriften I. Hrsg. von R. Tiedemann. Frankfurt/M. Suhrkamp.

사회학 논문집 I

1980

- Kompositionen, Band I: Lieder für Singstimme und Klavier. Hrsg. von Heinz-Klaus

Metzger und Rainer Riehn. München. Edition Text + Kritik.

창작곡 제1권. 성악과 피아노를 위한 가곡

- Kompositionen, Band II: Kammermusik.Chöre, Orchestrales. Hrsg. von Heinz-Klaus
Metzger und Rainer Riehn. München. Edition Text + Kritik.

창작곡 제2권. 실내악곡, 합창곡, 오케스트라곡

1981

- Noten zur Literatur IV. Hrsg. von R. Tiedemann. Frankfurt/M. Suhrkamp.

문학론 IV

인명색인은 강의 텍스트, 아도르노의 핵심어, 주석 등의 이해에 도움을 준다. 간접적인 언급들은 특별한 표시 없이 받아들였다. 이탤릭체로 된 쪽수는 주석들에 언급된 것들을 나타낸다.(역서에서는 구분하지 않았다.)

110, 112, 119, 120, 133, 151, 170, 232, 251, 253, 262, 264, 268, 269, 316, 326, 376

기계론적(mechanistisch) 47, 90, 412

기계적(mechanisch) 50, 53, 79, 83, 88~90, 96~98, 100, 171, 173, 410, 412

기관(Organon) 37, 63, 113, 119, 121, 124, 134, 229, 415

기업사회학(Betriebssoziologie) 52

기원(Ursprung) 51, 87, 107, 134, 150, 174, 244, 245, 262, 273, 317, 389

기초철학(Anfangsphilosophie) 5, 51

ㄴ

나르시시즘(Narzißmus) 86

내면성(Innerlichkeit) 311

내재성(Immanenz) 258, 294, 298, 306, 387

내재적(immanent) 6, 9, 82, 85, 144, 153, 191, 207, 211, 217, 258, 259, 307, 319, 334, 358, 382, 384, 385

내재적 비판(immanente Kritik) 8, 10, 65, 415, 416

논리성(Logizität) 82~84, 127, 134, 374

논리(학)(Logik) 8, 39, 50, 56, 58, 60, 62, 65, 80, 84, 86, 92, 93, 104, 112, 116, 117, 119, 124, 133, 134, 146, 166, 177, 190, 192, 193, 200, 201, 206, 223, 228, 235, 262, 283, 287, 295, 323, 328, 336, 339, 356~359, 369, 374, 392, 415

ㄷ

단계적 사유(Schritt-fur-Schritt-Denken)

177, 256, 424

닫힌 변증법(geschlossene Dialektik) 49

대상상태(Gegenständlichkeit) 81

대상세계(gegenständliche Welt) 209

대상화(Vergegenständlichung) 100, 170, 174

대자적(für sich) 85, 86, 89, 191, 198

대자존재(Fürsichsein) 6, 74, 86, 87, 396

도식(Schema) 6, 18, 22, 72, 76, 87, 88, 92, 96, 100~102, 104, 113, 238, 241, 248, 289, 297, 304, 373, 377, 409, 410

도식적(schematisch) 53, 416

도식주의(Schematismus) 278, 410, 412

도표(Tabelle) 79, 88, 92, 93, 96

도표적 사유(tabellarisches Denken) 88, 410

독단론(Dogmatismus) 290

독단적(dogmatisch) 7, 30, 53, 54, 93, 123, 168, 175, 179, 180, 185, 189, 224, 230, 249, 271, 276~279, 290, 303, 318, 320, 381, 386, 388

독점자본주의(Monopolkapitalismus) 176

동역학적(phoronomisch) 313

동일성(Identität) 5, 7, 10, 25~27, 56, 85, 112, 122~124, 126, 131, 133, 134, 144, 148~152, 170, 260, 272, 279, 280, 289, 301, 310, 316, 345, 362, 364, 365, 374~376, 379, 386, 388, 394, 420~422

동일성철학(Identitätsphilosophie) 26, 421

등가형식(Äquivalentform) 139

디아마트(Diamat) 42, 55, 89, 102, 412

ㅁ

매개(Vermittlung) 5, 9, 39, 44, 45, 48, 49,

저자소개

테오도르 W. 아도르노(1903~1969)

프랑크푸르트학파 혹은 비판이론의 대표 이론가. 뛰어난 성악가인 모친과 이모의
영향으로 어린 시절부터 음악적 감수성을 키우며 성장했고, 한때 음악평론과 작곡
가의 길을 모색하기도 했다. 칸트, 헤겔 등의 고전철학과 마르크스주의, 정신분석학
과 현상학, 경험주의적 사회연구 등을 결합하여 자본주의 및 전체주의에 끈질기게
저항하기 위한 이론적 단초들을 만들어냈다.

　　그의 변증법 이론은 헤겔 변증법의 주요 모티프들을 적극 수용하여 유물론의 관
점에서 비판적으로 재정립한다. 이는 제일원리를 관념에서 물질로 전도하는 것이
아니라 제일원리 자체를 부정하고, 주체와 객체의 궁극적 동일성을 전제하는 절대
적 체계 없이도 구속성 있는 인식을 생산하는 열린 변증법으로 나타난다. 그의 이론
은 해체론, 알튀세르주의, 정통 마르크스주의 등이 중첩되는 절묘한 지점을 형성한
다. 개념적 사유 혹은 이성 자체에 담긴 억압성에 대해 끊임없이 비판적으로 반성하
면서도 이성의 힘을 긍정하는 그의 이론과 진지하게 대면하는 과정은 매우 고되지
만, 해방적 실천을 위해 더할 바 없이 생산적인 성과들로 이어질 수 있을 것이다.

역자소개

홍 승 용

서울대 대학원에서 독문학을 전공했고, 대구대 독어독문학과에서 교수로 재직하다
퇴임했다. 현재는 현대사상 연구소를 운영하며 『현대사상』 편집을 책임지고 있다.

저서: 『비판과 해방의 철학』(공저), 『아도르노와의 만남』(공저).
논문: 「루카치 리얼리즘론 연구」, 「아도르노의 미학이론과 반영이론」, 「내 몸 속의 식
　　　민지」, 「에로스와 억압」, 「변증법적 유물론 소고」, 「진실 말하기」, 「유물변증법
　　　적 주체 객체」 등.
역서: 『문제는 리얼리즘이다』, 『미학서설』, 『미학논평』, 『미학이론』, 『부정변증법』,
　　　『프리즘』, 『현대의 미적 커뮤니케이션』(1, 2) 등.